다시 조명해 본 천안학의 이해

다시 조명해 본

천안학의 이해

천안학의이해편찬위원회 편

단국대학교출판부

머리말

〈천안학의 이해〉 두 번째 책을 엮어 세상에 내놓는다. 단국대학교 인문도시지원사업단은 "실학의 길, 독립의 길, 미래의 길 천안삼거리에서 만나다"라는 슬로건 아래 "수요인문학과 천안학의 이해" 두 가지 인문학 강좌를 천안시민을 대상으로 계속하여 진행하고 있다. 이번에 엮는 두 번째 책이 바로 "천안학의 이해" 강좌를 통해서 얻은 귀중한 자료이다.

올해가 인문도시지원사업을 하는 마지막 3년 차이다. 처음에 이 사업을 시작하기 위해 여러분의 도움이 많았다. 가장 많이 고생한 분들은 바로 우리 사업단의 공동연구원과 간사들이다. 이 분들의 노고가 없었다면 지금의 사업단은 존재하지 않았을 것이다. 그리고 사업 선정을 위해 계획서를 쓰고, 면접을 준비하면서는 장승준 링크사업단장님과 링크사업단의 여러 교수님들의 고마움을 잊을 수 없다.

인문도시지원사업은 천안을 중심으로 하고 있어서 천안시청의 도움이 없이는 할 수 없는 사업이다. 여기에 천안시청에서 대응 자금을 지원해주어서 사업 선정에 큰 도움이 되었다. 박상돈 천안시장과 교육청소년과 담당 공무원 선생님들의 노고에 감사드린다.

본 사업을 진행하면서 가장 힘들었던 점은 바로 코로나로 인해 대면 강의를 할 수 없었다는 것에 있다. 그럼에도 불구하고 몇몇 중고등학교에서는 학생들과 대면할 수 있도록 허락을 해주어서 본 사업을 진행하는 데 큰 도움이 되었다. 광풍중, 복자여고, 북일고, 오성고 선생님들께 감사드린다.

천안에서 인문학 보급에 힘쓰는 인문학공간 산새의 오수연 대표에게 무한한 감사를 드린다. 인문강좌를 천안시민들에게 보급하기 위한 강좌 개설, 장소 제공 등의 어려운 일들을 잘 도와주었다. 이 외에도 이용길 천안역사문화연구회 대표님을 비롯한 여러 선생님들의 도움이 많았는데 다 열거하지 못한 점에 대해 양해 바란다.

〈천안학의 이해〉는 총 12명의 필자가 쓴 15편의 귀중한 옥고를 대상으로 하고 있다. 그 내용을 보면 천안이 독립운동의 메카답게 독립운동을 책의 기저에 두고 있으며, 천안을 대표하는 인물, 즉 홍대용, 조병옥, 이기영에 대한 조망, 천안과 아산을 아우르는 〈요로원야화기〉 작품을 그 대상으로 하고 있다.

지금 세상에 내놓는 이 책이 천안을 이해하는 데 조금이라도 보탬이 되었으면 하는 바람이다. 그리고 〈천안학의 이해〉를 읽은 강호제현께서 많이 질정을 해주길 바란다.

끝으로 상업성이 낮은 인문학 서적 출판을 허락해준 단국대학교 당국과 출판부 직원들께 감사드린다.

2022년 초겨울에

천안 안서호반 연구실에서 조상우 識

차례

3·1운동의 이해

이정은 (사) 3·1운동기념사업회 회장

1. 머리말

옛 역사책 이름에서 『통감通鑑』, 『자치통감資治通鑑』, 『통감절요通鑑節要』, 『동국통감東國通鑑』 등 거울 감鑑자가 들어가 있는 제목을 많이 볼 수 있다. 과거 역사를 거울로 생각했다는 것이다. 역사라는 거울을 통해 오늘 우리 자신과 현실을 '비추어' 보면 알 길 없는 내일의 길을 밝힐 수 있다는 의미이다. 이 학술강연의 목적은 단지 과거를 아는 데서 그치지 않고 역사를 통해 현재와 미래를 밝히고자 하는 데 있는 줄 안다.

30여 년간 3·1운동을 연구해 오면서 3·1운동이 우리의 위대한 역사적 유산이면서 동시에 우리의 오늘과 내일이 3·1운동에 있다는 확신을 점점 더 갖게 되었다.

2. 3·1운동 전 악조건

1) 식민지 무단통치체제 구축 완료 시점

오래 3·1운동을 연구했던 사람으로서 볼 때 3·1운동은 기적이었다. 하버드대 교수 갈브레이스John Kenneth Galbraith, 1908-2006는 "혁명이란 썩은 문짝 차 없는 것이다."고 했다. 프랑스 혁명, 러시아 혁명 모두 구체제가 썩어서 흔들흔들 하고 있는 것을 혁명이 일어나 툭 차서 넘어뜨렸다는 것이다.

3·1독립운동에 대해 '실패'를 운운하는 이야기가 있다. 이것은 다른 성공한 혁명의 나라처럼 조선총독부 체제가 '썩은 문짝' 상태에 있지 않았다는 것을 무시하고 하는 말이다. 사정을 알면 일어났다는 사실만으로 '기적'이라 해야 할 것이다. 우리는 1919년 3·1운동이라는 기이한 기적적인 현상에서 무엇을 읽어내야 할 것인지를 물어야 한다.

일본은 1905년 대한제국을 보호국으로 하는 을사조약을 강제 체결하였다. 1907년에는 헤이그 특사 파견을 구실로 고종황제를 강제로 퇴위시키고 한국 군대를 강제로 해산하였다. 일제는 사법권과 경찰권 등을 빼앗았으며, 1910년 8월 29일 한국을 강제로 병합하고 대한제국을 완전한 식민지로 만들었다. 경술국치庚戌國恥·일제병탄日帝併呑이라고도 한다.

이후 조선총독부 통치하에서 1919년 3·1운동이 일어나기 직전까지 이루어진 일을 보면 다음과 같다.

• 1910년대 일제의 무단통치

한국을 강점한 일제는 1919년 8월까지 일본군 현역대장을 조선총독으로 임명하여 총독 아래에 행정 담당 정무총감과 치안 담당 경무총감을 두었다. 헌병경찰은 치안업무 이외에 독립운동에 관련하여 주민들의 동향을 조사하고, 혐의자를 색출하여 재판 없이 강제 구금하거나 태형, 심지어는 살해할 수 있을 정도였다. 또한 일반 관공서는 물론 학교 교원들에게 제복을 입히고 칼을 차게 하여 위협적인 무단통치를 자행하였다.

• 지방행정구역 개편

일제는 1914년 지방행정구역 전면 개편 이래 1910년대 후반에 이르기까지 340~360개 군 체제를 12부 220개로 줄이면서 자치적인 지역단위인 동洞·리里를 대폭 통폐합하여 구장 아래에 두고, 1917년에는 면의 기능강화, 면장의 90%를 친일인사로 채움으로써 수직적, 일원적, 일방적 지방지배체제를 완성했다.

• 토지조사사업

일제는 1910년 6월부터 1918년까지 식민지 체제 확립 정책의 중요한 부분으로서 전국적인 토지조사사업을 했다. 1918년 말 이 사업은 완성되었다.

이와같이 일제는 1910년 병탄 이래 한민족을 지배하기 위한 수직적, 일원적, 일방적 지배체제를 지속적으로 재편, 강화해 와 3·1운동 직전에 완성을 보았다. 그러므로 1919년 3월 시점의 조선총독부는 결코 '썩은 문짝'이 아니었으며 오히려 가장 가장 강고하게 완성되어 있었다. 그런 가운데 3·1운동이 일어났다는 것이 기적이었다.

2) 일본은 제1차 세계대전의 승전국

3·1독립운동은 제1차 세계대전이 끝난 시점에 일어났다. 일본은 제2차 세계대전 때와는 달리, 미국, 영국, 프랑스 등과 함께 제1차 세계대전의 승전국이었다. 따라서 국제적 지위와 발언권이 강화되었다.

거기다가 제1차 세계대전에서 러시아 170만, 프랑스 135만, 영국 90만이 전사하는 등 엄청난 인명피해를 입으며 전쟁을 치렀는데, 일본의 전사자는 300명으로 가장 적었다. 그럼에도 일본 경제는 세계대전의 특수경기의 최대 수혜국으로서 만성적자국에서 흑자국으로 도약했다. 3·1독립운동 발발 시기에 일본은 결코 "썩은 문짝"이 아니었다.

제1차 세계대전 참전 각국의 인명피해

나라	사상자	사망	부상
러시아 제국	6,650,000	1,700,000	5,950,000
독일 제국	5,989,758	2,037,700	4,216,058
프랑스 제3공화국	5,623,800	1,357,800	4,266,000
오스트리아·헝가리	4,820,000	1,200,000	3,620,000
대영 제국	2,998,583	908,371	2,090,300
이탈리아 왕국	1,597,000	650,000	947,000

나라	사상자	사망	부상
세르비아 왕국	1,178,148	450,000	728,148
오스만 제국	725,000	325,000	400,000
루마니아 왕국	455,706	335,706	120,000
미국	360,300	126,000	234,300
불가리아 왕국	239,890	87,500	152,390
캐나다 자치령	239,605	66,655	172,950
오스트레일리아 연방	218,501	59,330	159,171
몬테네그로 왕국	60,000	50,000	10,000
벨기에 왕국	58,402	13,716	44,686
그리스 왕국	26,000	5,000	21,000
포르투갈 민주 공화국	20,973	7,222	13,751
뉴펀들랜드 자치령	3,565	1,251	2,354
일본 제국	1,207	300	907
총 사상자	31,875,232	9,381,551	22,493,681

3) 독립운동 기반의 붕괴

1910년대 10년간 국내에서는 조선총독부의 헌병경찰제 아래에서 독립운동이 불가능했다. 독립운동가들은 국외에 망명하여 국외에 독립운동기지를 건설하여 힘을 길렀다가 결정적 기회에 국내 진공을 통한 해방 달성이란 장기 방략을 갖고 국외에서 활동했다. 이 방략에 따라 만주와 연해주를 중심으로 독립운동기지를 건설했다. 1914년 연해주에서는 대한광복군 정부가 수립되어 대대적인 국내 진공작전을 준비하고 있었다. 그러나 1914년 제1차 세계대전 발발은 국외에 건설한 독립운동 기지들을 초토화시켰다. 일제와 타협한 청국, 러시아 당국이 한인 독립운동가들을 투옥, 유배하고 독립운동 활동을 철저히 봉쇄, 탄압했기 때문이다.

3. 3·1운동 발발 요인

1) 독립의지

우리 민족의 독립에의 강렬한 의지가 무엇보다 중요한 요인이었다. 우리 민족은 한시도 독립이란 민족적 과제를 잊은 적이 없었고, 독립할 수 있다는 의지를 굽힌 적이 없었다. 언제 어디서나 독립을 위한 노력을 했으며, 독립을 위한 준비를 해 오면서 기회를 기다렸다. 절대적 독립의지야 말로 3·1운동의 가장 중요한 제1차 요인이었다.

2) 시대변화 : 제1차 세계대전의 종전과 국제정세의 새로운 국면

1914년 독일, 오스트리아, 투르크가 동맹한 동맹국주축국 측에 대하여 영국, 프랑스, 러시아, 이탈리아, 미국 등의 연합국 사이에 일어난 제 1차 세계대전은 1918년 11월 11일 연합국측의 승리로 끝났다. 전후처리와 군비축소 및 국제평화문제를 논의하기 위해 파리 베르사이유궁에서 강화회의가 열렸다. 처음 회의는 영국, 프랑스, 미국, 이탈리아, 일본 5개국이 주축이 되었으나, 일본과 이탈리아가 빠지고 영국 로이드 조지Lloyd George 수상, 프랑스 조지 클레망소Georges Clemenceau 대통령, 미국 토마스 윌슨Thomas W. Wilson 대통령 세 나라 지도자들이 회의를 주도하였다.

미국의 윌슨 대통령이 국제문제를 풀어나갈 원칙으로 14개 조항The Fourteen Points을 제시하였다. 공개외교, 공해에서의 해양의 자유, 무역조건의 평등화, 군비축소, 식민지나 영토문제는 당해 주민의 이해에 따라 해결, 러시아는 자신의 체제를 가질 권리, 벨기에에서 독일군 철수, 알자스-로렌 지역을 프랑스에 반환, 이탈리아 국경은 민족 구성에 따를 것, 합스부르크 제국 안의 여러 민족 자치정부 가질 권리, 발칸반도에서 미군 철수할 것, 투르크의 주권과 영토 보존할 것, 폴란드의 독립, 국제평화기구 창설 등이 강조되었다.

이의 핵심은 크게 두 가지로, 민족자결주의民族自決主義, National Self-Determination와 집단안전보장集團安全保障 원칙이었다. 그리하여 국제연맹 창설과 패전국에 대한 무배상, 무병합의 원칙을 주장했지만, 전쟁의 피해가 큰 당사국의 반대로 패전국에 대하여 가혹한 배상과 영토 상실의 제재를 가했다. 이것이 제2차 세계대전의 원인이 되었다.

3) 광무고종 황제의 승하와 국장

광무 황제 고종은 1907년 헤이그 특사사건을 빌미로 황제 위에서 강제로 물러나 덕수궁에서 일제의 감시 속에 유폐되다시피 하여 있게 되었다. 그럼에도 광무 황제는 절치부심하며 비밀리에 각국 황제와 대통령에게 일본의 부당한 국권침탈에 동정과 도움을 요청하는 한편, 지방 유생들에게 의병을 촉구하는 밀지를 보냈다.

그러나 1910년 8월 대한제국은 일본에 병합 당했고, 의병운동은 1915년을 고비로 거의 소멸되었다. 이런 속에서 일본은 순종의 아들 영친왕 이은李垠을 일본 왕실의 나시모토노미야 마사코梨本宮方子와 정략결혼을 추진했다. 1919년 1월 25일로 혼인식이 결정되어 1월 19일 한국의 황실에서 순종의 어사御使로서 이왕직 장관 민병석과 왕비의 어사로서 윤덕영, 덕수궁 광무황제의 어사로서 조민희, 다나카田中 서무과장 등이 일본으로 떠났다.

1919년 1월 21일 오전 1시 35분 광무고종 황제가 뇌일혈을 일으켜 중태에 빠져 서거했다. 총독부와 일본 정부는 나흘 앞으로 예정된 영친왕과 일본 왕실의 방자의 결혼식을 예정대로 진행하고 이후에 사망 사실을 발표할 것인가, 아니면 결혼식을 연기할 것인가를 긴박하게 논의한 끝에 결국 비밀을 유지할 수 없다고 결론짓고 사망일자를 하루 늦추어 1월 22일 사망한 것으로 발표되었다. 장례일은 서거 42일째 날인 3월 3일로 결정되었다. 고종황제의 갑작스런 서거는 온 민족에게 망국의 슬픔과 애도의 정서를 분출시켰다. 국장을 앞두고 수십만의 지방 인사들이 서울로 모여들게 했다. 그리하여 3월 1일에는 성냥만 그어대면 바로 폭발하여 국장 참가자들에의해 지방으로 전파될 수 있는 상황이 되었다.

4) 민족대표의 역할 : 준비·단합·이상주의

민족대표는 천도교 지도자 15인, 장로교와 감리교 지도자 16

인, 불교 2인으로 모두 33인이었다. 이들은 조선 주류 유교사회에서 경계와 멸시의 대상이었던 이단 신흥종교의 지도자들이었다. 민족대표는 거사 전날 밤 갑자기 독립선언 장소를 탑골공원에서 궁중요리점 명월관 지점인 인사동 태화관으로 변경하여 독립선언식을 하고, 바로 일제 경무총감부에 붙잡혀 갔다. 그리하여 탑골공원에는 학생 시민이 모여 들었으나 3·1운동은 선언서 낭독자조차 정해지지 않은 채 시작부터 지도부 공백인 상태에서 대중에게 내맡겨졌다. 그럼에도 불구하고 민족대표들은 운동의 대중화를 위해 다음과 같은 역할을 했다.

첫째, 3·1운동은 그 시대를 사는 사람이라면 누구에게나 가장 중요하고 절실한 문제에 정확히 초점을 맞추었다. 즉, 자유와 독립의 문제였다.

둘째, 3·1운동은 어느 계급, 어느 정파, 어느 지역을 위해 일으킨 운동이 아니라 민족 전체의 복리를 위해 일어났다. 그러므로 국민 개개인이 이 운동을 자신과 자자손손의 복리에 직결되는 바로 자신의 일로 받아들이고, 자발적으로 나섰다.

셋째, 3·1운동 독립선언서에는 자유·정의와 인도·인류평등의 높고 고상한 이상이 담겨 있다. 그러므로 선언서를 받은 모든 사람들은 '우리는 매우 중요하고 위대한 운동에 참여한다. 여기에 참여하지 않는 것은 비겁한 인간이다'는 자각과 자존감을 갖게 했다.

넷째, 3·1운동은 누구나 참여할 수 있게 그 방법이 단순했다. 대열을 지어 맨손으로 "독립만세!"를 부르면 되었다. 비폭력의 원칙을 표방했던 것도 독립운동에 대중을 참여시키기 위해서였다. 만약 무기를 들고 조직적으로 저항하는 방법을 취했다면 1주일 안에 진압되고 끝났을 것이다.

다섯째. 3·1운동은 적절한 매체를 활용하여 대중과 소통하였다. 그 엄혹한 통제 하에서도 사전에 독립선언서 수만 매를 인쇄하여 조직적으로 지방에 전달함으로써 동시다발의 시위운동을 준비하였다. 또한 3월 1일 천도교에서는 독립선언과 동시에 「조선독립신문」 1만 매를 별도로 간행하여 배포하였다. 일제의 감시와 탄압 속에서 수십 종의 지하 신문·격문들이 비밀리에 제작 배포되어 항일시위운동 확산에 큰 역할을 하였다. 민족대표들은 비록 발발과 동시에 구금되었지만, 이와 같이 사전에 다양한 방법으로 적극 대중과 소통하며 준비 작업을 했다.

위에서 보면, 적절한 비전 제시, 민족 전체의 복리 지향, 높고 고상한 동기 부여, 누구나 참여할 수 있는 쉬운 방법, 대중과의 적극적인 소통이 있었을 때 어마어마하게 위대한 일이 일어날 수 있다는 것을 3·1운동이 보여주었다.

5) 비非노블레스 오블리주

시작부터 지도부 공백으로 당혹스런 상황을 맞았다. 그러나 누구도 민족대표의 부재를 원망하며 영웅의 출현을 기다리고만 있지 않았다. 스스로 나서 주도자가 되었다. 스스로 만세시위를 조직했다. 스스로 나서 동리와 동리를 연결 연대했다. 스스로 나서 총칼 앞에서 당당하게 독립만세를 부르며 떨쳐 나갔다. 삼천리 방방곡곡에서 일어난 모든 독립만세 시위운동이 이렇게 일어났다. 그들 대부분이 사회 특권층이 아니었다. 특권층은 자신들이 받아온 사회적 혜택으로 책임의식을 가져야 한다. 3·1운동 주도자나 참여자 중에는 특권층이 없었다.

민족대표들은 사회적 존경을 받을 수 있는 위상을 아직 갖지 못했던 천도교, 기독교같은 신흥종교 지도자와 조선 500년 동안 차별받고 외면되었던 불교의 혁신파 일부로 구성되었다.

그들이 독립선언 직후 붙잡혀 들어가고 지도부가 공백상태가 되었을 때 수많은 이름없는 사람들이 스스로 자신이 나라 운명의 주인이라 생각하고 나섰다. "비非 노블레스 오블리주" 정신이 분출했다. 이러한 보통사람들의 특별한 주인의식이 거대한 3·1운동을 가능하게 했다.

4. 3·1운동의 전국적 확산과 의의

1) 3·1운동의 전개

서울에서 만세시위운동이 시작된 3월 1일 평양·진남포·안주·의주·선천·원산·고양 등 중서북 주요 도시에서 독립선언과 시위운동이 일어났다. 3월 중순경에 들어서서는 마치 요원의 불길처럼 전국 방방곡곡에서 시위운동이 일어났다. 3·1운동은 5월 말까지 석 달간 전국에서 계속되었다.

3월 1일부터 4월 11일까지는 매일 10회 이상 시위가 일어났으며, 시위운동의 정점을 이룬 4월 1일은 하루 동안 67회의 시위가 일어났다. 3월 27일과 4월 2·3일은 50회 이상 일어났으며, 적어도 30회 이상 일어난 날만 15일이었다. 참여인원으로 보면, 수십만이 참여한 서울을 제외하고서도, 의주 3만, 강화읍 약 2만, 합천 삼가 1만, 선천 8천, 삭주군 대관 8천, 선천읍 6천, 순천읍 5천, 명천군 화대 5천 등 대규모의 시위가 많았다.

시위운동은 다양한 형태로 전개되었다. 시가지 대로상의 만세시위, 시골 장터에서 행한 장터 만세시위, 야간 산상의 봉화시위, 인근 지역을 찾아다니며 행한 만세꾼들의 시위운동, 지역과 지역이 이어 받으며 행한 릴레이 시위운동, 시신을 떠메고 행한 상여시위, 상점 문을 걸어 잠근 상인들의 철시 시위, 노동자들의 파업, 거지들의 시위, 기생들의 시위 등 남녀노소, 신분의 귀천을 가리지 않고 전 계층이 다양한 형태로 참여하였다.

만주 간도 지역에서는 3월 12일 길림성吉林省 유하현柳河縣 삼원보와 통화현通化縣 금구에서 독립축하회를 열고 만세시위를 벌였다. 북간도에서는 3월 13일 용정 서전대야西甸大野 일본 영사관 옆에 한인 약 1만 여 명이 모여 독립축하식을 거행하고 시가행진을 하다 일제 계략으로 맹부덕의 중국 군대의 집중사격을 받아 18명이 죽고 30여 명이 부상당하였다. 이밖에도 백초구, 훈춘, 봉천 등 만주의 각 지역에서 만세시위가 이어졌다.

연해주에서는 국내 3·1운동 발발 소식이 전해지자 3월 17일부터 블라디보스토크·우수리스크·라즈돌리노예·녹둔도 등지에서 시위운동이 이어졌다.

미국 대한인국민회 중앙총회에서는 안창호가 한인들의 각오와, 미국의 여론을 일으키고, 재정 공급에 노력할 것을 촉구하였다. 서재필 등은 4월 14일부터 16일의 3일간 필라델피아 독립기념관에서 자유한인대회를 개최하였다. 140여 명의 한인 대표와 필라델피아 시장을 비롯한 다수의 저명 인사가 참석하였으며, 시가행진을 벌였다.

2) 3·1운동의 주체

먼저 3·1운동에 대해 우리의 생각을 새롭게 일깨울 자료 하나를 소개한다. 다음의 도표는 전국의 만세시위 주체를 도별로 나타낸 것이다. 이 도표는 국사편찬위원회가 최근 완성한 3·1운동 종합 D/B의 시위 통계에서 추출한 것이다.

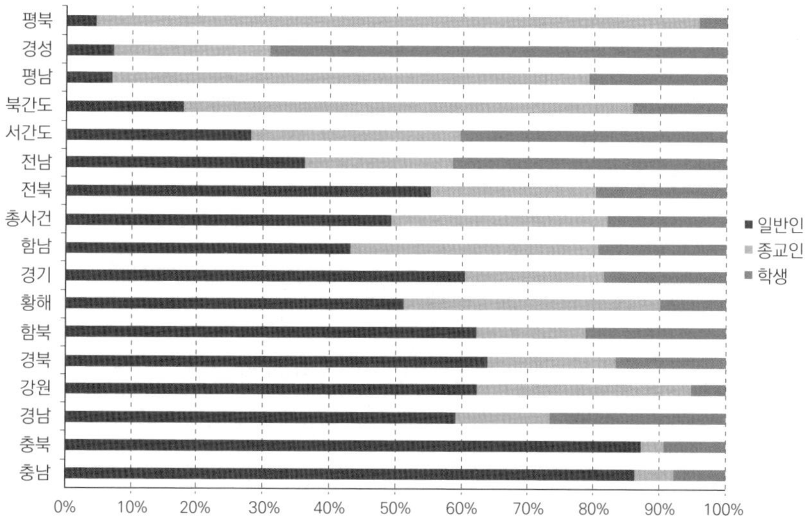

전국 3·1운동의 도별 시위 주체별 비율 도표 만세시위 3대 주체 일반인, 종교인, 학생의 비율

전국 평균은 일반인 5 : 종교인 3 : 학생층 2의 비율이었다.

그러나 도별로 보면 시위 주체의 비율이 각각 다 다르다.

평북, 평남, 북간도에서는 종교인의 비율이 85%를 넘어 절대적으로 높았다.

경성(서울) 약 70%, 서간도, 전남은 약 40%로 학생층의 비율이 가장 높았다.

충남과 충북은 일반인의 비율이 85% 이상에 이르도록 절대적으로 높았다.

이것은 중앙 지도부에 의해 일사분란하게 조직되고 지휘 통제된 집단의 독립운동이 아니었고, 주민들이 자발적으로 계획하고, 참여하며 연대하고, 실행했던 과정에서 지역의 특성이 반영되어 나타난 현상으로 보인다. 이런 면에서 3·1운동은 세계 혁명사, 독립운동사에서 독특했다. 하나이면서 여럿이고 여럿이면서 하나인 독특한 대중운동이었다.

3) 3·1운동의 의의

가. 만주 독립군 무장투쟁·의열투쟁

일제 식민지 체제에 대한 분명한 적대의식과 이를 무력, 또는 의열투쟁을 통해 일대 타격을 가하고자 하는 운동이 조직적으로 준비, 실행되었다. 대표적인 것이 1920년 6월의 봉오동 전투, 10월의 청산리대첩이다.

또한 김원봉의 의열단, 김상옥, 김익상, 송학선, 윤봉길 의사 등의 의거가 잇달았다.

나. 대한민국 임시정부의 조직

독립운동은 일제로부터 해방운동임과 동시에 왕이나 황제가 아니라 국민이 주인이 되는 새로운 공화국 건설이라는 양면운동이었다. 3·1운동은 국민이 주인의식을 갖고 이루어 낸 운동이었고, 민주 공화국의 주인이 될 자격을 입증한 위대한 사건이었다. 이러한 3·1운동이 대한민국 임시정부로 이어지게 된 것은 매우 자연스럽고 의미깊은 일이었다. 이후 대한민국임시정부는 독립운동의 구심점이 되어 1940년 광복군을 조직하고, 대일선전포고를 하였으며, 제2차 세계대전의 연합국의 일원으로 참전을 준비하다 종전을 맞았다.

다. 민족정체성 정립

3·1운동은 1910년대 10년 동안 계속되어 온 조선총독부와 헌병경찰 체제의 강압적 통제체제를 어느 정도 물러서지 않을 수 없게 하여 '문화정치'라는 공간을 만들어 냈다.

조선총독부의 무단정치로부터 확보한 제한된 자유의 공간에서 한국인들은 학생운동, 청년운동, 농민운동, 노동운동, 어린이운동, 여성운동 등 다양한 계층의 사회운동을 전개하여 민족 내부의 평등과 결속을 강화하고, 국어, 국사, 우리 문화에 대한 연구를 통하여 세계 속에서 민족적 정체성을 분명하게 하고 민족적 자부심과 공동체 의식을 강화했다.

5. 생각할 점

1) 영웅이 없는 사건의 영웅들

3·1운동은 대대적인 혁명적 민족 독립운동이었다. 그럼에도 불구하고 조지 워싱턴, 레닌, 마오쩌둥毛澤東 같은 영웅이 없는 사건이었다. 3·1운동은 천도교, 기독교, 불교 대표자들이 민족대표를 구성하여 앞장섰으나 열혈 학생들과 경찰이 충돌할 경우 독립선언 자체가 무산될 것을 우려하여 전날 밤 늦은 시각에 독립선언 장소를 태화관으로 변경하고 변경사실을 학생단이나 시민들에게 알리지 못했다. 그리고 3월 1일 오후 2시 민족대표들은 태화관에서 독립선언 후 곧 체포되어 경무총감부에 수감되었다. 3·1운동은 시작 단계에 지도부 공백상태가 되었다.

독립만세시위는 통일된 지도부 없이 대중들에게 내맡겨져 굴러가기 시작했다. 아무도 이 독립운동이 얼마 동안이나 어떤 범위로 어떻게 퍼져나갈지 예측할 수 없었다. 그럼에도 3월, 4월, 5월까지, 심지어 그 후 수개월에 걸쳐 독립만세 시위운동은 계속 일어났다. 혁명적 영웅이 있어야 했던 빈자리는 첫 선언서 낭독자처럼 각지에서 자발적으로 독립운동을 전파하고 조직하며, 주도한 시민과 학생, 전국 각지의 인사들이 채웠다. 영웅이 없는 독립운동이었기에 수많은 영웅이 탄생했다. 이 때문에 3·1운동은 모두가 영웅이 된 특이한 독립운동이었다. 그들은 영웅을 기다리지 않고 스스로 영웅이 되었다. 17세 여자고등보통학교 1학년생 유관순도 그런 영웅의 대표적인 예였다.

2) 새로 찾은 세대

3·1운동은 제1차 세계대전 직후에 일어났다. 제1차 세계대전1914-1918은 유럽 문명국들 사이에 일어난, 일찍이 없었던 대량살상의 세계전쟁이었다. 그 충격이 너무 컸던 탓에 전쟁을 겪은 유럽의 2030 세대들은 정신적 공황에 빠졌다. 인간에 실망하였고, 서구 문명에 절망하여 기존 가치와 관습을 거부했다. 그들을 "잃어버린 세대"the Lost Generations라고 한다.

반면, 그 시기 한국에는 유관순같이, 조국과 민족을 위한 사명을 발견하고 불의에 항거하며, 자신을 내던지는 용감한 새로운 세대가 등장했다. 우리는 이들 '3·1운동 세대'를 서구의 "잃어버린 세대"와 대비되는 "새로 찾은 세대"the found generations라 불러도 좋을 것이다. 그들은 일본의 '천황주의' 사상과 식민지 노예교육 하에서도 조국의 유구한 역사와 찬란한 문화에 대한 자부심을 가지고, 3·1운동에 적극적으로 몸을 던졌다.

그들은 공동체의 자유와 행복을 위하여 타인, 남의 민족의 힘에 의탁하거나, 지도자나 영웅을 기다리며 미루지 않았다. 어리고 미력하지만 3·1운동을 통하여 스스로 주체가 되어 세상을 변화시키는 경험을 하였다. 그들은 계몽을 통해 '교육된 근대인'이 아니라, 체험을 통해 '주체적 근대인'으로 새롭게 태어났다. 이들이 걸었던 길은 의존적·예속적 근대화의 길이 아니라, 자존적·민족주의적 독립의 길이었으며, 영웅을 기다리는 영웅대망英雄待望의 전근대적 길이 아니라, 스스로 공동체에 책임을 느끼는 민주적 시민사회의 길이었다. 또 하나, 그럼에도 불구하고 그들은 일국사一國史 안에 갇히지 않고 세계사적 보편주의, 즉 자유, 해방, 정의, 인도, 인류평화를 지향했다. 위대한 세대의 탄생이었다.

3·1운동 이후 이들 유관순 세대의 살아남은 자들이 1920년대 국내외 독립운동과 새로운 시대, 새로운 사상운동, 사회운동, 문화운동을 이끌었다.

3) 문명 가치

유관순이 참여한 아우내 만세시위에서 부모님을 포함하여 19명이 피살되었다. 그러나 일제의 무단 발포에 분노한 시위군중이 무단 발포한 헌병을 향해 폭력으로 치달으려 했을 때조차 조인원 등 시위 지도부는 군중을 자제시켰다. 비이성적 증오나 복수, 보복 등 파괴적 충동에 사로잡히지 않았다. 그들이 추구한 것은 자유, 정의와 인도, 인류 평등과 평화, 상생의 문명가치였다.

일본인 도쿄대 출신 학자로서 한국 근대사를 연구하고 성균관대에서 재직하기도 한 미야지마 히로시宮島博史 박사는 한국 민족주의의 특징을 이렇게 말했다.

나는 한국 민족주의의 역사와 그 특징에 대해서 조금 다른 의견을 갖고 있다. 즉, 한국에 있어서는 민족주의에 앞서 문명주의라는 것이 존재했었으며, 근대 이후의 민족주의도 문명주의적 색채를 강하게 띠게 되었다는 것이 나의 생각이다.

한국에서는 조선왕조가 성립되면서 주자학이 국가이념으로서의 지위를 획득하게 되었는데, 이것을 한국에서의 문명주의의 성립이라고 볼 수 있을 것이다.

또한 한국 민족주의의 배후에 존재하는 문명주의에 대해서 일본은 전혀 이해하지 못했다. 그것은 일본 자체가 문명주의를 경험하지 못했기 때문이라 생각할 수 있는데, (중략) 이러한 일본의 태도는 현재까지 계속되고 있다고 하겠다. 미야지마 히로시, '민족주의와 문명주의', "1919년 3월 1일에 묻다", 성균관대 출판부, 2009, 53-67쪽.

4) 시대전환의 변곡점으로서 3·1운동

가. 반침략 독립

3·1운동은 일본의 한국 침략과 강점에 대한 한국민의 대대적인 저항의 독립운동이었다. 서울과 고향 병천에서의 시위 모두는 한국의 독립의 당위성과 한국을 병탄한 일본 제국주의의 반성과 한국지배의 포기를 촉구하는 것이었다. 그것은 새로운 세계 질서로서 무력침략이 없는 각개 민족의 독립과 평화적 공존의 질서를 제창한 것이었다.

세계의 독립국가 수는 1776년 미국의 독립선언 이후 몇 개의 단계를 거치면서 2010년 현재 195개국에 이르렀다.[1] 국가들의 독립을 시기별로 나누어 보면 다음과 같다.[2]

세계 국가들의 독립

구분	시 기	주요 계기	독립 국가수	대표적인 국가들
제1기	1800-1902	미국의 독립 1781	20	아르헨티나, 칠레, 콜롬비아, 멕시코, 쿠바 등
제2기	1918-1951	제 1, 2차 세계대전	47	한국, 이집트, 남아공, 그리스, 알바니아, 미얀마 등
제3기	1952-1988	한국전쟁 이후 동서냉전 격화 1950	90	베트남, 항가리, 모로코, 가봉, 세네갈 등
제4기	1989- 현재	88올림픽, 소연방 해체 1989	29	에스토니아, 아르메니아, 아제르바이잔, 벨라루스, 코소보 등
계			186	전체 195개국

자료 : list of sovereign states by formation date, Wikipedia

1776년 이후 19세기 전반에 집중적으로 독립한 나라들은 아르헨티나, 칠레, 콜롬비아 등 대부분 중남미 국가들이었다. 19세기 후반에도 멕시코, 파라과이, 앨살바돌과 1902년의 쿠바 독립까지 이를 추세를 이어갔다.[3] 그러나 19세기 중남미 국가들의 독립은

1 'List of Sovereign States by Formation Date', Wikipedia

2 제1기, 제2기의 주요 계기는 미국의 독립과 제1차 및 제2차 세계대전으로 보이나 제3기, 제4기의 주요계기 한국전쟁 이후 동서냉전과 소련의 붕괴라는 것은 정확한 분석에 근거한 것은 아니며 개연성이 높은 임의적인 것이다.

3 아르헨티나(1816), 칠레(1818), 콜롬비아(1819), 페루(1821), 브라질(1822), 볼리비아 (1825), 우루과이(1828), 베네수엘라(1830), 에콰돌(1830), 코스타리카(1838), 과테말라 (1838), 멕시코(1863), 파라과이(1876), 엘살바돌(1898), 쿠바(1902), (list of sovereign states by formation date,

피압박 원주민들이 식미지 지배국에서 독립한 것이 아니라, 식민지 모국에서 온 백인 지배층들이 모국으로부터 분리 독립한 것이었다.

제2의 국가독립 파도는 제1차 세계대전이 결정적인 계기가 되었으며, 이어 30여년 후에 일어난 제2차 대전이 이를 가속화시켰다. 제1차 대전 기간 중 주축국과 연합국은 상대 진영의 전력을 약화시키기 위해 상대진영 식민지 민중들의 독립을 부추겼다. 영국의 오스만터키 제국 치하 아라비아 민족에 대한 반 오스만터키작전, 독일의 아일랜드 독립지원 등이 그것이다.

또한 제1차 세계대전은 유례가 없는 총력전이었다. 이기기 위해 식민지의 인적 물적 자원까지 동원하지 않을 수 없었던 식민지 모국들은 영국이 인도에 대해 그러했던 것과 같이 식민지 민중들에게 독립을 약속하며 인적 물적으로 전쟁에 동원했다.

1917년 제1차 세계대전의 와중에 일어난 러시아 혁명도 세계에 약소국의 해방과 독립의 분위기를 고조시키는 데 일조했으며, 미국 대통령 우드로 윌슨의 14개조 전후 처리방침 중에 포함된 "민족자결주의" 또한 약소민족 지도자들로 하여금 약소민족 독립의 희망과 기대를 갖게 하는 데 일조했다.[4]

이에 따라 세계 약소민족들의 독립선언이 잇달았다.

그리고 제1차 세계대전 종전을 전후하여 실제로 독립을 이룬 나라도 나타났다. 1918년 러시아제국으로부터 핀란드, 1919년 오스만터키제국으로부터 사우디아라비아가 있었으며, 1921년 중

Wikipedia)

[4] 한국 민족대표, 「선언서」, (1919. 3. 1) 참조.

국으로부터 몽골, 1922년 영국으로부터 이집트, 미국으로부터 1924년 도미니카공화국과 1925년 혼두라스 등이 전후 시기에 독립했다.[5] 이 시기에 독립하지 못한 인도같은 경우에도 제2차 세계대전 후에 독립을 마침내 이루게 되었다. 인도의 독립은 제1차 세계대전 때 그 씨앗이 뿌려진 것이다. 제2차 세계대전 이후 약소국들의 독립이 우후죽순과 같이 줄을 잇게 되는 것도 제1차 세계대전 이후 세계사의 방향이 달라진 데서 기인한 것이라 할 수 있다.

이와 같은 세계사의 전환기에 한국의 1919년 독립선언과 독립선언서에 표명된 자유, 정의와 인도, 인류평등과 평화의 메시지, 그리고 이를 뒷받침하기 위해 일어난 거대한 대중의 전국적인 독립만세 시위는 향후 전세계적인 차원에서 봇물처럼 터지기 시작한 독립 행렬의 예고였다. 이는 향후의 세계사의 방향을 가장 극적으로 제시한 운동이었다. 그후 오늘날 세계 195개국 가운데 74%에 이르는 145개 국가가 1919년 이후에 독립을 이루었다.[6] 그러므로 유관순 열사의 독립만세시위는 향후 세계사의 진로가 한국의 경우를 통해서 반침략 독립의 방향으로 나아가야 함을 제시하는 것이기도 했다.

---

5 아일랜드의 경우 1919년 1월 21일 독립선언을 했지만, 1931년에 가서야 영국으로부터 독립했다.

6 이 중에는 일본 등과 같이 제2차 세계대전 등으로 연합국에 점령되었다가 국권을 회복한 경우도 일부 포함되어 있다.

나. 무력에 반대하는 비폭력

아우내 장터 시위현장은 일제 관헌의 무단발포로 피바다가 되었다. 유관순 열사의 부친 유중권과 모친 이소제도 현장에서 사망했으며, 총탄을 맞고 쓰러진 김구응에게 일본군은 총 개머리판과 총검으로 두개골을 박살내었다. 이 소식을 듣고 달려온 김구응의 어머니 최정철에게도 총을 쏘아 쓰러뜨리고 총검으로 마구 찔러 죽인 폭력의 현장이었다.[7] 현장에서 모두 19명이 목숨을 잃은 것으로 알려져 있다.

그러나 유관순 열사를 비롯한 시위대는 맨손의 비무장이었다. 총기난사로 피를 흘리는 사람이 속출하는 상황에서도 폭력으로 치닫는 것을 제지하며 평화적 비폭력 시위의 원칙을 지켰다.

3·1운동과 아우내 독립만세시위는 일본 제국주의 폭력성이 유감없이 노정된 현장이었으나, 만세시위 주도자들은 비폭력의 평화적 시위운동의 원칙을 끝까지 지켜나갔다.

비폭력 대중시위는 20세기의 발명품이었다. 3·1운동은 그 대표적인 것이었으며, 세계사에 가장 선구적인 비폭력 시위운동의 하나였다. 인도 간디의 반영 비폭력 독립운동과, 1960년대 마틴 루터 킹 목사가 이끌었던 흑인민권운동, 남아프리카의 넬슨 만델라의 민주화 투쟁에서도 그런 예를 찾아볼 수 있다.

---

7 이정은, 『3·1운동의 지방시위에 관한 연구』, 국학자료원, 2009, 346쪽.

다. 강압과 공포에 대항한 자유와 해방

17세 어린 여학생 유관순은 자신의 사상을 체계적인 글로 남기지는 않았다. 그러나 일제 무단정치하의 강압과 공포의 시대에도 주눅들지 않는 자유의 정신을 발휘하였다.

유관순은 공주재판소에서 5년형을 받았을 정도로 일제의 부당한 억압과 공포정치에 항거했으며, 부당한 재판의 형량에 대해서는 경성복심법원의 판결에서까지 이례적으로 과중한 것으로 인정하고 3년으로 감형 선고를 한 데서도 볼 수 있다.

유관순은 감옥에 갇혀서도 계속해서 독립만세를 부르다 구타와 고문을 당했다. 자유와 해방을 위한 이 모든 그녀의 행동은 어린 학생이라고 하기에는 믿기 어려울 만큼 일관성이 있으며 인격적으로 진실했다. 그녀의 행동은 강압과 공포의 권력에 맞선 자유와 해방을 위한 행동이었다.

그후의 세계는 강압과 공포의 정치에 맞서 자유와 해방의 길로 나아갔다. 한국의 경우에서도 일제로부터 해방에 이어 공산주의와의 투쟁, 자유 민권 및 민주화를 위한 투쟁이 해방 이후 계속되어 이제 제도로서의 민주화는 완성 상태에 있다. 이런 한국사회의 민주화는 3·1운동의 정신과 운동방식에 크게 영향을 받았다.

또한 세계도 군국주의적 국가들의 붕괴, 공산독재국가들의 해체 등을 겪으면서 자유화, 민주화의 길로 나아왔다. 자유와 해방은 3·1운동 이후 거스릴 수 없는 세계사의 대세가 되었다. 3·1운동을 그 길을 제시한 것이며, 모델을 보인 것이었다.

라. 수평적·다원적·자발적인 협동

일제가 1910대 조선총독부 통치 10년에 걸쳐 구축하고자 했던 것은 조선 전통 지방사회의 향촌공동체적 유대를 해체하고 수직적·일원적·일방적 지방지배체재를 수립하는 것이었다. 3·1운동은 이에 대비되고 대칭되는 형태로 조직되고 추진되었다. 일제는 1910년 병탄 후 무단정치 10년 동안 조선사회를 조선총독을 정점으로 수직적·일원적·일방적으로 재편해갔다. 조선사회에 그나마 숨쉴 수 있었던 수평적 공간이라고는 시골의 경우 장터였고, 도회지의 경우 학교와 교회였다. 3·1운동은 일제 총독부의 무단통치의 수직적 억압체제하에서 명맥을 유지하고 있었던 장터와 학교, 교회에서 일어났다. 수직적 억압구조에 대한 수평적 대항의 형태를 띠고 있었다.

지방시위의 경우 많은 연구자들이 "억압과 착취의 강도가 저항의 강도에 비례했다"며 억압과 착취가 많았던 지역에서 더 치열한 시위운동이 일어났다는 식으로 지방의 시위운동에 대해 설명해 왔다. 그러나 지방의 시위는 억압과 착취가 강했던 곳보다 상대적으로 일제하에서 향촌의 자율성이 덜 해체되어 공동체적인 유대가 살아있었던 지역에서 더 강하게 운동이 조직적으로 일어났던 것을 지역 사례들이 보여 주었다.[8]

3·1운동은 특정 운동 지도체가 일원적, 수직적 지령을 내려 이루어져간 운동이 아니었다. 운동이 시작하자마자 민족대표들이 붙잡혀 가는 바람에 지휘부가 공백이 되었다. 그럼에도 불구하고 이

---

8 이정은, 『3·1운동의 지방시위에 관한 연구』, 국학자료원, 2009. 참조.

운동은 5월 말까지 전국에서 지속되었다. 이 운동은 각성된 개개인에 의해 확산되고 지속되었다.

유관순의 3·1운동도 마찬가지였다. 누구도 유관순에게 시위운동에 참여하도록 '지령' 또는 '지시'를 한 조직이나 지도부가 따로 없었다. 그녀는 스스로 결심하고 참여를 금지하는 제지를 박차고 담을 넘어 시위대열에 합류했다. 병천 아우내 장터 시위는 유관순의 동면을 비롯하여 병천면, 성남면, 수신면과 주변 멀고 가까운 동리들의 연대와 연합의 시위운동이었다.

3·1운동은 이와같이 수평적·다원적·자발적이며 협동적 운동이었다. 이 운동은 한정된 집단의 일사불란하게 조직화된 무장독립운동이 아니었으며, 대중이 자발성에 기초하여 참여하고, 스스로 운동의 주체가 되어 갔으며, 지역과 집단에 연대를 발견해간, 시대를 앞서간 운동이었다. 그것은 "위력의 시대가 거하고 도의의 시대가 래하도다."고 외친 민족대표의 「선언서」의 시대인식과 같이, 구시대 침략주의적 제국주의라는 하나의 시대가 가고 새로운 시대 즉, 국가간의 자주와 독립이 존중되는 세계질서, 비폭력 문화, 자유와 인간해방의 사회, 수평적·다원적·자발적이며 협력적인 연대를 제창한 새로운 시대의 선포요, 그 도래, 세계문명의 전환을 알리는 징표였다.

유관순은 비록 체계적인 사상을 글로 남기지 않았지만, 그녀가 참여하여 이루어낸 3·1운동을 통한 삶과 죽음을 통해 바로 이 새로운 사유와 새로운 행동의 모형을 제시하였다.

2000년대가 오기 전까지 3·1운동이 특징으로 하고 있는 수평적·다원적·자발적인 협동의 운동이 갖고 있는 의미와 가치가 눈에 크게 들어오지 않았다. 그러나 2000년대에 들어서 정보화시대로 진입하면서 세계는 이전 시대의 한 사람 뛰어난 영도자와 강력한 권위적 체제에 의한 수직적·일원적·일방적 체제가 가진 일사불란한 효율성의 중요성이 감퇴되고, 위키백과사전의 예처럼 수평적·다원적·자발적인 협동과 연대의 가치가 부각되기 시작하였다. 세계적으로 주목받는 구글, 애플, 픽사 등과 같은 기업들은 기존의 수직적·일원적·일방적 회사 시스템을 깨부수어 수평적·다원적·자발적인 시스템으로 만들어 창조적 산업을 일으키며 산업계를 재편하고 있다.

이를 볼 때 3·1운동은 100년을 앞선 운동이었다. 3·1운동을 100년을 지난 시점에서 볼 때 유관순 열사는 단지 한국의 독립만세운동의 한 주역이었을 뿐 아닐라, 100년을 앞선, 시대의 새로운 사유와 행동양식의 실천가의 한 사람이라고 할 수 있지 않을까 생각된다.

이것을 표로 정리하면 다음과 같다.

구시대적 가치		새로운 시대 가치
침략, 식민지	▶	독립 (세계독립국 20개에서 3·1운동 이후 200여개 국으로 증가)
독점	▶	공존 (약자, 환경보호, 윤리경영)
무력, 폭력	▶	비폭력 평화 (인도 간디, 미국 루터 킹 등)
강압	▶	자유 (아시아, 아프리카, 동유럽, 중동 등)
지배	▶	존중과 배려 (남여평등, 동물보호 등)
일원적	▶	다원적
일방적	▶	쌍방적
수직적	▶	수평적
무력화	▶	역량강화

▲

3 · 1운동
(March 1st Movement)

낡은 시대로부터 새로운 시대로

6. 맺음말

3·1독립운동은 19세기 말에서 20세기 전반 일본 제국주의의 탐욕과 독점, 폭력적 사유와 행동에 대한 저항이었다. 그러나 3·1운동 안에 담고 있는 더 깊고 넓은 의미는 20세기 후반까지 다만 한민족의 거대한 독립운동으로 찬양하고 기념하며 기억하는 이외에 다른 의미는 잘 보이지 않았다.

21세기에 들어와 세계는 이전과 확연히 다른 방향으로 선회하고 있다. 이 변화는 세계 경제의 중심축이 서구에서 아시아 태평양 지역으로 이동하고 있는 것만을 말하는 것만 아니다. 페스트 푸드에서 슬로푸드로, 자동차와 고속도로로 상징되는 질주의 시대에서 올레길로 상징되는 느림의 문화 확산, 강철과 유리의 미학을 찬미하던 직선과 수직, 빌딩 숲의 도시에서 숲과 냇물과 돌담길의 마을과 도시로 선호 변화, 마이크와 확성기, TV로 상징되는 일방적 전달로부터 실시간 댓글, 독자, 시청자 누구나 참여하는 유튜브 영상 등 쌍방향의 다차원적 공유와 소통의 정보화 시대에 들어섰다. 모든 것이 속도, 수직, 일방, 일원적이었던 20세기와 확연히 다른 느림과 편안함, 수평과 쌍방향 소통의 문화가 새롭게 부상하고 있음을 본다. 그런 점에서 3·1운동은 독립운동사에서 한 획을 긋는 대운동일 뿐만 아니라, 20세기의 한계를 일찍이 지적하고 대안을 제시한 시대전환의 징표요 변곡점이었다고 할 수 있다.

3·1운동에서 신교육을 받고 성장한 유관순 같은 신세대 근대인들이 하나의 세대로서 대두했다. 그들이 3·1운동을 통하여 정치세

력화할 수 있다는 것, 이미 정치세력화되었다는 것에서도 새로운 의미를 찾을 수 있다.

이들 신세대는 제국주의와 폭력에 대해 타협이 아니라 저항을 선택했고, 일본민족의 아류가 아니라 "조선민족"이기를 선택했다는 점,[9] 그 목적을 이루기 위해 지도자 또는 영웅을 기대하지 않고 "나"가 주체가 되어 움직였고, 그 개개의 움직임이 전체의 동력으로 변화시킨다는 것을 경험함으로써 역사의 주체가 바로 "나"임을 체험했다. 그들의 존재는 계몽을 통해 "교육된 근대인"의 탄생이 아니라 체험을 통한 "주체적 근대인"의 탄생을 의미하였다.

그래서 이를 통해 19세기 후반기 내내 방향을 바로잡지 못했던 한국의 역사 안에 비로소 한국사의 방향을 독립민족주의과 민주주의의 공화국으로 확고히 하였다. 그리고 그 방향은 일국사 안에 국한되는 것이 아니라 세계적 보편주의-이상적 휴머니즘자유, 해방, 평화주의, 폭력에 대한 저항-을 지향했다. 이처럼 3·1운동은 오늘날 우리가 누군가를 알고, 우리의 가야할 방향을 재확인하는 중요한 이정표이다.

---

9 이것은 19세기 중엽까지 중국을 중심으로 한 중화적 세계질서 안에서 조선을 사유한 것이나, 19세기 후반기 강대국의 논리에 입각하여 조선을 사유하고자 했던 적자생존 논리를 극복하고 처음으로 진정으로 개개의 신인류들이 자신은 "한국민족"이라고 선언을 하고 한국 민족만의 국가를 갖겠으며, 일본의 선정(善政)은 필요 없다고 선언(!)한 것으로 그 의미가 크다고 생각된다.

참고 문헌

미야지마 히로시, 「민족주의와 문명주의」, 『1919년 3월 1일에 묻다』, 성균관대출판부, 2009.

이정은, 『3·1운동의 지방시위에 관한 연구』, 국학자료원, 2009.

1910년대 광복회와 천안인

이성우 충남대학교

1. 머리말

우리 민족은 1910년 일제의 침략을 받아 식민지로 전락하고 말았다. 한말국권회복운동을 전개했으나 성과를 거두지 못한 결과였다. 일제는 1910년대 폭압적인 무단통치를 실시했다. 일제의 무단통치는 제국주의 역사에서 유례를 찾을 수 없는 가혹한 식민지 지배 방식이었다. 조선총독은 일본의 내각을 감시를 받지 않았으며, 입법·사법·행정 및 군통솔권을 가진 존재였다. 일제는 식민지 조선에서 헌병경찰을 동원해 억압적이고 폭압적인 통치를 시작했다. 초법적인 무단통치로 국내에서의 독립운동은 크게 위축되고 암흑기를 맞을 수 밖에 없었다. 이는 1910년대 국내독립운동이 한국독립운동사에서 주목되는 이유이기도 하다. 우리민족의 독립운동은 국내를 비롯해 만주와 중국 관내·러시아·미주·일본 등 전 세계에서 다양한 형태로 전개되었다. 하지만 독립운동에 있어 가장 제약이 많았던 곳은 국내였다. 국내는 일제의 직접통치를 받고 있었고 감시와 탄압이 그 어떤 지역보다 삼엄했기 때문이다. 1910년대는 더욱 그러했다. 따라서 1910년대 국내 민족운동세력이 선택한 독립운동은 비밀단체를 결성해 항일투쟁을 전개하는 것이었다.

1910년대 국내비밀단체는 한말국권회복운동을 계승해 독립전쟁을 실현하는 데 있었다. 한말 의병전쟁과 계몽운동은 '국권회복'이라는 목적은 같았으나 국권회복의 방법과 이념상의 차이가 있었다. 1910년대 초 비밀단체들이 두 계열로 조직되는 것도 같은 맥락이었다. 하지만 계몽운동계열의 실력양성론이나 의병전쟁계열의 무장투쟁적인 방법만으로는 식민체제를 극복할 수 없다는 것을 인식하고 노선상의 차이를 극복해 가기 시작했다. 이러한 특성을 보여주는 대표적인 단체가 1915년 조직된 광복회이다. 광복회는 국내에서 자금을 모집하고 국외에서 독립군을 양성해 독립을 달성하고자 조직되었다. 광복회는 전국에 지부를 설치했는데, 충청도 지부는 가장 대표적인 지부였다. 천안인들은 충청도 지부의 핵심적인 인물이었으며, 충청도지부가 전개한 군자금 모집과 의열투쟁에서 선구적인 역할을 담당했다.

2. 1910년대 국내독립운동과 광복회

1910년대 국내독립운동은 비밀단체들이 주도했다. 일제 강점이 시작되면서 대다수의 민족운동세력들은 해외로 망명해 독립운동 기지를 건설하고 항일전을 추진했고, 국내에 남아있던 민족운동세력들은 이들과 연계해 독립운동을 전개했다. 그러나 일제의 무단 통치하에서 국내 독립운동은 비밀단체를 조직할 수 밖에 없는 상황이었고 이념과 방략을 달리하는 단체들이 조직되었다. 이것은 한말 의병전쟁을 계승해 복벽주의을 추구했던 단체와 계몽운동을 계승해 공화주의 이념을 추구했던 단체로 양분되는 경향을 보였다.

독립의군부·풍기광복단·민단조합이 대표적인 복벽주의 계열의 단체였으며, 조선국민회·조선국권회복단·조선산식장려계·자립단은 공화주의를 추구했던 단체였다. 이러한 경향은 대체로 한말국권회복운동을 추진했던 주체들이 이를 계승해 비밀단체를 조직하면서 나타난 현상이었다. 그러나 1910년대 민족운동의 흐름은 한말 의병전쟁과 계몽운동이 추진했던 운동노선들이 가졌던 한계를 독립전쟁론으로 극복해 가는 시기였다. 독립전쟁론은 계몽운동의 실력양성운동과 의병전쟁의 무장투쟁론이 한일강제병탄이 되고 식민지배가 시작된 상황에서 조국독립이라는 절대명제를 달성하기 위해 서로 연합해 새로운 방략으로 제시되었던 것이다.

광복회는 1915년 7월 15일음 대구 달성공원에서 조직되었다. 광복회가 1910년대 비밀결사들과 다른 점은 의병전쟁계열과 계몽운동계열이 통합해 조직되었다는 것이다. 광복회 참여자 대부분은 한말 의병전쟁과 계몽운동에 참여했던 이들이었고, 이들이 연합해 광복회를 조직했기 때문이다. 광복회에는 산남의진·이강년의진·홍주의병·평산의진에 참여했던 이들이 구성원의 다수를 차지하고 있다.

산남의진 참여자로는 우재룡禹在龍·손량윤孫亮尹·양제안梁濟安이 대표적이다. 우재룡은 대구진위대에 근무하던 중 군대가 해산 당하자 동지 10여 명과 함께 산남의진에 참여했다. 우재룡은 산남의진에서 연습장·선봉장을 맡아 경북 북부 지역에서 항일투쟁을 벌였으며, 정환직이 체포된 후에도 최세윤을 대장으로 추대하고 대구 팔공산 일대에서 항일전을 벌였다. 손양윤은 경북 현풍지방에서 소모召募와 산남의진 지휘관을 역임했고, 정환직이 체포 된 후 우재룡과 함께 팔공산 일대에서 유격전을 펼쳤다. 이강년의진李康季義陣에는 강병수姜秉秀·조용필趙鏞弼이 참여했다. 강병수는 이강년의진에서 종사從事로 참여했으며 이강년의 곁을 떠나지 않았던 인물이었다. 조용필도 1907년 이강년이 창의하자 소모사로 참전했다. 양제안은 1896년 김산의진金山義陣에 참여한 후 홍주의병洪州義兵·산남의진山南義陣에서도 활동했다.

충청도지부원인 김한종金漢鍾·김재정金在貞·성달영成達永·성문영成文永·윤병일尹炳日·유창순庾昌淳·권상석權相錫·김경태金敬泰·한훈韓焄은 홍주의병에 직접 참여했거나 그 영향을 받은 인물들이다. 김재정金在貞은 예산 지역에서 후진을 양성하던 중 을사늑약이 체결되자 1906년 민종식閔宗植의 홍주의병에 참여했다. 김재정의 홍주의병 정신은 이후 자신이 운영하던 서당을 통해 그의 제자인 김상준·이재덕은 물론 동생인 김재풍과 아들인 김한종에게 전승되었다.

김재정의 영향으로 지부장 김한종 가문과 제자들 중에서 다수의 광복회원이 배출되었다. 성달영은 민종식과도 돈독한 사이였으며, 홍주 의병이 실패로 돌아가자 아우 성문영과 함께 광복회에 자진해 참여했다. 김경태는 대한제국 군인이었다. 김경태는 군대가 해산되자 고향인 정산으로 귀향했고 당시 정산 지역을 중심으로 활동하던 의병에 참여했다. 이밖에도 충청도 지부원이었던 권상석權相錫·윤병일尹炳日도 홍주의병에 참여한 인물로 알려져 있다.

평안도·황해도 지부원들도 다수가 의병전쟁에 참여했다. 평안도·황해도 지부원들은 유인석柳麟錫·최익현崔益鉉·박문일朴文一의 문인들과 연재淵齋 송병선宋秉璿 문인들이 중심이었다. 이들 중 이진룡李鎭龍·이문성李文成·박원동朴元東·양택선梁擇善·조선환曺善煥·변동환邊東煥 등이 평안도와 황해도에서 의병에 참여했다. 이들은 모두 유인석의 문인으로 평산의진과 이진룡의병진에서 활동한 것으로 보인다. 박원동은 이진룡과 함께 거병했고, 조선환은 해주 지역에서 거병했다고 한다. 양택선은 평산의병장이었다고 하며, 변동환은 양택선의 자형姊兄으로 평산의진에 참여했고 이문성도 우동선 의병장과 함께 활동했다.

전라도 지부원 중에는 한훈韓焄·이병화李秉華·유장렬柳漳烈이 의병에 참여했다. 한훈은 청양 정산에서 항일전을 벌이다 전사한 외숙의 유언에 따라 홍주의병에 참여했다. 이병화는 쌍산의소雙山義所에서기로 참여했고, 유장렬은 호남창의회맹소의 일원으로 참여했다가 1909년을 전후한 시기에는 전라도 서부 지역을 중심으로 의병전쟁을 전개했다.

이처럼 광복회원들 중에는 다수가 의병전쟁에 참여한 이들이었다. 이들은 국망이 되면서 풍기광복단·민단조합 등을 조직해 독립운동을 이어갔다. 풍기광복단은 채기중蔡基中이 주도하여 무기구입과 자금조달을 목적으로 조직된 비밀결사였다. 풍기광복단에서는 채기중蔡基中·한훈韓焄·유장렬柳漳烈·유창순庾昌淳·강병수姜秉秀·정운기鄭雲淇·정진화鄭鎭華·양제안梁濟安이 광복회에 참여했는데, 한훈·강병수·정운기·양제안이 의병 출신이었다. 민단조합은 이동하李東下가 중심이 된 비밀결사였다. 민단조합에서는 정운기鄭雲淇·강병수姜秉秀·조용필趙鏞弼이 참여했으며, 정운기와 강병수는 의병 출신이었다. 특히 정운기·강병수는 민단조합원이면서 풍기광복단에서 활동하기도 했다.

계몽운동에 참여했던 이들도 광복회의 주요 구성원이었다. 의병전쟁계열이 주로 지부원들 이었던 반면, 계몽운동계열은 지도부를 구성하고 있는 것이 특징이다. 계몽운동계열은 신민회와 밀접한 관련을 맺고 있었으며, 대표적 인물이 총사령 박상진이었다. 박상진은 비밀결사 이름을 '광복회'로 한 이유에 대해 '광복회'라는 명칭은 '이갑李甲·안창호安昌浩 등이 서북학회를 조직하고 크게 국가의 위급을 설명하고 국민의 자각을 촉진할 때 동회에 광복회라는 명칭을 붙이려고 하는 것을 듣고 있었음에하략'라고 진술했다.

이를 통해 보면 박상진은 이미 서북학회와도 관련이 있었고 안창호·이갑 등과도 교류가 있었음을 알 수 있다. 박상진은 광복회를 조직한 직후인 1915년 12월, 안동현에서 국외독립운동가들과 비밀리에 만남을 가졌으며, 1916년 7월에는 안동현에서 양기탁과 만나 군자금모집에 대해 협의하기도 했다. 따라서 박상진은 신민회에 참여했을 가능성이 높아 보이며 적어도 신민회 인사들과의 교류가 국망 이전부터 있었음을 알 수 있다.

황해도지부장인 이관구도 신민회와 관련이 깊었다. 이관구는 박은식·양기탁·신채호·장지연 등과 언론활동을 했고, 평양의 대성학교와 숭실대학 등에서 신학문을 공부했다. 이관구는 안창호가 대성학교 교사로 부임할 때 그를 따라 대성학교에서 수학했고, 안창호의 명을 받아 자아혁신운동을 전개했다고 한다. 또한 1912년 안동현에서 신채호를 만나 전별시를 주고 받을 정도의 사이였다. 이처럼 이관구는 신민회 주요 인사였던 안창호·양기탁·신채호와 교류가 있었고 이들로부터 많은 영향을 받았다. 이를 통해 보면 이관구와 신민회 인사들과의 관계는 돈독했다고 할 수 있다.

길림광복회에서 활동한 주진수도 신민회 출신이었다. 주진수는 신민회 설립 때부터 참여해 독립운동기지 건설과 국외로의 이주민 모집사업에 참여했다. 특히 신민회가 서간도로 가는 이주민을 모집할 때 강원도 책임자로 활동했는데, 이때 경북 안동의 이상룡李相龍·김동삼金東三·유인식柳寅植 등을 신민회와 연결시키고 만주로 이주하도록 요청하기도 했다. 주진수는 신민회와 관련하여 체포되었다가 1914년에 풀려나 도만渡滿했고, 1915년 12월 길림광복회에 참여했다. 김좌진도 신민회와 관련이 있었다. 김좌진이 청년학우회 활동을 했다는 기록이 있고, 그가 상경해서 교류했던 윤치성·노백린·유동열·이갑 등이 신민회 인사였던 점을 통해서 본다면 김좌진이 신민회에 참여했거나 신민회 인사들과 교류가 활발했음을 알 수 있다.

달성친목회에서 활동했던 김재열金在烈·이시영李始榮·정순영鄭舜

泳·정운일鄭雲馹·홍주일洪宙一 등도 광복회에 참여했다. 달성친목회는 1908년 계몽운동단체였다. 달성친목회는 국망 이후 잠시 활동을 중단했다가 1913년 서상일徐相日·윤창기尹昌基·이시영李始榮·박영모朴永模 등이 비밀결사로 재조직하였다. 달성친목회원들은 대부분 신교육과 신사상을 수용한 인물들이 중심이었다. 이들은 친목을 도모한다는 목적이었으나 독립운동가들과 기맥을 통하고, 해외유학생 및 국내 학생들에게 항일의식을 고취시키는 활동을 전개했다. 이들은 국망 이후 조선국권회복단을 조직했고 박상진과 함께 '대구권총사건'에 연루되어 옥고를 치렀다. 김재열은 경북 고령 출신으로 곡물상을 운영하면서 조선국권회복단에 참여하고 있었다. 그는 박상진과 함께 자금모집을 위해 단동에서 무기를 반입했고,'대구권총사건'에 연루되어 6개월의 옥고를 치렀다.

이시영은 대구의 부호로서 1914년 만주·북경·상해 등을 여행하고 귀국하였다. 그는 조선국권회복단 교통부장을 역임했고 '대구권총사건'에 연루되어 4개월의 옥고를 치렀다. 정순영은 성주의 부호로서 남·북만주와 시베리아, 상해등지를 방문하고 귀국해 조선국권회복단에 유세부장으로 참여했다. 이후 광복회 만주 연락기관인 삼달양행의 책임을 맡고 활동하였다. 정운일은 성주 출신으로 대구에서 전당업을 하고 있었다. 그는 이시영李始榮·정순영鄭舜泳·홍주일洪宙一 등과 깊은 친분관계를 유지하고 있었다. 홍주일은 청도 출신으로 동경문리전문학교東京文理專門學校를 졸업하였다. 그는 귀국한 후 경북 예안과 경남 구포, 대구 협성학교에서 교사로 근무했다. 그는 조선국권회복단의 기밀부장을 역임했으며,'대구권총사건'에 연루되어 5개월의 옥고를 치렀다.

이처럼 광복회 참여자들은 이념과 투쟁노선 뿐만 아니라 활동 지역도 각기 달랐다. 광복회가 이러한 한계를 극복하고 통합조직으로 결성될 수 있었던 것은 결성을 주도한 박상진의 영향이 컸다. 박상진은 의병전쟁과 계몽운동적 성향을 겸비하고 있었기 때문이다. 특히 스승인 허위와의 관계가 크게 영향을 미쳤다. 박상진은 울산 출신으로 왕산 허위의 제자였다. 박상진은 척사적 유가집안에서 성장했다. 그러나 허위許蔿의 문하에서 수학하면서 계몽주의적 성향을 갖게 되었다.

박상진은 1902년 상경하면서 근대문물과 사상을 새롭게 접하게 되었다. 박상진은 허위가 서울에서 관직생활을 시작하게 되면서 스승을 따라 상경한 것이다. 박상진은 허위의 권유에 의해 양정의숙에 입학했고, 판사등용시험까지 합격하는 등 근대사상의 수용에 적극적이었다. 박상진의 서울생활은 그의 생애에 있어 큰 전환점 이었다. 박상진은 서울에서 계몽운동을 전개하고 있던 인물들과 만났으며, 이후 독립운동을 함께할 이들과 교류할 수 있었다.

박상진은 신민회新民會 인사들과 교류를 시작하였고, 교남교육회嶠南教育會에도 참여했다. 교남교육회는 경상도 지역 인사들과 일본유학을 다녀온 관료들이 중심이 되어 조직한 단체였다. 교남교육회에는 박상진의 생부인 박시규朴時奎가 참여했고, 박상진도 참여한 것으로 보인다. 교남교육회에는 다수의 신민회원들이 참여하고 있었기 때문에 이들과의 교류도 일찍부터 이루어졌다고 할 수 있다. 박상진의 계몽운동 참여는 양정의숙 출신인 안희제安熙濟의 영향도 컸다. 안희제는 1909년 서상일·남형우 등과 대동청년단大東青年團을 조직했다. 대동청년단에는 신민회·교남교육회·달성친목회·조선국권회복단에 참여한 인물들도 참여하고 있었다. 박상진도 안희제와의 인연으로 이들과의 교류가 이루어졌고, 달성친목회와 조선국권회복단에 참여한 것으로 보인다. 박상진이 대구를 중심으로 광복회를 결성할 수 있었던 것도 이들과의 교류를 통하여 형성된 인적기반 때문이었다.

박상진은 계몽사상을 받아들였으나 민족운동을 전개함에 있어 이를 고집하지는 않았다. 그의 계몽운동 참여는 방법상의 문제일 뿐 이었고, 허위가 순국하자 스승의 뜻을 계승해 민족운동에 투신했다. 박상진이 국망 이후에 의병봉기를 추진했다는 것은 그의 투쟁방략이 허위와 같은 무장투쟁을 통한 독립이었다는 것을 말해준다. 박상진은 계몽적 성향의 인물이었으나 투쟁방략에서는 의병전쟁을 계승하고 있었으며, 이러한 성향이 의병전쟁과 계몽운동계열을 연합해 광복회를 결성할 수 있었던 배경이었다.

3. 광복회의 조직과 활동

1) 광복회의 조직과 목적

광복회의 목적은 국권을 회복하고 독립을 달성하는 것이었다. 광복회는 독립군 양성을 위해 만주에 사관학교를 설립하고 군대 양성을 추진했다. 광복회는 무력이 준비되면 일제와의 전쟁을 통해 독립을 달성한다는 목적을 가지고 결성되었기 때문이다. 광복회의 이러한 목적은 투쟁강령에서 명확하게 드러난다.

1. 무력준비武力準備: 일반부호의 의연義損과 일본인이 불법징수는 세금을 압수하여 이로써 무장을 준비함.
2. 무관양성武官養成: 남북만주에 사관학교를 설치하고 인재를 양성하여 사관士官으로 채용함
3. 군인양성軍人養成: 우리 대한의 의병, 해산군인 및 남북만주이주민을 소집하여 훈련하여 채용함
4. 무기구입武器購入: 중국과 러시아에 의뢰하여 구입함
5. 기관설치機關設置: 대한, 만주, 북경, 상해 등 요지에 기관을 설치하되 대구에 상덕태尙德泰라는 상회에 본회의 본점을 두고, 각지에 지점 및 여관, 또는 광무소鑛務所를 두어서 이로써 본 광복회의 군사행동의 집회, 왕래往來 등 일절一切의 연락기관으로 함.
6. 행형부行刑部: 우리 광복회는 행형부를 조직하여 일본인 고등관高等官과 우리 한인韓人의 반역분자를 수시수처隨時隨處에서 포살을 행함.
7. 무력전武力戰: 무력이 완비되는 대로 일본인 섬멸전殲滅戰을 단행하여 최후 목적을 완성함.

광복회의 투쟁강령은 '무력준비·무관양성·군인양성·무기구입·무력전'이었다. 투쟁 강령은 독립전쟁을 벌이기 위한 방략이었고, 대부분이 무력준비에 초점이 맞추어져 있었다. 광복회는 독립을 달성하기 위해 만주에 사관학교를 세우고자 했다. 그리고 의병과 해산군인을 중심으로 군대를 양성하는 계획을 가지고 있었다.

사관학교 운영비용은 한인韓人을 만주로 이주시키고 이들로 하여금 농토를 개간해 식량과 병력을 공급할 계획이었다. 군대의 양성은 길림에 만주본부를 설치하고 부사령이 이를 관장한다는 것이었다. 광복회는 결성 직후 만주에 길림광복회吉林光復會를 설치했는데, 이는 무장투쟁을 위한 사관학교 설립과 군대양성을 실현하기 위한 출발이었다. 길림광복회는 만주 사령부의 성격을 가지고 있었고, 독립군을 양성해 독립전쟁을 수행한다는 목표를 가지고 설치된 만주본부였다.

광복회의 이러한 목적은 1910년대 독립전쟁론獨立戰爭論과 같은 것이었다. 독립전쟁론은 한말 계몽운동과 의병전쟁의 이념과 논리를 통합해 새로운 항일독립운동의 이념과 전술로 정립된 것이었다. 독립전쟁론은 일제를 몰아내고 민족해방과 조국독립을 달성하기 위한 가장 확실한 방법은 우리민족이 일제와 독립전쟁을 결행한다는 이론체계였다. 이러한 전략은 독립군을 양성하고 기회를 포착해 독립전쟁을 일으켜 독립을 쟁취하는 전략 이론이며, 신민회에 의해 국외에 독립운동기지와 사관학교를 설립하면서 추진된 것이었다.

독립전쟁론은 일제로부터의 국권회복은 전쟁을 통해서만 가능하다는 인식아래 계몽운동의 실력양성론實力養成論과 의병들의 무장투쟁론武裝鬪爭論이 결합된 이론이었다. 광복회도 독립군을 양성하고 자금을 조달해 군비를 갖춘 뒤 일제日帝와 일전一戰을 벌이고자 했다. 광복회는 이를 위해 한인韓人을 만주로 이주시키고 자금을 조달해 전쟁을 수행한다는 방략을 수립했다. 따라서 광복회는 '회會'라는 온건한 명칭을 사용하고 있지만 편제는 '사령관·사령부·사령관·지휘장'등 군대식이었다.

〈본부〉

사령관: 박상진朴尙鎭　　지휘장: 우재룡禹在龍·권영만權寧萬

재무부장: 최준崔俊　　사업총괄: 이복우李福雨

〈각도 지부〉

경기도지부장: 김선호金善浩　　황해도지부장: 이해량李海量

강원도지부장: 김동호金東浩　　평안도지부장: 조현균趙賢均

함경도지부장: 최봉주崔鳳周　　경상도지부장: 채기중蔡基中

충청도지부장: 김한종金漢鍾　　전라도지부장: 이병찬李秉燦

〈해외〉

단동: 안동여관손회당孫晦堂,　　봉천: 삼달양행정순영鄭淳榮

만주사령관: 이석대李奭大·김좌진金佐鎭

광복회는 전국에 상점으로 위장한 거점을 설치하고, 지부를 결성해 독립전쟁을 수행하기 위한 기반을 구축했다. 광복회의 핵심 조직은 본부조직이었다. 본부 조직은 총사령 박상진을 중심으로 재무부와 행형부로 구성되었다. 재무부는 광복회 자금수합의 책임 부서였으며, 최준이 책임을 맡고 있었다. 행형부는 일제 고관과 민족반역자를 처단하기 위해 설치한 부서였다. 행형부원의 구체적인 명단은 파악되지 않으나 행형부의 성격상 의열투쟁을 실행한 회원들이 행형부원이라 할 수 있다.

본부의 역할은 광복회 활동의 총괄이었고, 책임은 총사령 박상진이 맡고 있었다. 따라서 박상진이 거주하고 있던 경주 녹동의 박상진가朴尙鎭家는 본부 기능을 담당하고 있었다. 본부에서 활동했던 우재룡禹在龍, 지휘장·최준崔俊, 재무부장도 경주에 거주하고 있었고, 권영만權寧萬, 지휘장도 경주 인근인 영양군 입암면에 거주하고 있었다. 이들은 박상진가에서 자주 회합을 갖고 광복회 활동을 협의하고 실행에 옮겼다.

대구에 설치한 상덕태상회도 본부기능을 분담하고 있었다. 상덕태상회는 박상진이 1912년 대구에 설치한 상회였다. 박상진은 광복회를 조직하기 이전부터 상덕태상회를 중심으로 광복회원들을 모집했고, 광복회를 조직한 후에는 전국의 연락거점을 상덕태상회에 두었다. 광복회는 전국에 활동거점을 설치할 때 잡화점이나 미곡상을 설치하는 방법을 선택했다.

이는 일제의 감시를 피하기 위함이었고, 비밀을 유지하는 데 가장 효과적이었기 때문이었다. 광복회는 대구·영주·삼척·광주·예산·연기·인천 등에 연락거점을 설치했는데, 이들 대부분은 미곡상이었다. 대동상점은 잡화상으로 위장한 대표적인 거점이었다. 대동상점은 1915년 8월 경북 영주에서 권영목權寧睦·박제선朴濟璿이 국권회복을 목적으로 설치하였다. 1916년에는 이교덕李敎悳·정응봉鄭應鳳·유명수柳明秀·김노경金魯卿 등을 가입시켰고, 권영목·박제선이 경영과 감독을 맡았다. 이들은 국권회복을 위해 자금을 마련하고 상점을 경영하다가 남만주로 이주해 독립운동을 전개한다는 목표를 가지고 있었다.

광복회는 결성 직후 전국에 지부를 설치하기 시작했다. 설립목적을 실현하기 위해서는 회원의 확보와 거점의 설치가 가장 시급한 문제였고, 대구와 경상도를 중심으로 조직된 한계를 극복해야 했기 때문이다. 광복회는 해당 지역의 유력한 인물을 지부장으로 임명하고 지부조직과 활동의 책임을 맡겼다. 지부장의 임무는 독립사상의 고취와 회원 및 자금 모집이었다. 지부장들은 자주 회합을 갖고 광복회가 추진했던 주요 활동을 기획하고 실행했다.

광복회는 국외에도 거점을 설치했다. 광복회는 조직된 후 가장 먼저 길림광복회를 조직했다. 길림광복회는 1915년 12월 국내에서 파견된 우재룡禹在龍을 중심으로 손일민孫一民·주진수朱鎭洙·양재훈梁載勳·이홍주李洪珠 등이 중심이 되어 조직되었다. 광복회는 사관학교를 설치하고 군대를 양성해 독립전쟁을 실현하는 것이 목적이었고, 독립군 양성을 위한 최적지로 만주를 선정했다. 이에 따라 가장 먼저 국외거점으로 길림광복회를 설치했던 것이다. 길림은 북만주뿐만 아니라 만주를 통틀어 지리적으로 중앙에 위치하고 있었고, 만주 지역 독립운동의 중심지였다. 광복회는 길림에 광복회의 만주거점을 두고 이곳에서 군대를 양성할 목적이었다. 뿐만 아니라 국내에서 사용할 무기도 이곳을 통해 조달하고자 했다. 박상진이 1916년 길림에 무기 구입차 다녀왔고, 국내 이주민을 길림에 파견할 계획을 세웠던 것은 이러한 목적을 실현하기 위한 것이었다. 따라서 길림광복회는 광복회 결성목적인 독립전쟁을 실현하기 위한 독립운동기지 성격도 갖고 있었다. 즉 무관학교를 설치해 독립군을 양성할 만주사령부였고, 전쟁을 통해 독립을 달성한다는 광복회 목적을 실현하기 위한 만주 거점이었다. 길림광복회 설치는 광복회 결성 후 얼마 되지 않은 시점이었다. 국내지부가 설치되기 이전이었고, 조직을 정비하고 확대하는 과정이었다. 이처럼 길림광복회를 빠른 시점에 설치한 이유는 광복회 지도부가 독립군 양성을 위해 만주 거점을 설치하는 것이 가장 시급한 일로 인식한 결과였다.

광복회 국외 연락기관들은 안동·장춘·길림 등에도 설치되었다. 국외연락기관으로 주목되는 곳은 안동여관安東旅館이다. 안동여관은 단동에 설치되었고,손일민이 책임을 맡고 있었다. 안동여관은 양기탁과 신채호도 이용할 정도로 도만하는 애국지사들에게 많은 도움을 주었던 거점이었다. 또한 광복회가 전국의 부호들에게 자금모집을 위한 통고문을 제작·발송한 곳이기도 했다.

단둥에는 '안동여관'외에 삼달양행도 설치되었다. 삼달양행은 1916년에 이관구가 자본금 5천 원으로 설치한 곡물상이었다. 한편, 장춘에는 상원양행이 설치되었다. 상원양행은 이관구·채수일·명문흡이 중심이 된 곡물상이었으며 삼달양행이 설치되기 3개월에 전에 설치되었다. 이밖에도 만주에는 많은 연락기관들이 설치되었던 것으로 보인다. 이관구는 간도의 광제병원廣濟病院에 4천원을 투자했고 서북간도에 곡물창고와 학교건설을 위한 교섭을 했다고 한다. 이관구의 고등법원 판결문을 보면 남북만주에 상업기관을 설치하고 병원, 흥업학교, 회사설립과 흥부회를 조직한 일로 유죄판결을 받았다. 회사설립은 삼달양행과 상원양행의 설립이었고, 병원은 간도에 설립했다는 광제병원으로 보인다.

2) 광복회의 활동

광복회는 군자금 모집을 가장 중점적으로 추진했다. 조직 목적을 실현하기 위해서는 막대한 자금을 필요했기 때문이다. 먼저 회원들의 자산을 광복회에 기탁해 활용했다. 충청도 지부원 장두환은 무기구입비로 4백원을 제공하고 자신의 재산을 헌납하였다. 만주 연락 기관이었던 안동여관·삼달양행·상원양행 등도 이관구를 비롯한 광복회원들의 자산출원에 의해 설치된 기관이었다. 물론 박상진이 설립한 상덕태상회도, 영주에 설치된 대동상점도 회원들의 자산출원에 의해 설립된 것이었다. 이처럼 광복회가 국내·외에 설치했던 연락기관들은 대부분 광복회원들의 자산에 의존한 것이었다. 하지만 이러한 방법은 한계를 가지고 있었고, 사관학교의 설립과 군대의 양성에 충당하기에는 턱없이 부족했다. 따라서 광복회는 다양한 방법으로 자금을 모집했다.

광복회는 1915년 12월 경주에서 우편마차를 공격하여 8천 7백원을 탈취하였다. 경북우편마차암습사건慶北郵便馬車暗襲事件로 알려진 이 사건은 지휘장인 우재룡과 권영만이 실행했다. 권영만은 환자로 가장해 우편마차 주인집에 숙박하고 대구병원에 치료를 받으러 간다는 핑계를 내세워 우편마차에 동승했다. 그리고 우재룡은 경주 광명리 효현교孝峴橋를 파괴하였다. 그리고 우편마차가 다리를 건너지 못하는 틈을 이용해 권영만과 함께 세금 8천 7백원을 탈취한 것이다. 채기중蔡基中·이식재李湜宰 등은 1916년 10월 일본인 소유인 영월중석광을 공격해 자금을 탈취하기도 했다.

광복회는 1917년 4월음 화폐貨幣를 위조해 이를 정화正貨로 바꾸어 사용하려는 계획도 추진했다. 중국 단동에서 유통되는 중국지폐를 위조한 후 정화로 교환하여 자금으로 사용하려던 것이었다. 이 계획은 김좌진 중심이 되어 추진하였으나 1918년 1월 광복회원들이 체포되면서 계획은 실패하고 말았다. 위폐제조를 통해 자금을 마련하려는 시도는 국내에서도 이루어졌다. 김석연·이기정·이철순 등은 당시 국내에서 유통되고 있던 일화日貨 50전 은화를 위조하는 계획이었다. 이들은 실제로 위조를 시도해 동전 제작에 성공했으며 이를 대량으로 제작하기 위해 기계구입비용을 마련하고 설계까지 마쳤으나 일제에게 발각됨으로써 뜻을 이루지 못했다.

광복회는 국내 자산가들로부터 의연금도 모집했다. 의연금 모집은 국내의 자산가들에게 「포고佈告」·「고시告示」·「경고警告」·「지령指令」·「배일파排日派」 등과 같은 통고문을 발송하고, 광복회들이 이들을 방문해 수령하는 형식이었다. 「포고」는 광복회 본부에서 전국의 대자산가에게 발송한 것이며, 「고시」·「경고」·「지령」·「배일파」는 각 지부에서 별도로 발송한 통고문이었다. 통고문 발송대상은 지부원을 통해 상세하게 조사된 뒤 정해졌고, 의연금 배정액도 자산의 정도에 따라 차등을 두었다. 비밀을 유지하기 위한 방법도 치밀했다. 자산가 명단은 백지白紙에 염수鹽水로 작성해 불에 쬐어야만 글씨가 보이게 한다든지, 통고문에 광복회 명의의 인장을 날인하고 이를 절반으로 잘라 일편一片을 통고문에게 첨부하고, 다른 일편一片을 광복회원이 자금 수령 시에 제시해 광복회원임을 증명하는 방법을 사용했다. 또한 비밀조직인 만큼 은어를 사용하고 무기의 전달에 있어 합표合標를 만들어 사용할 정도로 군자금 모집은 치밀하게 전개되었다.

포고문 발송은 두차례에 걸쳐 이루어졌다. 1차는 경상도 지역의 자산가들에게 발송되었다. 채기중은 1917년 6월 자산가 조사를 시작해 '경상북도 15군 조사기'를 작성했고, 우재룡은 이를 근거로 1917년 8월말 신의주·단동 등에서 발송했다. 포고문 2차 발송대상자는 충청도와 강원도 자산가들이었다. 충청도 지부원 엄정섭·김한종·장두환은 충청도 자산가 명단을 작성했고, 강원도 지부장 김동호는 강원도 자산가 명단을 작성했다.

이들이 작성한 명단은 박상진을 통해 우재룡에게 전달되었고, 우재룡은 1917년 12월말부터 1918년 1월초 안동현 일대에서 발송했다. 「경고」는 경상도와 전라도 지부에서 발송한 통고문이다. 채기중을 비롯해 유창순·윤창하·정세여·정진화·조용필은 1917년 10월 10일부터 20일 사이 경고문을 작성해 경북일대의 소자산가들에게 발송했다. 전라도지부에서는 지부장 이병찬이 1918년 1월 명단을 작성했고, 이를 근거로 채기중·김용한이 경고문을 제작하고 발송했다.

「고시」는 충청도지부에서 소자산가들을 대상으로 발송한 통고문이다. 김한종은 1917년 11월초음 고시문을 작성했고, 정태복은 자신이 근무하던 면사무소 등사기를 이용해 200여매의 고시문을 등사했다. 제작된 고시문은 '주의사항'이 첨부되어 충청도 자산가들에게 발송되었다. 「지령」은 충청도 지부에서 포고문 수령자들에게 발송한 통고문이다. 충청도 지부에서 지령장을 다시 보낸 이유는 포고문을 수령하고도 의연금을 내지 않는 부호들이 많았으며, 이들이 일제경찰에 신고함으로서 생길 수 있는 문제를 예방하고

자금모집을 원활하게 추진하는 데 있었다. 이러한 지령장은 다른 지부와 달리 충청도지부의 활동에서만 찾아볼 수 있는 특징이다.

「배일파」는 황해도 지부에서 자금과 회원 모집에 사용했던 통고문이었다. 「배일파」는 부호들에게 발송한 것으로 보이지 않으며 지부원들이 자금 모집 시에 직접 모집대상에게 제시하고 이를 근거로 자금을 요구할 때 사용했다. 「배일파」는 지부원으로 가입을 권유하는 내용이 삽입되어 있는 것으로 보아, 가입증서를 겸한 통고문이었다고 할 수 있다.

광복회는 친일적 인물들을 처단하는 의열투쟁을 벌였다. 광복회가 추진한 주요 자금모집은 의연금 모집이었고 대상은 전국의 부호들이었다. 그런데 이들은 식민지배가 시작된지 얼마 되지 않은 시점임에도 일제 식민지배 체제에 안주하려는 성향을 갖고 있었다. 그러므로 상당수의 부호들이 의연금 모집에 저항했고, 광복회는 이를 응징함으로써 이들에게 경각심을 일깨워 나갔다. 전라도 지부에서는 1916년 5월 한훈 등이 벌교의 부호인 서도현徐道鉉과 보성의 양재성梁在誠을 처단했다. 경상도 지부에서는 1917년 11월 10일 채기중·강순필·유창순·임세규가 경북 칠곡의 장승원을 처단했다. 장승원은 허위가 의병봉기시에 제공하기로 했던 자금을 제공하지 않았을 뿐만 아니라 당시 경북 지역의 대표적인 친일적 인물이었다. 장승원 처단사건은 광복회의 의열투쟁에 있어서 가장 대표적인 활동이었으며, 친일세력들에게 큰 경각심을 일으킨 사건이었다. 충청도 지부에서는 1918년 1월 도고면장 박용하를 처단했다. 박용하는 지역 사회에서 악행을 저지르고 있던 친일면장이었다. 충청도지부장 김한종은 장두환에게 박용하처단을 지시했고, 장두환·김경태·임세규가 이를 실행했다.

4. 광복회 충청도 지부와 천안

1) 충청도 지부의 조직

충청도 지부는 광복회의 가장 대표적인 지부이며 예산 출신 김한종이 지부장이었다. 충청도 지부는 광복회 여타 지부보다 월등하게 많은 인원이 참여했고, 지부원들도 충청도 뿐만 아니라 서울·경기·경상도 지역에서도 활발한 활동을 전개했다. 김한종은 1917년 음력 6월경에 경주로 박상진을 찾아가 광복회에 가입하고 충청도지부에 착수했다. 김한종은 충청도로 돌아와 지부조직에 착수하고 조직을 확대시키기 시작했다. 김한종은 가장 먼저 친분이 있던 천안의 장두환張斗煥을 광복회에 가입시켰다.

김한종은 장두환에게 광복회의 목적 및 내용을 설명했다. 그리고 회원의 모집과 자산가의 조사 및 기타 광복회 활동에 진력해 주기를 부탁했고 장두환은 이를 승낙했다. 장두환 영입 후 충청도 지부원 모집은 빠르게 진행되었다. 김한종과 장두환은 "일본 국내에서는 정쟁政爭이 심하고 천재지변이 곳곳에서 발생하고 있는데, 이는 하늘이 일본에 화禍를 내리는 것으로 일본은 장차 망할 것이다. 만주 등 해외동포 거주지에 무관학교를 세워 병사를 양성하고 무기를 비축하여 거병擧兵할 시기를 기다린다" 면서 동지들을 설득하고 회원 모집에 전념했다. 김한종과 장두환의 노력으로 예산·홍성·청양·천안·아산 지역을 중심으로 회원들이 모집되었다.

예산 지역을 살펴보면 지부장 김한종 집안 인물들이 다수 참여했다. 이들은 예산군 광시면 신흥리를 중심으로 거주하고 있던 금령김씨金寧金氏 집안인물들로 김한종의 부친인 김재정金在貞을 비롯해 김재풍金在豊·김재창金在昶·김성묵金成默·김원묵金元默이 참여했다. 김한종의 부친인 김재정의 제자 김상준金商俊과 이재덕李在德도 참여했는데, 이들의 참여는 김재정과의 사승師承관계에 의한 믿음 때문이었다. 김상준은 지리와 의학에 뛰어난 인물이었던 것으로 보인다. 그는 한약방을 경영하면서 광복회에 자금을 제공하는 한편 광복회의 「고시문告示文」을 제작하여 자산가들에게 발송하였다. 또한 정태복·김재창과 함께 홍성의 정인교로부터 군자금을 모집하기도 했다. 이재덕은 정태복과 함께 「고시문」의 제작과 배포에 참여하였으며 인천의 연락거점에서 활동하였다.

홍성에서는 정태복鄭泰復이 참여하였는데 그는 충청도 지부원 중 주목되는 인물이다. 정태복은 당시 장곡면 면장으로 예산·홍성·보령·당진·아산의 자산가를 조사해 이들의 명단을 장두환에게 제공했다. 또한 김한종이 전국의 자산가들에게 보낼 「고시문」을 자신이 근무하고 있던 면사무소의 등사기를 이용해 2백여장을 제작하는 등 자금 모집활동에 적극적으로 참여했다.

청양에서는 기재연奇載連·김경태金敬泰·엄정섭嚴正燮·황학성黃學性이 주목된다. 김경태는 청양 출신으로 구한국 군인이었다. 그는 한훈과 함께 공주와 청양을 중심으로 의병전쟁에 참여했다. 국망 이후에는 김한종·김재창 등과 조선총독 암살을 계획하였으나 사전에 발각되어 피신하기도 했다. 김경태는 광복회에서 군자금의 모집과 광복회 행형부行刑部의 집행위원으로 도고면장 처단에 참여했다. 김경태는 체포되어 사형을 선고 받고 사형 순국했다. 그는 사형을 선고받는 재판정에서도 '자신이 사형을 받는 것은 당연하나 다른 동료들은 자신이 길을 묻는 것에 대해 길을 가르쳐준 정도'이므로 그들은 죄가 없으니 형량을 감해달라는 주장을 하기도 했다. 그는 의로운 죽음 앞에 당당한 모습을 보였으며 자신의 죽음보다는 동료들의 무거운 선고형량에 대한 감형을 청원하는 동료애를 발휘 했다. 홍현주는 경기도 화성에서 출생했으나 청양으로 이주移住해 거주하던 중에 광복회에 참여했다. 당시 청양에는 중석광重石鑛을 중심으로 광복회의 거점이 있었던 것으로 보인다. 홍현주는 청양 화산 중석광에서 물건을 파는 일로 직업을 삼고 있는 것으로 보아, 당시 청양을 중심으로 한 거점에서 활동을 하고 있음을 알 수 있다. 김한종과 장두환이 정우풍을 찾아가는 계기도 홍현주의 추천에 의한 것이었다. 이를 통해 보면 홍현주는 당시에 청양을 중심으로 주변 지역에 대한 정보를 수집하고 있었고 이를 김한종과 장두환에게 제공하고있음을 알 수 있다. 기재연과 김경태도 홍현주와 같이 청양에 있는 거점을 중심으로 활동한 것으로 보인다. 김경태·기재연·엄정섭·홍현주의 체포당시 주소가 청양군 적곡면 화산리·관현리 일대였다. 또한 기재연의 직업이 갱부坑夫인 것으로 보아 기재연도 청양의 중석광 인근의 거점에서 활동하였음을 알 수 있다.

아산 지역에서는 강석주姜奭周·성달영成達永·성문영成文永·정우풍鄭雨豊이 참여하였다. 강석주는 인천의 거점에서 활동하는 한편 충청도지부에서 장용숙張容淑으로부터 군자금 모집을 하였다. 또한 충청도지부에서 박용하를 처단할 때에 그의 집에서 사형선고문死刑宣告文을 제작하였고 친일 도고면장을 처단한 김경태를 은신시키는 한편 자금을 제공하여 도피를 도왔다. 성달영은 홍주의병에 참여하였으며 홍주의병 이후 광복회에 가입하여 충청도 지역에서 군자금 모집에 적극적으로 활동했다. 특히 광복회 비밀연락거점을 구축하기 위해서 자신의 거처를 아산에서 천안시 성정동으로 옮겨 활동했는데 성달영의 천안 성정동 비밀연락거점은 광복회 충청도지부에서 도고면장 박용하朴容夏를 처단하기로 모의하는 장소와 박용하를 처단하던 날 머무는 장소로 제공하는 등 천안 지역에서의 중요한 거점이기도 했다. 성달영은 1919년 3월 28일 공주지방법원과 1919년 9월 22일 경성복심법원에서 무죄판결을 받았다.

천안 출신으로는 장두환張斗煥·유창순庾昌淳·유중협柳重協·조종철趙鍾哲 등이 참여했다. 장두환은 천안군 환성면 출신이다. 그는 충청도 지부장 김한종의 가입권유를 받고 광복회 충청도지부에 참여해 무기구입비로 4백원을 제공하고, 천안과 아산일대를 중심으로 광복회원을 모집했다. 광복회가 전국의 자산가들에게 의연금 모집 「포고문」 발송할때 충청도 일대의 자산가 명단을 작성했으며 충청도 지부의 「고시문」 발송 책임을 맡기도 했다. 「고시문」은 광복회 충청도지부에서 충청도 일원의 자산가들에게 보낸 의연금 통고문이었다. 장두환은 정태복鄭泰復·엄정섭嚴正燮 등과 함께 충청도 자산가 명단을 조사하고, 김한종과 정태복이 작성한 「고시문」을 인천에 미곡상으로 위장한 연락거점에서 김재창金在昶·황학성黃學成 등과 함께 발송했다. 1918년 1월에는 김경태金敬泰·임세규林世圭에게 친일도고면장 박용하처단을 지시하기도 했다. 그는 박용하 처단 후 광복회원들과 함께 체포되어 1919년 2월 28일 공주지방법원에서 사형을 선고 받았으며 1919년 9월 22일 경성복심법원에서 징역 7년형으로 감형되었으나 투옥 중 옥사하였다.

유창순은 천안군 수신면 출신으로 1913년 경북 풍기에서 채기중蔡基中·양한위梁漢緯 등과 함게 풍기광복단을 조직했다. 풍기광복단은 무기구입과 자금조달을 목적으로 조직되었으며 경상도 북부와 충청도 인물들이 주축이었다. 특히 이강년의진·홍주의병 등 한말 의병전쟁에 참여했으며 생활근거를 잃은 의병적 기질의 인물들이 중심이었다. 이후 1915년 대구에서 조직된 광복회에 참여해 군자금 모집과 의협투쟁을 벌였다. 유창순은 충청도지부장 김한종의 권유로 광복회에 참여했으며, 충북 괴산의 신양춘申陽春·정운홍鄭雲洪 등을 참여시켜 광복회가 충청북도 지역으로 조직을 확대할 수 있는 기반을 마련했다.

유창순은 1917년 10월 경북 예천에서 채기중蔡基中·윤창하尹昌夏·정진화鄭鎭華·조용필趙鏞弼 등과 광복회 자금모집 통고문인 「경고문」을 작성하고, 이를 경북 함창·상주의 우편국에서 경상도일대 자산가들에게 발송했다. 같은해 11월에는 채기중·강순필·임세규 등과 함께 경북 칠곡의 친일부호 장승원張承遠을 처단했으며, 장승원집과 마을 어귀에 '나라를 광복하려 함은 하늘과 사람의 뜻이니 큰 죄를 꾸짖어 우리 동포에게 경계하노라曰維光復 天人是符 聲此大罪 戒我同胞, 경계하는 이 광복회원聲戒人 光復會員'이라는 사형선고문을 붙여 개인적 감정이 아니라 조국의 광복을 위해 친일파를 처단했다는 것을 명백히 밝히기도 했다.

유창순은 광복회 활동으로 체포되어 1919년 2월 28일 공주지방법원에서 사형을 선고 받았으나 같은해 9월 22일 경성복심법원에서 10년형으로 감형되어 옥고를 치렀다. 조종철은 환성면 출신으로 장두환의 권유로 광복회에 가입했다. 조종철은 김경태·김재창·엄정섭 등과 천안과 아산 지역을 중심으로 정보수집과 군자금 모집 활동을 벌였다. 그러나 1918년 광복회원들과 함께 체포되어 1919년 2월 28일 공주지방법원에서 징역 2년 6월형을 선고받고 옥고를 치렀다.

2) 충청도 지부의 활동

광복회의 국내거점 중 예산·연기·인천에 설치한 미곡상은 충청도지부의 활동거점이었다. 상호는 알려지지 않지만 예산은 김재창, 연기는 박장희가 담당했다. 인천에 설치한 미곡상은 강석주·이재덕·황학성 등 충청도지부원들이 책임을 맡고 있었다. 이밖에 지부원들의 거처가 충청도지부의 거점으로도 활용되었다. 천안의 성달영가成達永家와 아산의 강석주가姜奭周家·성문영가成文永家 등이 활동거점으로 활용되었으며, 지부장 김한종의 광시면 신흥리 집은 충청도지부원들이 자주 회합을 갖는 장소이기도 했다.

김한종을 비롯한 충청도 지부원들은 자금 모집에도 주력했다. 충청도지부의 자금모집은 지부장 김한종의 책임 하에 전개되었다. 김한종은 1917년 11월음 장두환張斗煥·정태복鄭泰福·엄정섭嚴正燮에게 충청도 일대의 자산가를 조사하도록 했다. 그는 조사된 자산가들에게 보낼 고시문을 작성하고, 이재덕과 당시 장곡면장이었던 정태복에게 면사무소 등사기를 이용해 200여장 인쇄하도록 했다. 김한종은 인쇄된 고시문에 김재풍이 제작한 '광복회지령회원감독장光復會指令會員監督章·제의안신濟義安印·변창희卞昌曦' 명의의 인장을 날인해 장두환에게 발송을 지시했다.

장두환은 인천의 연락거점에서 김재창·황학성과 함께 고시문에 '주의사항'을 첨부해 충청도 일대에 발송했다. 당시 발송된 고시문은 160여 통에 이르며 모금액도 170여만 원에 이를 정도로 치밀하게 추진되었다. 김한종은 통고문의 효력을 높이기 위해 '앞서 발송한 포고문을 받았을 것이다. 비밀을 엄수하고 배당금을 준비하여 본회원의 요구를 기다려 교부해야 한다' 는 지령장을 발송하기도 했다. 이것은 통고문을 수령한 이들이 일제경찰에 신고함으로서 생길 수 있는 문제를 예방하고 자금 모집을 원활하게 하기 위한 것이었다.

충청도 지부의 대표적 활동은 친일면장 박용하 처단이었다. 박용하는 광복회 통고문을 일제헌병에게 신고했을 뿐만 아니라 도고 지역에서 많은 악행을 저지르고 있었다. 김한종은 광복회의 군자금 모집과는 별도로 지역 주민을 괴롭히는 친일면장을 처단해 친일세력에게 경각심을 일깨워야 한다고 여겼다. 김한종은 천안의 성달영 집에서 모임을 갖고 장두환에게 박용하 처단을 지시했으며, 장두환은 김경태·임세규에게 실행을 지시했다. 김경태와 임세규는 성달영 집에서 '사형선고문'에 박용하의 이름을 기입한 후 1918년 1월, 박용하의 집을 찾아가 처단했다.

4. 맺음말

1910년대는 일제의 무단통치로 민족운동세력들의 활동 폭이 극히 제한되었던 시기였다. 뿐만 아니라 한말 국권회복운동이 성공을 거두지 못하면서 민족역량이 많이 소진된 상태였고 민족운동 주체들이 해외로 망명하면서 국내독립운동은 침체된 상황이었다. 특히 일제의 폭압적인 무단통치로 국내에서의 독립운동은 난관에 부딪칠 수밖에 없었다. 그러나 한말의병전쟁과 계몽운동을 발전적으로 계승한 비밀단체들이 조직되어 항일투쟁을 주도해 나갔다.

1910년대 독립운동은 한말 의병전쟁과 계몽운동이 추진했던 운동노선들의 한계를 극복해 가는 시기로 독립이라는 절대명제를 달성하기 위해 연합하는 모습을 보여주었다.

광복회는 국내 민족운동세력을 규합해 독립을 목적으로 무장투쟁을 준비했던 단체였다. 1910년대 국내독립운동 단체로는 유일하게 전국적 조직을 갖추고 의열투쟁을 전개함으로써 의열투쟁의 선구적 역할을 담당하기도 했다. 광복회는 1910년대 국내독립운동의 공백을 메우고 민족역량이 3·1운동으로 계승될 수 있는 기반을 제공했다. 천안 출신은 장두환·유창순·유중협·조종철 등은 광복회 충청도지부 뿐만아니라 본부와 전국에 설치된 활동거점에서 항일투쟁을 전개했다. 이들은 광복회 충청도지부의 핵심적인 인물이었으며, 광복회가 전개한 군자금 모집과 의열투쟁에서 선구적인 활동을 전개했다.

참고 문헌

권대웅, 「1910년대 경상도지방의 독립운동단체 연구」, 영남대학교박사학위논문, 1993.

김희곤, 『안동사람들의 항일투쟁』, 지식산업사, 2007.

박영석, 「대한광복연구-박상진제문을 중심으로-」, 『한국민족운동사연구』1, 한국민족운동사학회, 1986.

박중훈, 「풍기광복단의 명칭과 1916년 재흥설 검토」,『안동사학』5, 안동사학회, 2000.

______, 「고헌 박상진의 생애와 항일투쟁활동」,『국학연구』6, 국학연구원, 2001.

신용하, 「신채호의 광복회 통고문과 고시문」,『한국학보』32, 1983.

오세창, 「벽도 양제안의 항일구국운동」,『윤병석교수화갑기념 한국근대사논총』, 1990.

윤병석, 「1910年代 한국독립운동 시론」,『사학연구』27, 한국사학회,1977.

이성우, 「대한광복회 충청도지부의 결성과 활동」, 『한국근현대사연구』12, 한국근현대사학회, 2000.

______, 「광복회 명칭과 성격에 대한 검토」, 『한국근현대사연구』41, 2007

______, 「광복회 연구」, 충남대학교 박사학위논문, 2007.

조동걸, 「대한광복회의 결성과 그 선행조직」,『한국학논총』5, 국민대학교, 1982.

______, 「대한광복회연구」,『한국사연구』42, 한국사연구회, 1983.

철기 이범석의 인생항로와 항일독립운동

김형목(사)국채보상운동기념사업회 이사

1. 머리말

철기鐵驥 이범석李範錫은 중국 동북지역흔히 만주라고 한다과 관내, 러시아 등지에서 항일무장투쟁을 이끈 대표적인 독립투쟁가이다. 청산리전투 승리와 한국광복군의 OSS미전략정보처 활동을 통해 우리에게 익숙한 인물로 다가온다. 해방 이후에는 초대 국무총리와 국방부장관으로서 대한민국 기틀을 마련하는데 크게 이바지하였다.[1] 민족청년단을 이끌며 대한민국정부 수립에 노력했다. 반면 이승만 대통령에게 이용만 당하고 권좌에 오르지 못한 비운의 인물로서 평가되기도 한다. 굴곡진 '부산정치파동'에 대한 책임에서는 결코

1 김형목, 「아름다운 인연, 혁명동지로서 부부가 된 이범석과 김마리아」, 『독립기념관』 10월호, 독립기념관, 2020, 16-18쪽.

자유로울 수 없기 때문이다.

1910년대 중반 중국으로 망명한 이범석은 중국 육군강무학당 기병과를 우수한 성적으로 졸업했다. 이어 독립군 양성의 '요람지'인 신흥무관학교 교관과 북로군정서일명 대한군정서 사관연성소 대대장으로 청산리전투를 직접 지휘하여 대승을 거두었다. 1920년대에는 동북 지역을 중심으로 고려혁명군결사단을 조직하고 친일파를 처단하는 등 민족정기를 올바로 세우는데 앞장섰다. 만주사변 발발에 즈음하여 마잠산馬占山 부대의 작전 참모로 항일전을 전개했다.

1934년 10월에는 중국중앙군관학교 뤄양洛陽분교 한인특별반 교관으로서 독립군의 지휘관 양성에 노력하였다. 특별반이 해체된 후에는 중일전쟁에 참전하여 노북, 태아장, 용해선 전투에서 전공을 세웠다. 1940년 9월에는 대한민국임시정부가 한국광복군을 결성하자 참모장으로 군대 창설에 누구보다 적극적이었다. 제2지대장으로 광복군 충원을 위한 초모활동과 더불어 미전략정보처와 국내진공작전을 면밀하게 주도하는 등 진정한 군인이었다.[2] 일제의 무조건 항복으로 국내진공작전은 소기의 성과를 거두지 못하는 통한으로 남았다.

이범석은 일제강점기에 나라를 구하고자 항일무장투쟁에 혼신을 다했다. 그는 오직 '혈전'에 의한 주체적이고 자주적인 조국 광복에 혼신을 다했다. 해방 이후에는 반공주의에 기반한 정치적 이념을 바탕으로 대한민국을 이끌어가고자 했던 정치가였다. 이 글

---

2 김민호, 「이범석의 생애와 독립운동」, 『한국독립운동사연구』 44, 독립기념관 한국독립운동사연구소, 2013.

은 이범석 관련 자료를 중심으로 독립운동과 관련된 그의 인생항로를 새롭게 조망하려고 한다.[3] 이는 이범석 개인을 둘러싼 한국독립운동사에 대한 역사적 이해를 보다 깊이 있게 성찰하는 계기가 될 수 있으리라 기대한다. 그의 회고록에서 역사적 사실보다 과장되거나 미화된 부분은 어느 정도 사실에 부합되는 방향에서 이미 밝혀졌다.[4] 이러한 점을 염두에 두면서 이범석 항일역정을 파악하고자 한다.

2. 근대교육 수혜와 민족의식 형성

이범석은 1900년 10월 20일 서울 용동에서 부친 이문하李文夏와 어머니 연안 이씨의 1남 2녀 중 막내인 동시에 4대 독자로 태어났다.[5] 본관은 전주, 자는 인남麟男, 호는 철기이다. 집안은 줄곧 관직에 진출하여 서울 근교에 살았으나 증조부 이목연李穆淵이 충남 목천군으로 이주했다가 관직에 있던 부친이 서울로 다시 이거하였다.

---

3 철기이범석장군기념사업회, 『철기이범석자전(우둥불 후편)』, 외길사, 1991 : 이범석, 『우둥불』, 삼육출판사, 1971 : 이범석, 『한국적 분노-청산리혈전실기』, 광복출판사, 1941 : 이범석, 『한국의 분노』, 광창각, 1947 : 이범석, 『톰스크의 하늘아래서』, 신현실사, 1972 : 이범석, 『방랑의 정열』, 정음사, 1974 : 철기이범석기념사업회, 『철기이범석 평전』, 삼육출판사, 1992.

4 송우혜, 「유명인사 회고록 왜곡심하다, 이범석의 〈우둥불〉」, 『역사비평』 15, 역사비평사, 1991.

5 이범석, 『우둥불(情懷錄)』, 삼육출판사, 1978, 126쪽.

증조부는 형조판서와 전라도 관찰사를 지냈다. 증조부는 부패한 국정을 시정하기 위해 임금에게 직간했다가 10년 동안 제주도 귀양살이를 했다. 아버지 이문하는 농상공부의 정3품을 역임하는 등 가문에 대한 자부심이 대단하였다. 경술국치 이후 조선총독부에서 지급하는 은급을 거절하고 농상공부를 사직했다. 1911년 10월 강원도 이천군수로 부임한 이래 몇 해 동안 지방관을 역임하였다. 농상공부 재직 당시 가까웠던 기쿠지菊池와 아베阿部 등의 추천으로 군수 자리를 얻었다.[6]

가문 분위기와 아버지는 어린 이범석에게 많은 영향을 끼쳤다. 그가 태어나기 전에 임오군란이 발발하자 조선은 청나라에 원병을 요청했다. 이때 조선에 들어온 청나라 군대의 사령부로 사용했던 곳은 바로 이범석의 집이었다. 아버지는 위안스카이袁世凱 막료 중 한 사람인 탕사오이唐紹儀와 친절한 사이였다. 위안스카이는 조선 문제에 대한 전권을 그에게 위임할 정도로 매우 두터운 신임을 받던 인물이었다.[7]

8살 손위의 누님은 휘문의숙에 재학 중이던 신석우申錫雨와 혼인하였다. 신석우는 일본 와세다대학 전문부를 졸업한 후 상하이로 건너가 여운형呂運亨과 함께 고려교민친목회를 조직했다. 1919년에는 임시정부 교통총장으로 활동하면서 이범석의 상하이에서 생활에 많은 도움을 주었다. 1924년 귀국하여 경영난을 겪고 있던 『조선일보』를 인수하여 신문의 면목을 일신하였다. 사장에는 이상

---

6 이범석, 『철기 이범석 자전』, 외길사, 1991, 35쪽.

7 이범석, 『철기 이범석 자전』, 26·41쪽 : 허우 이제(장지용 역), 『원세개』, 지호, 1993, 95쪽.

재李商在를 추대하고 자신은 부사장을 맡았다가 1927년 이상재가 사망하자 사장에 취임했다.[8] 신석우는 청소년 시절과 중국 망명 직후에 철기에게 많은 영향을 끼쳤다.

친어머니는 심장병으로 그의 나이 7살 때인 단오 사흘 전에 사망했다. 그해 겨울 계모 김씨가 들어왔다. 계모는 강원도 강릉 출신으로 명문가 출신은 아니나 인자하며 정성으로 이범석을 양육하였다. 이범석은 4살 때에 대청마루를 뛰어다니다가 미끄러져 간장 솥에 빠져 전신에 화상을 입었다. 유달리 장난이 심해 누구도 못말리는 '말썽꾸러기'였다. 다행히 서양 근대 의학의 도움으로 목숨은 건졌으나 얼굴과 전신에 화상자국을 남겼다. 이처럼 비교적 안정적인 가정환경 속에서 새어머니의 자상한 보호를 받으며 활달한 유년시절을 보냈다.[9] 오늘날 '금수저'와 같은 존재라며 지나친 표현일까.

세브란스병원에서 퇴원한 후에는 가노 정태규家奴 丁泰圭의 보살핌을 받았다. 그의 집에는 10여 명의 노비가 있었는데 부친은 이들을 모두 해방시켰다. 갈 곳이 마땅치 않았던 정태규는 떼를 쓰다시피 해 집에 남게 되었다. 부친은 그를 대한제국 시위대 제2대 대대장 오참령의 당번병이 되게 해주었다. 정태규는 군인이 된 후에도 집에 자주 드나들었다. 군복을 입은 씩씩한 모습은 어린 이범석에게 군인에 대해 긍정적으로 생각하는 밑거름이었다. 얼마 후 정태규는 시위대 제1대 대대장 박승환朴昇煥 휘하의 전투병으로 자리

8 조선일보사, 『조선일보60년사』, 1986 : 정진석, 『인물한국언론사』, 나남출판, 1995 참조.

9 이범석, 『우둥불』, 85-100쪽. '思母錄'을 통해 새어머니에 대한 고마움을 감동적으로 서술하였다.

를 옮겼다. 대한제국 군대가 강제해산을 당하고 박승환이 순국하면서 전개된 일본군과 시가전은 치열한 전장이었다. 정태규는 이 전투에서 총상으로 심한 부상을 당해 이범석의 집 앞까지 와서 숨을 거두었다.[10] 일본군과 전투에서 사망한 처절한 현장은 철기에게 조국이 처한 현실을 절감하는 순간이었다. 이는 민족 해방과 조국 광복을 향해 스스로 인생항로를 설정하는 결정적인 계기였다.

이범석에게 한문을 가르쳤던 외삼촌 이태승李兌承은 한성외국어학교 영어과에 재학 중인 학생이었다. 동창인 신익희申翼熙는 삼촌과 함께 자주 집에 오곤 했다. 신익희는 그의 아버지로부터 다소간의 경제적인 도움을 받았다. 한문교육은 『천자문』을 시작으로 『동몽선습』, 『격몽요결』, 『명심보감』, 『소학』 등을 먼저 익히고, 『대학』, 『논어』, 『맹자』, 『중용』 등을 배우는 과정이었다. 이범석이 약 2년 동안 배운 한문의 실력이 어느 정도인지 알 수 없다. 다만 영어를 배우던 사실을 고려하면 그가 배운 한문은 중화주의를 강조하는 전통적인 교육과 거리가 있었다. 경전에 대한 다양한 해석과 시대상황은 이러한 사실을 방증하는 부분이다.

1910년 이범석은 사립장훈학교에 입학하여 주시경周時經에게 국어, 김인식金仁湜에게 창가를 배웠다. 김인식은 1885년 평양에서 출생한 우리나라 최초의 서양음악 교육가였다.[11] 1896년 감리교에서 경영하던 숭덕학교에 입학한 후 숭실중학 재학 중에 성악과 오르간 등을 배웠다. 1907년 미국 유학 준비 차 상경했다가 황성기독

---

10 이범석, 『우둥불』, 86쪽 : 박은식(김태웅 옮김), 「군대해산과 참령 박승환의 순국」, 『한국통사 -국망의 아픈 역사를 되돌아보는 거울-』, 아카넷, 2012.

11 이범석, 『우둥불』, 33-34쪽.

교청년회가 설립한 상동청년학원 중학부에서 서양음악을 지도했다. 이때 진명·오성·경신·배재 등 여러 사립학교에서 서양음악을 가르치는 등 음악교육 보급에 남다른 노력을 기울였다.[12]

주시경은 한글의 재발견을 통해 민족의식을 고취한 대표적인 국어학자였다. 배재학당시절 독립신문사에서 서재필의 언문조필로 있으면서 철자법을 통일할 목적으로 1896년 국문동식회를 신문사 안에 설립했으나 뜻을 이루지 못했다. 1907년 지석영池錫永이 만든 국어연구회의 회원으로 활동하는 동시에 학부의 국문연구소 주임위원으로 임명되어 국문연구안을 제출·토의했다. 상동청년학원 안에 개설된 하기국어강습소의 졸업생과 유지들을 규합하여 국어연구학회를 조직한 후 2년 동안 이끌었다. 1909년에는 J.S.게일과 다카하시 도오루 등과 더불어 한어연구회를 조직하기도 했다. 이화학당·흥화학교·기호학교·융희학교·중앙학교·휘문의숙·배재학당 등에서 열정적인 강의로 이름을 날렸다. 1908년 『국어문전음학』, 1910년 『국어문법』 등을 출간하였다.[13] 이범석은 주시경이 가장 활발하게 활동하던 시기에 국어교육을 받았다. 이후 문학 방면에서 철기가 빛을 발할 수 있었던 배경은 여기에서 찾아진다.

1911년 이범석은 부친이 강원도 이천군수로 부임하자 공립이천보통학교로 전학하였다. 그는 학업에 열중하여 최우등으로 졸업하여 1913년 3월 경성제일고등보통학교현 경기고등학교 갑반에 무시

---

12 정동제일교회90년사, 『정동제일교회90년사』, 1977 : 이유선, 『한국양악백년사』, 음악춘추사, 1985 : 이규수, 『주시경-한글에 빛을 밝힌 어문민족주의자-』, 독립기념관 한국독립운동사연구소, 2014.

13 신용하, 「주시경」, 『한국독립운동인명사전』 3, 독립기념관 한국독립운동사연구소, 2019.

험 추천으로 입학했다.[14] 경성제일고보에 진학한 이범석은 학교생활을 통해 일상적인 민족차별을 경험하였다. 한국인 교사는 4명밖에 없으며, 수업시간은 제1차 조선교육령의 영향으로 2부로 나누어 진행되었다. 대부분 교과목은 우수한 성적을 받았으나 수신과목은 거의 낙제점을 받을 만큼 저조하여 아버지로부터 질책에 가까운 편지를 받곤 하였다.

재학 중 이범석은 일본어로 번역된 소설 탐독에 많은 시간을 보냈다. 셰익스피어·톨스토이·뚜르게네프의 작품을 좋아하면서 나폴레옹과 관련된 책도 많이 읽었다. 훗날 독립운동가 이강훈李康勳은 이범석을 나폴레옹 신봉자로 기억할 정도였다. 이범석 부관인 김준엽金俊燁은 틈만 있으면 전쟁사에 관한 많은 책을 읽었을 뿐만 아니라 나폴레옹을 대단히 높이 평가했다고 회고했다.[15] 이러한 가운데 민족의 장래를 걱정하는 등 민족의식은 서서히 배태되고 있었다. 더욱이 다양한 인물과 인연은 엄혹한 현실에도 전혀 흔들리지 않고 독립전쟁을 견인하는 정신적인 자산이 되었다. 근대교육을 통한 올바른 정세관과 새로운 변화의 적극적인 수용 등은 스스로 구상한 바를 실천하는 생활현장과 접목될 수 있었다. 근대교육 수혜는 단순한 지적 능력 배양을 넘어 민족사적 과제를 해결하는 일원으로 성장시켰다. 한국 근현대사를 관통한 인물들은 민족모순과 계급모순이라는 '이중적인 질곡'을 헤쳐나가는 주인공이나 다름없었다.

---

14 이범석, 『우둥불』, 141쪽.

15 김준엽, 『장정 2 : 나의 광복군 시절(하)』, 나남출판, 2003, 210쪽.

3. 중국 망명과 근대적인 군사교육 수학

1915년 여름 경성고보 3학년에 재학 중 마포 한강변으로 수영하러 갔다가 우연히 중국 금릉대학金陵大學, 현 난개대학에서 유학 중이던 몽양 여운형呂運亨을 만났다. 그로부터 자신과 같은 학생도 중국에 공부하는 한편 독립운동 진영에서 활동하고 있다는 이야기를 들었다.[16] 이범석이 중국으로 망명한 후 독립운동으로 투신은 이러한 인연에서 말미암았다.

이범석은 그해 가을 당진군수를 지낸 부친의 친구 이규태의 중매로 천안군 쌍용면에 사는 광산 김씨 승현의 무남독녀와 혼인하였다. 부친은 학교생활에 적응하지 못하고 독립운동을 하겠다는 아들의 마음을 안정시켜 볼 생각으로 장가를 보냈다. 결혼 후 3일째 되던 날 신부가 벙어리임을 알게 되었다. 처음에는 측은한 생각이 들어 부모님께 알리지 않았다. 얼마 후 사실이 밝혀지자 결혼은 파탄지경에 이르렀다.[17]

망명을 결심한 이범석은 펭텐을 목적지로 준비에 분주하였다. 부친과 가까운 사이였던 한성은행장 한상룡韓相龍에게 부탁해 부친이 필요할 때 쓰라고 마련해 준 돈 1,300원을 몰래 인출했다. 전화 등 통신이 발달하지 않은 때여서 가능한 일이었다. 또한 그의 결심을 듣고 누님이 패물을 팔아 마련해 준 360원을 받아 11월 19일 밤 남대문역에서 의주행 기차를 타고 망명길에 올랐다. 그때 심정을 '목적지는 멀고 먼 상해. 나는 광활한 천지에서 오로지 여운형

16 여운홍, 『몽양 여운형』, 청하각, 1967, 23-24쪽 : 이범석, 『우둥불』, 140쪽.

17 이범석, 『철기 이범석 자전』, 외길사, 1991, 68-70쪽.

씨의 이름만을 길잡이로 삼으며 조국을 떠났던 것이다'라고 회고하였다.[18] 머나먼 이국땅, 더욱이 조국 광복을 향한 발걸음은 무거울 수밖에 없었다. 복잡다단한 심정과 불안감도 엄습해오는 등 착착함으로 가득찼다.

중국 동북지역에 도착하자마자 지린성 서탑西塔의 고려여관을 찾아갔다. 여운형은 독립운동에 나서겠다며 자신을 찾아온 그를 보고 적지 않게 놀라는 눈치였다. 대화 도중 매형인 신석우가 상하이에서 활동하고 있다는 사실을 알았다. 여운형 지인인 중국인과 동행하여 무사히 상하이에 도착했다. 신석우는 예관 신규식申圭植 등과 함께 동제사를 운영하고 있었다.

동제사는 신규식이 쑨원孫文 등 신해혁명을 주도한 중국 측 인사들과 긴밀한 관계 속에서 결성한 독립운동 단체였다. 신규식·박은식·김규식·신채호·홍명희洪命熹·조소앙趙素昂·문일평文一平·박찬익朴贊翊·조성환曺成煥·민병호閔丙鎬 등은 주요 구성원이었다.[19] 신석우 도움으로 신규식의 집에서 잔일을 도우며 지낼 수 있었다. 신규식의 심부름으로 쑨원을 만났다. '그다지 크지 않은 키에 40대가 안 되어 보이는 나이였지만, 어딘지 모르게 감히 범할 수 없는 위압감을 느꼈다'고 한다.[20] 신해혁명 이후 중국의 변화하는 상황은 이범석에게 새로운 희망으로 다가왔다.

이범석은 신규식이 추천해 준 선생님을 통해 중국어 공부를 시

---

18 이범석, 『우둥불』, 140쪽.

19 신규식, 『한국혼』, 1939 : 배경한, 「상해·남경지역의 초기(1911-1913) 한인망명자들과 신해혁명-무창기의·討袁運動에의 참여와 손문·혁명파 인사들과의 교류를 중심으로-」, 『동양사학연구』 67, 동양사학회, 1999.

20 이범석, 『철기 이범석 자전』, 80-81쪽.

작하였다. 신규식의 격려도 있었지만, 중국어를 잘 배우는 것에 자신의 운명이 걸려있음을 절감했기 때문이다. 남다른 어학에 대한 소질로 4개월 후에는 중국어로 간단한 대화를 할 수 있었다. 군관학교 입학을 원했으나 무작정 기다릴 수 없어 우선 항저우에 있던 군관예비학교 성격의 체육학교에 입학하였다. 몇 개월 후 위난육군강무학당에 입학할 수 있는 기회가 오자 중퇴하고 곧바로 상하이로 돌아왔다.[21] 그는 근대적인 군사교육을 받아 참된 군인으로서 독립군이 희망이었다.

나이도 어리고 중국어도 서툰 편이어서 처음에는 위난강무학당 입학 추천자 명단에 포함되지 못하였다. 무관학교 입학을 간청했을 뿐만 아니라 스스로 학비와 생활비를 조달할 수 있다고 하자 겨우 추천 자격을 얻을 수 있었다. 학비와 여비를 감당할 수 있는 여력이 있다는 점은 가장 큰 강점이었다. 이범석은 김세준金世俊·배천택裵天澤·김정金鼎·최진崔震 등과 함께 입학했다.[22]

위난군벌 탕지야오唐繼堯는 신규식과 각별한 교분이 있었다. 그는 한국의 독립운동에 대한 관심은 물론 독립운동가들을 적극적으로 후원하는 인물이었다. 중국의 민족지도자들은 신해혁명을 일으켰으나 위안스카이가 황제에 등극함으로써 혼란한 상황을 맞았다. 이에 쑨원은 광둥정부를 수립하고 동남아에서 영향력이 있던 화교의 도움을 받고자 그들의 자제를 위난강무학당에 학비 없이 입학시켜 '구국간성'으로 양성하려는 의도였다.[23] 이범석과 동료들은

---

21 이범석, 『철기 이범석 자전』, 82-84쪽.

22 배숙희, 「中國雲南陸軍講武堂與韓籍學員-以同學錄的分析爲中心」, 『중국사연구』 56, 2008, 237-257쪽.

23 한상도, 『한국독립운동과 중국군관학교』, 문학과지성사, 1994, 46쪽.

중국어를 잘하지 못하는 화교로 위장하여 겨우 입학을 허락받았다.

위난강무학당으로 가는 길은 쉽지 않았다. 상하이를 출발하여 광저우와 홍콩을 거쳐 베트남에 도착하였다. 그곳에서 화교 신분으로 위장한 후 다시 기차와 말을 타고 혹은 도보로 약 한 달이나 걸려 쿤밍에 도착했다. 경유지를 거칠 때마다 환전과 여권도 4번이나 위장했을 만큼 삼엄한 분위기였다. 이범석은 실제보다 5살이나 많은 지린성 왕청현 사람의 호적을 사서 이국근李國根이라는 가명을 사용했다. 위난강무학당에 입학할 수 있는 연령은 만 18세 이상으로 이범석은 2살이나 적어 어떻게든 나이를 맞춰야 했다.

쿤밍에 도착한 일행은 위난성 외교 담당자의 도움으로 위난강무학당 제12기로 입학할 수 있었다. 입학한 이들은 갑·을·병 3개 학급 중 한 곳에 속해 교육을 받았다. 반년의 초기 교육과정을 이수한 후에는 보병, 기병, 포병, 공병 등 4개의 병과로 나뉘어 교육과정을 이수하였다. 교관 대부분은 일본의 육군사관학교를 졸업한 사람들이었으나 프랑스 사관학교 출신도 있었다.[24] 학생들은 주로 위난과 구이저우에서 복무하고 있던 하급 군관들이었다. 특히 동남아시아 거주 화교도 상당수 있었다.[25] 이들은 '대국'이라는 중화의식에서 벗어나지 못한 채 민족적인 우월감을 무언 중 드러내었다.

위난군관학교에서도 민족적 차별은 여전히 존재하였다. 이범석은 수업 도중 우리 민족을 비하하는 중국인 선생에게 먹함墨含을

24 현룡순·리정문·허룡구 편저, 『조선족백년사화』 1, 거름, 1989, 149쪽.

25 한상도, 『중국혁명속의 한국독립운동』, 집문당, 2004, 82쪽.

던지고 싶을 정도였다고 한다. "우리에게 호의를 가졌거나 악의를 가졌거나, 전연 모르거나 간에 하늘 끝 간 데까지 가도 나라 없는 설움은 면치 못한다는 것을 절실히 느꼈다"고 당시를 회상했다.[26]

신병교육을 마치고 기병과에 편성된 이범석은 재능을 발휘하기 시작하였다. 기병과에서 첫학기 성적은 240명의 생도 중 173등으로 좋은 편이 아니었다. '뼈저린 공부'를 통해, 2학기에는 기병과 5등, 전체 37등을 차지했다. 4학기부터는 기병과 수석을 놓치지 않아 1919년 기병과 수석, 전체 9등의 우수한 성적으로 졸업하였다.[27] 이에 기병과 구대장 쉬지아지徐家驥는 이범석에게 자신의 이름의 '기驥'에 '철鐵'자를 붙여 "철기"라는 호를 직접 지어주었다.[28]

졸업 후 이범석은 쿤밍에서 15km 떨어진 기병연대에 배속되어 견습사관으로 근무하였다.[29] 그러던 5월의 어느 날 중국 신문의 보도를 통해 국내에서 3·1운동이 일어났다는 '놀라운 소식'을 접했다. 곧바로 동료들과 연락을 취한 이범석은 동지들과 상하이로 돌아가기로 결정하였다. 이들은 우선 탕지야오에게 상하이로 돌아갈 수 있도록 해달라는 사직청원서를 제출했다. 일주일이 안되어 일행을 관사로 부른 탕지야오는 원한다면 언제든 상하이로 돌아가도 좋다고 허락해 주었다. 이 자리에서 혁명이란 그렇게 쉬운 사업이 아니니 비록 이번에 실패하더라도 다시 시기를 기다려야 하며, 이

---

26 이범석, 『철기 이범석 자전』, 110-111쪽.

27 이범석, 『철기 이범석 자전』, 79-102쪽.

28 안춘생, 「용감한 장군」, 철기이범석기념사업회, 『철기 이범석 평전』, 한그루, 1992, 11쪽 : 김정례, 「대도와 정도를 걸으신 애국애족의 거인」, 철기이범석기념사업회, 『철기 이범석 평전』, 187쪽.

29 이범석, 『철기 이범석 자전』, 102쪽.

를 위해 필요하다면 조금도 주저하지 말고 다시 찾아오라고 격려해 주었다.

비서인 리위쿤李玉崑을 시켜 상하이까지 가는 여권과 여비를 마련해 주었다. 홍콩과 상하이에서 쓸 수 있는 은행권 수표와 베트남을 경유할 때 쓰게 될 현금으로 은대양銀大洋 약 2천 원도 주었다. 이 금액은 일행이 상하이로 가서 몇 달을 지내고도 남는 거금이었다. 일행은 베트남을 경유하여 13일간 배를 타고 상하이로 돌아왔다. 이들은 위난을 떠나기 위해 기차를 타는 순간 마음 속에서 일어나는 긴장과 흥분 때문에 서로 별다른 말을 나누지 못했다.[30] 앞으로 다가올 상황에 대한 불안함과 아울러 임시정부에 대한 기대감이 교차하고 있었다. 이러한 분위기는 상하이에 도착하는 순간까지 그대로 지속되었다.

4. 신흥무관학교와 청산리전투에서 승전

1919년 7월경 상하이에 도착한 이범석은 김시문金時文의 도움으로 임시정부를 찾아갈 수 있었다. 김시문은 개성 출신으로 1916년 이곳으로 이주하여 금문공사라는 잡화상을 운영하면서 『독립신문』의 식자공과 배달원으로 활동하였다. 1925년에는 독립신문사의 경영권을 인수하여 제187호부터 제190호까지 발행하는 등 자신

30 이범석, 『철기 이범석 자전』, 125-126쪽.

의 상점을 임시정부의 연락이나 회합 장소로 기꺼히 제공했다.[31]

그는 이동녕李東寧·조완구趙琬九·이시영李始榮 등 독립운동 지도자들의 권유에 따라 일제와 직접 투쟁이 가능한 만주로 활동근거지를 옮기로 작정하였다. 나이도 어리고 독립운동의 경험도 없던 그가 상하이에서 할 수 있는 일은 그다지 많지 않았던 현실과 무관하지 않았다.[32] 만주로 떠나기 전 그는 항저우에서 정양 중이던 신규식을 방문하였다. 신규식은 그에게 만주 지린에서 활동 중인 박찬익朴贊翊을 찾아가 거취를 의논하면 좋을 것이라는 조언을 아끼지 않았다.

만주에 도착한 이범석은 박찬익을 만나 현지의 사정을 파악할 수 있었다. 박찬익은 중국군관학교에 청년들의 입교를 돕고 경학사와 신흥강습소 설립과 운영에 참여했다. 이범석 방문 당시에는 길림군정사를 결성해 항일무장투쟁에 주력하고 있었다.[33] 이어 신흥무관학교를 찾아가기로 마음을 굳힌 그는 최진과 함께 류허현 삼원포로 향하였다. 그곳에는 한족회와 서로군정서의 본부가 있었다. 이장녕李章寧·김동삼金東三·이탁李倬·여준呂峻·지청천池靑天·김경천金敬天 등 많은 인물들이 활동하고 있었다.[34]

신흥무관학교의 상황은 그의 기대와 달리 너무나 실망스러웠

---

31 김광재, 「상인 독립군 김시문의 상해 생활사」, 『한국민족운동사연구』 64, 한국민족운동사학회, 2010 : 김광재, 「사회생활을 폭넓게 하다」, 『어느 상인독립군 이야기-상해 한상 김시문의 생활사-』, 도서출판 선인, 2012.

32 이범석, 『철기 이범석 자전』, 128-130쪽.

33 남파박찬익전기간행위원회 편, 『남파 박찬익전기』, 을유문화사, 1989.

34 박환, 「재러한인 민족운동가 김경천 연구」, 『한국독립운동사연구』 12, 독립기념관 한국독립운동사연구소, 1998 : 서중석, 『신흥무관학교와 망명자들』, 역사비평사, 2001, 105쪽.

다. 마적을 막을 만한 몇 자루의 총조차도 없을 뿐만 아니라 훈련은 목총으로 대신하고 있었다. 사격훈련은 사실상 전혀 없어 '한숨'만 나올 뿐이었다. 교재는 등사판으로 찍은 교과서가 전부일 정도였다.[35] 당시 상황을 3·1운동 직후 지청천과 함께 일본군을 탈출해 신흥무관학교 교관이 되었던 김경천도 비슷한 기록을 남기고 있다.

> 우리의 고난이 끝이 있어 약 보름 만에 봉천성 유하현 고산자 대두자孤山子 大肚子에 있는 서간도 무관학교에 도착하여 남일호南一湖군의 집에 숙소를 정하였다. 본 무관학교는 올해 3월까지 보통교육을 실시하였다가 독립선언을 이후로 그것을 전부 폐지하고 군사학을 시작한 것이니 범사에 매우 유약하다. 만주인의 건물을 임차하고 새로운 건축도 하는 중이다.[36]

고산자에 있던 신흥무관학교 분교의 상황에 대한 회고이기는 하나 '범사에 매우 유약하다'고 기록했다.

신흥무관학교의 교관이 된 이범석은 이신작칙以身作則과 솔선수범率先垂範을 원칙으로 학생들을 가르치는 등 자신의 역할에 충실하였다.[37] 1919년 11월 이범석은 교성대 대장에 임명되었다. 이 부대는 일종의 별동대로 신흥무관학교 졸업생과 독립운동에 뜻있는 우수한 청년들로 구성된 부대였다. 목적은 3·1운동 1주년을 기해

---

35 이범석, 『철기 이범석 자전』, 146-150쪽.

36 김경천(김병학 정리), 『경천아일록』, 학고방, 2012, 76쪽.

37 이범석, 『철기 이범석 자전』, 151-152쪽.

압록강 건너의 자성·후창·혜산진 등을 습격·점령한 후 이를 거점으로 다시 한번 열기를 고조시기는 항일무장투쟁을 일으키고자 했다. 편제는 1개 중대급 규모로 약 135명의 대원들이 엄격한 군사훈련을 받았다. 소대장에는 오광선·한호·김승빈金勝彬, 조교에는 백종렬白鍾烈·최해崔海·김훈金勳 등이 임명되었다. 이범석은 대원들의 가정환경, 교우상태, 성격 등을 세밀하게 분류하여 각자의 특성을 살리는데 특별한 관심을 기울였다. 이는 대원 각자의 역할을 분명하게 맡기려는 일환에서 비롯되었다.

이 계획은 시도도 해보지도 못한 채 좌절되고 말았다. 임시정부로부터 군자금을 받아오는 데는 성공했으나 자금의 상당 부분이 한족회의 행정비로 소모되었다. 또한 무기구입에 애쓰던 동지 배달무裵達武가 심한 동상으로 활동할 수 없었다. 그는 병상의 배달무와 함께 고생했던 대원들에 대한 미안함 등으로 마음을 추스르지 못하였다. 이에 서로군정서에 있던 약 30g의 아편을 훔쳐 입속에 털어넣고 중국 독주을 들이켜 자살을 기도했다. 술기운에 취해 아편을 토해냈고 서로군정서 간호사의 도움으로 죽음을 면할 수 있었다.[38] 이범석은 '정이 뚝 떨어져' 서간도에는 더 이상 머물고 싶지 않았다고 회고했다.

1920년 3월경 이범석은 김좌진으로부터 북로군정서 독립군의 군사훈련을 위해 도움을 청하는 편지를 받았다. 그는 북로군정서 총사령으로 독립군 양성과 항일무장투쟁에 적극적이었다. 당시 북로군정서에는 군사 경험이 풍부한 지휘관이 부족한 상태였다. 반면 신흥무관학교는 김창환·지청천·오광선·김경천 등 우수한 군사

38 이범석, 『우등불』, 삼육출판사, 1978, 477-478쪽.

교관들이 상대적으로 풍부한 편이었다. 김좌진은 동향 출신의 신흥무관학교 교장 이세영李世永을 통해 학교의 사정을 잘 알아 이범석과 성준용成駿用·김훈 등을 북로군정서로 파견을 요청한 상황이었다.[39]

북로군정서는 북간도 왕청현의 산림에 자리잡아 대종교 계통의 대한정의단을 기반으로 삼았다. 정의단은 1919년 8월을 전후해 만주 지역에서 항일무장투쟁을 강화해 가는 과정에서 김좌진을 영입했으며, 군비도 급속하게 강화되고 있었다. 북로군정서는 1920년 2월 초에 왕청현 서대파 십리평에 사관연성소를 운영하였다.[40]

군사훈련은 대한제국 군대의 훈련 방식을 기본으로 오전에는 제식훈련과 전투훈련, 오후에는 사격술과 총검술 등을 실시하였다.[41] 생도들은 일본군 모형의 표적을 만들어 사격연습을 했으며, 강화린姜化麟이 지휘하는 사관연성소 제1학도대와 이범석이 지휘하는 제2학도대는 대항연습을 했다. 군사학, 부대지휘 운용법, 체조 및 구령법 등과 아울러 일제의 폭정과 세계 각국의 독립의 역사도 가르쳤다.[42] 군사훈련과 아울러 정신교육 강화를 통한 항일투쟁의식 고취는 궁극적인 목적이었다.

북로군정서에 도착해 처음으로 대면했던 이범석의 김좌진에 대

---

39 박환, 『김좌진평전』, 도서출판 선인, 2010, 81쪽 : 김형목, 「아름다운 인연. 의병전쟁, 독립군, 대한광복군 가족을 탄생시킨 오광선과 정현숙」, 『독립기념관』 11월호, 독립기념관, 2021.

40 「三一節의 産物인 北路我軍實戰記」, 『독립신문』 1921년 3월 1일.

41 신용하, 「대한(북로)군정서독립군의 연구」, 『한국독립운동사연구』 2, 한국독립운동사연구소, 1988, 219쪽.

42 김재승, 『만주벌의 이름없는 전사들』, 도서출판 혜안, 2002, 103쪽.

한 첫인상은 극찬에 가까웠다.

> 칠 척이 넘는 키에 거구, 만인을 위압하는 위엄, 총명해 보이는 눈동자와 입매 -일견지하에 그만한 터전을 마련한 인물이며 또한 그에게 지도를 받아서 나의 앞길은 반드시 광명하리라 즉각 느꼈다. 나와 일행을 소개했다. 김좌진 장군은 한없이 기쁘고 명랑한 표정을 한껏 지었다. 먼저 북로서에 관해 요샛말로 브리핑해주었다. 도도한 그의 웅변… 사람을 흡인하는 매력을 뿜었다. 정연한 이론… 그가 하고자 하는 모든 노릇 외에는 더 나은 길이 조국 독립을 위해서 없다는 것을 수긍케 했다.[43]

3·1운동 이후 북간도에는 40여 개의 무장단체들이 활동하고 있었다. 이들은 국내로 진입하여 국경 수비대와 경찰서·면사무소, 금융조합·은행 등을 공격함으로써 일제의 국경치안에 심대한 타격을 주었다.[44] 청산리전투 이전 한 해만 해도 1,600여 회에 달하는 국내진공작전을 펼쳤다.

만주 지역 독립군에 대한 강력한 대응을 절감한 일제는 '간도지방불령선인소토계획間島地方不逞鮮人剿討計劃'을 수립한 뒤 곧바로 훈춘사건을 도발하였다.[45] 독립군과 일제의 충돌 분위기가 고조되자 중국당국은 독립군 부대에게 백두산 방면으로 이동을 요청하였다.

---

43 이범석, 『철기 이범석 자전』, 176쪽.

44 「北墾島에 在한 我獨立軍의 戰鬪報告」, 『독립신문』 1920년 12월 25일 : 장세윤, 「청산리독립전쟁의 개요」, 『중국 동북지역 독립운동사』, 도서출판 선인, 2021, 245-253쪽.

45 김정주, 『조선통치사료』 2, 한국사료연구소, 1970, 161-166쪽.

이범석은 북로군정서를 찾아온 중국군 사령관 맹푸득孟富德과 교섭하여 10일 이내에 다른 곳으로 이동과 중국 당국의 편의를 제공한다는 교섭을 성사시켰다.[46] 북로군정서의 근거지 이동은 다른 단체들에 비해 다소 늦은 편이었다. 1920년 7월 말 무기구입을 위해 러시아로 파견된 경비대장 이교성李教成부대의 귀환이 9월 7일에야 이루어졌으며, 9월 9일에는 사관연성소 학생들의 졸업식이 있었기 때문이었다.[47]

근거지 이동을 결정한 북로군정서는 이범석에게 여행단 단장을 맡겼다. 사관연성소의 졸업식을 마친 북로군정서군은 9월 17일 서대파를 떠나 10월 12일에서 13일 경 청산리 부근에 도착했다. 당시 독립군부대들은 '피전책避戰策'만을 결정하고 있었을 뿐, 대체로 각자 독자 행동을 취하고 있었다. 여기에 부대의 배치나 지휘체계의 수립 등도 통합에 걸림돌 중 하나였다. 또한 북로군정서의 서일徐一은 후방 지역인 중소 국경지대로 이동을 주장하였으며, 현천묵玄天默은 백두산 방면으로 가자는 의견 등 다양했다.[48] 결국 인적·물적으로 유리한 백두산 방면으로 이동이 결정되었다. 허륭현 청산리를 근거지로 정한 이유는 이 일대가 대종교계의 청일학교·의합천일학교 등이 설립되어 있는 대종교 중심의 마을이자 국내로

---

46 「三一節의 產物인 北路我軍實戰記(1)」, 『독립신문』 1921년 3월 1일 : 독립운동사편찬위원회 편, 『독립운동사자료집』 10, 58쪽.

47 「三一節의 產物인 北路我軍實戰記(1)」, 『독립신문』 1921년 3월 1일.

48 김형목, 「함경북도 경성의 사립함일학교유지계」, 『한국독립운동사연구』 55, 독립기념관 한국독립운동사연구소, 2016 : 김형목, 「함경북도 경성의 사립보성학교 관련자료」, 『한국독립운동사연구』 57, 독립기념관 한국독립운동사연구소, 2017.

진격이 가능한 지역이었다. 산세가 험하고 안도현과 인접하여 상대적으로 안전한 지역이라는 인식도 크게 작용하였다.[49]

한편 홍범도부대도 백두산 방면으로 이동하여 북로군정서와 연합작전을 모색하였다.[50] 홍범도와 그의 연합부대는 북로군정서가 백두산 방면으로 이동한다는 소식을 듣고 함께 국내진공작전을 전개할 목적으로 이동 중 일본군 부대와 소규모 전쟁을 치루었다.

일본군은 제19사단을 중심으로 1만 2천 명의 병력을 3개 지대로 나누어 독립군에 대한 대대적인 공격을 시도하였다. 특히 육군소장 히가시 마사히코東正彦가 지휘하는 히가시東支隊 부대는 이도구와 삼도구 방면에 병력을 투입하여 독립군을 빠르게 추격하고 있었다.[51] 일본군은 독립군의 활동을 묵인했거나 도왔다는 이유로 무고한 한인들에 대한 참혹한 탄압과 학살을 서슴지 않았다. 독립군 부대는 더 이상 '피전책'만을 고수하기 어려운 상황이었다.

독립군을 토벌하기 위해 본격적인 군사행동에 돌입한 동지대는 우선 아마다 연대를 2대로 나누어 삼도구에서 작전을 전개하였다. 또한 히가시 소장이 직접 인솔하는 주력부대는 이도구 서북 지역에 있는 홍범도 연합부대를 공격하기 위해 한 부대를 천보산天寶山 방면으로 출동시켜 남하케 하고 일부는 이도구로부터 서진케 하여 독립군을 포위하고자 하였다.

---

49 김춘선, 「발로 쓴 청산리전쟁의 역사적 진실」, 『역사비평』 가을호, 역사비평사, 267쪽.

50 장세윤, 「〈洪範圖 日誌〉를 통해 본 홍범도의 생애와 항일무장투쟁」, 『한국독립운동사연구』 5, 독립기념관 한국독립운동사연구소, 1991, 168-169쪽.

51 신용하, 「독립군의 청산리독립전쟁의 전투들의 구성」, 『사학연구』 38, 한국사학회, 1984, 510-512쪽.

독립군부대 역시 응전 태세를 갖추어 가고 있었다. 백두산 산록을 향해 발빠르게 이동하고 있던 홍범도부대는 8월 하순 명월구 근거지를 떠나 9월 21일경 이도구 어랑촌에 도착하였다. 안무가 지휘하는 국민회군도 9월 말경 이도구 방향에 진격하고 있었다. 최진동의 군무독군부도 9월말 경 봉오동을 출발하여 나자구에 도착했다. 북로군정서는 9월 9일 사관연성소의 졸업식을 마친 후 서대파를 떠나 10월 12일과 13일 사이 청산리 부근에 도착하였다.[52] 독립군부대는 일본군의 공세에 대비하여 작전회의를 개최하고 청산리 부근의 지리적 조건을 이용하여 적절한 부대 배치를 협의했다. 제1연대는 홍범도를 대장으로 6개 중대 병력이 완루구完樓溝 중앙산록에 배치되었다. 제2연대는 김좌진을 사령관으로 2개 대대가 이도구 좌편 고지, 제3연대는 최진동을 사령관으로 6개 중대가 이도구 우편 고지에 배치되었다.

이때 북로군정서군은 사령관 김좌진, 참모장 나중소, 부관 박영희, 연성대장 이범석, 종군장교 이민화, 백종열, 한건원, 김훈, 보병대대장 김규식, 부관 김옥현金玉鉉, 제1중대장 강화린, 특무정사 나상원羅尙元, 제2중대장 홍충희洪忠熹, 대대장 서리겸 등으로 구성되어 있었다.[53] 전열을 정비한 북로군정서군은 야마다山田연대의 선발대가 청산리 골짜기로 들어올 것이 예상되는 상황에서 이들과 일전을 결정하였다. 제2대대는 약 300명의 사관연성소 연성대로 구성하고 연성대장 이범석이 직접 지휘했다.

52 황민호, 『3·1운동 직후 무장투쟁과 외교활동』, 한국독립운동사편찬위원회·독립기념관 한국독립운동사연구소, 2008, 105쪽.

53 독립운동사편찬위원회, 『독립운동사』 5, 1971, 383-384쪽.

10월 21일 오전 북로군정서군은 일본군 중대 병력이 모두 공터 안으로 들어서고 전면의 선두 병력이 제2제대의 매복지점으로부터 10여보 앞에 도달할 때까지 기다렸다가 일제히 사격을 개시했다. 600여 정의 소총과 4정의 기관총, 2문의 야포가 총공격을 가하였다.[54] 일본군도 즉각 총을 쏘며 저항했지만 독립군이 어디에서 총을 쏘는 것인지를 명확하게 알 수 없어 속수무책일 수밖에 없었다. 약 1시간 30분 동안의 교전 끝에 200여 명의 일본군 전위부대를 거의 전멸하였다.

뒤이어 도착한 본대는 전위부대가 전멸당한 처참한 상황을 목격하고 놀랐다. 분노에 사로잡힌 저들은 패배를 갚아주겠다는 생각으로 산포山砲와 기관총으로 응전해 왔다. 저들도 북로군정서가 매복한 정확한 위치를 알 수가 없어 화력만 허비하는 가운데 전사자가 속출했다. 일본군은 다시 보병 2개 중대와 기병 1개 중대를 북로군정서군의 측면을 우회하여 매복한 제2대대 포위를 시도하였다. 결과는 크게 다르지 않았다. 절벽 위에서 정확하게 조준하여 맹렬하게 사격하는 북로군정서의 공격에 일본군은 막대한 피해를 입었다. 결국 백운평전투는 북로군정서군의 완벽한 승리로 끝이 났다.

천수평전투와 마록구전투도 연이어 전개되었다. 백운평전투에서 승리한 독립군은 갑산촌에 도착하여 잠깐의 휴식을 취하는 상황이었다. 이때 마을 주민들로부터 어제 적 기병 1개 중대가 갑산촌을 지난 천수평으로 들어갔다는 정보를 입수하게 되었다. 북로군정서군은 다시 전투 대세를 갖추고 22일 새벽에 천수평으로 향

54 박환, 『독립군과 무기』, 도서출판 선인, 2020.

해 나아갔다. 새벽 산속 마을의 정적을 깨는 독립군의 총성이 울리고 일본군이 잠들어 있던 민가를 향해 화력을 집중하여 일본군을 전멸시켰다.

북로군정서군은 크게 승리했으나 천수평전투에서 도망친 일본군 병사가 있었기 때문에 곧바로 전열을 정비해 전투태세를 갖추었다. 천수평에서 승리한 북로군정서군은 곧바로 적의 사령부가 있는 어랑촌을 향해 '거의 구보로 전진'했는데 이는 적을 앉아서 기다리기보다는 지형적으로 유리한 고지를 점령해 선제공격을 가하는 것이 바람직하다는 판단에서였다. 이범석은 이만희·김훈 중대와 함께 적의 공격에 대비하고 있었다. 마록구 북방고지에서 일본군 2만 명대 독립군 2천 명으로 싸우는 말 그대로 혈전이었다.

전투는 오전 9시부터 시작되어 해가 기울어질 때까지 계속되었다. 지형적으로 유리한 고지를 차지하는 한편 사기 또한 충천한 독립군들은 맹공을 퍼부어 일본군은 300여 명의 사상자를 내었다. 북로군정서군과 홍범도의 독립군 연합부대는 전투를 승전으로 마무리하고 다시 부대를 나누어 안도현 방면으로 이동하였다.[55]

〈표 1〉 청산리전투의 중요 사항 정리

일자	지역	독립군 부대	일본군 부대	적 피해	비고
10. 21	靑山里 白雲平	북로군정서	山田보병연대	200명	최초의 승전 독립군 20명 전사
10. 21	完樓構	홍범도 연합 부대	東支隊 주력부대	적 피해 400여 명	
10. 22	泉水坪	북로군정서	島田기병중대	적 피해 116명	기습전

55 신용하, 「독립군의 청산리독립전쟁의 전투들의 구성」, 533-534쪽.

일자	지역	독립군 부대	일본군 부대	적 피해	비고
10. 22	漁郞村	북로군정서·홍범도 연합 부대(북로군정서 600명, 홍범도 연합 부대 1,600명)	東支隊(북로군정서는 73연대, 홍범도 부대는 아즈마 소장이 지휘하는 주력 부대) 뒤에 혼전	300~1,000명(기록에 따라 차이)	북로군정서 독립군 전상자 100여 명
10. 23	맹개골	북로군정서	기병 30명	기병 10명	
10. 23	萬麒構	북로군정서	보병 50명	보병 30여 명	
10. 24 밤 9시	쉬구(1西溝)	북로군정서	보병 100명, 기병 1개 소대	다수 살상 섬멸	
10. 24 밤9시	天寶山	북로군정서	1개 중대		백병전
10.25새벽	天寶山	홍범도 부대	수비 중대	큰 타격	
10. 25~.26	古洞河	홍범도 부대	보병 150명	2개 소대	

청산리전투의 전과는 전투의 특성상 정확한 파악은 곤란하다. 일본군은 1920년 10월 하순부터 11월 하순까지의 작전을 종합 정리하면서 사살 375명, 체포 177명, 귀순 1,558명이라고 하였으며, 자신들의 피해에 대해서는 전사 하사 1명, 병졸 9명이라고 하였다.[56] 『독립신문』에 게재된 안정근의 보고 등 우리와 중국 측 자료를 정리해 보면 대체로 다음과 같다.

56 강덕상, 『현대사자료』 28, 707쪽 : 장세윤, 「청산리독립전쟁 전과의 검토」, 『중국 동북지역 독립운동사』, 262-269쪽.

〈표 2〉 청산리전투의 전과

구분	시기	작성자	전과
파견원보고	1920.11 중순 이전	안정근	1,000여 명
전투보고	1920.11.12.	서일	1,100여 명(자상 400여 명 포함)
아(我) 군대의 활동	1921.1.21		1,200여 명(자상 400여 명 포함)
군정서격고문	1921.2.25.	서일	1,200여 명
대한군정서보고	1921.2.25.	서일	1,257+自相擊殺者 500여 인
북로아군실전기 (1)·(2)	1921.3.1. 1921.3.12	김훈	약 146명+自相擊殺者/명중자
求亡日報	1939.6.21.		1개 연대
한국독립운동지혈사	1920.12.	박은식	우리 사령부조사 1,600여 명 중국 관청 조사 1,300여 명 일본 영사관 비밀보고서 900여 명 서양 신문의 평론 2,000여 명 『遼東日日新報』 추산 2,000여 명
경천아일록	1921.3.21.	김경천	1,200여 명
우둥불	1971	이범석	3,300여 명

이밖에 중국 호남성 창사에서 발행되던 『대공보大公報』는 청산리 대첩으로 사망한 일본군은 600명이며, 독립군은 50명에 불과하다고 보도하였다.[57]

만주 지역 독립군에 대한 토벌작전이 무산되자 일본군은 간도의 무고한 한인농민들을 학살하는 '경신참변'을 도발하였다. 일본군은 가옥을 방화하였을 뿐만 아니라 남녀노소를 잔인하게 학살하

57 김주용, 「홍범도의 항일무장투쟁과 역사적 의의」, 『한국학연구』 32, 인하대 한국학연구소, 2014.

거나 불태워 죽였다. 『독립신문』에서는 피살 3,664명, 체포 155명이고, 재산피해는 민가 3,520동, 학교 59개교, 교회당 19개소, 곡물 59,970섬인 것으로 보도하였다.[58] 경신참변 중 재만 한인들은 일제의 폭압을 견디기 어려워 귀순하거나 귀순을 강요당했다. 중국당국은 중국으로 귀화를 권유하는 한편 귀화하지 않을 경우 일본군이 철수한 후 상당한 처분이 있을 것이라고 위협하였다. 귀순한 한인들에 대해 '친일자'라는 이유로 압박을 가하거나 폭행하는 경우도 있었다.[59]

5. 새로운 독립운동방략 모색

청산리전투 이후 북로군정서군은 소규모부대를 편성하여 이동했다. 김좌진이 이끄는 주력부대는 안도현 경계인 황구령촌으로 이동하여 11월 15일경 중·러 국경지대인 춘양향 소삼차구 부근에 도착하였다. 이범석의 경우 어느 경로로 이동했는지는 정확하게 알 수 없으나 김좌진과 자유시로 들어가기 직전까지 행동을 함께 했다.

이범석은 러시아령으로 들어간 후 독립군이 소련 적군이 요구하는 데로 러시아혁명을 위해 바이칼호 근처의 시베리아 깊숙한

58 「懇島慘狀後報」, 『독립신문』 1921년 1월 27일.

59 정예지, 「경신참변기 조선인 "귀순"문제 연구-북간도를 중심으로-」, 『사림』 38, 수선사학회, 2011.

곳까지 진격하여 백군과 전투를 원하지 않았다. 그는 소련의 제안에 대해 '강한 민족주의를 품고 자라온 나로서는 도저히 받아들일 수 없는 노릇'이라고 회고하였다.[60] 이에 이만에서 자유시 행 열차가 떠나기 직전 대열을 이탈하여 북만주로 돌아왔으며, 자유시참변을 모면할 수 있었다.

자유시참변은 우리나라 독립운동사상 최악의 비극적인 사건이었다. 1921년 6월 28일 러시아 아무르주의 자유시스바보드니에서 독립군의 지휘권 문제를 놓고 갈등을 빚고 있었다. 이르크츠크파의 고려혁명군정의회는 소련 원동공화국 제2군단 지원을 받아 사할린의용군의 무장 해제를 시도하면서 충돌이 발생하였다.[61]

1922년 말경 이범석은 김규식金奎植이 조직한 독립군부대에서 기병대장으로 활동하고 있었다. 따라서 이범석은 청산리전투 이후 연해주에서 김규식 등과 함께 백계러시아군을 격퇴하는 전투에 참가하였다. 이들은 1922년 9월 1일 연해주 혁명군사소비에트 산하에서 '고려혁명군'을 조직했다. 총사령관이 김규식으로 보아 이범석은 이 부대의 기병대장으로 활동한 것으로 보인다.[62] 이들은 소련 적군과 함께 합동민족군이라는 이름으로 활동하고 있었다. 이범석과 그 휘하의 독립군들은 소련 원동 제2군에 의한 무장해제의 위협을 인지하고 있었다. 리콜리스크의 소련군 사령부에 초청받아 간 사령관 김규식이 인질로 잡히자 은인자중할 아무런 이유가 없

60 이범석, 『철기 이범석 자전』, 238-239쪽.

61 반병률, 『1920년대 전반 만주·러시아지역항일무장투쟁』, 한국독립운동사편찬위원회, 2009, 278-279쪽.

62 윤상원, 「러시아지역 한인의 항일무장투쟁 연구(1918-1920)」, 고려대박사학위논문, 2009, 304-305쪽.

어졌다.

1923년 연해주에서 활동하던 이범석은 그곳에서 부인 김마리아를 만났다. 그녀는 1901년 9월 10일 평양에서 태어나 귀화한 러시아계 한인이었다. 아버지는 약종상으로 15남매의 셋째 딸이었다. 부친의 노력으로 러시아식 교육을 받아 러시아어에 능통하였다.[63] 러시아혁명군 정치부원으로 이범석이 수분지구 합동민족군 사령관으로 활동했다. 김마리아는 소련공산당 극동지부에서 파견된 이범석과 함께 복무하였다. 이범석 같은 한인독립군 감시는 그녀의 몫이었다.

이범석은 민족합동군이 시베창西北廠 계곡에서 일본군과 교전 중 김마리아의 용맹함과 책임감에 깊은 인상을 받았다. 또한 피복창 주임으로 기병인 자신의 군복을 편안하게 만들어준 섬세함에 마음이 끌렸다. 반면 김마리아는 이범석의 전투지휘에 매력을 느끼는 동시에 연정으로 충만했다. 스빠스카야 전투 당시 김마리아는 야전병원의 간호원으로 복무하고 있었다.[64] 소련 적군과 전투에서 머리에 총상을 입고 북만주 영고탑에서 치료를 받았다. 이때 국내에서 어머니가 찾아와 자기 몫의 토지를 팔아 장만한 1,700원을 주고 갔다.[65] 병세가 호전되는 가운데 이범석은 마리아가 하이린에 와있다는 소식을 듣게 되었고 그 길로 60리를 달려가 그녀를 만났다. 이때 김마리아는 '이범석의 신변이 몹시 걱정되었을 뿐만 아니

---

63 김마리아, 「동지이며, 전우인 나의 남편」, 김인옥 편, 『내조의 귀감』, 삼경출판사, 1969, 51쪽.

64 이범석, 『철기 이범석 자전』, 145-147쪽.

65 이범석, 「아름다운 인연, 혁명동지로서 부부가 된 이범석과 김마리아」, 『독립기념관』 10월호, 독립기념관, 2020.

라, 날이 갈수록 공산당의 죄악상에 환멸을 느껴 덮어놓고 국경을 넘어 만주로 넘어왔다. 하얼빈에 있는 러시아 철도대학에라도 들어가 공부할까 하는 생각이었다.[66]

두 사람은 1925년 가을 김좌진의 적극적인 지지와 김혁金赫·조성환·김좌진을 감서監書로 결혼하였다. 이범석은 마리아를 '무샤'라고 부르며 부부간의 정을 가꾸어갔다.[67] 이범석은 자신의 결혼에 대해 '한 쌍의 혁명자의 결혼'이라고 했다. 부인에 대해 극기와 인내는 초인적이었다고 평하였다. 광복 후 마리아는 "나는 고국 말도 서투르고 풍속에 대해서도 아는 것이 없으니 정치적으로 당신을 돌보겠다는 생각은 하지 않을 것이지만, 생활을 지켜주고 당신이 시련과 유혹에 부딪치면 명예를 지켜주겠다"고 약속했다. 실제로 김마리아는 이범석과 자신에게 다가오는 금전적 유혹을 단호하게 거부하였다.[68]

만주사변 발발은 이범석에게 새로운 기회가 되었다. 일본군이 만주를 침공하자 중국군의 소병문蘇炳文은 이범석에게 도움을 청했다. 쑤빙원과 마잔산馬占山부대의 연합이 이루어지면서 이범석은 마점산부대 제1군의 작전과장으로 자리를 옮겼다. 이후 마잔산을 따라 소련 영내로 들어간 이범석은 소련 영사의 지휘하에 무장해제, 인원점호, 인명등록 등의 수속을 밟아 톰스크Tomsk의 피난민 수용소에 수용되었다. 이범석의 눈에 비친 러시아 사회는 곤궁한 식생활과 감시와 숙청의 불안이 대중들을 짓누르는 '공포' 사회였

66 김마리아, 「동지이며, 전우인 나의 남편」, 51-52쪽.

67 김형목, 「혁명동지로서 부부가 된 이범석과 김마리아」, 『독립기념관』 10월호, 18-19쪽.

68 이범석, 『철기 이범석 자전』, 367-369쪽.

다.[69]

6. 한국광복군의 창군과 OSS작전

상하이로 돌아온 이범석은 1934년 10월 경 뤄양군관학교의 한인 특별반 교관으로 활동하게 되었다. 김구는 만주에서 한국독립군의 지청천·오광선 등과 접촉하여 교관으로 초빙하였다.[70] 이후 한인특별반은 1934년 2월 1935년 4월까지 92명의 한인청년 입교생을 받아 훈련시켰다. 정식 명칭은 '중앙육군군관학교 뤄양분교 제2총대 제4대대 육군군관훈련반 제17대로 이범석은 학생대장에 임명되었다.[71] 임명된 배경은 마잔산부대에서 항일투쟁을 통해 중국군에서 두터운 신임이었다. 당시 톰스크수용소에서 석방되어 중국으로 귀환한 일행은 중국의 민족적 영웅으로 환대받았다.[72]

한인특별반의 교육내용은 학과와 술과術科로 나뉘어져 있었다. 학과는 지형학·전술학·병기학·통신학·중병기학·정치학·각국혁명사 등을 가르쳤다. 술과는 체육·체조·무술·검술·야간연습·야영연습·보병조건·사격 등이었다. 특히 제17대에만 군마 40두를 배당

---

69 김마리아, 「동지이며, 전우인 나의 남편」, 54쪽.

70 국사편찬위원회, 「金九 一派의 軍官學校 設立狀況 槪要에 관해 재 北平 中山 一等 書記官 外務大臣에게 報告한 要旨」, 『대한민국임시정부자료집』 9, 2006, 121-122쪽.

71 한상도, 「安敬根이 걸어 간 한국근현대사-독립운동에서 통일운동으로-」, 『한국민족운동사연구』 78, 한국민족운동사학회, 2014, 50쪽.

72 김마리아, 「동지이며, 전우인 나의 남편」, 55쪽.

한 마술을 훈련했는데 이는 이범석이 기병 출신이라는 사실과 깊은 연관성을 지닌다.[73]

1934년 8월경 뤄양군관학교 한인특별반은 폐교되어 이범석도 교관직을 사임하였다. 한인특별반에 대한 정보를 입수한 일제가 중국정부에 강력하게 항의했기 때문이었다. 조선총독부 경무국에서도 상하이 파견원 나카노中野 사무관을 통해 지청천·이범석·오광선 등이 뤄양에 있는 중국 중앙군관학교 분교의 교수로 임명되어 군인들을 양성하고 있다는 정보를 보고 받고 있었다.[74]

한인특별반 폐교는 내부 갈등이 원인이었다. 김원봉을 따르던 훈련생들은 다른 훈련생들을 좌경화시키려 했다. 훈련생들 사이에는 '의열투쟁'과 '군인양성'으로 노선이 양분되었다. 이범석과 지청천은 훈련병들을 장교로 육성하려 의도였다. 김구도 자신이 보낸 학생들이 좌경화될 것을 우려해 입교생 중 20여 명을 난징으로 철수시켰다.[75] 또한 중국 측에서는 삼민주의를 중심으로 한 정치교육의 실시를 강조하여 갈등을 빚었다. 이와 관련해서는 정치·군사교육은 한인교관들이 담당하며, 중국 측은 운영 경비만 지원하는 것으로 절충이 이루졌다.[76]

---

73 국사편찬위원회, 「불령조선인 金九파가 조직하는 조선인군관학교의 상황(1934.7.30)」, 『대한민국임시정부자료집』 9, 123쪽.

74 「李靑天 麾下 四十名 洛陽軍官校에 入學, 上海 金某와 連絡合勢」, 『조선일보』 1934년 8월 22일.

75 한상도, 「김구의 한인군관학교(1934-1935) 운영과 그 입교생 - 중국내 한국독립운동 의 계열화과정과 관련하여 - 」, 『한국사연구』 58, 1987, 94-95쪽.

76 채근식, 『무장독립운동비사』, 대한민국공보처, 1947, 196쪽 : 조경한, 『백강회고록』, 한국종교협의회, 1979, 217-218쪽.

> 이때 장군은 정말 빠쁘신 몸이었습니다. 만주에서의 활약을 통해 얻은 모든 체험을 이론적으로 체계를 세우고 실전과 이론이 합치하도록 많은 연구를 하셨고 학생들을 지도하셨습니다. 이때부터 나는 가정주부다운 생활을 시작한 셈입니다. 만주와 시베리아의 전진戰塵 속에서 생명을 내걸고 항상 긴장을 하던 때 비해서 퍽 안일한 편이었습니다. 이윽고 낙양군관학교가 폐쇄되자 장군은 또다시 중국의 직업군인이 되었습니다. 이때도 역시 일개 주부로서 장군을 보살펴드린 셈입니다.[77]

당시 이범석은 한인특별반에 입교한 한인청년들을 가르치는 일에 열심을 내며 바쁜 날들을 보냈다. 부부의 일상도 만주보다는 안일하게 지낼 수 있었다.

뤄양군관학교 한인특별반이 패쇄되자, 이범석은 다시 중국군으로 복귀하였다. 1936년 12월 시안사변 이후 양후청楊虎城 휘하에서 기병연대장으로 활동했다. 왕우바이王慕白이라는 이름으로 중국 육군 제3로군 소장인 한푸취韓復渠의 고급참모로 복무하였다.[78] 1938년에는 제3로군의 예하부대인 제55군 차오푸린曹福林 휘하에서 주임참모로 활동하며, 노북魯北, 태아장台兒莊, 롱해선隴海線 전투에 참전하여 전공을 세웠다. 특히 태아장 전투는 중일전쟁 개전 후 중국군이 거둔 최초의 승리로 중국 국민당군이 자신감을 찾는 결정적인 계기였다.[79]

---

77 김마리아, 「동지이며, 전우인 나의 남편」, 55쪽.

78 장준하, 『돌베개』, 357쪽.

79 「이범석 약력」, 『서울신문』 1948년 8월 2일.

1939년 6월 이범석은 중국국민당 중앙훈련단 당정간부훈련반 제3기로 입교하여 교육을 받았다. 중앙훈련단은 중국국민당의 최고간부을 위한 교육기관으로 장제스가 직접 단장을 맡았다.[80] 중국국민당의 이념과 고등 군사지식 교육은 궁극적인 목적이었다. 교육을 이수한 후 중앙훈련단의 영예대대 중대장과 교관으로 활동했다.이는 그가 중국군 내에서의 두터운 신임과 함께 중앙훈련단의 교육을 대단히 우수하게 이수했음을 보여준다.[81]

1940년 임시정부는 한국광복군의 창설에 박차를 가하였다. 이범석은 한국광복군창설위원회에서 박찬익·지청천·김학규·조경한 등과 함께 실무를 담당했다. 이범석은 초기에는 광복군이 국군이 아니라 당군으로 창설된다는 점에서 참여를 주저했다. 8월 4일 충칭에서 창설된 광복군총사령부는 군관학교 출신과 실전 경험을 갖춘 만주 지역 독립군들이 주축이었다.[82] 9월 15일에는 임시정부 주석 겸 한국광복군창설위원회 위원장 김구의 명의로 「한국광복군 선언문」이 발표되어 그 창설을 내외에 알렸다. 한국광복군 총사령부의 참모장에 임명된 그는 중국과 교섭을 통해 군비 확장에 힘을 기울이는 동시에 광복군 병력을 1년 내 3개 사단으로 만들고자 했다.[83]

1942년 10월에는 광복군 제2지대장에 임명되어 시안으로 이동했다. 부지대장 이복원李復源 이하 안춘생安椿生·노태준盧泰俊·노복

80 후지이 다케시, 「족청·족청계의 이념과 활동」, 20-23쪽.
81 국사편찬위원회, 『대한민국임시정부자료집』 10, 2006, 88쪽.
82 한시준, 『한국광복군연구』, 일조각, 1993, 94쪽.
83 이범석, 「광복군 : 대한민국임시정부의 수립과 그 활동」, 193쪽.

선盧福善 등이 각각 구대장을 맡았다.[84] 제2지대에서는 우선 적극적인 초모활동을 전개하여 중국군사위원회에서도 중국 각지에 수용된 한적韓籍 포로들에게 한국광복군이 될 수 있는 길을 열어 주었다. 또한 그는 중국 중앙군관학교 제7분교 주임 후쫑난胡宗南과 교섭하여 제7분교에서 광복군 대원들이 훈련을 받을 수 있도록 하였다.[85]

1944년 10월 이범석은 중국전구 OSSOffice of Strategic Services[86] 비밀첩보과SI, Secret Intelligence Branch 소속의 싸전트Clyde B. Sargent 대위에게 광복군과 OSS의 합작을 제의하였다.[87] 그는 미군에게 광복군을 훈련시켜 정보 수집 및 장래 한국에서 연합군의 작전을 돕기 위한 지하세력의 조직에 필요한 훈련을 요청했다. 훈련을 받은 광복군은 한반도뿐만 아니라 일본 본토에서도 작전이 가능하리라는 주장이었다. OSS에서는 주중미국대사관에 한인공작반을 설치하고 안우생安偶生·엄도해嚴道海·송면수宋冕秀·진춘호陳春浩·안병무安炳武·박영만朴英晚 등에게 일본의 신문·잡지·뉴스방송 등을 통한 정보수집과 일본군 중요 문서의 번역 등을 담당하게 하였다.[88]

1945년 1월 이범석은 싸전트와 한국계 미군인 정운수鄭雲樹를 시안의 제2지대 본부로 초청하여 제2지대가 OSS훈련과 한미공동작전을 수행할 수 있는 충분한 역량을 갖췄음을 보여주었다. 결과

---

84 김준엽, 『장정』 하, 나남, 1991, 498쪽.

85 독립운동사편찬위원회, 『독립운동사』 6, 1975, 388-389쪽.

86 김광재, 「한국광복군의 활동 연구 : 미 전략첩보국(OSS)과의 합작훈련을 중심으로」, 동국대박사학위논문, 2000, 55쪽.

87 이범석, 「광복군 : 대한민국임시정부의 수립과 그 활동」, 198쪽.

88 독립운동사편찬위원회, 『독립운동사』 6, 510쪽.

로 OSS는 제2지대의 전반적 사기와 개개인의 능력, 단결심 등이 훈련과 작전에 적합하다는 결론을 내렸다. 1945년 4월 3일에는 광복군과 OSS의 공동작전을 최종적으로 승인되었다.[89]

이후 이범석은 제2지대 본부가 있는 시안 두곡杜曲에 한미합동 지휘부를 설치하고 OSS훈련을 진행하였다. 한국선전위원회를 조직하여 미국 심리전팀의 활동을 돕도록 하였다.

> 싸전트 대위와 이범석은 토요일 아미스카Amisca를 경유하여 충칭重慶에 도착합니다. 후자는 독수리작전의 핵심인물이므로 특별대우를 요합니다. 우리는 작전이 즉시 착수되거나 혹은 4월 15일쯤에 개시되기를 바라며, 또한 첩보의 순환이 조만간 시작될 것으로 믿습니다.[90]

위의 내용은 1945년 3월 30일 OSS의 폴 헬리웰Paul L. El. Helliwell 대령이 부사령관 윌리스 버드Willis Bird 중령에게 보낸 전문電文이다. OSS에서는 싸전트와 이범석이 독수리작전의 핵심인물이므로 특별대우를 해야 하며, 작전은 즉시 착수되거나 적어도 4월 15일쯤에는 개시되기를 바란다는 내용이었다.

1945년 6월에는 이범석이 쿤밍의 OSS 비밀첩보과 책임자 폴 헬리웰 대령에게 편지를 보내 일본군을 탈출한 한인청년들의 시안으로 수송 및 부양阜陽의 제3지대와 단파 무선통신 가능여부의 문

89 국사편찬위원회, 「싸전트의 비망록」, 『대한민국임시정부자료집』 12, 149-150쪽.

90 국사편찬위원회, 「이범석의 중경도착과 관련한 전문」, 『대한민국임시정부자료집』 12, 220쪽.

제를 논의하기도 했다.[91] 전체적으로 광복군과 OSS의 연합훈련은 순조롭게 진행되고 있었다.

1945년 8월 4일 광복군과 OSS의 연합훈련이 종료되자 8월 7일 제2지대 본부에서 개최된 회의에서 김구·지청천·이범석과 도노반William J. Donovan 소장·헬리웰 대령·싸전트 대위 등 양측의 중요인사가 참석한 가운데 광복군은 지구공작반이 편성되어 이범석을 총지휘에 임명하였다.[92] 이러한 분위기에서 미군은 이범석을 대단히 긍정적으로 평가하고 있었다.

> 이범석 장군은 전적으로 혁명적 군사지휘관이다. 그는 44세이며 거의 30년간 군인생활을 해오고 있다. 궁궐에서 태어나 1910년 한일병탄 전에는 왕실의 일원이었으며 처음에는 궁내에서 교육을 받았으며 후에 일본에서 수학하였다. 3년간 러시아에서 수학하였으며 유럽을 여행하였다. 그는 또한 중국 국립 기병학교를 졸업하였다. 그는 한국어, 일본어, 중국어 및 러시아어를 유창하게 말하며 약간의 영어지식도 갖고 있다. 이 장군의 군사경험은 동남 만주 지역 특히 한·만국경에서의 다년간의 유격전, 태아장台兒莊 및 기타 지역 전투에서 중국군과의 참전, 그리고 전 산동성장前 山東省長 한푸취韓復渠를 위한 수년간의 자문 및 일본인과의 연락 역할을 포함한다. 이장군의 관심과 역점은 오로지 군사적인 것이며 러시아가 한국에서 지배적인 영향력을 행사하게 되리라는 강한 관심을 제외하고는 정치적 편파성을 피하고 있

91 국사편찬위원회, 「헬리웰 대령에게 보낸 이범석 서한」, 『대한민국임시정부자료집』 13, 2006, 86-89쪽.

92 독립운동사편찬위원회, 『독립운동사』 6, 533쪽.

> 다. 그는 전적으로 혁명적이고 군사적이며 일본으로부터 한국의 자유 획득을 돕겠다는 바램 이외에 아무런 개인적인 야망도 갖고 있지 않다.[93]

그는 전적으로 혁명적·군사적이며 일본으로부터 한국의 자유 획득을 돕겠다는 바램 이외에 아무런 개인적 야망도 갖고 있지 않다고 보았다. 이범석의 독립운동에 대한 신념과 태도를 보여주는 부분이다. 향후 러시아가 한국에서 지배적인 영향을 행사할 것이라는 점에 대해 강한 의심을 갖고 있다고 한 부분은 조국의 장래에 대해 염려하고 있던 이범석의 안목이었다.

김구가 이승만에게 보낸 편지에서도 이범석에 대한 평가는 긍정적이었다. 김구는 이범석이 미국과 한국 모두를 위해 가장 큰 일을 할 수 있다고 확신했다. 군사적 경험에서 뿐만 아니라 군사 교련에서도 한국 군인들 가운데 가장 탁월하며, "귀하도 아시다시피 그는 몇 년전 청산리전투에서 일본군을 상대로 승리를 쟁취한 결과 청년장군으로 명성이 자자하다고 강조하였다.[94]

예상치 못했던 일제의 포츠담선언 수락 소식이 전해지면서 작전은 실행에 옮겨지지 못하고 말았다. 임시정부는 국내로 정진대 파견을 추진했다. 광복군을 국내로 들여 보내 일제의 투항을 접수하고 국내 치안을 담당하게 하는 한편, 임시정부와 광복군을 위한 연락 및 준비를 담당케 하려는 의도였다. 이범석은 싸전트를 설득

93 국사편찬위원회, 「한국에 대한 비밀첩보침투를 위한 독수리 작전 보고서」, 『대한민국임시정부자료집』 12.

94 국사편찬위원회, 「金九·嚴恒燮이 이승만에게 보낸 편지」, 『대한민국임시정부자료집』 12.

해 미군의 허락을 받았다.[95] 1945년 8월 13일 대한민국 임시정부는 이범석을 정진군 총사령관에 임명함과 동시에 대원들을 이끌고 국내로 들어가도록 결정하였다.

국내로 향하는 항공기에는 이범석과 김준엽, 장준하·노능서 등이 승선하고 있었고 OSS측에서는 버드 대령을 포함하여 총 18명의 인원이 탑승하였다. 이중에는 함용준咸龍俊 대위·정운수 중위·서상복徐相福 이등병 등 한국계 미군 병사도 함께 있었다.[96]

광복군정진대가 국내로 향한 것은 8월 16일이었다. 새벽 4시 30분 시안을 출발한 비행기가 산동반도에 이르렀을 때, 미군 항공모함들이 일본전투기로부터 공격을 받고 있으며 여러 지역에서 여전히 전투가 벌어지고 있다는 소식을 전했다. 이에 책임자인 버드 대령은 돌아갈 것을 명령하였고 대원들은 시안으로 되돌아와야 했다.[97] 이후 국내진입이 재차 시도된 것은 8월 18일이었다. C-47 수송기를 이용해 새벽 5시 50분에 시안을 출발한 대원들은 약 6시간의 비행 끝에 11시 56분경 여의도 비행장에 착륙하였다. 일본군은 비행장 착륙은 허락했지만 비행기를 포위하고 어떠한 활동도 허락하지 않았다.

일본군은 대본영으로부터 어떠한 지시를 받은 바 없다는 이유로 아무런 조치를 취하지 않았으며, 주변에 탱크와 박격포 등을 배치하여 위협을 가하였다. 이에 정진대는 일본군이 제공한 휘발유

95 김준엽, 『장정』 하, 532-533쪽.

96 국사편찬위원회, 「경성으로 파견된 사절단의 예비보고」, 『대한민국임시정부자료집』 13, 204-205쪽.

97 국사편찬위원회, 「한반도 특수임무에 관한 보고」, 『대한민국임시정부자료집』 13, 221쪽.

로 연료를 보충한 후 착륙한 지 28시간여만인 8월 19일 오후 4시 20분에 여의도 비행장을 이륙하여 산둥성의 유현濰縣비행장을 거쳐 8월 28일 13시 45분 시안으로 귀환하였다.[98]

당시 심경을 이범석은 "나는 화가 나서 한강물이나 마시고 가자며 바께스에 물을 떠오라고 그랬지. 그 물을 3분의 1이나 마셨더니 속이 시원해지더군. 그때부터 내 심장병이 씻은 듯이 없어졌어. 나중에 알고 보니 그건 심장병이 아니라 사향병思鄉病이었대"라고 회고하였다.[99] 이후 이범석은 광복군 확대와 교포들의 안전한 귀국을 위해 노력하던 중 1946년 5월 16일 500여 명의 광복군을 이끌고 충칭을 떠나 6월 3일 인천항을 통해 환국했다.[100]

7. 맺음말

이범석은 어려서 만주로 망명하여 일제시기에는 항일무장투쟁에 참가하여 빛나는 승리를 거둔 인물이었다. 신흥무관학교와 북로군정서에서 연성대장으로 청산리대첩에 참가하여 대승을 거두었다. 아울러 한국광복군 창설과 OSS와의 합작을 추진하여 자력에 의한 독립의 길을 열고자 노력하였다. 그의 노력이 성공했다면 해방 이

---

98 국사편찬위원회, 「한반도 특수임무에 관한 보고」, 『대한민국임시정부자료집』 13, 224쪽.

99 경향신문사 편, 『내가 겪은 20세기-民族至上의 革命家, 鐵驥 李範奭』, 1974, 32쪽.

100 「李範奭將軍과 光復軍 五百귀국」, 『조선일보』 1946년 6월 5일.

후 한국현대사의 전개는 전혀 달라졌을지도 모른다.

그는 일제시기 한국독립운동사에 한획을 그은 인물이며, 독립군 양성에도 큰 공을 세웠다. 청산리대첩에 대한 이범석의 기억과 기록은 전투 상황을 명확하게 파악하고 보완한다는 차원에서 면밀한 검토가 필요하다. 이범석이 소련과 중국군에서 전개한 항일전의 내용과 부인과 함께 전개한 고려혁명군 결사단에서 항일무장투쟁은 향후 새로운 연구가 요구된다.

해방 이후에는 많은 독립운동가들이 그렇듯이 그도 정치인으로 활동하였다. 정치가로서 이범석은 독립운동가로서 이범석과는 다를 수밖에 없었다. 해방 직후의 복잡한 정치상황과 민주주의라는 새로운 정치이념은 이전에 그가 경험해 본 적이 없었다. 그가 원하는 새로운 국가상을 관철하려면 먼저 정국의 주도권을 잡아야했기 때문에 정치적 행보는 언제나 어려움에 처할 가능성이 높았다.

환국 초기 그는 임시정부에서 활동한 임정계 인물이었다. 대부분의 임정계 인물들은 김구 주도의 한국독립당 참여와 달리 조선민족청년단을 창단하여 독자적 세력을 구축하였다. 족청의 인물들은 한독당 계열의 인물들이 주류는 아니었다. 이범석은 오히려 김구와 거리를 두거나 불편한 관계였다. 반면에 족청은 미군정의 지원을 받아가며 그 세력이 상당했다. 김구가 미군정의 지지를 받지 못하고, 뜻을 펴지 못했던 것에 비해 이범석은 미군정기에 성공적으로 국내에 안착할 수 있었다. 족청의 성격은 좌·우 대립으로만 보면 이해하기 어려울 만큼 폭이 넓다.

그는 평생을 군인으로 살았다. 청산리전투에서 독립운동가로 활동할 때도 해방 이후 정치인으로서 지낼 때도 그는 군인으로 청렴하고 소박하게 살았다. 해방 이후 복잡한 정치적 상황을 매끄럽게 풀기에는 한계가 있었다. 그런 의미에서 이범석은 한국근현대사에서 명암을 동시에 보여주는 특별한 위치를 차지하는 인물이었다.

참고 문헌

이범석, 『우둥불』, 삼육출판사, 1971.

이범석장군기념사업회, 『철기 이범석 평전』, 삼육출판사, 1992.

경향신문사 편, 『내가 겪은 20세기-민족지상의 혁명가, 철기 이범석』, 1974

김광선, 「광복군 전쟁사에 길이 빛나는 철기 이범석 장군」, 『군사연구』 124, 2008.

김마리아, 「동지이며, 전우인 나의 남편」, 김인옥 편, 『내조의 귀감』, 삼경출판사, 1969.

김민호, 「이범석의 생애와 독립운동」, 『한국독립운동사연구』 44, 독립기념관 한국독립운동사연구소, 2013.

김주용, 『한국독립운동과 만주-이주·저항·정착의 점이지대-』-경인한국학총서 160, 경인문화사, 2019.

김형목, 「함경북도 경성의 사립함일학교유지계」, 『한국독립운동사연구』 55, 독립기념관 한국독립운동사연구소, 2016.

_____, 「함경북도 경성의 사립보성학교 관련자료」, 『한국독립운동사연구』 57, 독립기념관 한국독립운동사연구소, 2017.

_____, 「아름다운 인연, 혁명동지로서 부부가 된 이범석과 김마리아」, 『독립기념관』 10월호, 독립기념관, 2020.

_____, 「아름다운 인연. 의병전쟁, 독립군, 대한광복군 가족을 탄생시킨 오광선과 정현숙」, 『독립기념관』 11월호, 독립기념관, 2021.

박영석, 『일제하 독립운동사연구-만주 노령지역을 중심으로-』, 일조각, 1984.

박영실, 「해방 이후 이범석의 사상과 정치활동」, 『역사와 사회』 31, 2003.

박창욱, 「봉오동전투와 청산리전투 연구」, 『한국사연구』 111, 한국사연구회, 2000.

박환, 「대한민국임시정부와 서북간도 독립군의 활동 : 서로군정서와 북로군정서」, 『백범과 민족운동연구』 2, 백범학술원, 2004.

______, 『독립군과 무기』, 도서출판 선인, 2020.

반병률, 『1920년대 전반 만주·러시아지역 항일 무장투쟁』, 한국독립운동사편찬위원회·독립기념관 한국독립운동사연구소, 2009.

서중석, 『신흥무관학교와 망명자들』, 역사비평사, 2001.

손춘일, 「청산리전역 직전 반일무장단체의 근거지 이동에 대하여」, 『한국민족운동사연구』 26, 한국민족운동사학회, 2000.

송우혜, 「유명인사 회고록 왜곡심하다, 이범석의 〈우둥불〉」, 『역사비평』 15, 역사비평사, 1991.

신용하, 「독립군의 청산리전투」, 『군사』 8, 국방부 군사편찬연구소, 1984.

장세윤, 「중국동북지역 민족운동의 성과와 과제」, 『중국동북지역 민족운동과 한국현대사』, 명지사, 2005.

장세윤, 『중국 동북지역 독립운동사』, 도서출판 선인, 2021.

지복영, 『역사의 수레를 끌고 밀며 : 항일 무장 독립운동과 백산 지청천 장군』, 문학과지성사, 1995.

한상도, 『한국독립운동과 중국군관학교』, 문학과 지성사, 1994.

한시준, 『한국광복군연구』, 일조각, 1993.

후지이 다케시, 「족청·족청계의 이념과 활동」, 성균관대박사학위논문, 2010.

황민호, 「만주지역 민족운동사연구의 동향과 과제」, 『군사연구』 129, 육군본부, 2010.

황민호, 「청산리전투에 관한 연구 성과와 과제」, 『한국민족운동사연구』 105, 한국민족운동사학회, 2020.

황민호, 『철기 이범석평전』, 도서출판 선인, 2021.

천안 지역 독립운동(가) 현창사업 과제와 전망

박경목 서대문형무소역사관 관장

1. 머리말

최근 지역의 독립운동과 독립운동가[1]에 대한 현창顯彰사업[2]은 지방자치단체의 주요 사업의 하나로 추진되고 있다. 독립운동(가)을 지역의 역사·문화·특산과 연계하여 지역 정체성 확립은 물론 관광객 유치를 위한 다양한 전략과 사업이 진행되고 있다.

그런데 대부분의 관련 사업은 심혈을 기울임에도 불구하고 성공할 확률 보다는 실패에 직면할 확률이 높은 것이 현실이다. 이유는 지역 고유의 역사·문화 등 문화원형에 대한 천착 없이 다른 지

1 '독립운동과 독립운동가'는 이하 '독립운동(가)'으로 칭함.

2 본고에서 의미하는 '현창'은 독립운동과 독립운동가를 기억하고 기념하는 모든 행위를 포함한 개념으로 사용한다.

역과 비슷한 천편일률적인 사업과 일회성 이벤트 사업, 지역 주민들과의 합의 없는 일방통행적인 관 위주의 사업 추진, 사후 유지관리를 고려하지 않은 대규모의 가시적 예산투자 사업 등을 이유로 들 수 있겠다.

반면 지역만의 독특한 사업을 발굴, 개발하여 꾸준히 탐방객을 유치하는 사례들도 있다. 이들의 주요 특징은 지역의 독립운동(가)을 스토리텔링화 하고, 독립운동 사적지에 대한 관심과 활용이 적극적으로 반영되고 있다는 점이다.[3] 독립운동(가)과 그 유적, 기념비, 터 등 독립운동 사적지는 이제 지역을 알리고 활성화 할 수 있는 현창사업의 주요 요소로 부각되고 있다. 나아가 이것들은 관광산업과 연계하여 지역민의 소득증대와 경제 활성화에도 영향을 미치는 도시마케팅의 요소로도 검토되고 있다.[4]

천안 지역의 독립운동(가) 또한 천안의 고유 문화와 연계하여 정체성을 확립하는 동시에 관광자원으로도 활용될 수 있다. 특히 '호국충절'이라는 이미지와 '유관순柳寬順'으로 대표되는 독립운동가는 우리에게 매우 깊은 인상을 심어줄 수 있다. 그 인상은 시민들의 관심을 이끌어 내기에 충분하다.

이러한 관점하에 천안 지역의 독립운동(가) 현창사업의 일환으

---

3 주요 사례를 들면 다음과 같다.
서대문 : 독립과 민주의 현장, 서대문형무소
안　동 : 독립운동의 성지, 내앞[천전(川前)]마을, 경상북도독립운동기념관
홍　성 : 한용운·김좌진
군　산 : 근대개항도시
인　천 : 개항장, 차이나타운

4 박경목, 「예산지역 독립운동 사적지 활용 방안-도시마케팅의 일환으로-」, 『충청문화연구』 7, 충청문화연구소, 2011.

로 독립운동 사적지에 주목하고자 한다. 기억과 기념의 공간으로 남아 있는 사적지를 통해 현창사업의 모델을 제시해 보고자 한다. 이를 위해 우선 천안 지역 독립운동가와 독립운동 사적지 현황 및 특징을 살펴보고자 한다. 다음으로 현창을 위한 제반사항을 분석해 보고자 한다. 궁극적으로 '독립운동 사적지를 이 지역 독립운동(가) 현창에 어떻게 적용할 것인가?'에 대한 물음에 답을 찾아가는 과정이 될 것이다.

2. 천안 지역 독립운동가 현황

'천안'하면 떠오르는 이미지는 '호국충절'이다. 이 지역 출신 인물 가운데 국가의 위기에 목숨을 바쳐 나라를 구한 인물들이 다수 있기 때문이다.[5] 조선시대에는 임진왜란기 진주대첩의 승장 김시민을 비롯하여 암행어사 박문수가 있으며, 일제강점기에는 독립운동가 유관순, 이동녕, 조병옥 등등이 있다.

천안 출신의 독립운동 유공자는 국가보훈처에서 발간한 공훈록에 의하면 101명이다. 이들을 살펴보면 같다.

5 오세창, 「도시순례-충절의 고장 천안」, 『도시문제』, 대한지방행정공제회, 1988.

천안 출신 독립운동 유공자[6]

운동계열	이 름	인원 (비율)
의 병	권찬규	1명 (10.99%)
3.1운동	강기형, 강홍식, 김교선, 김구응, 김상옥, 김상철, 김상헌, 김상훈, 김순명, 김창록, 김채준, 김태봉, 남상호, 민옥금, 박병호, 박봉래, 박상규, 박영학, 박유복, 방선봉, 방치성, 백정억, 서병순, 송사일, 신성녀, 안시봉, 안 은, 유관순, 유도기, 유예도, 유용석, 유우석, 유중권, 유중대, 유중무, 유중오, 유중제, 유중춘, 유중하, 윤계현, 윤태영, 윤희천, 이규영, 이규태, 이근문, 이문현, 이백하, 이성하, 이성호, 이소용, 이소제, 이순구, 이유광, 이의영, 이훈영, 장산용, 전치관, 조만형, 조병호, 조병희, 조쌍동, 조인원, 최오득, 최은식, 최정철, 한상필, 한이순, 허 병, 허춘화, 홍일선, 홍찬섭, 황금순, 황상칠	73명 (72.28%)
국내항일	강석주, 유중협, 유창순, 유한기, 장두환, 정만수, 정인석, 정진숙, 조병옥, 조종철	10명 (9.9%)
학생운동	김규환, 황봉선	2명 (1.98%)
만주방면	강인수, 유민식, 이붕해, 이의복, 이장녕, 최병규	6명 (5.94%)
중국방면	서단파	1명 (0.99%)
대한민국 임시정부	이동녕	1명 (0.99%)
광 복 군	안성근, 이 명, 이종건	3명 (2.97%)
일본방면	김방응, 윤창석, 채용석	3명 (2.97%)
문화운동	유제경	1명 (0.99%)
합 계		101명

6 국가보훈처, 『공훈록』참조(2022. 1월 현재).

위 표에 의하면 천안 출신 독립운동 유공자 총 101명 가운데 73명인 72.28%가 3.1운동에 참여한 인물이다. 과반수 이상이 3.1운동 관련자이다. 그 이유는 입장면 양대리 장터와 직산금광, 목천읍 목천공립보통학교, 병천면 아우내 장터에서 격렬한 3.1운동이 전개되었기 때문이다. 이때 이 지역 주민들이 대거 참여하였다.

한편, 독립유공자 '101명'이라는 숫자는 충남 지역 전체 1,571명 대비 6.43%로 타 지역에 비하여 그리 많지 않은 편이다. 그럼에도 불구하고 천안이 호국충절의 고장으로 연상되는 것은 왜일까? 이는 무엇보다도 '유관순' 때문일 것이다. 어린 나이에 서울 유학중 귀향하여 아우내에서 만세운동을 주도하고, 심문과정에서도 끝까지 일제에 항거하다가 옥중 순국한 그녀의 독립정신과 희생정신, 나라사랑이 그 무엇보다도 큰 귀감이 되었기 때문이다. 비록 천안 출신 독립운동 유공자의 숫자는 적지만 입장, 목천, 병천 일대에서 대대적인 3.1운동이 전개되었고, 그중 아우내 만세운동을 주도하였던 유관순으로 대표되는 독립운동가들의 나라사랑과 독립정신이 계승되어 호국충절의 고장이라는 인상을 심어주고 있는 것으로 볼 수 있다.

이에 따라 천안 지역 독립운동 사적지도 3.1운동과 관련된 현장이 주로 남아 있으며, 위 독립운동가들의 생가지나 집터 일부가 남아 있다. 다음 장에서 이 사적지들을 자세히 살펴본다.

3. 천안 지역 독립운동 사적지 현황과 특징[7]

천안 지역 내 파악되는 독립운동 사적지[8]는 17개소로서 현재 보존되거나 조성되어 있는 형태별로 비(탑), 생가, 운동지, 집터·생가터로 분류할 수 있다. 각 형태별 세부 사항은 다음과 같다.[9]

1) 비·탑

① 목천기미독립만세운동기념비 현 목천초등학교

- 주소 : 천안시 동남구 목천읍 서리
- 개요 : 목천공립보통학교 만세운동 현장
- 내용 : 목천공립보통학교 학생 120여 명이 1919년 3월 14일 오후 4시경 교정에서 독립만세운동 전개. 일제 헌병분대의 제지에도 불구하고 교외로 진출하여 운동 전개. 천안 지역에서 전개된 최초의 3.1운동.

---

7 본 장은 필자의 논문 「천안 지역 독립운동 사적지 현황과 활용방안」(『충청문화연구』 9, 충남대 충청문화연구소, 2012)을 수정, 보완한 것임.

8 본고에서 다루고자 하는 사적지는 역사적으로 의미 있는 기념비, 건물, 집터, 독립운동의 현장을 대상으로 한다.

9 국가보훈처·독립기념관, 『대전·충남 독립운동 사적지』(국내 항일독립운동 사적지 조사보고서 5), 2009, 153-229쪽 ; 장세면, 「민족정기 선양을 위한 체험학습 개선 방안 연구-충남지역 독립운동 사적지를 중심으로-」, 『정책과학연구』18-1호, 단국대학교, 2008, 124-127쪽 참조.

② 입장 3.1독립만세운동기념탑

- 주소 : 천안시 서북구 입장면 양대리 118-1
- 개요 : 입장 만세운동이 전개되었던 양대리에 건립된 기념탑
- 내용 : 입장의 만세운동은 양대리 장터와 직산금광 일원에서 광부들과 양대리 주민들에 의해서 1919년 3월 20일, 27일, 28일, 30일과 4월 8일 총 다섯 차례에 걸쳐 전개되었다. 3월 20일에는 양대리 장터에서 광명학교 학생 민옥금·한이순·황금순, 직산금광 광부 안시봉 등의 주도로, 3월 27~28일에는 직산금광 광부 박창신·안 은·한근수 등의 주도로, 이후 3월 30일과 4월 8일에는 입장면민들의 호응으로 일어났다. 이 과정에서 일제의 총격으로 5명의 독립운동가가 순국하였고, 격분한 시위대가 양대주재소를 습격하는 등 시위양상이 무력화 되었다. 이로 인하여 10여 명 이상이 체포되어 옥고를 치렀다.

③ 유관순열사봉화탑 매봉산 봉화지

- 주소 : 천안시 동남구 병천면 탑원리 산 31 구 갈전면
- 개요 : 만세시위를 알리는 횃불이 타올랐던 곳
- 내용 : 1919년 4월 1일 3,000여 명이 참여한 아우내 3.1운동이 전개되기 하루 전, 3월 31일 자정 다음날 아우내 장터에서 만세운동을 펼친다는 것을 알리기 위해 유관순·유관복이 매봉산 정상에 올라 횃불을 올렸던 곳. 이를 기점으로 천안, 진천, 수신 방면 등 인근 4개소의 산마루에 봉화가 함께 올라 다음날 아우내에 많은 인원을 운집시키는 역할을 하였다.

2) 복원된 생가

① 유관순 생가

- 주소 : 천안시 동남구 병천면 용두리 338-1구 목천군 이동면 지령리
- 개요 : 유관순 열사가 태어난 곳
- 내용 : 유관순1902. 12. 16~1920. 9. 28은 이화학당 재학 중 3.1운동이 발발하자 귀향하여 부친 유중권, 숙부 유중무 등과 함께 만세운동을 계획하였다. 이에 1919년 3월 31일 자정 매봉산 정상에 올라 만세운동의 전개를 알리는 횃불을 지피고 운동을 주도하였다. 아우내에서 만세운동 중 헌병들의 무력진압에 맞서 격렬히 저항하다가 부친 유중권, 모친 이소제가 순국하였다. 유관순은 만세운동을 주도한 혐의로 체포되어 경성복심법원에서 징역 3년을 언도받고 서대문형무소에서 옥고를 치루던 중 옥중에서 순국하였다.

② 이동녕 생가 기념관

- 주소 : 천안시 동남구 목천읍 동리 79-2 구 목천군 읍내면 교동말
- 개요 : 대한민국 임시정부 주석, 임시의정원 의장을 역임한 이동녕이 태어난 곳
- 내용 : 이동녕 1869~1940은 1904년 한일의정서 체결 시 서울 상동교회에서 전덕기·양기탁·신채호 등과 청년회를 조직하여 국권회복운동을 전개하였고, 1907년 안창호·양기탁 등과 신민회를 조직하여 민족운동을 전개하였다.

  1910년 중국으로 망명하여 유하현 삼원보에서 이회영·이상룡 등과 함께 한국인의 자치조직인 경학사를 조직하고, 신흥강습소를 개설하여 초대 교장이 되어 독립군 지도자를 양성하였다. 1919년 상해 대한민국 임시정부 수립에 참여하여 임시의정원 의장, 국무총리에 선임되었고, 1927년, 1930년, 1935년 주석이 되어 대한민국 임시정부를 주도적으로 이끌었다.

③ 조병옥 생가

- 주소 : 천안시 동남구 병천면 용두리 308-3
- 개요 : 흥사단, 신간회, 동우회 등 독립운동과 해방 후 대통령 선거에 출마하였던 조병옥이 태어난 곳
- 내용 : 조병옥1894~1960은 1912년 배재전문학교 재학 중 미국으로 건너가 1913년 안창호가 결성한 흥사단에 참여하였다. 귀국 후 1925년 수양동맹회에 가입하여 활동하였고 1926년 기관지 『동광』을 창간하였다. 1927년 신간회 창립에 기여하였으며, 이후 신간회 간사와 교육부장 등으로 활동하다가 1929년 광주학생항일운동이 일어나자 민중대회 개최를 추진하던 중 일제 경찰에 체포되어 징역 3년을 언도받고 옥고를 치렀다.

출옥 후에도 1937년 동우회 사건으로 다시 체포되어 2년여 간의 예심기간 동안 옥고를 치렀다. 해방 후 경무부장과 내무부장관 등을 역임하였고 1960년 대통령선거에 출마하여 유세하던 중 서거하였다.

3) 운동지

① 지령리 교회터 : 아우내 만세운동 준비 장소 현 매봉교회의 전신

- 주소 : 천안시 동남구 병천면 용두리 347-1 구 갈전면 지령리
- 개요 : 아우내 만세운동의 참여 권유과 태극기 제작처
- 내용 : 유관순의 주도로 아우내 만세운동이 계획될 때, 이 교회 신자인 조병호·조만형·박봉래 등이 교회 신자들을 대상으로 참여를 독려하고, 교회 예배당에서 태극기를 제작하였다.

② 아우내 장터 만세운동지

- 주소 : 천안시 동남구 병천면 병천리 291일원구 갈전면 병천리
- 개요 : 1919년 4월 1일 유관순·유중권·유중무·홍일선·김교선·조인원 등의 주도로 약 3,000여 명이 만세운동을 전개하였던 현장
- 내용 : 1919년 4월 1일 아우내 장날 오후 1시경 조인원이 '대한독립' 깃발과 태극기를 들고 독립선언서를 낭독하고, '대한독립만세'를 고창하자 이에 3,000여 명의 군중이 호응하여 참가하였다. 당황한 일제는 헌병을 동원하여 발포하였고, 사상자가 발생하자 격분한 군중들이 헌병과 보조원들과 격투를 벌이고 병천주재소를 공격하는 등 시위양상이 무력화 되었다. 이때 10여 명이 현장에서 순국하였고, 유관순을 비롯한 40여 명이 체포되어 옥고를 치렀다. 유관순은 끝내 서대문형무소에서 옥중 순국하였다.

③ 병천주재소 터

- 주소 : 천안시 동남구 병천면 병천리 291-1구 갈전면 병천리
- 개요 : 1919년 4월 1일 아우내 만세운동 당시 군중들이 공격한 주재소 터
- 내용 : 1919년 4월 1일 아우내 만세운동시 일제 헌병의 발포로 사상자가 발생하자 격분한 군중들이 시신을 병천 헌병주재소로 옮기고, 헌병과 격투를 벌이며 주재소를 공격하였다. 이후 천안에서 출동한 헌병과 보병들에 의해 군중들은 강제 해산 당하였다.

④ 광명학교 입장 만세운동 준비지

- 주소 : 천안시 서북구 입장면 양대리 94
- 개요 : 입장 만세운동을 준비하였던 곳
- 내용 : 1919년 3월 20일 입장 만세운동을 위하여 광명학교 학생 민옥금·한이순·홍금순 등이 운동을 계획, 다른 학생들에게 취지를 설명하여 참여를 유도하고 태극기를 제작하였던 곳.

⑤ 입장 만세운동지

- 주소 : 천안시 서북구 입장면 양대리 137 일원
- 개요 : 입장 만세운동이 전개되었던 양대리 장터
- 내용 : 1919년 3월 20일 광명학교 학생들과 직산금광 광부 안시봉의 주도로 600~700여 명의 군중이 모여 만세운동을 전개하였다. 이 운동의 영향으로 3월 27~28일 직산금광과 양대리 시장에서 다시 만세운동이 일어났고, 이때 주재소를 습격하고 무기를 탈취하는 등 격렬한 시위가 벌어졌다. 이후 3월 30일과 4월 8일에도 면민들이 만세시위를 전개하였다.

⑥ 양대주재소 터

- 주소 : 천안시 서북구 입장면 양대리 148
- 개요 : 입장 만세운동시 군중들이 습격하였던 헌병주재소 터
- 내용 : 1919년 3월 27일 밤 직산금광 광부 박창신·안은·한근수 등의 주도로 100여 명의 광부와 군중이 참여하여 만세운동을 전개하였다. 이에 천안 헌병분대와 수비대 보병이 출동하여 발포하여 5명이 순국하였다. 다음날 28일 시위대의 인원이 200여 명으로 늘어났고 이들이 양대리 시장으로 이동하여 만세운동을 펼치면서 헌병·수비병과 격투하고 통신단절을 위해 주재소 전화선을 절단하고 주재소를 습격하였다.

⑦ 직산금광 만세운동지

- 주소 : 천안시 서북구 입장면 양대리 118-1
- 개요 : 1919년 3월 27일 직산금광 광부들의 주도로 만세운동이 전개되었던 곳
- 내용 : 입장에서 전개되었던 만세운동은 직산금광 광부들이 주도적으로 참여하였다. 특히 광부 박창신의 주도로 동료인 안은, 한근수 등과 함께 1919년 3월 27일 밤 박창신의 집에서 태극기를 제작하고 바로 100여 명의 군중을 모아 만세운동을 전개하였다. 또한 다음날 28일 아침 6시 30분경 광부들의 교대시간에 광부들에게 태극기를 나누어 주며 참여를 독려하여 직산광산에서 독립만세를 고창하고 양대리 시장으로 이동하여 200여 명의 군중과 함께 만세운동을 전개하였다.

⑧ 천안공립보통학교 천안청년회 창립지 현 천안초등학교

- 주소 : 천안시 동남구 성황동 36
- 개요 : 1920년대 천안 지역 청년운동을 주도하였던 천안청년회가 창립되었던 곳
- 내용 : 천안청년회는 1923년 1월 27일 천안공립보통학교에서 창립총회를 개최하고 회장 이헌영, 부회장 정재억 등 임원진을 선출하고 활동을 시작하였다. 이 회는 1919년 청년 교양을 목적으로 설립된 천안청년구락부가 일제에 의해 강제 해산되자 이를 계승한 단체로 일제강점기 1920년대 천안 지역의 청년들을 규합하여 청년운동을 주도하였다.

4) 집터·생가터

① 유민식 집터

- 주소 : 천안시 동남구 병천면 봉항리 582
- 개요 : 대한민국 임시정부 임시의정원 의원, 민단부장, 신민부 중앙집행위원회 경리부위원장을 역임한 유민식의 집이 있었던 곳
- 내용 : 유민식1888~1942은 1919년 4월 대한민국 임시정부 수립에 참여하였고, 충청도 대표로 선임되어 활동하였다. 1922년 김좌진의 요청으로 북로군정서에 참여한 후 국내로 파견되어 군자금을 모집하던 중 체포되어 징역 3년을 언도받고 옥고를 치렀다. 이후 다시 만주로 건너가 김좌진·김혁 등이 조직한 신민부에 참여해 중앙집행위원회 경리부위원장으로 활동하다가 1927년 다시 체포되어 징역 15년을 언도받고 옥고를 치렀다.

② 유창순 집터

- 주소 : 천안시 동남구 병천면 송정리 424-2
- 개요 : 광복회에 참여하여 활동하였던 유창순이 살았던 곳
- 내용 : 유창순1881~1944은 1913년 채기중·양제안·한훈 등이 중심이 되어 조직된 풍기광복단에 참여하였고, 1915년 박상진·우재룡·이관구 등이 중심이 되어 조직된 광복회에 참여하여 선전임무를 맡았다. 그는 광복회 자금모집에도 참여하여 경상도 지역의 자산가들로부터 독립군자금을 모집하였고, 1917년 11월 채기중·강순필·임세규 등과 함께 친일파 장승원을 처단하였다. 이로 인하여 1918년 체포되어 징역 10년을 언도받고 옥고를 치렀다.

③ 이종건 생가 터

- 주소 : 천안시 동남구 수신면 속창리 215-1
- 개요 : 대한민국 임시정부 임시의정원 의원, 민족혁명당, 한국광복군에서 활동한 이종건이 태어난 곳
- 내용 : 이종건1906~1960은 1931년 북경에서 한족동맹회에 가입해 활동하였다. 1931년에는 대한민국 임시정부 임시의정원 충청도대표로 의원에 선출되어 1933년까지 활동하였다. 1933년 박찬익 등과 한국독립당 남경지부 간부로 활동하였으며, 1935년 중국 중앙군관학교 낙양분교를 졸업하였고, 1942년 광복군 제1지대에 입대하였다.

이상 17개소의 천안 지역 독립운동 사적지 가운데 현장이 보존되어있거나 정비되어 있는 곳은 기념비(탑) 3개소와 생가 3개소이다. 이중 유관순과 이동녕은 생가지와 함께 인근에 기념관이 있다. 나머지 11개소의 운동지나 집터·생가터는 단순히 위치만 확인되었을 뿐, 활용할 방법이 없는 형편이다.

그런데 위 17개소의 사적지 가운데 입장면 양대리 소재의 몇 개소와 시내 성황동 소재의 천안공립보통학교 천안청년회 창립지를 제외하면 모두 현 목천, 병천면 일원 특히 병천면에 집중적으로 위치하고 있다. 천안도심이 일제강점기 경부선 개설 이후 발전한 곳이라는 점과 현 목천, 병천면이 1914년까지 목천군으로 이 지역의 인구가 밀집한 행정구역이었음을 감안한다 하더라도 다른 지역에서는 볼 수 없는 편중현상이다.

또한 활용이 가능한 6개소의 사적 가운데에서도 입장면 양대리에 소재한 '입장3.1독립만세운동기념탑'을 제외한 5개소는 모두 현 목천, 병천면에 위치하고 있다. 이는 유관순이 천안을 대표하는 독립운동가로 널리 알려지면서 관련 사적이 잘 정비되었다는 점도 원인일 수 있겠지만, 목천과 병천 일대의 지역적 기질이 영향을 끼친 결과일 수 있겠다. 대표적으로 이 지역 출신 독립운동가로 '이동녕, 유관순, 조병옥, 유민식, 유창순' 등이 있으며, 그 이전의 조선시대의 인물로는 '김시민, 홍대용' 등이 태어난 곳이기도 하다.

이러한 천안 지역 독립운동 사적지의 특징은 첫째 목천, 병천면 일대를 중심으로 집중 분포한다는 점. 둘째 3.1운동과 관련된 사적이 주로 남아있다는 점. 셋째 목천, 병천면 일대에서 천안 지역 3.1운동의 시초인 목천 만세운동, 유관순이 주도한 아우내 만세운동이 전개되었던 독립운동의 현장이라는 특징을 가지고 있다.

4. 창의적체험학습형 현창 모델

1) 문화원형 발굴[10]

최근 독립운동(가)에 대한 현창, 기억과 기념은 창의적체험학습과 자유학기제 등 교육환경의 변화에 따라 청소년들이 체험하고 학습할 수 있는, 그리고 그 성과를 피드백 받을 수 있는 형태를 지향한다.

이러한 요구에 부응하여 청소년들의 창의적체험학습 수요를 유인하기 위해서 가장 먼저 접근할 수 있는 것이 바로 역사체험이다.[11] 천안 지역의 '호국충절' 이미지를 독립운동 사적지에 접목하여 스토리텔링화 한다면 '창의적체험학습형 현창'을 구현하기에는 더 없이 좋은 주제가 될 것이다.

이를 성공적으로 구현하기 위해서는 다른 지역과 구별되는 천안 지역만의 역사와 문화 즉, 문화원형文化原型에 대한 진지한 고민

10 문화원형이란 민족이나 지역의 특징을 잘 담고 있어 다른 지역, 다른 민족과 구별되는 본래의 모습에 해당하는 문화를 의미한다. 문화원형에 관해서는 박상환, 「일상적 문화의 기억과 역사성찰-문화원형 모색의 문제점을 중심으로-」, 『인문과학』43, 성균관대 인문과학연구소, 2009. 참조.

11 장세면, 「민족정기 선양을 위한 체험학습 개선 방안 연구-충남지역 독립운동 사적지를 중심으로-」, 『정책과학연구』18-1호, 단국대학교, 2008, 101-102쪽.

이 선행되어야 한다. 천안 지역의 이미지가 구체적으로 드러나기 위해서는 그것을 뒷받침할 만한 객관적 사실인 역사, 시민들의 호기심을 이끌어 낼만한 이야기를 지속적으로 제공하는 스토리텔링, 그리고 이러한 역사와 스토리텔링을 시민들과 함께 공유할 수 있는 체험이 동반되어야 한다.

역사적 사실과 이야기를 발굴하고 개발하기 위해서는 우선 천안 지역 독립운동(가)에 대한 진지한 인문학적 접근이 필요하다. 인물이나 역사적 사건에 대한 학술 심포지엄·세미나, 개별적인 연구의 진작 등이 충분한 시간을 가지고 진행되어 일정한 결과를 창출해야 한다. 특히 '호국충절'의 근간을 이루는 독립운동사와 독립운동가에 대한 집중 조명이 필요하다.

천안 지역은 이 지역 대학을 중심으로 '천안학天安學'이라는 지역사가 활성화 되어 있으므로 문화원형 탐구를 위한 인적, 물적 기반이 타 지역에 비해 유리한 조건이다. '천안학'의 일환으로 이 지역 독립운동가와 그 운동에 대한 집중 탐구가 이루어지고, 이러한 성과가 축척된다면 보다 다양한 역사적 접근과 이야기의 재료를 얻을 수 있을 것이다. 이러한 인문학적 성과를 독립운동 사적지에 반영하여 테마형 창의적체험학습 모델을 개발 할 수 있을 것이다.

2) 현창 모델 개발

독립운동 사적지를 방문하는 사람들의 유형은 개인뿐만 아니라 학교 및 단체, 가족단위의 탐방 형태가 있다. 따라서 독립운동(가) 현창을 위한 사적지의 적극적인 활용단계에서는 탐방객을 맞이하기 위한 조건을 갖추는 것이 중요한 일이라 하겠다.

그 조건 중 하나로 우선 현장체험학습에 관심을 가져야 한다. 이와 관련하여 천안교육지원청에서 개발한 지역 사회 학습 사례를 참고할 수 있다. 천안교육지원청은 초등학교 3~4학년 사회과 지역화 교재로 '우리고장 천안 체험길'을 활용한 체험학습(안)을 제작해 천안 지역 학생들의 사회탐구능력 향상과 지역사회에 대한 관심, 지역 정체성 확립에 노력하고 있다.[12]

다음으로 자유학기제에 관심을 기울여야 한다. 자유학기제는 교육과정 중 한 학기 동안 학생들이 중간, 기말시험의 부담에서 벗어나 '꿈과 끼'를 찾을 수 있도록 운영하는 수업이다. 토론, 실습 등 학생 참여형으로 수업을 개선하고, 진로탐색과 같은 체험 활동이 가능하도록 교육과정을 유연하게 운영하는 제도로 2016년부터 전면 시행되었다.[13] 이에 따라 일선 학교에서는 지역의 공공기관과 대학, 민간부문의 시설, 산업시설 및 박물관, 전시관, 문화유적, 사적 등을 활용한 수업안 마련에 노력을 기울이고 있다. 이러한 자유학기제의 일환으로 '천안 독립운동(가)'을 수업의 주제로 활용할 수 있다.

자유학기제에서 수업 시수로 인정되는 '진로탐색, 주제선택, 예술 및 체육, 동아리' 4개의 활동 분야 가운데 '주제선택활동'과 '동아리활동'에 적용이 가능하다. 예시로 주제선택활동 분야에는 '천안의 독립운동', 동아리활동 분야에는 '천안의 독립운동가 열전 쓰

---

12 『중도일보』, 2020. 1. 21, '천안교육지원청, 우리고장 천안 체험학습 개발 자료 검토'.

13 김달효, 「사례연구를 통해 본 자유학기제의 가능성과 한계」, 『교육문화연구』제21권 5호, 인하대학교 교육연구소, 2015, 181쪽.

기’, ‘천안의 독립운동 사적지 스토리텔링’ 등을 개설할 수 있다. 자유학기제 수업 과정을 통해 청소년들이 천안 지역의 독립운동과 독립운동가를 기억하고 기념함으로써 지속적인 현창이 가능해 질 것이다.

이러한 체험학습과 자유학기제 교과과정과의 적극적 연계가 필요하다. 교과 프로그램에 천안의 독립운동 사적지를 적극 방문할 수 있도록 선택 가능한 코스를 다양하게 마련하여 탐방객들에게 제시한다면 어떨까? 그들의 선택 가능성은 많이 높아질 것이다. 더불어 각 코스별 전담 전문 해설사를 배치하여 운영한다면 그 효과는 배가 될 것이다.

예시로 목천과 병천을 중심으로 시간대별, 테마별, 학습유형별 선택 모델을 제시해 본다.[14]

14 세부적인 체험학습 방법론에 대해서는 장세면, 위 논문, 2008, 116-121쪽 참조.

창의적체험학습형 현장 모델 예시

- 시간대별
  - 4시간 코스
    아우내 장터 → 유관순 기념관 → 매봉산 봉화지 → 유관순 생가 → 조병옥 생가
  - 하루 코스
    독립기념관 제4관 · 제6관(3.1운동, 대한민국 임시정부) → 이동녕 생가/기념관 → 목천기미독립운동기념비 → 아우내 장터 → 유관순 기념관 → 매봉산 봉화지 → 유관순 생가 → 조병옥 생가
  - 1박 2일 코스
    1일차 : 독립기념관 제4관 · 제6관(3.1운동, 대한민국 임시정부) + 숙박지에서의 프로그램
    숙 박 : 국립중앙청소년수련원, 상록리조트, 소노벨 천안
    프로그램 : 주제별 만들기, 토론, 체육활동 등
    2일차 : 이동녕 생가/기념관 → 목천기미독립운동기념비 → 아우내 장터 → 유관순 기념관 → 매봉산 봉화지 → 유관순 생가 → 조병옥 생가

- 주제별
  - 천안 3.1운동의 주역을 찾아서
  - 천안 3.1운동과 대한민국 임시정부의 수립
  - 천안 지역 학생 독립운동

- 학습유형별
  - 도슨트와 함께하는 천안 근대 역사 탐방
  - 천안 3.1운동 역사신문 만들기 체험
  - 가족과 함께하는 천안 역사 연극놀이
  - 나도 독립운동가, 유관순 독립만세 체험

3) 체험학습지 개발

독립운동 사적지를 독립운동(가) 현창사업의 자원으로 활용하는 것은 지역 알리기의 차원이나 활성화 차원에서도 이상적인 모델이 될 수 있다. 이를 통해 체험하는 시민들은 천안의 독립운동(가)을 기억하고 기념할 수 있을 것이다. 이때 사적지에 대한 올바른 이해와 정보제공 그리고 궁극적으로 시민들이 찾아 올 수 있는 아이템이 준비된다면 학교나 일반 단체 또는 가족단위의 그룹을 이끌어 오는데 보다 효과적일 수 있다.

그러한 아이템 가운데 최소의 경비로 효과를 낼 수 있는 것으로 앞서 사례에서 언급한 체험학습지를 살펴보고자 한다. 이는 지역 내 교육지원청, 천안박물관 또는 독립기념관의 교육부서, 체험학습 전문회사 등의 도움으로 학습 수준별, 주제별로 10여 쪽 내외의 분량으로 제작할 수 있다. 이를 천안시와 각 사적지 관련 홈페이지에 게재하여 방문자가 스스로 출력해오거나, 각 사적지에서 배포하면 된다. 이를 통해 탐방객은 사적지를 돌며 체험학습지에 제시된 문제를 풀어나가고, 체험의 느낌과 여행의 성과를 채워나가는 형식으로 창의적체험학습을 진행해 나갈 수 있다.

주요 사례로 홍성교육지원청에서 2020년에 『홍성역사탐방 길잡이』 학습지를 11개 읍·면 대상으로 개발하여 운영하고 있다.[15] 여기에 지역의 독립운동가와 사적지가 포함되어 있다. 조금 더 발전적으로 구상한다면, 면 단위별로 기획된 체험학습 프로그램을 통합시켜 초등학교 사회과 교과목의 정규 과정의 하나로 '천안

15 홍성교육지원청 홈페이지-교육지원-체험학습자료실.

3.1운동 현장 탐방'이나 '천안 독립운동(가) 탐방'을 기획할 수 있을 것이다.[16]

이러한 학습의 결과물은 단순하지만 사적지를 방문하는 탐방객의 입장에서는 '의미 있는 시간'이 될 수 있다. 그리고 그 의미를 증명하는 '기록지를 남겼다'라는 만족감과 동시에 피드백을 받을 수 있는 것이다.

그 예시로 다음과 같이 제작할 수 있다.

---

16 박경목, 「3.1운동 공간의 기억과 기념」, 『한국독립운동사연구』76, 독립기념관 한국독립운동사연구소, 2021, 70쪽.

체험학습지 제작 사례

- 주제별
  - 교과서에 나오는 3.1운동
  - 3·1운동의 주역을 찾아서
  - 3·1운동과 대한민국 임시정부의 수립
  - 천안 지역 학생 독립운동

- 수준별
  - 초등학생 저학년용
  - 초등학생 고학년용
  - 중·고등학생용

- 사 례
  - 『우리고장 천안 체험길』, 충청남도천안교육지원청.
  - 『홍성역사탐방 길잡이』, 충청남도홍성교육지원청.
  - 『서대문형무소역사관 체험학습지』, 서대문형무소역사관.

- 주제별

천안교육지원청

홍성교육지원청

서대문형무소역사관

4) OSMU전략

천안은 유관순과 3.1운동 그리고 대한민국 임시정부과 관련된 인물의 탄생지, 운동지로서 우리나라의 대표적인 독립운동과 정부 수립의 큰 축을 잇는 역사를 지닌 지역이다. 이들을 기억하고 기념하는 현창을 위해서는 문화콘텐츠에 대한 관심도 필요하다. 이제는 새로운 콘테츠를 개발, 가공, 유통시킬 수 있는 능력이 곧 개인의, 지역의, 국가의 경쟁력이 되는 시기이다.

천안을 대표하는 이미지도 구체적인 실체 없이 막연한 이미지만으로는 대중들의 뇌리에서 오래도록 기억될 수 없다. 구체적인 실체를 가진 문화콘텐츠로 제작되어 전자정보망을 타고 널리 확산, 기록, 공유되어야 한다. 이 지역에 널리 알려진 유관순, 이동녕, 3.1운동, 아우내 등의 거시콘텐츠를 소재로 영화, 음악, 게임, 공연, 전시, 캐릭터, 상품, 출판, 축제 등 다양한 미시콘텐츠로 제작하여 다방면의 활용이 가능한 것이다.[17] 실제로 유관순을 테마로 한 연극이나 음악, 캐릭터 등은 이미 시행되고 있다. 이를 천안 지역 독립운동(가)으로 확대하여 이들에 대한 현창을 점차 콘텐츠화해야 할 것이다.

즉 하나의 원천소스인 문화원형이 거시콘텐츠가 되고, 이를 가지고 다양한 형태와 매체의 콘텐츠인 미시콘텐츠로 가공하여 홍보효과와 부가가치를 극대화 시키는 'OSMU'[One Source Multi Use]전략이 필요하다.[18] 이 전략은 지역 독립운동(가)을 알리고, 사

---

17 강진갑, 「성남지역 독립운동 사적지 문화콘텐츠 개발방안」, 『성남문화연구』 17, 성남문화원, 2010참조.

18 박경목, 「근대사 자료의 콘텐츠 활용방안-내포지역 근대 인물과 역사적 사건을

적지 방문객을 유도하며, 부가가치를 증대 시키는 데에 기여할 것이다.

5. 맺음말

이상 천안 지역 독립운동(가) 현창의 과제와 전망을 독립운동 사적지를 활용한 창의적체험학습의 관점에서 살펴보았다.

천안 지역의 이미지는 이 지역 인물들의 나라를 위한 헌신의 결과 호국충절의 고장으로 인식되고 있다. 특히 '유관순'으로 대표되는 3.1운동과 '횃불'의 이미지는 이 지역의 정체성을 특징짓는데 큰 역할을 하고 있다. 따라서 독립운동과 독립운동가를 현창하는 일은 결국 지역의 정체성을 확립하고, 지역을 알리고 활성화하는데 유용한 전략적 방법론이다. 그 방법론 가운데 하나로 독립운동 사적지 활용과 현창 모델을 살펴보았다.

천안 지역 독립운동 사적지는 총 17개소에 대해 현황이 파악되었고, 이 가운데 6개소가 활용 가능하다. 이들 사적지는 첫째, 목천과 병천일원에 집중 분포하고, 둘째 3.1운동 관련 사적이 대부분이라는 특징을 가지고 있다.

이러한 특징에 맞추어 각 사적지를 활용한 창의적체험학습형 현창을 위해 첫째 문화원형 발굴과 개발을 통한 역사적 사실과 지속적인 이야기 제공, 둘째 청소년들의 교육 환경 변화에 대응하여

중심으로-」, 『충청학과 충청문화』14, 충남역사문화연구원, 2012, 84-88쪽.

'창의적체험학습'이 가능하도록 다양한 코스 개발을 살펴보았다. 셋째 자기 주도형 학습이 가능하도록 체험학습지 개발을 살펴보았다.

이러한 독립운동 사적지를 활용한 독립운동(가) 현창에 대한 논의는 관계부서나 지역 주민들의 관심이 없다면 이론에 불과하다. 독립운동(가) 현창이 지역의 발전이라는 형태로 돌아오기 위해서는 행정관서나 일부 단체·관계자 위주의 일방적 사업진행을 지양해야 할 것이다. 지역주민들의 적극적인 인식과 공유 속에 함께 참여하는 사업이 되어야 한다는 것이다. 이를 위해서는 각종 현창사업 진행시 주민들의 의견을 여과 없이 수렴할 수 있는 소통의 장을 개설하고, 주민들은 이에 적극적인 관심과 참여로 사업의 방향을 공유하고 함께 호흡하여야 할 것이다.

그 기저에는 '천안 지역 항일독립운동'이라는 탄탄한 역사적 사실과 이야기의 원천이 있기 때문에 가능할 것이다. 결국 독립운동사의 인문학적 기반위에서 독립운동(가)에 대한 기억과 기념, 현창사업을 도모할 수 있는 것이다.

참고 문헌

강진갑, 「'경기도 문화유산 가상현실체험 시스템 개발'과 인문학자의 역할」, 『인문콘텐츠』1, 인문콘텐츠학회, 2003.

_____, 「성남지역 독립운동 사적지 문화콘텐츠 개발방안」, 『성남문화연구』17, 성남문화원, 2010.

국가보훈처·독립기념관, 『대전·충남 독립운동 사적지』(국내 항일독립운동 사적지 조사보고서 5), 2009.

김달효, 「사례연구를 통해 본 자유학기제의 가능성과 한계」, 『교육문화연구』 제21권 5호, 인하대학교 교육연구소, 2015.

박경목, 「예산지역 독립운동 사적지 활용 방안」, 『충청문화연구』7, 충청문화연구소, 2011.

_____, 「근대사 자료의 콘텐츠 활용방안-내포지역 근대 인물과 역사적 사건을 중심으로-」, 『충청학과 충청문화』14, 충남역사문화연구원, 2012.

_____, 「천안 지역 독립운동 사적지 현황과 활용방안」, 『충청문화연구』9, 충남대 충청문화연구소, 2012.

_____, 「3.1운동 공간의 기억과 기념」, 『한국독립운동사연구』76, 독립기념관 한국독립운동사연구소, 2021.

박상환, 「일상적 문화의 기억과 역사성찰」, 『인문과학』43, 성균관대 인문과학연구소, 2009.

오세창, 「도시순례-충절의 고장 천안」, 『도시문제』, 대한지방행정공제회, 1988.

장세면, 「민족정기 선양을 위한 체험학습 개선 방안 연구-충남지역 독립운동 사적지를 중심으로-」, 『정책과학연구』18-1호, 단국대학교, 2008.

단군신화에서 찾은 한국인과 대한민국의 미래 비전

이정은

1. 머리말

BTS, K-POP, K-드라마, K-FOOD, K-뷰티....세계인의 이목이 한국과 한국인에 쏠리고 있다.

20세기 절반을 침략과 식민지 지배, 분단으로 점철되었던 나라. 그후 다시 3년간의 6.25전란으로 잿더미가 되었던 나라, 대부분의 세계인들이 지구상 어디에 붙어있는지 알지 못하던 코리아가 세계 산업강국, 민주화에 성공한 나라로 거듭난 데 이어 문화강국으로 등장했다. 전세계에 한국어 공부 열풍이 불고 있다.

현대 한국의 역사는 기적의 역사이다. 한국인은 누구인가? 하는 관심이 커질 수밖에 없다.

그런데 대한민국이 반도체, 조선, 화학, 자동차 등 세계적 첨단 산업과 K-Pop 등으로 세계문화를 선도하면서 전세계 200여 개 나라 중 상위 5% 안에 드는 국력을 가졌음에도 한국인 자신들은 여전히 우리는 "약소민족," 우리나라는 "약소국"이라고 생각하고 있다.

한국인이 누구인가를 새롭게 정립해야 할 시점이다. 오늘 이 글을 통해 단군신화에서 한국인은 새롭게 보려 한다. 단군신화를 통해 한국인의 독특한 사유양식과, 역사패턴을 볼 수 있기 때문이다. 단군신화에서 우리의 정신적, 문화적 DNA를 볼 수 있다.

또한 단군신화와 연결하여 3·1운동을 이야기할 것이다. 3·1운동이 100여년 전의 사건이지만, 오늘날 대한민국 건국의 기초가 되었을 뿐만 아니라, 더 새롭게 의미있게 다가오는 것은, 미래 대한민국의 방향과 목표에 대한 중요한 시사를 주고 있기 때문이다.

이 강의와 글을 통해 필자가 전달하고자 하는 것은 오늘날의 놀라운 K-현상들이 그저 돌출적으로 생긴 것이 아니라는 것이다. 단군신화에 이런 기적이 일어날 수 있는 문화적 DNA가 나타나 있고, 그런 한국인의 자질이 한국인의 특성에 맞는 IT시대를 만나 꽃피어난 것이라는 생각에 공감할 수 있을 것이다.

2. 단군신화

단군신화는 우리나라에서 가장 오래된 옛날이야기이다. 어릴 때부터 동화책으로 접했다. 대부분은 그 옛날이야기가 여전히 현재적인 의미가 있을 것이라고는 생각해 본 적이 없을 것이며, '신화', '옛날이야기'로만 여기고 있을 것이다. 그러나 단군신화가 가장 오래된 이야기라는 것은 가장 오랜 세월 동안 어떤 이유로 살아남은 이야기라는 것이다.

왜 단군신화는 오늘날까지 오래도록 살아남았을까?

그것은 우리 자신에 대해 중요한 어떤 것을 알려 주고 있는 귀중한 가치를 지녔기 때문이라고 생각한다. 간단히 말하여 단군신화는 한국인과 한국문화의 특징을 보여준다. 그 몇 가지를 살펴보자.

1) 하나로 연결된 세계관

단군신화의 세계는 하나로 연결된 세계이다. 하늘과 땅, 신과 인간, 인간과 동물의 세계가 별개로 분리되지 않고 하나로 연결되어 있다. 하늘의 신神인 환인과 환웅은 하늘나라에 있었다. 환웅이 '하늘나라 사람' 3천 무리를 이끌고 지상으로 내려와 지상에 하늘나라 사람들의 도시 신시神市를 세웠다. 하늘나라 사람들의 모습을 보고 곰과 호랑이가 인간이 되고 싶어 간절히 인간이 되기를 구했다. 그중에 호랑이는 중도 탈락했으나 곰은 성공하였다. 웅녀가 된 곰은 하늘의 신인 환웅과 혼인하여 단군을 낳았다.

이와같은 단군신화의 세계는 환인의 하늘세계 - 환웅이 세운 하늘 사람들의 지상세계 - 곰, 호랑이의 동물들의 세계가 분리되어 있지 않고 연결되어 상호작용을 하고 있다. 이렇게 하나로 연결된 단군신화의 세계처럼 한국인의 세계관은 서로 연결된 세계관을 갖고 있으며, 연결적 사유를 한다.

'나'와 '너'는 서양처럼 "I"와 "YOU"로 분리되지 않고, "우리"라고 한다. 나의 어머니는 우리 어머니로, 나의 아들은 우리 아들, 나의 집은 우리 집으로 말한다. 독특하지 않은가.

하나로 연결된 세계관은 다른 여러 형식으로 우리 문화 속에 흐르고 있다. 오래 된 학교 교가는 "무슨 산 정기를 받아..."로 시작하는 것이 많다. 고려시대부터 유행했다는 풍수지리 사상은 하늘의 정기가 하늘에 맞닿아 있는 높은 산봉우리를 통해 산줄기를 타고 내려와 우리 고장, 우리 학교 학생들에게로 연결된다는 연결적 사유를 반영하고 있다. 하늘[天]과 산천[地]과 인물[人]이 연결되어 있다는 관념이다. 조선 500년 동안 유교문화 속에서 제사의식이 우리 문화가 되었다. 제사는 돌아가신 조상을 산 사람의 마음에 모시는 의식이다. 제사는 저승과 이승, 돌아가신 조상과 후손이 연결되어 있다는 관념이 바탕에 있다. 산 사람이 조상을 기억하고 마음에 모시면 후손들이 화목하고 집안이 더 잘 될 것이라는 연결적 사유가 바탕에 있다. 만약 유교가 이런 연결적 사유가 없는 사상이라면 한국인들이 유교사상을 받아들이지 않았거나, 일찍이 우리 문화에서 사라지고 말았을 것이다. 춘추전국 시대 유가 법가 도가 등 수많은 사상 중에서 유독 유학이 우리와 오래 함께 한 데에는 유가 사상에서 보이는 하늘과 땅과 인간. 군왕과 백성, 양반과 평민 사이의 가족관계와 같은 연결적 특성이 우리 민족의 연결적 관념에 부합되기 때문이라 할 것이다.

경복궁의 정문은 광화문光化門이다. 광화의 화는 될 화化, 변화한다는 화化이다. 이 광화문의 이름에는 이런 사유가 내포되어 있다.

왕은 하늘과 백성을 연결하는 존재이다. 왕이 하늘의 뜻을 받들어 바른 생각, 바른 몸가짐, 바른 정치를 하면 왕의 덕이 국민 전체에 미쳐서 국민과 국가가 변화된다는 생각이다. 이런 사상에는 국왕과 백성이 둘이 아니고 하나이며, 하늘과 통치자인 왕, 왕과 백성이 하나로 연결되어 있다. 이 때문에 민심이 곧 천심이며, 천심은 자연현상으로 나타난다. 왕이 정치를 잘못하면 하늘의 꾸짖음이 천재지변으로 나타난다. 이것은 하늘의 꾸짖음 즉, 천견天譴이라 하였다. 그리하여 왕은 스스로 조심하며 몸가짐을 바르게 하고자 노력했다. 만일 자연재해가 들면 왕은 이를 자신이 잘못하거나 부족하여 하늘이 경고하는 것이라 생각했다. 왕은 목욕재계하며 억울한 사람이 있을까 옥문을 열어 갇힌 사람들을 풀어주었다. 그렇게 조선시대 왕정은 백성을 근본으로 삼는 민본사상으로 민본정치를 추구했다. 연결적 사유와 문화를 바탕으로 하고 있다.

3·1독립선언서에는 침략자 일본과 우리를 분리하여 침략자에 대해 "너 죽고 나 살자"는 저주와 극단적인 적개심의 표현이 어디에도 없다. 너도 살고 우리도 살며, 동양과 세계가 함께 사는 길로서 한국의 독립을 이야기하고 있다. 연결과 상생의 세계관이 독립선언서에도 이어지고 있다.

이와 같은 예들을 통해 한국인의 사유방식에 연결적 특성이 일관되게 흐르고 있음을 알 수 있을 것이며, 단군신화에서 이미 나타나 있는 것을 알 수 있을 것이다.

2) 감지문화感知文化

단군신화는 고려시대 일련 스님이 1281~1283년경에 펴낸 『삼국유사』에 실려 있다. 『삼국유사』제일 첫머리에 나오는 단군신화를 단락별로 나누어 살펴보자.

> 천제天帝 환인桓因의 여러 아들庶子 중 환웅桓雄이 천하를 다스릴 뜻이 있음을 안 환인은

하늘의 환인은 환웅이 천하를 다스릴 뜻이 있다는 것을 어떻게 알았을까? 머리에 붉은 띠를 두르고 성문 앞에 앉아 "아버지, 나에게 왕국을 주소서!"하고 데모를 한 것일까? 그것이 아닌 것 같다.

환인은 환웅의 마음속에 품은 소망, 염원, 생각을 알았다. 말하지 않아도 아는 것. 상대방의 마음을 감지하는 것-이것이 단군신화의 첫 장면이다.

서양 문화는 말을 해야만 아는 문화이다. 부부간에도 시도 때도 없이 "I love you."라고 표현해야 된다. 우리도 이제는 그렇게 하도록 노력해야 하지만, 우리 문화에서는 "그걸 굳이 말을 해야 아느냐" 하는 생각이 있어 왔다. 말을 하지 않고도 전하고, 말을 듣지 않고도 감지하는 것이 한국문화의 한 특성이었다. 우리 말에서는 푸르다는 말은 blue나 green으로 끝나지 않는다. 푸르다, 푸르스름하다. 파랗다. 파릇파릇하다. 푸릇푸릇하다, 새파랗다, 시푸렇다..... 등으로 유난히 다양한 형용사가 발달해 있다. 이러한 형용사를 통해 미세한 '느낌'을 표현한다. 이러한 특징도 감지문화의

특성에서 온 것일 것이다.

IT시대가 되면서 전자 센스가 발달하고 있다. 전에는 차 열쇠를 가지고 와서 키를 꽂고 열어야 차 문이 열렸다. 그러나 요즘은 차 주인이 가까이 오면 차가 주인을 감지하여 알아서 자동으로 차문이 열린다. IT 기술이 발전하면서 감지感知의 시대가 열렸다. 이제는 자동차 키가 필요없이 스마트폰에 내장된 키를 감지하여 차 문을 여는 시대가 되고 있다.

이 시대는 사물인터넷I.O.T 시대이다. 인공지능A.I과 전방위 감지기술센스을 활용하여 무인 자동차 시대가 시작되고 있다. 감지의 문화를 IT 기술력으로 온갖 분야에 적용하고 해결하니, 단군신화에 있는 감각과 감지문화를 갖고 있는 한국인이 크게 역량을 발휘할 것이라 생각된다. IT시대는 한국인의 시대이다. 감지의 탁월한 감수성과 문화적 DNA는 단군신화에 이미 나타나 있다.

연결과 감지, 보이지 않는 것까지 감안하는 불국사 이야기

서양 건축은 기본적으로 좌우대칭의 모양을 취한다. 워싱턴D.C의 미국 국회의사당, 링컨기념관, 영국 런던의 버킹검궁, 프랑스의 루브르박물관, 베르사이유궁, 러시아 상트 뻬쩨르부르그의 에르미타주 박물관 등이 다 그러하고, 인도의 타지마할도 그러하다.

그런데 한국의 대표적인 건축 문화유산인 불국사는 좌우대칭이 되지 않는다. 서양 건축을 전공한 학자들, 건축가들은 이것을 보고 한국 건축이 서양 건축에 비해 뒤떨어졌다고 생각한다는 이야기도 들었다.

1. 대웅전
2. 무설전
3. 극락전
4. 나한전
5. 비로전
6. 관음전
7. 자하문
8. 석가탑
9. 다보탑

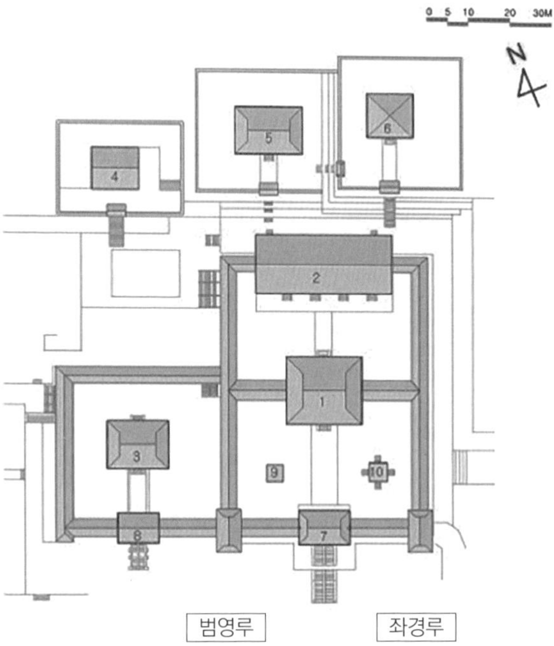

불국사 가람 배치도

범영루 돌기둥 모양

좌경루 돌기둥 모양

불국사의 중심 공간은 위 가람 배치도의 7번 자하문과 1번의 대웅전, 2번의 강당인 무설전을 중심으로 좌우대칭을 이루고 있다. 그러나 바깥에서 보면 7번 자하문을 중심으로 하여 좌우로 회랑이 있고, 회랑 왼쪽 끝에는 범영루가, 오른쪽 끝에는 좌경루가 있는데, 두 누각의 돌기둥이 좌우 좌우대칭을 깨뜨리고 있다. 왼쪽 범영루는 물결치는 구름 모양의 돌기둥이 상부 누각 바닥을 받치고 있다. 이에 반해 오른쪽 좌경루는 단순하고 밋밋한 모양의 돌기둥이 좌경루 바닥을 받치고 있다. 범영루와 좌경루는 누각 모양은 같으나 돌기둥 모양이 차이가 나기 때문에 좌우대칭을 깨뜨린다. 불국사를 지은 분들은 왜 이런 단순한 것을 맞추지 못해 건축의 기본 중의 기본이라 할 수 있는 좌우대칭을 깨뜨리게 하고 있을까? 신라 건축술이 서양이나 세계 건축에 뒤떨어진 것을 보여 주는 증거일까?

불국사는 범영루와 자하문, 종루로 이어지는 회랑의 안쪽에 대웅전 앞마당이 있다. 대웅전 앞마당에는 유명한 석탑 두 개가 있

석가탑

다보탑

불국사 대웅전 앞의 석가탑(좌)와 다보탑(우)

다. 하나는 석가탑이고 다른 하나는 다보탑이다. 석가탑의 모양은 간결 단순한 직선으로 이루어져 있다. 이에 반해 다보탑의 모양은 아래로부터 위로 올라가면서 사각에서 팔각, 원이 되면서 매우 정교하고 복잡 화려한 모양을 하고 있다.

불국사의 좌우 대칭은 서양건축에서 보는 겉면의 좌우대칭이 아니다. 겉과 안을 함께 고려한 좌우대칭이다. 즉, 화려한 구름 문양의 돌기둥을 가진 범영루 뒤 회랑 안쪽에 단순한 모양의 석가탑이, 단순한 기둥의 좌경루 안쪽에 복잡 화려한 모양의 다보탑이 있다. 복잡+단순, 단순+복잡으로, 밖과 안 양자를 함께 고려한 좌우대칭이다. 이는 서양의 외면적인 좌우대칭과 차원을 달리하는 좌우대칭이라 할 수 있다. '눈에 보이는 것이 전부가 아니다'는 것을 불국사가 말해 준다.

단군신화에서 하늘과 땅, 인간과 동물이 연결되어 있고, 불국사에서는 안과 밖이 둘이 아니라 하나로 연결되어 있으며, 눈에 보이지 않는 안과 마음, 눈에 보이지 않는 회랑 안쪽의 것을 감지하는 것-이것이 한국문화에서 중요하다. 불국사는 그것을 조형적으로 보여 준다.

3) 도전정신 Can Do Spirit

> 때에 곰과 호랑이가 한 굴에서 살고 있었는데 항상 환웅에게 빌기를 사람이 되게 하여 주십사 하였다.

곰과 호랑이가 사람이 된다는 것이 어디 가능한 이야기인가? 그들은 실현 불가능한 꿈을 꾸었다. 그중에 호랑이는 곧 포기했다. 쑥과 마늘, 동굴의 혹심한 수련기간을 견디지 못한 것이다. 그러나 곰은 그 수련기간을 견디어 내어 기어이 웅녀가 되었으며, 환웅과 결혼까지 하여 단군을 낳았다. 곰의 도전정신이 빛나는 이야기이다.

한국인은 단군의 자손이라 해 왔다. 이것은 단군이 우리 민족 최초의 국가 고조선의 시조이기 때문이다. 정치적인 측면의 조상이다.

일본의 침략을 당해 35년 식민지 치하에 있었던 한국민은 약소민족 그 자체였다. 그러나 해방과 자유의 공간이 펼쳐지자 상상도 하지 못한 일들을 꿈꾸고 도전하기 시작했다. 제2차 세계대전 이후 해방된 나라 중 중진국 대열에 진입한 나라는 대한민국이 유일하다. 더구나 자원도 없고, 자본도 기술도 없는 나라, 전쟁으로 잿

더미가 된 나라에서 그러한 기적을 이루어 냈다. 또한 산업화에 이어 민주화까지 이루어내었다. 지금은 전자, 화학, 조선, 자동차 등 제조업 강국, IT 강국으로 전세계를 무대로 한류라는 문화적인 기적을 만들어 내며 선진국에 진입하고 있다. 현대 한국인의 도전과 성취는 실현 불가능한 꿈을 꾸고 그것을 실현해 낸 웅녀의 정신 바로 그 자체였다. 불가능을 가능으로 바꾼 한국의 웅녀 예는 무수하다. 어머니가 음식점을 하면서 세계적인 첼리스트 정명화, 바이올리니스트 정경화, 지휘자이자 피아니스트 정명훈을 길러낸 이야기, 울산 백사장에 도크도 짓기 전에 유조선 2척을 수주받아 도크 공사와 유조선 건조 공정을 같이 하여 성공시켜 오늘날 세계 최고의 조선국이 된 이야기, 사우디아라비아 주베일항 부두 건설공사를 따내 울산에서 철 구조물을 제작하여 예인선으로 동지나해와 인도양을 지나 사우디까지 끌고 가서 공사를 성공시킨 정주영 회장의 이야기, 소니 텔레비전을 모방하여 저가 TV생산으로 시작한 삼성전자가 세계 제1의 반도체 생산 회사가 된 것. 한국 양궁과 쇼트렉 선수들의 신화, 소녀시대, BTS 등이 그러한 대표적인 예다. 이런 이야기 속에 불가능한 일을 꿈꾸며 도전하는 웅녀의 Can Do Spirit이 일관되게 흐르고 있다.

4) 쑥과 마늘 동굴의 패턴

환웅이 그들에게 쑥 한 줌과 마늘 스무 알을 주면서 너희들이 이것을 먹고 백일 동안 일광을 보지 않으면 사람이 되리라 하였다. 곰과 호랑이는 이를 받아먹었는데 곰은 3,7일을 기륜하여 여자가 되었으나 호랑이는 기忌하지 못하여 사람이 되지 못하였다.

단군신화에서 사람이 되고자 하는 꿈을 가진 곰과 호랑이에게 요구되는 것이 있었다. 쑥, 마늘, 동굴 세 가지였다. 쑥과 마늘, 동굴의 세 가지로 동물이 사람이 되는 "존재의 질적 승화"가 일어날 수 있을까? 여기에 인생과 세상의 놀라운 진리가 들어있다고 생각한다.

쑥은 무슨 맛인가? 쓴맛이다.
마늘은 무슨 맛인가? 매운맛이다.
동굴에 들어가면 어떤가? 깜깜하다. 앞이 보이지 않는다.

우리 모두에게 꿈이 있을 것이다. 당신의 꿈은 무엇인가? 좋은 직장 취업, 공무원 또는 대기업 입사, 사법시험, 행정고시, 회계사 등 어려운 시험의 합격, 창업과 발명, 발견, 사업의 성공, 아이돌로서, 작가, 기술인으로서 성공 등등 다양한 종류의 꿈이 있을 것이다.

그 꿈이 무엇이든 간에 꿈을 이루고자 한다면 쑥과 마늘을 먹고, 동굴로 들어가야 한다.

그렇다. 쑥의 쓴맛을 경험해야 한다. 쓴맛은 실패와 좌절 맛이다. 쑥을 먹는다는 것은 실패를 이겨내며 계속 노력하는 것을 의미할 것이다.

매운맛은 힘든 학습과 교육, 훈련과 단련의 힘든 시간의 맛이다. 고난과 고통을 견디며 끝까지 해 내는 것을 의미한다. 결실의 계절

가을이 있기 전에 불볕 더위와 태풍의 여름이 있다. 성공 이전에 피나는 노력의 기간이 있다. 꿈을 위해 상급 학교, 자격이나 학위 취득에는 힘든 준비과정이 따른다. 올림픽 메달이 있기 전에 땀의 선수촌 생활이 있다. 유학이나 이민을 가거나 또는 이민을 왔다면 현지어를 배우고, 적응하는 힘든 과정을 이겨내야 한다. 쉽게 되는 일은 없다. 힘들게 노력할 때 근육이 생기고 자신감이 붙으며, 능력을 갖추어 가게 된다. 마늘은 힘든 교육, 훈련, 수련기간을 견디어 내는 것을 의미한다.

동굴은 목표를 세우고 과제에 몰입하기 위하여 일정 기간 골방에 틀어박혀 공부하고 연구하고 실험하는 고된 기간을 말할 것이다. 목표 없이 또는 목표를 앞에 두고 두려움 때문에, 자신감이 없어서 그 과제를 회피하며 방황하지 않는 것이다. 친구들과 웃고 떠들고, 즐겁게 놀러 다니면서 원하는 일을 이룰 수 없다. 시간을 허비하지 않는 것이다. 몰입하는 것이다. 그 기간 동안 떠들썩한 즐거움을 뒤로한 채 오직 목표를 위해 노력을 온전히 기울이는 것이다.

소녀시대 멤버들은 한 가지 춤을 1년 동안 죽도록 연습했다 한다. 오늘날 K-POP은 그와 같이 어린 나이임에도 불가능한 것을 꿈꾸고 그 일에 요구되는 혹독한 훈련과정을 이겨내는 사람들이 이룩해 내는 신화이다.

입사시험, 사법고시 등 각종 고시, 회계사, 변호사 등의 전문 자격을 준비하는 데 쑥과 마늘, 동굴의 기간 없이 성공한 사람을 본 적 있는가? 이처럼 개인적인 측면에서도 쑥과 마늘, 동굴의 원리는 더 높은 단계, 더 향상된 질적 전환을 이루는 데 결정적인 요소이다.

국가 민족적으로도 그대로 적용된다. 우리는 근대 국민국가를 이루어야 하는 과정에서 실패하여 일제 35년의 식민지 지배를 겪었다. 그 고난의 기간은 쓴 쑥과 매운 마늘의 기간, 깜깜한 동굴의 기간이었다. 그후 해방의 환희도 잠시, 국토와 민족이 남북으로 분단되었고, 곧 3년간 6.25전쟁이 일어나 전국토가 초토화되었다. 국제정치의 쓴 쑥과 매운 마늘, 깜깜한 동굴의 기간이었다.

약 60년간 식민지 지배와 내란과 전쟁이라는 쑥의 쓴맛과 마늘의 매운 맛, 암담한 동굴의 긴 기간을 견디어 내는 동안 한국인들은 다음과 같은 것을 얻었다.

1. 고통 속에 연단되어 강철처럼 강해졌고, 지식과 경험의 폭이 크게 확장되었다.
2. 민족이 세계화 되었고, 활동 무대가 세계화되었으며, 경험이 세계화되었다. 만주, 러시아 연해주, 일본, 남북 미주 등 전세계를 무대로 독립운동을 전개했고, 경제활동을 하였으며, 징용, 징병 등 강제동원의 여러 쓰고 힘든 경험을 하면서 국제적 전쟁, 강제이주, 집단 학살 등 온갖 재난을 겪으며 한민족이 세계화되었다.
3. 자유주의와 사회주의, 공산주의, 무정부주의 등 세계의 사조를 다 시험하고 체험했다. 심지어 해방 후 나라가 두 동강으로 나누어지는 아픔도 겪었다.

그런 한국인들이 해방되어 자유로운 사회가 되자 동굴의 기간 동안 응축되고 연단된 에너지가 폭발했다. 이미 세계를 경험했기 때문에 세계에 대한 두려움이 없었다. 여기에 웅녀의 후손으로서 불가능한 것을 꿈꾸는 대담함까지 발휘하였다.

오늘날 대한민국의 기적, 20세기 식민지 압박을 받던 약소민족으로 선진국의 대열에 올라선 유일한 나라 대한민국은 불가능한 것을 꿈꾸고 그것을 이루어 낸 웅녀의 후손들이 반세기 동안 혹심한 쑥과 마늘, 동굴의 연단기간을 이겨냈기 때문이다.

개인이나 나라나 이런 쑥과 마늘 동굴의 연단기를 이겨내야 한다는 것은 만고의 진리이다. 한국인은 그런 혹심한 연단의 과정을 거쳐 강한 국민으로 거듭났다. 단군신화는 개인과 사회, 국가의 발전, 도약 원리인 동굴의 패턴을 가르쳐 주고 있다.

5) 관용의 문화

> 곰과 호랑이는 이를 받아먹었는데 곰은 3,7일을 기륜하여 여자가 되었으나 호랑이는 기륜하지 못하여 사람이 되지 못하였다.

그 혹독한 연단의 시간을 곰은 이겨냈지만, 호랑이는 견디지 못했다. 그 연단을 이겨내지 못하면 호랑이같이 한 단계 높이 올라갈 수 없다. 이때 연단의 과정을 이겨내지 못하고 탈락한 호랑이는 어떤 벌을 받았을까? 단군신화에서 호랑이에 대해 어떤 제재를 가했다는 이야기가 없는 점에 주목할 필요가 있다. 처벌을 받았다는 이야기가 전혀 없다. 호랑이는 아마 호랑이로 그대로 살았을 것이다. 여기에 관용의 문화가 나타나 있다.

호랑이에게 보인 관용의 문화, 강제하지 않으며, 다름을 용인하고 포용하는 관용의 문화는 한국 문화의 또다른 특징이다. 이 관용의 특성이 한국의 산업과 문화를 세계화하고, 한국인이 세계를 무대로 경영을 펼치는 밑거름이 될 것이다.

이상에서 단군신화가 한국인에 대해 말해 주는 것을 다음과 같이 정리해 볼 수 있다.

하나로 연결된 세계관, 연결적 사고

말하지 않아도 마음을 헤아리는 감지의 문화

불가능한 것을 꿈꾸는 담대함

꿈을 위해 기꺼이 수련하고 자신을 단련하는 인내심과 꾸준함, 집중력

다름을 받아들이는 관용의 문화

단군신화에서 보여주는 이와 같은 한국인의 문화적 DNA가 21세기 IT기술과 인터넷이라는 글로벌 연결망 위에서 이전에 상상할 수 없었던 전 세계적 무대 위에서 꽃피고 있다. 한국인들은 IT기술이 열어놓은 글로벌 무대에서 맘껏 잠재력을 펼쳐 가게 될 것이다.

6) 일본 건국신화와 비교

한국의 단군신화가 보여주는 특징은 일본 건국신화와 비교해 보면 더 분명하게 볼 수 있다.

아메니기시쿠니 니기시 아마츠히코 히코호노 니니기노 미코

토天邇岐志国 邇岐志 天津日高 日子番能 邇邇芸命, アメニギシクニ ニギシ アマツヒコ ヒコホノニニギノミコト라는 긴 이름의 신은 일본 신화에 등장하는 신이다. 줄여서 니니기노 미코토라고 하는데, 일본 『고사기古事記』와 『일본서기日本書紀』에 일본 천황가의 직계 시조가 되는 신이라 하며, 태양의 여신 아마테라스天照, アマテラス의 손자로서 천손天孫이라고 불리었다. 탄생지는 히나타日向로 지금의 미야자키현宮崎県으로 전해진다. 신화는 이렇게 시작된다.

> A. 일본의 국조신인 아마테라스 오오미카미天照大神는 그의 손자 니니기에게 다음과 같은 말을 한다.
>
> "지금 일본은 평정되었다고 하니 너는 나의 명에 따라 그곳에 가서 통치하라."
>
> 이 명령을 받은 천손은 5부족의 신을 데리고 하늘에서 내려온다.

단군신화의 첫 장면과 일본 건국신화의 첫 장면을 비교해 보자. 어떤 차이를 발견할 수 있는가? 단군신화와는 사뭇 다른 분위기를 느낄 수 있을 것이다. 가장 먼저, 일본 건국신화인 니니기노 미코토 신화에 "명命" "명령"이라는 단어가 나온다.

명 또는 명령은 강압적인 단어이다.

단군신화에서 그런 강압적인 단어가 보이는가? 아니다, 없었다. 단군신화의 첫장면은 환인이 아들 환웅의 마음과 의도를 헤아리는 것으로 시작한다.

군사적인 일본 문화와 한국 문화의 차이가 건국신화의 첫 장면에서부터 보이지 않는가?

그 다음 장면을 보자.

B. 이때 그는 3종의 신기神器인 구슬과 거울, 칼을 가지고 거룩한 산 〈다카치호〉에 내렸다. 이 때 두 신이 그의 앞장을 섰다. 하나는 돌로 만든 큰 활을 가졌고 또 하나는 큰 칼을 들고 있었다. 이 때 또 하나의 신은 모든 물고기를 소집하여 묻는다.

"너희들은 하늘의 아들을 받들어 모실 것이냐?"

이 때 모두들 "예, 그렇게 하겠습니다."라고 대답한다.

그러나 그중에 오직 하나, 해삼만이 아무 말을 하지 않았다. 화가 난 신은 "너의 입은 대답할 수 없는 것이냐?" 하고 칼로 입을 찢어버렸다.

천손을 호위하는 신은 모든 물고기를 소집하여 하늘에서 온 천손을 받들어 모실 것을 요구했다.

모두가 "예, 그렇게 하겠습니다." 하고 대답했다.

그러나 해삼은 아무 대답도 하지 않았다. 아마도 단군신화의 호랑이와 같은 입장일 수 있다.

그러자 신이 화가 나서 칼로 입을 찢어 버렸다.

어떤가? 놀랍게도 일본 건국 신화에 일본의 특성인 사무라이 칼의 문화가 고스란히 나타나 있지 않은가? 한국의 단군신화와 일본 양국의 문화적 특성이 이처럼 건국신화에서 분명하게 나타나고 있는 것이 놀랍지 않은가?

단군신화에서 동물이 인간으로 승화하는 프로그램을 끝내지 못한 호랑이에 대해 어떤 제제를 가했는가?

제재했다는 말이 없다. 그 수준을 받아들이지 못하는 경우 그대로 살도록 두었던 것이다. 관용적이지 않는가?

일본 건국신화의 경우 다름에 대한 관용이 없다. 즉각 칼로 입을 찢는 제재가 가해졌다.

일본 건국신화의 마지막 장면은 이렇다.

> C. 그 후 천손은 해변에서 아름다운 처녀를 만났다. 그녀의 이름은 '나무꽃 공주'였다. 그녀에게는 언니 '돌녀 공주'가 있었다. 그 자매의 아버지는 천손에게 두 딸을 바쳤다. 그러나 천손은 못난 언니 '돌녀'를 돌려보내고 아름다운 '나무꽃 공주'를 받아들였다. 그 때문에 천손은 돌처럼 오래 살 수는 없었고 나무꽃처럼 짧은 수명을 가지게 되었다. 김용운, 『항일민족의 원형』, 평민사, p. 42-43.

일본 건국신화에서 일본이란 나라의 수명에 대해 어떻게 말하고 있는가?

돌처럼 오래 살 수는 없었고, 짧은 수명을 가지게 되었다고 했다. 다시 단군신화로 돌아가보자.

> D. 여자가 된 곰은 혼인할 짝이 없으므로 매양 신단수 아래서 잉태하기를 빌므로 환웅이 거짓 화化해서 이와 교혼하여 아들을 낳으니 이름하여 단군왕검檀君王儉이라 하였다. 당고唐高堯 즉위 50년 경인庚寅에 평양에 도읍하고 비로소 조선朝鮮이라 일컬었다.
>
> (중략) 1천 5백 년 동안 다스리다가 (중략) 단군은 뒤에 아사달산에 들어가 산신이 되었다. 삼국유사 기이紀異 고조선조

단군은 수명이 어떤가?

1500년이나 다스리고, 그후에도 죽지 않고 아사달 산에 들어가 산신이 되었다고 하고 있다. 장구하고 영원한 수명을 말하고 있는 것이다.

우리는 단군신화에서 한국인을 새롭게 발견할 수 있다.

모든 것을 연결된 것으로 생각하는 한국인이 I.O.T시대, 모든 사물을 인터넷으로 연결시키는 초연결의 시대를 만나 세계를 선도적으로 이끌고 있다.

한국이 이 시대를 주도하게 되는 것은 자연스러운 일이 아닌가?

인간의 말로 다 표현하지 못하는 생각과 감정을 감지하여 음악으로, 드라마로, 한국적 감각과 감성으로 풀어내니 세계인들이 열광하고 있다.

"한국적인 것이 세계적인 것이다"는 것이 실제로 일어나고 있다. "새롭게 무엇을 하려면 먼저 한국에서 테스트 해 봐야 한다"고 한다.

이루어질 수 없는 것을 꿈꾸고 그것에 도전하는 웅녀의 정신이 오늘날 한국을 만들었다. 앞으로도 한국인들은 여러 분야에서 계속 세계 1등이라는 불가능한 꿈을 꿀 것이고, 한국인들은 그 꿈에 도전하여 성취해 낼 것이다.

단군신화는 한국인이 세계 1등 나라를 만들 것임을 말해 주고 있다.

3. 한국의 세계적 위상과 March 1st Movement 도전

1) 한국의 세계적 위상

2012년 하계 올림픽이 영국 런던에서 열렸다. 우리 선수단은 출발할 때 금메달 10개로 종합 순위 세계 10위의 10-10 목표를 세웠다. 목표는 실현 가능한 것보다 조금 위에 잡는 것이 일반적이므로 실제 실력은 세계 12~13위 정도였을 것이다. 런던은 지구 반대편에 있다. 시차 등의 문제로 선수들에게 어려움이 많을 수 있었다.

그런데 런던 올림픽에서 대한민국의 종합 순위가 어떠했는가? 금메달 13개 은메달 8개 동매달 7개 합계 28개로 종합순위 세계 5위였다! 세계 5위, 놀라운 일 아닌가?

우리 앞에는 1위 미국, 2위 중국, 3위 주최국 영국, 4위 러시아였다. 세계 공룡 국가들 만이 우리 앞에 있었다. 독일, 프랑스, 이태리, 일본이 다 우리 뒤에 쳐졌다. 런던 올림픽의 종합순위 5위는 앞으로 대한민국의 국력과 세계적 위상이 그 정도로 자리매김하게 될 것임을 예시한 것으로 생각된다.

2) 3·1운동에서 찾은 대한민국의 미래비전

성경의 잠언 29:18은 한글 성경에는 "묵시가 없으면 백성이 방자히 행하거니와"로 되어 있다. 이 구절은 영어로 보아야 더 잘 이해할 수 있다. 영어로 이렇게 되어 있다.

"Where there is no vision the people perish."

비전이 없으면 국민이 죽는다, 멸망한다.

우리 대한민국의 현상은 미래 비전이 보이지 않는다. 근래 한 20여 년간 대한민국의 미래 비전을 제시하는 지도자나 정당이 있었는가? 미래 비전이 없을 때 국민들의 정신이 죽는다.

한국은 거의 20년 동안 1인당 국민소득 27,000불 대에서 3만 불 미만에 맴돌고 있다. 3만불 천장을 치고 4만 불, 5만 불로 올라가지 못하고 20년째 맴돌고 있는 것이다. 오늘날 한국사회가 안고 있는 많은 문제들-청년실업, 결혼기피, 중년 불안-노인문제 등 많은 문제는 근본적으로 경제가 성장하지 않음으로써 생긴 문제라고 할 수 있다.

100여년 전의 3·1운동은 대한민국 건국의 원류이며, 독립운동의 원동력이었다. 다른 한편, 3·1운동은 100년 후 오늘의 대한민국을 위한 묵시vision라고 생각한다.

3) March 1st Movement

약 100여 년 전 March 1st Movement라고 영어로 표현하는 거대한 3·1운동이 있었다. March는 3월이기도 하고 "행진" "전진"이라는 뜻도 있다. 그러므로 영어 March 1st Movement는 다른 말로 하면 "1등 가기 운동", 또는 "1st Mover 운동"이라는 의미도 된다.

이런 생각에 이르자 3월 1일에 독립선언을 한 것도 "신의 한수"

로 생각되었다. 1919년 3월 3일 고종 황제 국장이 있었다. 1919년 1월 21일 전황제 고종이 갑작스럽게 서거하여 국장이 거행되게 됨으로써 10년간 무단정치 하에 억눌려 있는 우리 민족은 독립운동의 절호의 기회를 맞게 되었다. 거사일은 사람들이 가장 많이 모이는 국장날이 가장 좋았을 것이다. 그러나 국장이 엄숙하게 치러지기 위해 국장날을 피하여 다른 날을 택해야 했다. 그 다음 놓은 날은 지방에서 참배객이 가장 많이 모여들 국장 전날인 3월 2일이었다. 그러나 그날은 일요일이었다. 33인 민족대표는 천도교 15인 기독교 16인 불교 2인의 종교계 지도자들로 이루어져 있었다. 3월 2일은 기독교의 안식일이었기 때문에 거사일은 이날을 피하여 3월 1일 토요일로 결정되었다. 만약 3월 2일 거사를 했다면, 3·1운동은 3·2운동이 되어 "March 2nd Movement", 3월 3일이었으면 "March 3rd Movement"가 되어, "2등 가기 운동" 또는 "3등 가기 운동"이 되었을 것이다. 3월 1일에 거사를 하게 된 것이 얼마나 신의 한수였는가! 3·1운동이 3월 1일에 일어남으로써 100년 후의 우리들에게 "세계 1등 가기 운동을 하라!" "세계 1등을 향해 가라!"고 하고 있는 것이다. 그것은 이 시대를 위한 묵시라고 생각한다.

오늘날 한국사회가 3만불을 넘어서지 못하고 20년 가까이 맴돌고 있다. 그 이유는 우리가 "선진국 추격경제"에서 머물고 그 이상으로 나아가지 못하고 있기 때문이다. 세계를 선도하는 기술축적 국가로 나아가야 3만 불의 벽을 돌파할 수 있다. 선진국 추격경제는 선진 기술을 독자적으로 연구개발, 축적하지 않고 외국의 선진 기술을 베끼거나 값싸게 들여와서 제조, 활용하는 것이다. 그러한 따라잡기, 추격으로 3만불 턱까지 올 수 있었다. 그러나 지금은 세계 첨단 기술을 스스로 개발하여 활용해야 하는 위치에 한국이 와 있다. 2012년 런던 올림필에서 세계 5위를 했던 것처럼, 우리 앞에 앞서가는 나라가 별로 없는 상황에 이른 것이다. 우리는 다른 나라를 뒤쫓아 가는 나라에서 세계를 선도하는 나라가 되어야 할 위치에 있게 된 것이다. 물론 세계 선도국가는 하루아침에 되지 않는다. 정부와 기업, 대학과 연구소가 세계 1등의 미래 비전을 세우고 정책적으로 장기적이고 집중적인 노력과 투자를 해야 이루어질 수 있는 목표이다. 지금 그 일을 해야 하는 것이다. 5년 단임의 대통령제 하에서 5년 안에 결과를 보는 일만 하려다 보니, 이런 장기적인 목표를 추구하지 못하고 20년을 지내왔다.

그래서 우리 사회 선각적 지식인들이 "기술축적 국가"가 되어야 한다. "퍼스트 무버First Mover가 되라" 하는 이야기를 하는 것이다. 지금이야 말로 대한민국 생존과 번영을 위해 국가적으로나 전 사회적으로 "1등 가기 운동", "1st Mover 운동"을 총력 전개해야 한다. 사회의 모든 부면을 "1등 가기" "퍼스트 무버1st Mover가 되도록 개조하는 대대적인 노력을 기울여야 한다.

이를 위해 다음과 같은 것들이 이루어지게 해야 할 것이다.

① 개헌을 통해 5년 단임 대통령제를 최소 8년~10년 안정적 집권체제를 도입하여 중장기적 국가정책 수립과 추진이 가능하게 한다.

② 신 March 1st Movement, 즉 "1등가기 운동" "퍼스트 무버First Mover운동"을 국정 최고 목표로 설정한다.

③ 단기성과, 벤치마킹 위주, 실행역량 중심의 기업체질을 탈피하고, 모든 분야에서 기술적, 전문적 역량을 축적하여 개념설계concept design 역량을 키우며, 기술 수출국가가 될 수 있도록, 인재양성, 기술축적 시스템을 구축해야 한다.

④ 이를 위해 기업과 정부 모두 단기 성과위주의 업무방식에서 장기투자, 일관성 있는 정책, 전문인력 육성, 시행착오 용인, 패자부활 기회의 보장 등이 이루어지게 해야 한다.

⑤ 사회 각 부문의 조직과 일하는 방식을 수직적, 일방적, 일원적 구조와 방식에서 3·1운동 방식인 수평적, 쌍방적, 다원적 구조와 일하는 방식으로 전환하고, 새로운 리더십 문화를 세워야 한다.

⑥ 암기식, 입시위주의 교육을 지양하고, 독서, 질문, 토론, 예술, 체육을 강화하고, 창의성을 기르는 교육이 되게 한다.

4) March 1st Way

3·1운동은 서구 제국주의의 아류인 일본 제국주의에 대항하여 일어난 항일 독립운동이다. 그러나 조금 넓게 보면 이것은 제국주의로 대변되는 20세기 전반의 탐욕, 침략, 독점, 폭력의 세계 질서에 대한 새로운 대안 질서의 선언이요, 운동의 측면을 함께 갖고 있었다.

아래의 그림 「도별 일반인 종교인 학생 비율」은 3.1운동 시위주도자를 도별로 나타낸 것이다. 이 표에 나타나 있는 것처럼 3.1운동은 지역별로 주도층이 각기 다르다. 특정 영웅의 지도하에 진행

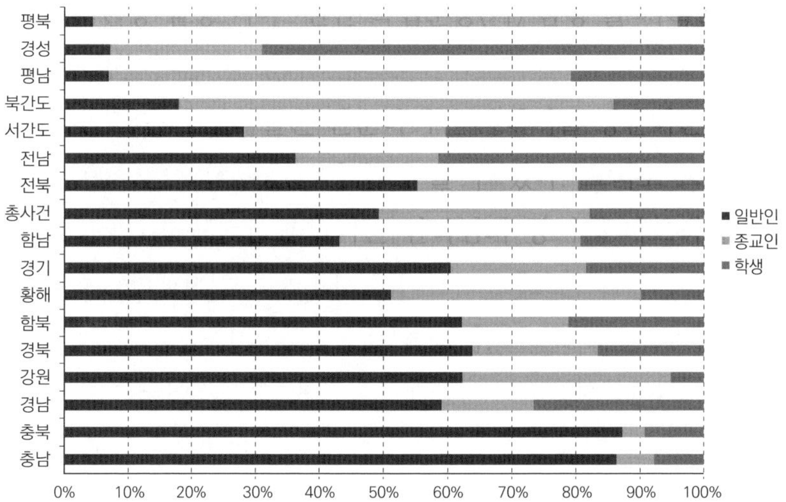

자료: 국사편찬위원회 3.1운동 D/B, 이정은, 「3·1운동 데이터베이스와 3·1운동의 주체」, 『백년만의 귀환: 3.1운동 시위의 기록』, 국사편찬위원회, 2019

[그림] 3.1운동의 도별 주도층

된 독립운동이 아니었다. 한정된 집단, 일사불란하게 조직화된 지도부가 이끄는 독립운동이 아니었다. 영웅이 없는 독립운동, 참여자가 다 영웅인 특이한 독립운동이었다. 다양한 성격의 국민 대중이 다원적으로, 스스로 주인의식을 갖고 자발적으로 참여하여, 학교와 종교, 지역과 지역이 수평적으로 연대하며, 창조적인 방식으로 일어난 독립운동이었다. 그러다 보니 하나도 똑같은 것이 없는 거대한 독립만세 시위운동의 변주곡 오케스트라 연주였다.

2000년대가 오기 전까지 3·1운동이 특징으로 하고 있는 수평적·다원적·자발적인 협동의 운동이 갖고 있는 의미와 가치가 눈에 크게 들어오지 않았다. 그러나 정보화시대로 들어서면서 세계는 이전 시대처럼, 한 사람의 뛰어난 영도자, 강력한 권위적 체제에 의한 수직적·일원적·일방적 체제가 가진 일사불란한 효율성의 중요성이 감퇴되었다. 위키백과사전Wikipedia의 집단지성 운동에서 보는 바와 같이 수평적·다원적·자발적인 협동과 연대의 가치가 부각되기 시작하였다. 구글, 애플, 픽사 등과 같은 기업들은 기존의 수직적·일원적·일방적 시스템 대신, 수평적·다원적·자발적인 시스템으로 창조적 산업을 일으키며 산업계를 재편했다. 이러한 새로운 일하는 방식이 바로 100년 전 3·1운동 방식March 1st Way이다. 수평적 소통의 창조적 기업문화, 창조적 사회문화는 March 1st Way, 즉 우리 민족이 100년전 3·1운동 때 놀라운 규모로 시범을 보였던 3·1운동 방식이었다. 여기서 100여년 전의 3·1운동의 가치를 21세기에 재발견할 수 있다.(이정은, 「시대변화의 변곡점으로서의 3.1운동과 그 상징 유관순」, 『유관순 연구』15. 백석대학교 유관순 연구소, 2010. 12, pp.46-47)

이와 관련하여 다음의 기사를 참고할 수 있다.

"구글에서는 매주 임직원이 모인 주간회의에 최고 경영진이 참석해 사원들과 직접 대화하고 격의 없는 소통을 한다.

사원들이 한국에서는 매우 불손하다고 평가받을 수준의 의견도 경영진에게 자유로이 발언하는 것이 당연시되고 있다.

아마존에서는 임직원들이 상하 구별 없이 일과 관련한 비판적 토론을 맘껏 할 수 있는 조직문화를 구축하고 있다.

한마디로 조직 내에서 구성원이 창의성과 자율성을 맘껏 발휘할 수 있는 수평적 조직문화가 꽃피게 하고 있었다."

"4차 산업혁명 대응은 연구개발 인력만이 전담하는 것이 아니라 조직 전체에 창의성과 자유로운 소통이 원활하게 흘러야 가능한 것이다.

국내 대기업 사원들이 가장 많이 지적하는 조직문화상의 문제는 '상명하복의 위계적 조직문화'이다. 이런 문화는 빠른 추격자fast follower 시대에는 순기능이 있었지만 창의성을 기반으로 경쟁하는 4차 산업혁명 시대에는 잘 맞지 않는다."

(CEO와 말단 직원이 격의 없이 소통하려면, 김성수 서울대 경영학과 교수WEEKLY BIZ, 2017. 5. 29)

이런 21세기 경영혁신이 본질적으로 3·1운동 방식March 1st Way라고 생각한다. 3·1운동에서 우리 민족이 100년 전에 이런 방식으로 지도부 공백 상태에서 거대한 민족운동을 성공시켰기 때문이다. 지금 이러한 혁신이 요구되고 있다. 우리는 3·1운동을 이와 같은 방식으로 해 냈다. 21세기 한국은 3·1운동 방식으로 일함으로써 한국인의 시대를 만들고 세계1등 국가를 만들 수 있다.

4. 맺음말

단군신화는 단지 옛날이야기가 아니다. 단군신화에서 하나로 연결된 세계관과 연결적 사유, 감지문화感知文化, 불가능한 것을 꿈꾸고 도전하는 도전정신, 쑥과 마늘 동굴의 패턴과 감투정신, 관용의 문화 등 한국인의 세계 1등 DNA를 확인할 수 있다. 때마침 IT시대를 맞았다. 한국인의 특성이 IT시대에 맞다. 단군신화에 보이는 한국인의 정신적, 문화적 DNA가 IT기술로 열린 글로벌 시대를 맞아 꽃을 피우고 있다.

100여 년 전 3·1운동은 이전에 어디에서도 볼 수 없었던 독특한 독립운동이었다. 즉 20세기 레닌과 마오저둥 등 영웅과 존엄, 위대한 영도자가 혁명과 건국을 이끌던 시대에 3.1운동은 각성된 대중이 스스로 주체가 되어 자발적으로 계획하고 조직하며 참여하고, 수평적으로 연대하여 창조적으로 만들어 간 독특한 민족독립운동이었다. 이 운동은 이전에 어디에서도 볼 수 없었던 '새로운 방식으로 일하기'의 대 성공사례였다.

100년 전의 3.1운동이 오늘날 우리에게 그 이름 그대로 "March 1st Movement", 즉 "세계 1등가기 운동"을 하라고 명하고 있다. 또한 "March 1st Way" 즉, 3.1운동 방식으로 일함으로써 창조성을 꽃피워 세계 1등이 되라고 명하고 있다. 대한민국이 살 길이 여기에 있다.

홍대용과 중국 선비와의 천애지기天涯知己

박수밀 한양대 동아시아문화연구소

1. 문제 제기

한·중 문화 교류사에서 특기할 만한 사건이 1766년 담헌湛軒 홍대용洪大容, 1731~1783이 북경에 사행을 가서 이루어진 항주 세 선비와의 만남이다. 1765년 겨울, 담헌은 서른다섯에 작은 아버지인 홍억洪檍을 따라 자제군관의 신분으로 중국 여행을 가게 되었다. 담헌은 북경 유리창 골목인 간정동乾淨衕에서 엄성, 육비, 반정균 세 명의 항주 선비를 만났다. 항주 선비들은 과거시험을 치르기 위해 북경에서 시험 준비를 하는 중이었다. 담헌은 진실한 마음과 열린 생각으로 항주의 선비들과 깊은 대화를 나누었고 세 선비와 주고받은 필담과 편지를 정리하여 『간정동필담乾淨衕筆談』을 엮었다. 이

만남은 한중 교류에 새로운 충격을 가져다 준 획기적 사건이 되었다. 담헌과 항주 세 선비와의 만남을 계기로 한중 지식인 교류는 물꼬를 트게 되고 이후 본격적인 한중 문인 교류가 펼쳐지게 되었다.

담헌은 천안에서 태어난 실학자이다. 담헌은 1731년 충청도 천원군 장산리 수촌, 즉 지금의 천안시 수신면 장산리에서 홍역의 맏아들로 태어났다. 열두 살에 남양주 석실 서원의 미호 김원행의 문하로 들어갔으며 서른두 살에는 호남에 은거하던 나경적과 더불어 혼천의와 자명종을 제작, 고향 집에 '농수각籠水閣'을 지어 이곳에다 과학 기구를 설치했다. 정조가 동궁 시절이던 때엔 정조를 보위하는 임무를 맡았으며 정조가 즉위하자 사헌부 감찰을 맡기도 했다. 하지만 높은 벼슬길을 마다했으며 50살에는 영천 군수로 부임하여 「임하경륜」을 저술하기도 했다. 1783년 고향으로 돌아가 쉰셋의 나이에 중풍으로 세상을 떠났다.

본고는 북경 유리창에서 이루어진 담헌과 항주 선비와의 천애지기를 살핌으로써 한·중 지식인의 내면 의식과 타자 의식을 밝히고, 진정한 교류의 조건은 무엇인지, 타자와의 소통에서 중요한 것은 무엇인지에 대해 생각해보기로 한다. 먼저는 담헌과 항주 세 선비가 만난 공간인 북경 유리창의 특성에 대해 살펴보기로 한다.

2. 유리창이라는 공간[1]

유리창琉璃廠은 북경 정양문 바깥 서남쪽으로 약 5리에 걸쳐 있다. 오늘날 명동의 번화함과 인사동의 성격을 합친 정도로 생각하면 좋겠다. 유리창琉璃廠의 유리琉璃는 유리기와를 뜻하고, 창廠은 공장이란 뜻이다. 명칭에서 보듯이, 유리창은 본래 각종 유리와 벽돌을 굽던 가마공장이었다. 청나라에 이르러 물건을 사고파는 상인이 모여드는 시가지가 형성되면서 각종 문방구와 골동품, 서화와 서적을 판매하는 공간으로 거듭났다.

건륭 시절에 이르러 서적상들이 유리창 부근에 몰려들어 가게를 열었다. 이후부터 유리창은 상업 지구로서의 특성과 함께 문화 특구로서의 면모를 본격적으로 갖추기 시작한다. 18세기 이후 유리창은 중국에서 가장 번화한 문화 중심지이자 유통과 서적 출판의 중심지가 되었다. 조선의 지식인들은 북경에 도착하면 으레 유리창으로 달려가 필요한 서적과 골동품을 구매하곤 했다. 유리창이 당시 중국의 문화를 상징하는 공간으로 부각된 데에는 크게 두 가지 요인이 작용한다.

먼저는 사고전서의 편찬이다. 건륭 황제는 중국 전역에 흩어져 있는 서적을 한군데로 모으는 대규모의 학술서적 편찬 작업을 기획하였다. 표면적인 이유 외에 그 속내에는 청나라에 불만을 품던

---

1 본 논문은 박수밀(2010), 「북경 유리창과 지식인 교류의 세 층위」, 『한국언어문화』43집, 한국언어문화학회,와 박수밀(2011), 「조선의 중국서적 유입 양상과 그 의미」, 『동아시아문화연구』50집, 한양대 동아시아문화연구소.를 수정하고 보완한 것임을 밝힌다.

한인들을 길들이고 청 왕조에 비판적인 책을 찾아내려는 의도도 있었다. 사고전서 편찬 작업이 시작되자 지방에 있던 저명한 학자들이 북경으로 차출되었다. 이들은 북경에 올라와 대부분 선무문 남쪽의 회관과 유리창 근방에서 살았다. 사고전서 편찬에 참여한 학자들은 자신이 교정하는 책을 참고하고 필요한 책과 물건을 구입하기 위해 유리창 서점으로 달려들었다. 이에 따라 전국에 있던 서적상들이 유리창으로 몰려들었으며, 책의 출판인쇄가 가장 발달한 절강의 책들이 유리창으로 유입되었다. 절강의 무수한 책이 멀리 떨어진 북경 유리창으로 들어갈 수 있었던 데는 서선書船의 존재가 있었다. 수나라 때부터 대운하가 만들어졌는데 북경에서 항주에 이르는 대운하가 건설되어 각종 물건을 날랐다. 책을 나르는 배인 서선은 절강에서 수 만권의 책을 싣고 대운하를 이용해서 북경 유리창까지 유입되었던 것이다.

두 번째로, 과거를 치르러 북경으로 상경한 문인들은 유리창 근처에서 머물며 지냈다. 청나라 때 북경에서는 회시와 향시를 치뤘다. 강남 등 지역 출신 학자들은 과거를 치르기 위해 북경에 상경하여 유리창 근처의 회관 등에서 머물렀다. 유리창은 서점이 있었으므로 학자들은 유리창에서 사고 싶은 책을 구할 수가 있었다. 한편으로 과거에 떨어진 사람들은 고향으로 돌아가는 경우도 있었지만 비용과 기간이 만만치 않았기 때문에 북경에 남아서 다음의 과거를 준비하곤 했다. 이들은 경제적 문제를 해결하기 위해 서점을 열거나 과외를 하기도 했다. 유리창과 그 일대는 이들 학자들이 머물러 지내기에 딱 맞는 곳이었다. 유리창이 있던 선무문 남쪽엔 지방의 학자들과 한인 지식인이 머물던 주요 공간이었다. 중국의 저명한 학자인 왕사정, 기윤, 옹방강 등이 모두 유리창 부근에서 머물렀으며 손성연과 나빙 등도 유리창에서 살았다.

한편, 조선의 사신들에게 유리창은 꼭 들러야 하는 곳이었다. 조선의 선비들은 무슨 책이든 가리지 않고 탐내는 서적 애호가였다. 유리창엔 조선의 선비들이 원하는 모든 책이 갖추어져 있었다. 조선 사행단의 주요 임무 가운데 하나가 중국의 중요한 서적을 구입해오는 일이기도 했다. 조선의 임금들은 사신단에게 중국에서 발간하는 신서新書를 구입해 오도록 명령했다. 정조는 사고전서를 구하기 위해 갖은 노력을 다하기도 했다. 유리창은 조선의 선비들이 이방의 책과 문화를 접하는 주요한 통로였다. 조선 후기의 수많은 서적과 수많은 물건이 유리창을 통해 들어왔다.

그리하여 유리창은 조선과 중국의 선비들을 잇는 가교이자 문화 접촉의 거점 공간이 되었다. 조선과 중국의 선비들은 유리창에서 서로 만나 대화했으며 대화를 통해 상호 학문과 예술과 역사를 이해하고, 상호 이해를 바탕으로 서로의 학문과 문화를 전파했다. 조선 선비들이 유리창에서 만나는 중국인 대다수는 한인이었다. 청나라가 들어선 이후에 청 왕조는 한인과 만주족을 분리하는 만·한 분산정책을 실시했다. 그리하여 북경의 도심은 청나라 황족들의 주거로 제한되었고 한인은 관직이 있더라도 모두 성의 남쪽으로 옮겼다. 이에 따라 한인 관원과 문인 학사들은 유리창 일대로 모여들었고, 유리창은 한인 지식인의 집단거주지가 되었다.

유리창 일대가 한인 지식인의 집합소가 된 것은 한·중 지식 교류사에서 굉장히 의미 있다. 당시 조선은 청나라를 비린내 나는 더러운 원수의 나라로 여겼다. 따라서 조공을 바치기 위해 중국을 갈

때면 사대부들은, '반드시 통분함을 참고 원망스러움을 견디는 뜻을 깊이 간직한 채' 그 나라 사람들과는 털끝만큼도 못 보는 척해야 한다고 생각했다. 그러나 한인 지식인 가운데는 비록 좌임을 하고 변발을 했더라도, 명나라가 회복되기를 바라며 살아가는 유민들도 있었다. 소중화 의식을 지닌 조선의 선비들과 반청반만反淸反滿 의식을 지닌 한인 지식인들은 이 지점에서 하나로 통하고 있었다. '명나라의 후예'라는 중화 인식은 조선과 중국 한인을 하나로 묶어주는 연결고리이자 한·중 지식 교류의 물꼬를 트는 중요한 요소였다.

아이러니하지만 청나라의 제도적 유연함도 한·중 지식인 교류가 가능하게끔 뒷받침해주었다. 명나라 시절엔 사신들의 외부 출입을 엄격히 제한했지만 청나라는 안정을 찾아가면서 점차 조선에 대한 경계를 느슨하게 풀었다. 건륭 연간에 이르러서는 조선 사신들의 숙소 밖 출입이 어느 정도 자유로워지게 되었다. 이런저런 핑계를 대면 북경 유람을 할 수 있었고 혹 금지구역에서 마찰을 빚더라도 조선 사신들을 관리하는 아문衙門에 뇌물을 주면 무마되었다.

그러나 연행록을 가만히 살펴보면 조선과 중국의 만남이 모두 수월하게 맺어진 것은 아니었다. 어떤 만남은 이루어지지 못했으며, 어떤 만남은 인연을 만들기도 했다. 또 어떤 만남은 조선의 지성사를 바꾸는 새 지평을 열기도 했다. 담헌과 항주 선비와의 만남은 조선의 지성사를 바꾼 일대 사건이었다. 담헌과 항주 세 선비와의 만남의 과정과 교류에 대해 살펴보기로 한다.

3. 중국 선비와의 천애지기天涯知己

담헌은 자제 군관의 신분으로 북경 여행을 떠났다. 자제 군관이란 공식 수행원인 삼사三使가 자신과 가까운 지인이나 가족을 개인 수행원 자격으로 데려가는 것이다. 담헌은 숙부인 홍억의 자제 군관이 되어 연행에 참여했다. 자제 군관은 공식적인 임무가 없었으므로 행동에 제약을 덜 받았다. 유리창은 시장이었기에 공식 관원들은 유리창을 마음대로 갈 수 없었다. 자제 군관은 상대적으로 자유롭게 유리창에 가서 중국의 선비들을 만나고 새로운 문화를 체험하고 책을 구입할 수 있었다.

담헌은 단순한 유람을 간 것이 아니라 큰 땅의 사람을 만나려는 목적이 있었다. 조선의 선비들은 중국에 대해 자신을 낮게 여기는 편방偏邦 의식을 갖고 있었다. 담헌은 스스로에 대해 '동쪽 오랑캐 땅의 재주없는 사람'이라고 말했다. 담헌은 바다의 좁은 모퉁이 땅에서 벗어나 넓은 세계를 호흡하고 중국의 선비를 만나 사귐을 맺고 견문을 넓히기를 바랐다. 담헌은 먼 땅의 아름다운 수재秀才나 혹은 내 마음을 알아주는 사람을 만나 마음껏 대화를 해보고 싶다는 바람을 이야기했다. 그 좋은 기회는 마침내 북경 유리창의 한 골목인 간정동에서 이루어지게 되었다.

1766년 2월 사흗날, 담헌과 항주 세 선비와의 만남이 이루어졌다.[2] 좋은 선비와의 만남을 갈망했던 홍대용은 북경에 동행했던 비

---

2 담헌은 1765년 35살에 작은 아버지 홍억의 자제군관이 되어 사행의 기회를 얻게 되었다. 조선의 사신들은 북경에 들어가면 공식 숙소인 옥하관을 벗어나지 못했다. 그러나 조선 후기에 이르면 청나라가 안정되었고 자신감이 붙은 청나

장裨將 이기성의 중개로 북경 정양문 밖 2리쯤 되는 간정동에서 엄성과 반정균이란 학자를 만난다.[3] 1765년 홍대용과 함께 동지사행에 동행한 이기성李基聖은 돋보기를 사기 위해 유리창 서점을 들렀다가 우연히 항주 선비인 반정균과 엄성을 만나 안경을 얻게 되었다. 이 인연을 매개로 담헌은 간정동에서 반정균과 엄성, 육비를 만나게 되었다. 그리하여 별 볼 일 없는 뒷골목이었던 간정동은 역사적인 공간으로 거듭나게 되었다.

두 학자는 절강 항주의 거인擧人으로 과거를 보려고 상경한 학자였다. 거인은 지방에서 향시에 합격한 후 북경에 올라와 과거를 준비하는 사람을 말한다. 홍대용과 두 학자는 나이와 성격은 각기 달랐지만, 마음이 잘 통해 금세 의기투합했다. 그리하여 이들은 국경을 초월한 우정을 나누며 지기知己를 뛰어넘어 형제애를 나누었다. 홍대용은 북경에 머무는 두 달 동안 이들과의 사귐에 대부분의 시간을 바쳤으며 혹여 만나지 못하는 날에는 하인을 통해 편지를 주고받았다. 담헌은 세 선비와의 필담과 편지를 정리하여 「간정동필담乾淨衕筆談」을 엮었다. 담헌과 항주 세 선비의 사귐이 갖는 사회 역

라는 조선 사신들에 대한 금령을 느슨하게 풀어주었다. 비록 공식 수행원은 공공연이 숙소를 벗어나지는 못했지만, 담험은 자제군관의 신분이었던 덕에 비교적 자유로운 처지에 있었다. 게다가 역관을 통해 조선 사신을 감독하는 아문의 관리에게 뇌물을 주면 북경 시내를 구경할 수 있었다. 담헌도 역관을 통해 아문에게 뇌물을 주어 북경 시내 구경을 허락받았다. 담헌에 이르러 유리창 관련 기록이 자주 나타나는 것은 이러한 속사정이 있다.

3 반정균은 자는 난공, 호는 추루로, 스물다섯 살이었으며, 엄성은 자는 역암, 호는 철교로 당시 서른다섯 살이었다. 나중에 합류한 육비는 호가 소음, 나이는 마흔여덟 살이었다. 필담에 따르면 엄성은 주자학과 양명학, 불교에 정통했으며 그림과 시도 뛰어났다.

사적 의미에 대해서는 김태준 교수의 선구적 업적을 비롯한 몇 학자의 논의에서 잘 밝혀놓았다.[4] 이 글에서는 앞의 단원과 연결하여 교류가 진행되는 심리적 메커니즘에 초점을 두고 살펴보기로 한다.

홍대용과 항주의 두 선비는 중국어로 통성명을 한 뒤에 필담筆談을 나누기 시작했다. 필담筆談은 붓으로 쓰는 대화이다. 동아시아 나라들은 문화와 말이 서로 달랐지만, 한문을 공유함으로써 언어적 장벽을 해결했다. 따라서 동아시아 지식인 간의 문화 교류는 필담을 통해 이루어졌다. 사신들의 공식적인 업무는 역관의 통역을 통해 의사소통을 했다. 그러나 통역은 매개를 통해 간접적으로 의견을 교환하는 번거로움이 있는 데다 중국은 방언이 심해서 역관조차 말을 알아듣지 못하는 일이 많았다. 둘 사이의 은밀한 대화를 나누는 사적인 자리에선 필담이 더욱 효율적이었다. 더욱이 필담은 생각을 논리 정연하게 정리하고 글로 남길 수 있었다. 따라서 양국의 학자들 사이에서 이루어지는 문화 교류는 대체로 필담으로 진행되었다. 필담할 때의 종이를 담초談草라고 한다. 담초는 오늘날의 녹음테이프에 해당하는 귀한 자료라서 담헌은 담초를 얻기 위해 애를 쓰기도 했다. 연암 박지원의 『열하일기』의 3분의 1 이상이 필담의 결과물이며 담헌의 「간정동필담」도 필담 덕분에 엮을 수 있었다. 필담은 중세 동아시아 한자문화권에서 국경과 인종을 뛰어넘어 지식인 간의 문화와 지식을 소통하게 하는 중요한 도구

---

4 김태준(1999), 『한국문학의 동아시아적 시각』 I , 집문당.
박성순,(2005) 「조선후기 실학자들의 연행과 우정의 지도」, 『연행의 사회사』, 경기문화재단.

였다.

'낯선 공간에서의 마주침 - 상대방에 대한 탐색 - 필담으로 대화하기 - 통성명하기'는 사행 공간에서 조선과 중국인이 낯선 장소에서 만나 관계를 맺어가는 일반적인 방식이라고 하겠다. 연행록의 교류 현장에서 발견되는 이같은 교류 절차는 개인과 개인 간의 만남의 방식이면서 동시에 중세 동아시아 한자문화권 문명이 접촉하는 교류시스템이기도 하다.

담헌과 항주 선비는 각자 지은 시문을 주고받음으로써 편안한 필담이 오고 갔다. 그러나 동행한 평중 김재행이 무심코 던진 한마디는 분위기를 일순간 어색하게 만들었다.

> 평중이 "우리 부 대인副大人이 난공의 주권硃卷 중에 '망망한 우주에 주周를 버리고 어디로 가겠는가.'라는 말이 있음을 보고 염임斂袵함을 깨닫지 못하셨답니다." 난공이 오랫동안 얼굴빛을 변하였다. 나는 평중에게 교분이 옅은데 말이 너무 깊었다고 나무랬다. 난공이 이에 "이는 초솔草率한 말이고 대지大指는 이런 것에 불과합니다. 즉 중화中華는 이에 만국萬國의 으뜸하는 바이고, 지금 천자天子는 성신聖神하여 문과 무를 겸하였으니, 신이 된 자가 마땅히 애대愛戴하고 의귀依歸해야 한다는 뜻일 뿐입니다. 존주尊周는 국조國朝를 높이는 말입니다." 대개, 한인漢人이 당금에 도리어 기려羈旅의 신과 같으니 근신하고 혐외嫌畏함은 그 사세가 그렇게 된 것이다. 그 말의 이같음이 족히 괴이할 것 없다. 나는 평중에게 권하여 다시 말하지 말라 하였다.[5]

---

5 홍대용, 『담헌서』, 「간정동필담」: 平仲曰: "我副大人見蘭公硃卷中有茫茫宇宙捨周何適之語, 不覺斂袵." 蘭公色變良久. 余咎平仲以交淺言深. 蘭公乃曰: "此乃草率

김재행이 문자옥에 걸릴 수 있는 미묘한 발언을 한 것이다. 전날 이기성은 유리창에서 진작에 엄성과 반정균을 만나 과거시험 답안지 몇 본을 얻어왔었다. 이 내용을 미리 읽고 두 선비를 만난 김재행이 답안지 중에 존주尊周를 언급한 엄성의 답안지를 무심결에 지적한 것이다. 존주의 문제는 엄성 자신은 물론 주변까지 큰 위험을 끼칠 수 있는 예민한 발언이었다. 이 때는 건륭제의 문자옥이 서슬 푸르던 시절로 건륭 27년1762 이회림의 문자옥 때는 주변 사람은 물론 어린아이까지 참형에 처했다.[6] 조선 선비는 상대방의 공감을 얻으려고 꺼낸 말이겠지만 한인 선비에겐 아주 위험한 발언이었다. 이에 엄성은 정색하며 존주는 청 왕조를 높인 뜻이라고 변명한 것이다. 어불성설의 말이지만 또 자연스런 대답이기도 했다. 한 개인이 불의에 저항하기엔 권력은 너무도 강력하고 그 대가는 너무도 잔인한 것이다. 이 장면에서도 명나라의 의리를 끄집어내려는 조선인과 문자옥의 두려움에 떠는 한인 지식인의 모습이 어김없이 등장한다.

여기서 문자옥에 대해 간단히 짚고 넘어갈 필요가 있겠다. 문자옥은 글자를 잘못 쓴 것을 빌미 삼아 형벌을 주는 것을 말한다. 중국 문자옥의 연원은 오래되었지만 명 왕조와 청 왕조에 걸쳐 가장 혹독하고도 잔인한 문자옥이 일어났다.[7] 청나라 시절 문자옥의 목

之語, 大指亦不過謂中華乃萬國所宗, 今天子聖神文武, 爲臣者當愛戴依歸之意而已. 尊周所以尊國朝也." 盖漢人於當今, 反同羈旅之臣, 謹愼嫌畏, 其勢然矣. 其言之如此, 無足恠矣. 余勸平仲勿復言.

6 둥예쥔 저/송하진 옮김, 『평천하』, 시아출판사, 2004, 446쪽.

7 한중 연행 교류사에서 문자옥 문제는 중요한 논의거리임에도 국문학계에서는 아직 관심이 크게 미치지 못한 듯하다. 한 논의에서는 담헌의 간정동필담을 논

적은 반청복명反清復明의 인사를 잡아내고 한인 지식인의 민족 의식을 없애려는 데 있었다. 특별히 옹정제1722-1735와 건륭제1735-1795 때 문자옥은 매우 잔인한 것으로 알려져 있다. 한 예로 옹정 8년인 1730년에 한림원의 서준徐俊이란 자는 상소를 올릴 때 글자 하나를 잘못 쓰는 바람에 집안을 압수수색 당하고 청 왕조를 비난하는 시를 썼다는 죄명까지 얻어 무려 구족九族이 멸해졌다.[8] 한 수의 시와 한 단어는 물론이려니와 한 글자를 잘못 쓰거나 옛글에서 인용하더라도 약간이라도 오해를 살만한 글자가 있으면 죽음을 면치 못했다. 무지로 인한 것이거나 혹은 무의식 중에 금기사항을 위반했더라도 무조건 문자옥에 처했다. 문자옥에 걸리면 운이 좋으면 구금 종신형이고 대부분 노예로 전락했으며, 참수나 능지처참을 당하기 일쑤였다. 한 사람이 걸려들면 그와 관계된 가족과 지인, 친척까지 모두 얽어맸다. 한 권의 책이 걸려들면 그 책의 서문이나 발문을 쓴 사람은 물론이고 인쇄하고 배포한 사람까지 잡아들였다. 반면 고발한 사람은 충신으로 인정받아 높은 벼슬을 포상해주었다. 이렇게 되자 문자옥을 악용해서 원수 관계에 있는 사람을 일부러 모함하여 복수를 하거나, 가까운 사람의 비밀이나 약점을 폭로해 벼슬의 수단으로 활용하는 일까지 생겨났다. 건륭제 당시 한

의 대상으로 삼아 한·중 지식인 교류에서 문자옥이 중요한 문제임을 환기시켜 주었다. 송원찬, 「청대 한중지식인 교류와 문자옥」,『동아시아문화연구』47집, 한양대 동아시아문화연구소, 2010. 이 외 문자옥과 관련한 내용은 켄트 가이 지음, 양휘웅 옮김,『사고전서』, 생각의 나무, 2009., 사식 지음/김영수 옮김,『황제들의 중국사』, 돌베개, 2005., 둥예쥔 저/송하진 옮김, 『평천하』, 시아출판사, 2004., 장연 김호림 옮김,『중국문명대시야』4, 김영사, 2002. 등이 좋은 참고가 된다.

8 송원찬, 위 논문 참조.

인들의 벼슬은 한정되어 있었다. 건륭제의 차별정책이 노골화되어 좋은 직책은 만주인이 차지하고 한인은 낮은 관리였거나 빈곤했다. 문자옥은 신분 상승의 좋은 기회가 되기도 했다. 그리하여 한인끼리 서로를 감시하게 되었고 친구와 친구가 서로를 믿지 못하는 분위기가 형성되었다.

문자는 문인들 손에서 나오는 것이다. 곧 문자옥은 문인 지식층에게 공포 심리를 만들어 사상과 학문의 자유를 막고 통치를 효과적으로 하려는 잔인한 수법이었다. 특히 건륭제의 문자옥이 겨냥한 대상은 한인 문인이었다. 건륭제는 문자옥을 통해 민간의 반만反滿 사상을 억누르고자 하였다. 기록으로 남겨진 70여 건의 문자옥 가운데 66건은 모두 거인擧人과 공생貢生 이하의 생원으로부터 훈장과 유생들에 대한 문자옥이었다.[9] 그리하여 건륭제를 거쳐 청나라 후기에 이르면 더이상 정치를 풍자하는 글이 나타나지 않았고 현실 문제나 사상을 논하는 글은 사라지고 말았다. 지식인들은 현실에 대해 눈감는 대신 고전을 정리하는데 자신들의 시간과 열정을 쏟아부었다. 청대 고증학의 발달은 바로 이러한 저간의 사정과 밀접하게 관련되어 있다. 루쉰의 글에 의하면 그 결과 천하의 선비들이, 중국의 작가 중에 기개가 넘치는 사람이 있었다고 영원히 생각하지 않게 되었다고 한다.[10]

인간은 거대한 구조 속에서 미약한 존재이다. 한 인간이 아무리 의롭고 정의감이 있더라도 거대한 권력에 저항하기엔 너무도 힘이 없다. 구조가 불합리하고 모순되다는 걸 인식하더라도 대개는 현

9 둥예쥔 저/송하진 옮김, 『평천하』, 시아출판사, 2004, 450쪽.

10 장연, 김호림 옮김, 『중국문명대시야』4, 김영사, 2007, 295쪽.

실과 타협하거나 현실에 순응하며 살아간다. 더구나 문자옥은 한 개인의 희생으로 끝나는 사안이 아니었다. 가족은 물론, 수십, 수백 명의 관련없는 목숨이 단 한마디 말로 인해 사라질 문제였다. 그러니 청 왕조 치하에서 한인 문인들이 느꼈을 심리적 공포와 두려움은 충분히 짐작하고도 남는다. 스스로를 소중화로 자부하는 조선 선비와의 대화에서 한마디 말이 오해를 불러와 누군가 엿듣기라도 한다면 삼족이 멸할 수도 있는 문제였다. 문명과 평화를 구가하던 청 왕조의 이면에는 이같이 문자옥으로 상징되는 비인간적이고 잔혹한 민족의식 말살 정책이 숨어 있었다.

조선 선비와 항주 선비들은 사는 형편을 비롯해 양명학과 김상헌에 관한 얘기를 주고받으며 마음을 통하기 시작한다. 담헌은 저 선비들이 비록 오랑캐 땅에서 살고 있지만 저들의 마음속엔 반청反淸과 반만反滿 의식이 숨어 있음을 느끼고, 한인 선비들은 조선 사신을 통해 억압되어 있던 의식을 각성한다. 양쪽의 지식인은 존명尊明 의식을 공유하며 동질감을 형성한다. 담헌으로서는 천하의 호걸지사豪傑之士를 만나 깊이 사귀고 싶은 목적을 이루고 싶은 것이고 청 왕조 지식인은 중화 문화를 간직한 조선 사신에게서 자아를 투영하고 감추고 있던 의식을 일으킨다. 마음과 마음을 통해 학문적으로 사상적으로 서로 동지同志가 될 수 있음을 확인한 양쪽의 지식인들은 점차 금기의 영역으로 다가선다.

> 내가 이때에 방관方冠에다 광수廣袖의 상의常衣를 입었다. 난공이 "이는 곧 수재秀才의 상복常服입니까?" 내가 "그렇습니다." 난공이 "제도制度가 고아하다." 내가 "우리들의 의복은 모두 명조明朝의 유제遺制다."

하니 양생兩生이 모두 머리를 끄덕였다.[11]

난공이 "여기 와서 무대극을 보았는가?" 내가 "보았다." 난공이 "무대극이 무슨 좋은 데가 있는가?" 내가 "비록 떳떳하지 않은 노름이지만 나는 그윽이 취取함이 있다." 난공이 "무엇을 취取하는가?" 물었는데, 나는 웃고 대답하지 않았다. 난공이 "어찌 다시 한관漢官의 위의威儀를 본 것이 아닌가?" 하고 곧 지워버렸다. 내가 웃으면서 끄덕거렸다. 또 내가 "중국中國에 들어와 보니 지방의 크기와 풍물風物의 성盛함은 일마다 기쁘고 건件마다 정묘하나 유독 머리깎는 법은 보기에 사람으로 하여금 어색하게 하였다. 우리들은 해외의 작은 나라에 살아서 우물에 앉아 하늘 보는 격이라, 그 생활이 즐거움이 없고 그 일이 슬프기는 하나, 다만 두발頭髮을 보존하고 있으니 크게 즐거운 일이 된다." 하니, 양생이 서로 돌아보며 말이 없었다. 내가 "내가 두 분에게 진실로 정분情分이 없으면 어찌 감히 이런 말을 하겠는가?" 하니, 모두 끄덕였다.[12]

존주尊周 이야기에 얼굴이 바싹 굳던 항주 선비는 소매가 넓은

---

11 홍대용,『담헌서』,「간정동필담」: 余時以方冠着廣袖常衣. 蘭公曰: "此卽秀才常服耶?" 余曰: "然." 蘭公曰: "制度古雅." 余曰: "我們衣服, 皆是明朝遺制." 兩生皆頷之.

12 홍대용,『담헌서』,「간정동필담」: 蘭公曰: "來此見場戲乎?" 余曰: "見之." 蘭公曰: "場戲有何好處?" 余曰: "雖是不經之戲, 余則竊有取焉." 蘭公曰: "取何事." 余笑而不答. 蘭公曰: "豈非復見漢官威儀耶?" 卽塗抹之. 余笑而頷之. 又: "余入入中國, 地方之大, 風物之盛, 事事可喜, 件件精好, 獨剃頭之法, 看來令人抑塞. 吾輩居在海外小邦, 坐井觀天, 其生靡樂, 其事可哀, 惟保存頭髮, 爲大快樂事." 兩生相顧無語. 余曰: "吾於兩位, 苟無情分, 豈敢爲此言乎?" 皆頷之.

옷을 입은 조선 의복을 보고 법식을 칭찬하고 머리를 끄덕였다. 고개를 끄덕인 행위에는 언어 이상의 깊은 동의가 있다. 반청의 감정을 직접 드러내선 안 되기에 더욱 간절한 몸짓이다. 연극의 복장 논의에 이르면 양쪽의 정서적 동질감은 더욱 커진다. 한관漢官의 위의威儀란 멸망한 명나라의 예의와 제도를 말한다. 연극의 복장에서 망한 명나라의 모습을 보는 것은 잘못하면 문자옥과 연관되는 예민한 사안이기도 했다. 조선 사신은 상대방의 입장을 헤아려 웃고 넘어가려 하나 이번엔 한인 지식인이 적극적으로 나선다. 이 장면엔 상대방을 배려해주는 조선 사신과 상대방에 대한 완전한 신뢰가 형성된 한인 지식인의 심리가 담겨 있다.

서로 간의 완전한 신뢰를 바탕으로 조선 사신은 변발 문제를 정면에서 건드린다. 지금 한인의 선비는 변발을 하고 있다. 변발은 만주족 문화에 대한 무조건 복종의 표시이다. 청의 통치 세력은 명나라의 제도와 전통은 존중해 주었지만 머리와 복식만은 변발로 하게 하고 짧은 소매옷을 입게 했다. 이를 행하지 않으면 죽임을 당했다. 이로 인해 수십만 명의 한인들이 머리를 잘렸으며 결국 한인들은 모두 변발을 해야 했다. 변발과 좌임左衽은 억압적인 현실을 눈감고 살아가는 한인 지식인의 수치를 상징한다. 반대로 조선 선비에게 상투 튼 머리는 자긍심의 표상이었다. 변발을 하고 있는 사람 앞에서 두발 문제를 꺼내는 것은 의당 무례하고 속없다. 그러나 담헌은 변발 문제를 일부러 꺼내어 항주 선비의 감춰진 의식을 일깨운다. 부당함에 복종하는 지식인을 부끄럽게 만드는 회초리의 말이기도 한 것이다. 항주 선비들은 깊이 감추어두었던 금기를 꺼내주니 두렵기도 하면서 감격했을 것이다. 조선과 항주의 선비는 명나라의 후예라는 대청 의식에서 깊은 유대감을 형성하고 있다. 기실 홍대용의 이 발언은 조선 중화주의의 우월감을 드러내려는 의도라기보다는 항주 선비의 숨은 의식을 확인하고 마음을 통하려는 발언으로 이해하는 것이 낫다. 이 대목은 「간정동필담」에서 양쪽 지식인의 마음이 서로 완전히 통하게 되는 가장 극적인 장면이라 보아도 좋을 것이다.[13]

항주의 두 선비는 속마음을 확실하게 터놓고 있다. 비록 문자옥이 두려워서 글자를 즉시 지워버리나, 상대방에게 본심을 분명하게 털어놓는다. 상대방에 대한 완전한 신뢰가 전제되지 않으면 힘든 태도인데, 조선 선비와의 앞선 필담에서 그들의 수준 높은 학식과 인품을 확인하고 완전히 믿게 된 것이라 볼 수 있다. 또 2대 2의 만남인 것도 마음을 솔직하게 터놓는데 좋은 분위기를 만들어 주었을 것이다.

시간이 얼추 지나자 항주의 두 선비는 인사를 하고 떠나가려 했다. 담헌은 문밖을 나가는 역암과 난공의 옷자락을 붙잡고 다시 앉혔다. 조금 더 이야기를 나누자는 생각을 보인 것이다. 담헌은 북경에 가면 은근한 선비를 만나라는 아버지 말씀을 떠올렸을 것이다. 담헌의 사행은 천하의 선비를 만나 충분한 대화를 나누려는 것이었다. 조선이라는 좁은 땅에서 태어나 온갖 금기에 갇혀 살아왔던 터, 지금 문명 대국의 선비를 만나 마음껏 담론을 토로할 수 있는데, 선비들이 떠나면 그 기회가 가버리는 것이다. 아쉽기는 상대

13 하지만 한편으로는 이미 담헌의 시대까지 내려가면 명나라가 망한지 백년이 넘었기 때문에 대부분의 한인들은 변발을 편하게 여기며 살아가고 있었다. 그러므로 어쩌면 항주 선비들은 변발 문제를 아무렇지도 않게 생각하고 있는데 담헌이 살짝 오버하며 느꼈을 수도 있겠다.

방 역시 더욱 절절하다. 항주의 선비들은 명나라의 후예라는 민족 의식을 한시도 잊은 적이 없다. 그러나 청나라 치하에서 하고 싶은 말을 할 수도 없고, 입고 싶은 옷을 입을 수도 없고, 하고 싶은 머리를 할 수도 없다. 나라를 잃고 자기 문화를 빼앗긴 백성은 비참한 것이다. 문자옥은 한인끼리 서로를 감시하게 하는 족쇄인지라 누구에게도 마음을 터놓지 못하고 무언의 슬픔 속에서 살아와야 했던 것이다. 그러나 이제 저 변방의 조그만 나라에서 온 선비가 자신들의 숨은 의식을 일깨우고 자신들이 하고 싶은 말, 하고 싶은 복장, 하고 싶은 머리를 하고 있다. 그들이야말로 자신들의 아바타, 자신들의 속마음을 마음 놓고 터놓을 수 있는 일생 유일의 동지를 같은 민족이 아닌 이방 민족에게서 찾은 것이다.

난공도 처량해하고, 역암도 슬픈 마음에 젖는다. 간담을 서로 비추는 벗을 만났는데 서로 다시 만날 기약이 없으니 서글프다. 역암은 몹시 비통해 하고 난공은 서운함을 못 이겨 흐느끼기조차 한다. 하지만 홍대용으로서는 상대방의 울음이 당황스럽다. 고작 몇 시간 대화를 나누었을 뿐인데 울음을 터뜨린다는 건 상식적인 상황은 아닌 것이다. "난공의 이 모습은 너무 지나친 것이 아닌가?"라는 물음에 역암은 "평생에 일찍이 이 같은 경우를 만난 일이 없다."는 말로 답한다. 난공의 울음은 난공의 다정한 성격 탓도 있겠지만 그 안에는 나라를 빼앗긴 채 살아가는, 언론 탄압에 숨죽이며 살아가는 한 처량한 지식인의 질곡이 자리한다.

역암, 난공과 이별한 다음 날 홍대용은 이들에게 편지를 보낸다. 그 편지 가운데 일부는 다음과 같다.

다만 입경入京 이후에 행지行止가 자유를 얻지 못하고 또 인진引進해 주는 이 없어 찾아보려도 찾아볼 곳이 없어서 매양 시가와 도사屠肆 사이에서 방황하고 비가悲謌와 강개慷慨의 자취를 상망想望하면서 그윽이 스스로 그 불행하게도 뒤늦게 난 것을 슬퍼하였더니, 뜻밖에 일이 맞아들어 그 사람[其人]이 이에 있고 우연히 서로 만났으니 나의 원願이 여기에 이루어졌습니다. 이로부터 비록 하루아침에 죽어도 이 생生을 헛되이 보냈다고 하지 않을 것입니다.[14]

조선의 선비들은 북경에서 강개慷慨의 지사志士를 찾았다. 강개의 사람이란 의롭지 못한 것에 대해 슬픔을 품고 사는 자이다. 무엇이 의롭지 못한 것인가? 옷깃을 왼쪽으로 여미고, 변발을 하는 오랑캐 사람으로 사는 일이다. 비록 겉으로는 부당한 현실을 따르지라도 마음속엔 항상 중화인의 긍지를 품으며 참고 살아가는 의로운 선비가 강개의 사람이다.

담헌은 강개의 선비를 구했으며, 만났고, 상대방은 강개함을 굳이 숨기지 않았다. 이른바 의기투합! 사연이 절절할수록 정도 깊은 법이다. 참고 있었던 속내를 상대방이 잘 이해해주니 신뢰의 강도는 더욱 강했다. 그리하여 그 대화의 내용은 천인天人과 성명性命의 근원, 주자학과 육왕학의 차이, 진퇴와 소장消長의 시기, 출처와 영욕의 분별에 이르기까지 폭넓고도 다양하게 뻗쳤으며, 그 학문 수준은 깊고도 높았다.

---

14 홍대용, 『담헌서』, 「간정동필담」: 但入京以後, 行止不得自由, 且無引進, 尋謁無處, 每徊徨于街市屠肆之間, 想望於悲謌慷慨之跡, 而竊自傷其不幸而生之後也. 忽乃事有湊合, 其人斯在, 邂逅相遇, 適我願兮. 從此而雖一朝溘然, 亦不可謂虛度此生也.

여기서 간과해서는 안 되는 것은 담헌은 중화 의식에서는 한인 지식인과 교감을 했지만, 학문과 제도, 서적, 천인 성명,종교 등에 대한 허심탄회한 대화를 통해 타자와의 차이를 깨닫고 새로운 인식으로 나아갔다는 점이다. 담헌은 항주의 세 선비와 세 번에 걸쳐 주자학과 양명학에 대해 격렬한 토론을 벌였으며, 이들은 서로가 열린 자세로 스스로를 들여다보게 되었다. 담헌은 청나라로서의 연경을 보았으며, 그곳의 학문, 종교, 문화 등을 살펴 지금 조선의 현실에 접목하고자 했다.

담헌과 항주 선비들은 한 달 동안 총 7번을 만났으며 만나지 못하는 날에는 편지를 주고받았다. 한번 만나면 반드시 날이 저물어야만 끝냈다. 이 만남에 대해 담헌은 '친구를 맺어 진실한 맹세가 햇빛처럼 빛났으며 일곱 번의 만남은 즐거워 거의 죽을 지경'이라고 표현했다. '한두 번 만나자 곧 옛 친구를 만난 듯이 마음을 기울이고 창자를 쏟아 형님 동생 하였다'라고 하였다. 역암은 "아직까지 속마음을 꺼내 서로 보이고 참되고 정성됨이 나의 형과 같은 분이 있음을 보지 못했습니다. 감격이 지극한 나머지 손이 다 떨이며 마음속 솟구치는 정은 천만 마디의 말이나 붓으로 다 적어낼 수 없습니다."라고 고백했다. 나중에 합류한 육비는 유리창에 늦게 도착해 두 번밖에 만나지 못했음에도, '평생에 웃을 일을 만나기 어려운 세상에 절로 기쁨을 금할 수 없게 하는 만남'이라고 하였다. 담헌의 연행 기록 대부분은 이들 세 선비와의 만남에 관한 내용으로 채워졌다. 담헌은 항주 세 선비와의 교유 후기에서 다음과 같은 말을 남겼다.

> 조선 선비들이 주자를 높이 받드는 것은 중국 사람이 미칠 바가 아니다. 하지만 높이 받드는 것만 귀한 줄 알고 의심스럽고 따질 만한 경전의 뜻에 대해서는 그냥 바라만 보고 부화뇌동하여 한결같이 덮어 비호하고 온 세상의 입에 자물쇠를 채우려 한다. 이는 향원의 마음으로 주자를 바라보는 것이다. 나는 그것을 병통으로 여겼다. 그러다 절강 사람들의 주장을 들어보니, 한편 과하다면 과한 것이었지만 조선 사람들의 더러운 습성을 한번 깨끗이 씻어 사람들의 가슴을 시원하게 하였다. 「간정록후어」

서로 의형제를 맺은 이들의 우애는 이후 각자의 삶을 지배했으며, 자손과 친지에게로 교류가 이어져 한·중 문화 교류사에 귀중한 자취를 남기게 되었다. 특히 담헌보다 한 살 아래였던 엄성은 담헌을 무척 좋아했다. 담헌의 맑고 진실한 성품과 깊은 학식을 존경하고 따랐다. 그리하여 엄성은 죽을 때 담헌이 선물한 먹을 가슴에 얹고 담헌의 묵향을 맡으며 숨을 거두었다. 담헌의 진실한 성품과 열린 마음은 이방인의 마음마저 움직였고 그가 죽는 순간까지 흠모의 마음을 남겼다.

이들 만남은 이후 조선 후기 한중교류사에 새 지평을 열었으며 조선 사회에 큰 찬반 논란을 불러 일으켰다. 귀국하자마자 홍대용은 들끓는 비난에 시달려야 했다. 보수적인 사대부들은 그가 비린내 나는 오랑캐 땅에 들어간 데다 머리를 깎고 변발한 청나라 거자들과 어울렸다고 몰아붙였다. 특히 담헌과 동문수학한 김종후의 비난은 무척 격렬했다.[15] "뜻있는 선비라면 오랑캐가 중국을 어

15 이와 관련한 직재 김종후와 홍대용 간의 '제 1등인 논쟁'은 민족문화추진회, 『국

지렵혀 중화와 이적의 구분이 사라진 것을 부끄러워할텐데 이처럼 오랑캐를 섬기려는 자들과 사귄 것을 유세하니 마음에 편안하오?" 라고 비아냥대며 담헌을 무섭게 몰아붙였다. 보수적인 사대부들은 담헌이 중국인과 대화한다는 것 자체를 인정할 수 없었다.

반면 주로 북학파 지식인들은 이 만남에 대해 특별한 의미를 부여하였다. 박지원은 홍대용의 「간정동회우록」을 읽고 "그들의 의리가 사람들을 감동시켜 눈물겹게 하기에 충분하였다"라고 평가하였고, 이덕무는 회우록을 읽으니 눈물이 줄줄 흐른다고 고백하고 이들이 주고받은 편지와 필담첩을 초록하여 「천애지기서」를 지었다. 박제가는 이덕무의 「천애지기서」를 읽고서, 글을 읽고 나니 갑자기 미칠 것만 같았다고 하면서 "밥상을 두고도 수저 드는 일을 잊어버리고 세숫대야 앞에서도 씻는 것을 잊을 정도"였다고 고백했다.

논란의 배경에는, 그가 처음으로 이방 문명인과 접촉하는 새 장을 열었다는 점이 작용하고 있었으리라 본다. 홍대용 이전에도 연행을 간 학자들은 많았지만 그에 이르러서야 진정한 의미에서의 개인 대 개인의 이방인과의 사귐이 이루어졌다고 볼 수 있다. 따라서 이들의 만남은 어느 입장에서든 하나의 큰 충격이고 사건이었다. 홍대용이 만들어놓은 교류의 싹은 이덕무, 유득공, 박제가, 박지원, 김정희 등으로 이어지면서 꽃을 활짝 피워 학문과 문화, 예술의 폭을 넓혀 갔다. 이로 인해 조선 후기 학계와 예술계엔 이전과는 질적으로 다른 새로운 변화가 일어날 수 있었다.

이들의 만남이 개인의 우정을 넘어 동아시아 교류사의 새 지평

역담헌서』1, 326-344쪽에 잘 나타나 있다.

을 여는 데까지 확장된 데에는 이들의 학문적 역량과 이들을 둘러싼 공동체의 관심이 큰 역할을 했을 것이다. 그러나 근본적으로 이들은 마음과 마음으로 만났다. 홍대용과 항주의 세 선비는 서로에겐 낯선 이방인이었다. 다행히도 조선 선비들의 중화 의식과 강남 선비들의 대청 의식에는 공통의 사상적 공감대가 있었다. 이 뿌리를 바탕으로 양쪽의 지성인들은 서로의 마음을 보여줄 수 있었고 문자옥이라는 절대 공포를 극복하고 동지를 넘어 의형제를 맺는 데까지 나아갔다.

4. 맺음말

조선과 중국의 조공 관계가 형성된 이래 수많은 조선의 사람들이 중국의 북경을 다녀왔다. 똑같은 길을 반복해서 오가면서 한중교류의 연결고리인 연행로가 만들어지고, 호기심의 시선과 기록 정신은 무수한 연행록을 낳았다. 비록 연행이 조공외교朝貢外交에서 비롯된 것이긴 하나, 조선은 조선의 입장에서 저 강국의 실체를 엿보고, 새로운 문화를 학습하려 했다. 조선의 지식인들은 중국이라는 문명 공간에서 한중 교류를 맺고, 새로운 학문과 지식을 학습하여 우리의 현실에 수용하려 했다. 이에 본 논문은 한중교류의 근거지였던 북경 유리창에서 이루어진 한중 지식인 교류의 양상을 통해 어떻게 이질적인 두 문명이 만나 새로운 교류의 물꼬를 틀 수 있었는지를 살펴보고자 했다. 특별히 지식인 교류의 심리적 메커

니즘에 주목한 것은, 어떻게 완전히 서로 다른 문화와 환경 속에서 살아온 사람들이 짧은 기간에 우정을 맺고 새로운 학문과 문화를 수용하고 전파할 수 있었는지를 밝혀보고자 함이었다.

낯선 이방인이 짧은 기간 동안 서로 만나 마음을 터놓고 사귐을 맺는 일은 쉬운 일이 아니다. 각자 삶의 조건과 상황이 다른 것이다. 그러나 조선과 중국의 한인 지식인에겐 중화주의라는 공통분모가 있었다. 조선 지식인이 강개慷慨의 지사를 찾은 것도 마음에 맞는 사람을 만나 대화를 시작하고 싶었기 때문이었다.

특별히 중국에서 자행된 문자옥은 중국의 한인 문사들을 얽어매는 공포의 거미줄이었다. 잘못 걸려들기만 하는 날엔 곧바로 죽음이었다. 따라서 그네들에게 소중화 의식을 쉽게 꺼내 보이는 조선의 선비들은 선망의 대상이자 두려움의 대상이었다. 이 두려움을 극복하지 못하면 교류는 단절되었고, 두려움을 극복해 내면 깊은 정을 낳고 새로운 길을 만들어냈다. 홍대용의 교류에서 창조적인 결과들이 나타난 것은, 진정한 교류에는 내면의 진정성과 타자성 인식이 외부 상황보다 더 본질적인 것임을 말해주는 것이라 하겠다.

가로막는 것이 벅찰수록 자유에 대한 갈망은 절절한 법이다. 홍대용을 가로막는 것은 조선 유학자들의 옹졸함과 편협함이었다. 그는 큰 땅에서 툭 터진 사람을 만나고 싶었다. 성인이 살았던 땅에 가서 큰 것을 말해보고 싶었다. 진작부터 중국의 강남 문화를 공부했던 그로서는 절강의 항주 선비들은 가장 좋은 친구 상대였다. 항주의 세 선비를 가로막은 것은 문자옥, 그리고 감시하는 사람들이었다. 문자옥은 같은 한인끼리 서로를 믿지 못하게 만들었다. 중화주의를 내비치되, 학문의 깊이가 대단해 보이는 조선의 선비는 안성맞춤의 대화 상대였을 것이다. 같은 민족끼리는 믿어주지 못하는데 이방인 간에 마음을 터놓는 아이러니한 상황이 만들어졌다. 이들이 서로 만나 흘린 눈물, 감동의 크기는 그들을 가로막는 부당한 장벽만큼 높았을 것이다.

그들이 온갖 장애물을 깨뜨리고 첫 길을 만들어주자, 나머지가 그 길을 따라 갔다. 그 길은 튼튼해졌고, 나머지는 또 새로운 길을 만들어 갔다. 담헌과 항주 세 선비와의 만남은 동아시아 교류사의 새로운 장을 만든 역사적 사건이 되었다.

참고 문헌

홍대용, 『국역담헌서』 I -IV, 민족문화추진회, 1974.

김삼수, 「변발고」, 『동양학』, 단국대학교 동양학연구소, 1975.

김성남, 『한중문화교류사』, 프로젝트 409, 2004.

김일환, 「조선후기 중국 사행의 규모와 구성」, 『연행의 사회사』, 경기문화재단, 2005.

김태준, 『한국문학의 동아시아적 시각』 I , 집문당, 1999.

김태준·이승수·김일환, 『조선의 지식인들과 함께 문명의 연행길을 가다』, 푸른역사, 2005.

김현미, 『18세기 연행록의 전개와 특성』, 혜안, 2007.

박문열, 「유리창 서사기에 관한 연구」, 『국제문화연구』14, 청주대학교 국제문제연구원, 1997.

박성순, 「조선후기 실학자들의 연행과 우정의 지도」, 『연행의 사회사』, 경기문화재단, 2005.

박현규, 「조선 사신들이 견문한 북경 유리창」, 『중국학보』45, 한국중국학회, 2002.

사식 지음·김영수 옮김, 『황제들의 중국사』, 돌베개, 2005.

송원찬, 「청대 한중지식인 교류와 문자옥」, 『동아시아문화연구』47집, 한양대동아시아문화연구소, 2010.

양우뢰 외, 『북경 유리창과 한중지식 교류』, 한양대학교 동아시아문화연구소 국제학술회의 자료집, 2009.

이승수, 「연행과 여행 그리고 문학」, 『연행의 사회사』, 경기문화재단, 2005.

이춘희, 『19세기 한중 문학교류』, 새문사, 2009.

이홍식, 「조청 지식인의 우연한 만남과 사적 교류」, 『동아시아문화연구』47

집, 한양대 동아시아문화연구소, 2010.
임기중, 「연행록의 대청의식과 대조선 의식」, 『연민학지』1, 연민학회, 1993.
최소자 외, 『18세기 연행록과 중국사회』, 혜안, 2007.
최소자, 『청과 조선』, 혜안, 2005.
켄트 가이 지음·양휘웅 옮김, 『사고전서』, 생각의 나무, 2009.

민촌 이기영 기념사업의 현황과 전망
-천안 지역을 중심으로-

이용길 천안역사문화연구회

1. 머리말

[민촌 이기영의 '고향'길]은 천안 안서동과 유량동을 잇는 산길과 오솔길을 따라 선생의 발자취와 작품에 등장하는 마을과 냇물과 산자락을 이어서 걷는 길이다. '고향'은 선생이 마음으로 그리워하던 '고향' 마을이고 농민소설의 백미인 장편소설 '고향'의 제목이다.

민촌이 서너 살부터 살았던 중암마을에서 출발하여 자전적 소설 '봄'의 무대인 부모 묘소터를 돌아 농민문학의 금자탑인 장편소설 '고향'을 40일 만에 탈고한 천년 고찰 성불사를 들렀다가, 안서동을 떠나 유량동으로 넘어가는 쇠목고개를 넘어서 '두만강'의 무대이고, 소년시절을 보낸 둔턱골에서 방황의 청년기를 보낸 벌말로 갔다가 단편 '민촌'의 무대이고 작가로 등단하기 전까지 살았던 향교말에 이르는 20여 리를 산 따라 물 따라 걷는 길이다.

그러나 민촌 선생이 스스로 고향이라고 하였고 많은 작품들의 무대인 천안에서 민촌을 기억하는 일은 흔하지 않다. 민촌백일장이 열리고 민촌평전이 출판되기도 했지만 이렇다할 추모사업이나 기념사업도 진행되지 않고 있다.

충북 진천에서 조명희 선생을 기념하는 포석문학관이나, 괴산에서 벽초 홍명희 선생을 기념하는 홍명희문학비나, 옥천에서 정지용 시인을 기념하는 정지용문학관을 보더라도 민촌 선생은 고향인 천안에서 잊혀진 느낌이다. 농민소설의 대가요, 사실주의 작가의 최고봉이요, 노벨문학상 후보로도 올랐으며 태백산맥의 조정래 선생이나 토지의 박경리 선생에 버금가는 대문호 민촌 이기영의 이름을 기억하는 이도 드물다.

그래도 천안은 민촌의 생애와 작품과 특별한 인연이 있다.

최고의 리얼리즘적 성취를 이룩했다는 민촌의 작품들에는 식민지배 시절 천안 지역의 민심이 녹아들어 생생한 생명력으로 되살아니다. 소설 '민촌'의 무대인 태조봉-향교말-동막골이나 '고향'의 원터나 '두만강'의 송월동이나 '땅'의 벌말 등의 풍경이 사실적으로 그려져있다. 시기적으로 동학농민혁명으로부터 철도가 놓이고 금광이 개발되는 개화기 천안 지역의 풍물이 곰살굽게 그려져 있다. '민촌이기영평전'을 쓴 차손 이성렬은 민촌의 소설에 등장하는 인물과 사건을 추적하면서 평전을 썼다고 할 정도로 사실주의적 작품을 구현했다. 우리들은 민촌 소설 속의 인물과 현장을 따라서 당시의 농투성이 민중들의 삶 속으로 들어갈 수 있을 것이다.

2. 천안 지역의 민촌기념사업 현황

1) 기념사업

① '천안이 낳은 대문호' 천안시지(1997년)
② 민촌백일장 1992년부터(2017년부터 전국 민촌백일장), 천안문인협회
③ 천안문학관(민촌, 운초 등 소개) 2019년 개관, 천안문인협회

2) 청소년 민촌문학 활동

① 제1회 민촌문학제
- 2018.5.26 북일고등학교 아단관 1층
- 복자여고, 북일고, 천안고 학생들
- 백일장, 주제발표, 이성렬 선생 초청강연

② 제2회 민촌문학제
- 2019.9.7. 태풍으로 인하여 온라인으로 진행

③ 민촌청소년 특강(초청강연회)
- 2019.11.1.(학생의 날), 천안고등학교 청마홀
- 천안역사문화연구회, 전교조 천안중등지회 주최, 천안고등학교 후원
- 천안고 및 시내 고교생 500여 명 참석
- 이상경 교수 초청강연회 '민촌의 생애와 작품'

3) 월북작가 기념사업 답사(2019,1.13 외 수차례, 천안역사문화연구회)

- 포석 조명희(진천) : 포석문학관, 생가표지석
- 벽초 홍명희(괴산) : 생가, 문학비
- 시인 정지용(옥천) ; 정지용문학관, 정지용시비

4) 민촌이기영평전 출판

① 민촌이기영평전
  - 차손 이성렬, 2005년, 심지출판사, 천안예총(윤성희) 기획

② 민촌이기영평전 개정증보판
  - 차손 이성렬, 2019년, 살림터, 천안역사문화연구회(이용길) 기획, 문학평론가 임헌영 선생 추천

5) 추모사업

① 34주기 추모제
  - 2018.9.16(일), 천안 안서,유량동 일원
  - 천안역사문화연구회, 충남작가회의, 전교조천안초·중등지회, 천안아산신문사
  - 추모식, 중암마을 표지석 개막식, 민촌이기영의'고향'길 답사

② 제1회 민촌이기영'고향'문화제

- 2019.9.7.(토), 천안살림교회, 천안북일고등학교
- 민촌이기영'고향'문화제조직위원회 주최
  충청남도, 천안시, 충남교육청, 천안교육지원청, 천안아산신문사, 티브로드중부방송사 후원
- 민촌이기영고향길 답사, 향교말 표지석 제막식, 35주기추모식, 임헌영 선생 초청 강연회, 민촌이기영평전(개정판) 출판기념식, 민촌이기영기념사업회 창립제안

③ 제2회 민촌이기영'고향'문화제
- 2020.10.24.(토), 천안살림교회, 안서·유량동 일원
- 천안민주단체연대회의, 천안역사문화연구회, 천안문학관 주최
  충남작가회의, 충남문인협회, 천안살림교회, 천안엔지오센터, 민촌인문학도서관 후원
- 민촌이기영의고향길 답사, 36주기추모식, 카이스트 이상경 교수 초청강연회, 민촌이기영기념사업회 창립제안

④ 37주기 추모제
- 2021.9.11.(토), 천안평화공원
- 천안역사문화연구회, 민촌인문학도서관
- 사물놀이 공연, 추모식

6) 민촌인문학도서관 설립

- 천안시 문화도서관사업소 등록(2020. 5. 29)
- 사립 작은도서관(대표 이용길)
- 인문학도서 8,500여 권 소장

- 도서대출, 독서모임, 영화모임, 시민강좌

7) 민촌이기영의 '고향'길 탐방

- 2018.9부터, 매월 1회, 천안역사문화연구회 주최
- 중앙마을 → 부모묘소터 → 성불사 → 쇠목고개 → 둔턱골 → 벌말 → 향교말

8) 제안사업

① 민촌문학비 건립
② 민촌'고향' 문화제 개최
③ 민촌문학관 건립
④ 민촌이기영전집 출판

3) 민촌이기영의'고향'길 해설

① 중암마을 / 어린 시절 성장지

[해설]

중암 마을은 1895년 배방읍 화룡리에서 태어난 이기영이 서너 살 때 이사와서 15세1909에 유량동으로 이사 가기 전 까지 살았던 마을로 집터는 안서동 311번지로 추정된다. 소설 『고향』의 주 무대이고 이후의 작품들 속에서도 작품 배경의 원형이 된다. 표지석과 안내판이 있다.

[작품]

천안, 직산이라면 메마르기로 유명한 땅인데, 나는 그중에서도 더욱 유명한 천안 뒤뜰에서 살았다. 내가 살던 고향도 지금은 천안군 안서리로 되었지만, 그때는 북일면 상, 중, 하엄리였었는데, 우리 집은 바로 중엄리에 있었다.

원래 나의 출생지는 천안이 아니다 그것은 구 온양군 남곡이었는데 내가 서너 살 적에 천안으로 옮기었다 한다. 천안에는 친척이 살고, 그의 토지가 엄리에 있음으로, 우리 집은 그 집 땅을 치기 위해서, 말하자면 생활의 방편을 구해간 모양이었다. 상, 중, 하엄리는 모두 민촌이었다 명색 토반쟁통이이라고, 두어 집 있었으나 그들도 영세한 소작농 생활을 하기 때문에 상민들과 조금도 다를 것이 없었다. 근 백 호 되는 세 동리에 기와집이라고는 볼 수 없고 제 땅 마지기를 가지고 추수해 먹는 집이 없었다.

- 이기영, 나의 수업시대, 「동아일보」, 1937. 8. 6 -

내가 살던 곳은 바로 중엄리였다. 이 통 안에서 상, 중, 하엄리가 그 중 터전이 넓다 하겠는데 그래도 앞뒤로 산이 막히고 개울이 흘러서 전토田土라고는 불과 몇 석 지기가 안 되었다. 그나마 천수답이 많고 산속으로 들어박힌 논다랑이는 그야말로 눈깔 만큼씩 한 찬물받이였다.

그러고 보니 주민의 생활은 불문가지였다. 상, 중, 하엄리의 3동을 합하여도 불과 100호 미만의 호수戶首가 생계는 농업인데 농토가 부족하여 그때도 개와蓋瓦집 한 채를 볼 수 없는 가난뱅이들이 삼간 두옥의 초막 신세를 지고 살던 것이었다. 상엄리에서 뒷고개를 넘으면 유왕골이라는 고산지대다. 거기기는 여름에도 매미 소리를 못 듣는다는 - 본격적 산중이다.

거기 사람들은 대부분 숯을 굽거나 짚신을 삼아서 천안 장에다 파는 것이 유일한 생업이었다. 그러나 엄리 사람들은 그런 벌이도 여의치 않아서 농업의 다음으로는 나무 장사를 하는 것이 부업이었다.

따라서 사는 것들이 오죽지 못해서 동리는 해마다 퇴락해가는데 그래도 죽지는 말라는 법인지 교박한 땅에서 새로운 이득을 파낼 수 있었던 것이다.

그것은 금광이었다. ……

하엄리의 냇가에서부터 시굴하던 것을 나중에는 이 통안-상, 중, 하엄리와 무네미 신촌新村의 두 계류溪流 연도沿道의 전답까지 금이 잘 나는 데는 모조리 팠다. 텃논 텃밭은 물론 집을 헐기까지 하고 금구덩이를 파 들어갔다. 그렇게 읍내까지 파먹었다.

이 동리에서 사금광의 발견은 아마 역사 이래로 전무후무한 황금시대라 할 것이었다. 한참 재벽노다지의 노다지 같은이 쏟아져 나올 무렵에는 연상덕대와 금전꾼들이 모여들어서 하엄리는 가게 집들이 즐비하게 들어앉고 거기에 따라서 남사당패 걸립패 연락 난장 등의 흥행물이 떠나지 않아서 그들은 금전꾼의 부듯한 주머니를 노리었던 것이다.

내가 수년 전에 이곳을 오래간만에 다시 가보니 옛날 살던 때와는 생판으로 면목이 달라졌다. 그때는 사금만 했었는데 근년에는 석금까지 쏟아져서 좌우의 산록을 벌집처럼 숭숭 굴을 뚫어놓았다. 그리고 천변과 천변으로 연한 전답은 하나도 성한 것이 없었다. 모두 금점을 파먹은 구덩이와 흙저 버력을 쌓아놓은 것 뿐인데 그것도 한 번만 파먹은 것이 아니다. 실로 여러 번을 뒤집고 뒤집어서 이 잡듯 서캐 잡듯 금을 뒤져먹은 형적形跡이 완연한데 마치 두더지가 쑤시고 달아난 밭고랑 같다 할까? 동리의 미관으로 보아서는 여간 살풍경이 아닌 사력천지砂礫天地였다.

- 이기영, 내 문학을 길러준 곳-교박한 천안뜰 뒤, 「동아일보」, 1939. 3. 25 / 3. 30 -

② 부모묘소 터 / 중암마을이 내려다보이는 곳

[해설]

향교말에서 중암마을로 가는 태조산 오솔길로 들어서면 천안 시내를 멀리 내다볼 수 있는 팔각정이 있다. 거기서 샛길로 접어들어가면 중암마을을 내려다보는 언덕에 이기영의 부모 묘소 터가 있다.

이기영이 11세1905 때 모친인 밀양 박씨가 37세로 사망하여 묘를 조성하였고, 부친이 이기영이 24세1918 때 46세로 사망하자 합장하였다. 몇 년 전 이기영의 장손자가 이장하여 터만 남아 있다. 소설 『봄』에 어머니의 묘소를 배경으로 한 이기영의 어린 시절이 잘 묘사되어 있다.

[작품]

내가 만일 모친상을 일찍 당하지 않았던들 나는 그때 이야기책을 탐독하지도 않았을 것이오. 따라서 문학과는 인연이 멀어졌을는지도 모른다.

나는 열한 살 먹던 해 봄에 모친상을 당했었는데, 그 뒤로는 어쩐지 세상이 달라진 것 같은 일변한 나의 주위가 몹시 쓸쓸해져서, 나는 갑자기 구름 속에 든 태양 같은, 늘 그늘지고 실심한 기분 속에 그날 그날을 살게 되었다.

내가 어려서 모친상을 당하지 않았다면, 그것은 우리 집 환경에도 그 전보다 다를 것이 없을 것이요. 따라서 나에게도 물질적으로나 정신적으로나 커다란 변동이 없었을 터이니까, 내가 이야기책 속으로 뛰어든 것은 오로지 모친상을 당했기 때문이라 해도 과언이 아닐 것이다.

그렇다고 나는 모친상으로 말미암아 문학에 투신했다고, 그것을 슬퍼하려는 생각은 조금도 없다. 나는 도리어 그렇다면 모친에게 감사해야 할는지도 모른다. 나는 비록 지금까지 실實답지 못한 문학을 한답시고 고향을 등지고 있는 것이 불효하기 짝이 없으나, 그러나 내가 만일 지금까지 모친의 슬하에서 자라났다면 나는 더한층 불효를 하고 어떤 부류의 인간이 되었을는지 모르기 때문이다.

- 이기영, 「문학의 하게 된 동기」, 『문장』, 1940년 2월호. 1940 -

일조一朝에 사랑하는 어머니를 여윈 뒤로는 나는 자기도 모르게 우울한 성격을 이루어 갔다.

모친은 바로 건너다 보이는 안산에다 묘를 썼다. 나는 조석으로 산소를 바라보며 모친을 생각하였다. 밤에 자면서 남모르게 베개를 적신 적도 많았다.

- 이기영, 나의 수업 시대, 「동아일보」 1937. 8. 6 -

무덤 위에도 새싹은 파릇파릇 돋아난다. 낮에는 해가 비치고 밤이면 어둠이 둘러싸이긴 인간과 다름이 없건마는 저 세계는 어찌하여 생명이 없고 통할 길이 없다는가. 이를 일러 유명幽明이 다르다 함인가. 자고 깨면 그는 먼저 안산이 건너다보였다. 세 무덤의 고총古塚이 나란히 묻힌 옆으로 모친의 새로 쓴 산소가 쓸쓸하게 홀로 묻혔다.

- 이기영, 『봄』, 18~19쪽, 풀빛, 1989 -

③ 성불사 / 농촌 리얼리즘 소설 『고향』 탄생지

[해설]

민촌 이기영이 서울에서 내려와 1933년 7월 17일부터 8월 말까지 약 40일 동안, 식민지 현실의 총체적 탐구와 계급 리얼리즘을 구현한 소설 『고향』 초고 2,000장을 집필한 곳이다. 수령 800년 된 느티나무가 있다.

성불사는 대한 불교 조계종 제6교구 본사인 마곡사麻谷寺의 말사이다.

921년태조 4에 고려 태조가 국사 도선道詵으로 하여금 송도에 대흥사를 짓게 하고, 그와 때를 같이하여 전국에 3,800개의 비보사찰裨補寺刹을 세웠는데, 이 무렵 도선이 이곳에 당도해 보니 백학이 지금의 대웅전 뒤 암벽에 불상을 조각하고 날아가므로 그 자리에 절을 짓고 성불사안서동 187번지라 하였다 한다. 현재 대웅전 후면 암벽에는 희미한 부처의 입상이 조각되어 있고, 측면에는 여러 작은 불상들이 뚜렷이 조각되어 있다. 그러나 도선은 898년에 입적하였으므로 창건 연대 및 창건자에 대해서는 다소의 논란이 있다. 그 뒤 1002년목종 5에 담혜湛慧가 왕명으로 중창하였고, 1398년에 조선 태조가 무학無學의 권고로 중건하였는데, 이전까지 성거산聖居山이라고 부르던 것을 이태조가 기도하였다고 하여 태조산이라고 부르게 되었다고 한다. 그러나 그 뒤의 역사는 전하지 않는다. 현존하는 당우로는 대웅전과 산신각·범종각·영각·요사채가 있으며, 충남 유형문화재인 마애석가삼존 16나한상과 불입상이 있다.

[작품]

절 밑 동구에는 아름드리 느티나무가 절벽과 바위 사이로 두터운 그늘을 떠이고 섰다. 거기에는 녹음이 뚝뚝 떴고 매미 소리는 서늘하게 석간수처럼 흐른다.

그 옆으로 골짜기를 흐르는 맑은 물은 바둑돌 같은 반석을 씻고 흘러서 군데군데 석담石潭을 이루고는 다시 층암으로 떨어진다. 쳐다보면 의외한 석봉은 하늘과 마주 닿았는데 그 중턱에 조그맣게 터전을 잡고 제비집 같이 깃들인 것이 일심사란 외로운 절이다.

앞으로는 안계가 탁-트여서 멀리 서해 바다의 원경遠景이 연하煙霞 속으로 그림처럼 펼쳐 있다. 그 사이로 연해 있는 잔단산록은 마치 바다의 파도처럼 푸른 굽이를 쳐나가고 다시 점점이 흩어진 마을들은 푸른 숲이 수묵처럼 얼클어진 속으로 아득한 그림자를 은은히 던졌다. 하늘에는 흰 구름이 둥둥 떠돈다.

- 이기영, 『고향』, 267쪽, 문학사상사, 2006 -

바로 소화 7년1932 봄이다. 나는 `조선지광"이 폐간된 뒤로는 그나마 잡지기사를 실직하고 있다가, 중앙일보의 처녀 장편이 신문이 휴간되는 바람에 역시 휴재休載하게 된 후로부터 나는 다소간에 일정한 수입이 딱

끊어지고 말았다. 나는 그해에 어린애까지 낳아서 식속을 또 하나 불린 데다가 그 자식이 태독胎毒으로 나올 때부터 병까지 앓아서 필경에는 단독丹毒에 걸려 가지고 55일 만에 죽고, 또한 손위에 큰놈이 동시에 눈병이 생겨서 그날의 호구도 무책인데 우환까지 쌍나발을 부는 곡경曲境으로 지날 판이다.

그러니 집세를 또박또박 자그마치 9원 씩이나 낼 돈이 어디 있으랴?.

그때 일을 `돈' 속에다 졸작을 하고 곳곳에 흠을 잡히니 우스운 일이다.

그 이듬해 여름까지 나는 집세를 밀어 내려오다가 최후의 일책으로 신문 소설의 장편을 쓰기로 결심하였다.

그래 나는 당장 호구의 거리가 없는 집안 살림을 H군에게 무턱으로 맡겨놓고 집을 떠나서 10여 년 동안 발을 들여놓지 않던 천안으로 변군을 찾아갔다.

천안은 나의 고향이다.

나는 그때 성불사로 올라가서 40일 동안 묵어가며 쓴 것이 졸작 '고향'의 일편이었다.

- 이기영, 민촌생(나의 이사 고난기-셋방 10년) 『조광』 1938년 2월호 -

④ 쇠목 고개 / 안서동과 유량동의 교통로

[해설]

지금은 주로 차량이 통행하고 있으며, 그 위에 1997년 태조산 구름다리가 설치되었다. 쇠목 고개는 태조봉을 소의 몸으로 보고 왕자산을 소의 머리로 보았을 때 지금의 고갯길이 소의 목 부분에 해당하기 때문에 붙여

진 이름이다. 안서동 호서대학교에서 유량동 충청소방학교로 넘어가는 고개이다. 안서동과 유량동을 연결하는 1.3㎞의 유안 터널이 2022년 5월 준공 예정으로 공사 중이다.

민촌 이기영은 15세(1909)에 이 고개를 넘어 14세에 결혼한 두 살 많은 부인 한양 조씨 조병기, 조모와 함께 안서동 중암리에서 유량동 분텃골 큰고모네 사랑채로 이사하였다.

[작품]

고대 소설의 주인공은 대개 어려서는 극도의 간난고초를 겪다가 우연히 도사(道師)를 만나서 공부를 잘하고 출장입상(出將入相)해서, 나중에는 일가를 중흥하고 훌륭한 사람이 되지 않았던가? 나도 그와 같이 자기를 견주어 보며 감히 고대 영웅을 꿈꾸고 있었다.

부친은 집을 쫓겨나서, 할 수 없이 친척의 집 행랑 한 채를 치우고 산 넘어 이사를 갔다. 나는 그동안에 학교를 다니었으나, 집을 쫓겨날 무렵에는 일시 퇴학을 하였다가, 이사를 한 뒤에 다시 다니기 시작했다.

- 이기영, 나의 수업 시대, 「동아일보」 1937. 8. 7 -

⑤ 분텃골 / 유량동 10대 성장지

[해설]

분텃골은 분토(粉土)가 나서 붙여진 이름으로 인조 때 학자 이승벽이 이곳에 살면서 호를 분곡(盆谷)이라 하였다.

이기영이 15세(1909)에 안서동 중암마을에서 이사와서 살던 10대 성장지이다. 분텃골은 『고향』 등의 작품에서 지주-소작 관계를 설정하는 이야기의 산실이었으며, 분텃골의 모습이 소설 『두만강』에 잘 묘사되어 있다.

이기영의 유량동 분텃골 집터의 주소는 유량동 269번지(천안시 동남구 태조산길 141-21)이다. 현재는 큰고모의 일가 친척인 전주 이씨가 살고 있다.

[작품]

고대 소설의 주인공은 대개 어려서는 극도의 간난고초를 겪다가 우연히 도사를 만나서 공부를 잘하고 출장입상(出將入相)해서, 나중에는 일가를 중흥하고 훌륭한 사람이 되지 않았던가? 나도 그와 같이 자기를 견주어 보며 감히 고대 영웅을 꿈꾸고 있었다. 부친은 집을 쫓겨나서, 할 수 없이 친척의 집 행랑 한 채를 치우고 산 넘어 이사를 갔다. 나는 그 동안에 학교를 다니었으나, 집을 쫓겨날 무렵에는 일시 퇴학을 하였다가, 이사를 한 뒤에 다시 다니기 시작했다.

- 이기영, 내 문학을 길러준 곳-나의 수업 시대, 「동아일보」 1937. 8. 7 -

한내의 넓은 들판이 앞으로 펼쳐있고 뒤로는 노적봉이 솟아 있는 가코지는 지대가 드높은 산골짜기 속에 아늑하게 들어앉았다. 그 가운데 기름이 흐르는 기와

집이 솟을대문을 달고 근감하게 벌려섰다. 그것은 묻지 않아도 안참령집이다.

안참령집은 이 터에서 십이 대를 살았는데, 언제 심었는지 모르는 능수버들숲은 고목이 되어서 동구 앞의 허전한 것을 둘러막았다.

- 이기영, 『봄』, 187쪽, 풀빛, 1989 -

후원에는 넓은 장독대가 있고, 그 뒤 비탈진 언덕에는 대숲풀이 무성하게 울창하다. 바람이 불 적마다 푸른 댓잎이 우수수 흔들린다.

왼편 담 밑으로는 고목이 된 모과나무 한 주가 서있는데, 거기에는 됨박만큼 한 모과가 주렁주렁 열렸다. 실과는 누릇누릇하게 익어가며 향기를 풍기었다.

- 이기영, 『봄』, 216쪽, 풀빛, 1989 -

한길주는 이 집을 ㄱ, ㄴ자 형으로 지었다. 안채는 ㄱ자로 안방 세칸, 마루방 여섯 칸, 부엌 한 칸과 건넌방 칸 반이다. 사랑채는 큰사랑이 마루까지 4칸, 작은 사랑이 두 칸과 큰 대문이 두 칸으로 되었다. 그리고 사랑채 부엌에서 연달아 마방과 광을 붙여 지었다.

안채 부엌 뒤에는 일자로 딴채를 세웠다. 그 방들은 노비와 침모, 차집들의 거처로 되었다. 후원에는 장독대가 놓였다. 모과나무, 감나무, 배나무, 은행나무 등의 큰 과목들이 서 있고, 비탈진 언덕에는 참대 수풀이 청청하게 우거졌다. 이 참대밭 위로는 높은 담장을 삥 둘러치고 기와로 담위를 덮었다. 담장 뒤로는 바로 산이다. 산에는 큰 소나무들이 또한 울창하게 들어섰다. ……

마당 건너편은 언덕이 졌다. 이 언덕 가에 사철나무 울타리가 막아섰고 복숭아 살구 등의 과수와 수양버들의 늙은 고목이 그 안에 섰다. 그 밑은 낭떠러지로 된 옥녀봉 골짜기에서 한 줄기 석간수가 흘러나왔다.

- 이기영, 『두만강』 1, 78쪽, 풀빛, 1989 -

⑥ 벌말 / 방랑과 정착

[해설]

민촌 이기영이 유량동 둔텃골에서 부친과 조모가 죽은 직후인 24세(1918)에 유량동 383번지 벌말로 이사왔다. 이곳으로 이사오기 전까지 민촌 이기영은 여러 가지 직업을 전전하였고 충남 서해안, 경상도, 전라도 등에서 방랑 생활을 하였다. 이기영은 벌말로 이사와서 생계를 위해 천안 군청에 취업하였다.

이때 겪은 3·1 혁명의 경험이 1958년 3월에 「내가 겪은 3·1 운동」으로 출판되었다.

[작품]

나는 기미년 전해에 상을 당하고 아우와 단가(單家) 살림을 하게 되었다.

나는 고대 소설 주인공이 도사(道師)를 구하러 다니는 격으로 남조선 일대의 방랑 생활을 수 삼 년 하던 끝에 귀향하여, 예수를 믿었었다. 그 뒤에 논산 영화 여학교 교원으로 가 있다가 친상을 당하고 그곳을 사임하였다. 그해 유행 감모[감기]에 조모와 부친은 일주일을 전후하여 구몰(俱沒)하였다.

나는 사실 동경(東京)도 못갈 형편이었다. 나는 친상을 당한 후로 군고원(雇員)을 다니다가 호서 은행으로 전임(轉任)하였다.

- 이기영, 나의 수업 시대, 「동아일보」 1937. 8. 8 -

⑦ 향교말 / 단편소설 「민촌」의 배경

[해설]

천안 향교가 자리하고 있어 마을 이름이 향교말이다. 천안 향교는 조선 시대에 천안군 지역의 지방 교육을 담당한 국립 교육 기관이었다. 주요 건축물로는 대성전, 동무, 서무, 내삼문, 명륜당, 동재, 서재, 외삼문 등이 있다.

향교 앞에는 민중교회인 한국기독교장로회 천안살림교회가 있다.

이기영이 유량동 벌말에서 25세 때인 1919년 7월에 이사온 가코지 집터 추정지는 유량동 207-2번지이다. 이기영은 30세1924에 「오빠의 비밀 편지」가 『개벽』지 현상 문예 당선되고, 서울의 조선지광사에 입사하여 상경할 때까지 살았던 곳이다. 단편 소설 「민촌」의 배경이 된 곳이고 이후에 민촌이 이기영의 호가 되었다.

[작품]

태조봉 골짜기에서 나오는 물은 향교말을 안고 돌다가 동구 앞에 버들 숲속을 뚫고 흐르는데, 동막골로 넘어가는 실뱀 같은 길이 개를 건너 논둑 사이로 요리조리 꼬불거리며 산잔등으로 기어올라갔다.

그 길가 냇둑 옆에 늙은 상나무 한 주가 마치 등 고분 노인의 지팡이를 짚고 있는 형상을 하고 있는데 거기에는 언제든지 맑은 물이 남실남실 두던을 넘어 흐른다.

- 이기영, 『이기영 단편선 민촌』, 59쪽, 문학과 지성사. 2006 -

향교말이란 동리는 자래로 상놈만 사는 민촌으로 유명한 곳이었다. 과연 사오십호나 되는 동리에 양반이라고는 약에 쓰려고 구해도 없는 상놈 처지였다.

어쩌다 못생긴 양반이 이 동리로 이사를 왔다가는 그들에게 돌려서 얼마를 못 살고 떠나고 떠나고 하였다.

그러나 그전에는 양반의 덕으로? 향교 하나를 중심하여 향교 논도 부쳐 먹고 향교 소임 노릇도 해서 먹고살기는 그렇게 걱정이 없더니 시체 양반은 잇속이 얼마나 밝은지 종의 턱찌기까지 핥아먹는 다라운 양반이 생긴 뒤로는 그나마 죄다 떨어지고 지금은 향교 고지기가 겨우 여남은 마지기를 얻어 부치는 것뿐이었다.

- 이기영, 『이기영 단편선 민촌』, 67쪽, 문학과 지성사. 2006 -

송월동은 상, 중, 하 세 뜸으로 나뉘어 있다. 철봉산이 동편으로 둘러서고 북쪽에는 옥녀봉이 우뚝 솟았다. 그 앞 개울을 끼고 올라가며 마을 집들이 여기저기 흩어져 있다. 그래서 이 동네를 통칭 송월동이라 하나, 부락마다 소동명小洞名이 따로 있는 것은 마치 사람들에게 관명과 아명이 따로 있는 것과 같았다.

- 이기영, 『두만강』 1, 32쪽, 풀빛, 1989 -

4. 맺음말

민촌 이기영 선생은 일제강점기로부터 해방과 동시에 남북으로 분단된 질곡의 근현대역사를 사실주의 사회주의 작가로 살았다. 일제강점기의 혹독한 탄압과 가혹한 검열의 고통 속에서도 역작을 남겼다. 일제강점기의 혹독한 탄압에도 창씨개명을 하지 않았고 수많은 문인들이 숙청당하던 북한 체제 속에서도 평생을 작품활동을 펼친 불굴의 의지로 일관한 작가이다. 그러나 해방 후 남한에서는 오랜 세월을 철저하게 유폐된 채 이름을 부르지도 못하고 작품을 읽지도 못했다. 일제강점기에 쓴 작품들이 해방된 조국에서 금기시된 민촌과 민촌의 작품들이 바로 우리 현대사의 비극이라 할 수 있다. 1988년에 월복작가들의 작품이 해금되었지만 이기영, 홍명희, 한설야 등 5인의 작품은 제외되었고, 그 후에도 오랜 기간을 갇혀 있었다. 민족민중문화예술은 식민지배체제보다 더한 남북분단체제의 엄격한 지배 속에 놓여있었다. 일제 식민지 시대의 가혹한 검열을 통과했던 작품들을 분단시대의 권력자들이 금지시켜버렸으니 식민 통치자들의 검열보다 오히려 더 졸열한 문화예술정책을 유지해 왔던 것이다.

민촌은 단편 101, 중편 3, 장편 17, 희곡 5, 꽁트 1, 산문 228편, 그리고 역사대하소설 두만강을 쓴 대작가이다. 이기영에 관한 논문이 1,200여 편이나 되는 문제작가이다. 이기영의 소설에는 민족모순과 계급모순이란 두 모티브 즉 나라를 빼앗긴 우리 민족과 1930년대의 노동자와 농민을 주축으로 하고 사회적 약자인 여성이 등장한다. 민촌의 작품에서 보이는 지주-마름-소작인이라는 3단계 착취구조는 오늘날 자본가-경영자-노동자로 변화했을 뿐 그 뼈대는 변하지 않아 보인다. 빈곤과 불평등의 현실과 이를 해결하려는 자유와 해방의 메시지는 오늘날의 과제이기도 하다. 민촌문학은 농촌의 자연과 민중들의 삶과 투쟁을 통하여 사회적 차별이 사라진 평등 세상 구현을 위한 대장장이라 할 것이다.

아직도 남북의 정치군사적 대립과 갈등이 여전하여 민촌을 호명하는 일은 아직도 자유롭지 못하다. 민촌의 생애와 작품을 복원하고 기념하는 일은 식민지배체제와 남북분단체제를 뛰어넘어 통일시대의 시대정신을 구현하는 일이다. 해방 이전의 카프활동과 해방 이후 북한으로 이어진 민촌문학은 평등을 지향하는 계급문학이자 통일을 지향하는 민족문학이라 할 것이다.

우리는 이제 민촌 '고향'문화제를 개최하여 남과 북의 모든 이들과 세계인이 향유하는 문학제로 발전시켜야 한다. 민촌문학관은 남과 북이 정성을 모아서 민촌의 해방 전후의 생애와 작품을 복원하는 통일의 광장이 될 것이다.

민촌이기영의'고향'길을 따라서 선생께서 사랑하였던 산과 들과 강 그리고 여전히 그 민촌에서 살아가는 노동자와 농민과 시민들의 평등하고 평화로운 세상으로 함께 나가자.

천안지역 3·1운동과 독립운동가들

김형목(사)국채보상운동기념사업회 이사

1. 3·1운동에 주목하는 이유

개항 이래 조선은 새로운 사회질서를 모색하려는 일환으로 개화정책을 추진했다. 제국주의 열강은 오직 자국의 이익을 위해 위정자들을 자신들 세력권으로 편입하려는 의도를 숨기지 않았다. 개화정책은 지배층 의도와 달리 내부 갈등과 대립으로 성과를 거두기에 역부족이었다. 외세 침략에 따라 정국 불안과 지배체제 이완은 지방관에 의한 불법적이고 자의적인 수탈로 이어졌다. 여러 차례에 걸친 개혁도 메아리 없는 구호에 그치고 말았다.[1]

자강·민권을 위한 계몽단체 출현은 이러한 상황과 맞물려 있었

[1] 김형목, 「계몽단체의 조직과 활동」, 『충남독립운동사』 1-국권회복운동·1910년대 독립운동, 충청남도·충청남도역사문화연구원, 2020, 221쪽 : 김형목, 「천안 지역 계몽 단체와 근대교육운동」, 단국대학교 인문도시지원사업단 편, 『새롭게 본 천안학의 이해』 하, 단국대학교출판부, 2021, 15쪽.

다. 최초 시민운동을 추구한 독립협회는 1896년 7월 2일에 창립되었다. 이 단체는 자주적인 독립국가를 상징하는 독립문·독립관·독립공원 건립 등을 주요 사업으로 내걸었다. 당시에는 온건개화파의 김홍집 내각이 아관파천俄館播遷으로 무너지는 너무나 긴박한 분위기였다. 제국주의 열강은 오직 자국 이익을 추구하는데 급급할 뿐이었다. 삼국간섭으로 외형상 일본의 침략 견제에는 성공한 듯했으나 새로운 침략세력을 다시 막아야 하는 현실에 직면하였다. 외세의 파상적인 침탈에도 지배층은 이를 저지하려는 의지조차 거의 찾아볼 수 없었다.

20세기 들어서면서 국제질서는 식민지 쟁탈전을 더욱 확대하는 방향으로 이어졌다. 러시아 남하정책에 제국주의 열강은 '상호 이익과 적절한 식민지 분할'을 위한 연대로 귀결되었다. 대한제국 식민지화는 현실적인 문제로 다가왔다. 고조된 위기의식은 계몽단체 조직과 활동을 확산시키는 결정적인 계기였다. 러일전쟁에서 일제의 일방적인 승리는 이러한 상황을 더욱 복잡하게 만들었다. 이제 한국인들은 제국주의로서 일본을 새롭게 인식하기에 이르렀다. 나아가 아시아연대론에 입각한 '인종전쟁人種戰爭'이라는 허구성을 점차 깨달기 시작했다. 「포츠머스조약」은 러시아로부터 일제의 한국에서 정치·경제·군사상 독점적인 지배를 인정받은 '전리품'이나 마찬가지였다. 이전에 체결된 「가쓰라-태프트밀약」으로 일제는 미국으로부터 한국의 배타적 독점권을 보장받았다. 반면 미국은 필리핀의 독점적인 지배권을 획득할 수 있었다. 제2차 「영일동맹」에 의하여 영국으로부터 독점적인 한국 지배도 인정받았다. 대한제국은 국제사회로부터 완전히 고립무원인 '국제적인 미아' 신세였다.[2] 의병운동 격화와 계몽운동 활성화는 이러한 상황과 맞물려 전개되었다.

학교는 근대화·문명사회를 대표하는 상징이자 변화하는 상황을 역동적으로 체험하는 생활현장이었다. 근대문물이 일상적으로 교류하는 '대표적인' 공간은 바로 학교라고 해도 과언이 아니었다.[3] 신분제 질곡에서 벗어나 보편적인 평등관에 입각한 인간관계는 이곳을 중심으로 완만하나마 이루어졌다. 관료의 등용문인 과거제 폐지는 근대교육에 대한 관심을 증폭시켰다. 이제 전통적인 신분제가 아니라 개인적인 능력이 중시되는 새로운 사회질서가 자리매김하는 순간을 맞았다. 사립학교설립운동·야학운동 등 근대교육운동 활성화는 이와 밀접한 관계 속에서 전개되었다. 특히 사립학교 설립을 위한 의연금 동참으로 주민들은 시세 변화를 직접 체험할 수 있었다. 생활 정도에 따른 '의무금' 차등 배정은 주민들 의견을 부분적이나마 수용하는 소통을 위한 통로 중 하나로서 자리매김하였다. 자발적인 참여는 자신의 존재성을 일깨우는 동시에 사회적인 책무를 절감하는 생활현장이었다.

교내 주요 행사 중 하나인 운동회는 학생들에게 정정당당한 경쟁심 배양, 건강한 신체와 건강의 중요성을 인식하는 가운데 상무정신을 일깨웠다. 주민들 참여는 일상사의 지루함에서 벗어나 새로운 삶의 활력소를 찾는 결정적인 요인이었다. 식후에 개최된 연설회나 강연회 등은 주민들 상호 유대감과 의견을 수렴·조정하는

2 김형목, 「천안 지역 계몽 단체와 근대교육운동」, 『새롭게 본 천안학의 이해』 하, 단국대학교출판부, 2021, 23쪽.

3 이지애, 「개화기 '배움터'의 변화와 '자아찾기'로의 일상성」, 『근대의 첫 경험-개화기 일상 문화를 중심으로-』, 이화여대출판부, 2006, 157쪽.

공론장으로 활동되었다. 대한제국기 천안 지역도 이러한 분위기에서 결코 예외적이지 않았다. 이곳 근대교육에 관한 연구는 전통적인 가치관 변화와 더불어 독립운동사에서 차지하는 위상을 어느 정도 밝혀졌다.[4]

대한제국기 변화는 천안 지역 3·1운동의 배경으로 크게 작용하였다. 직산 지역 금광 개발과 성환에서 전개된 청일전쟁, 동학 전래에 의한 세상산전투, 경부선 부설에 따른 '기형적인' 도시개발과 일제의 경제적 수탈 강화, 개신교 전래 등은 변화를 초래하는 결정적인 요인이었다. 개신교나 성공회 전래도 새로운 인간관계 형성과 아울러 일상사 변화를 초래하였다. 물론 직산금광 개발과 경부선 개통은 외부 세계와 교류를 확대하는 계기였다. 근대문물 유입은 이러한 과정을 통해 이루어졌다. 국채보상운동 당시 천안인들의 자발적인 참여는 이를 방증한다.[5]

대한자강회·대한협회·기호흥학회 직산지회와 기호흥학회 목천지회는 민지 계발을 주도한 계몽단체였다. 변화에 부응한 참여는 주민들 현실인식 심화와 더불어 '자기존재성'을 각성시켰다. 국권회복 방안 중 하나인 근대교육 보급은 이러한 분위기와 맞물려 진전을 거듭할 수 있었다. 식민지화에 대한 위기의식은 사회적인 책

---

4 김형목, 『대한제국기 야학운동』, 경인문화사, 2005, 164-165·343-347쪽 : 김형목, 「한말 천안 지역 근대교육운동의 성격」, 『한국독립운동사연구』 30, 독립기념관 한국독립운동사연구소, 2008 : 임연철, 『이야기 사애리시-유관순 열사 신앙의 어머니, 충청 선교의 개척자』-한알의 밀알 46, 신앙과지성사, 2019.

5 김형목, 「충청남도 전역으로 확산되다」, 국채보상운동기념사업회, 『충청도 국채보상운동』-국채보상운동연구총서 ⑬, 도서출판 선인, 2021 : 김형목, 「천안 지역 국채보상운동의 전개 양상과 성격」, 『새롭게 본 천안학의 이해』 하, 단국대학교출판부, 2021, 96-97쪽.

무를 일깨우는 커다란 자극제였다. 사회구성원으로서 인식은 주체적인 '자기삶'을 견인하는 든든한 밑거름이었다.

특히 근대교육 보급은 여학생들이 3·1운동 주역으로서 활약하는 든든한 기반이었다. 그런데 한국독립운동사에 대한 인식은 사회민주화와 달리 아직까지 "영웅주의 역사관"에서 크게 탈피하지 못하고 허둥거린다. "아우내만세운동=유관순, 여성독립운동가=유관순"이라는 편협한 인식은 이러한 사실을 분명하게 보여준다. 최근 진명학교 교사로서 아우내만세운동을 주도한 김구응金球應 연구는 많은 시사점을 던져준다.[6] 다양한 인물 조명은 독립운동사 차원뿐만 아니라 오늘날 우리와 함께 호흡하고 기억하는 중요한 '통로'이기 때문이다.

2. 천안지역 사회변동과 인식 변화

갑오농민전쟁 당시 충남은 격전지로서 많은 피해를 입었다. 제2차 갑오농민전쟁 중 치열하게 전개된 목천 세성산전투와 공주 우금치 전투는 대표적인 경우이다. 전자를 이끈 지휘자는 이희인과 김용복이었다.[7] 전투에 참가한 이들은 남접이나 북접 지시에 의하여 모

6 전해주, 「김구응 열사와 성공회 진명학교」, 『제1회 아우내4·1문화제 자료집』, 천안역사문화연구회, 2019.4 : 김형목, 「아우내 근대교육의 역사 김구응 열사」, 『제3회 아우내4·1문화제 자료집』, 김구응열사기념사업회, 2022.4.

7 일기자, 「戰史上으로 본 忠淸南道」, 『개벽』 46, 개벽사, 1924 : 김병준, 「역대반역자열전, 民衆으로 이러난 甲午大變亂」, 『별건곤』 14, 별건곤사, 1928.

인 '동원된' 농민군이 아니었다. 목천인을 중심으로 천안·직산·회덕·전의·안성 등지에서 자발적으로 참여했다. 농민전쟁 참여는 새로운 사회질서에 대한 동경과 아울러 반일의식을 크게 각성시켰다.

일본군과 청군 사이에 전개된 성환전투는 외세의 위력을 절감하는 현장이었다. 승리에 도취한 일본군은 민가에서 군수품을 자의로 징발하는 등 만행을 서슴지 않았다. 그럼에도 지방관은 이를 저지하거나 주민들을 전혀 보호하지 않았다. 성리학적인 가치관에 입각한 유생층은 농민군을 '반란군'으로 인식하는 동시에 이를 진압하는데 전력을 기울였다. 유회군儒會軍이나 민보군 등과 농민군 사이에 형성된 적대적인 관계는 공동체적인 삶을 크게 훼손하였다.[8] 실제로 유회군은 현지 사정에 밝아 농민군을 사지로 내모는 '저승사자'와 같은 존재였다.

천안은 일찍부터 삼남과 한양을 이어주는 교통요충지였다. 친숙하게 다가오는 '천안삼거리'에 대한 이미지는 이러한 역사적인 배경에서 비롯되었다. 20세기에 들어오면서 철도 출현과 더불어 급속한 변화가 진행되었다. 경부선 부설에 따라 직산·성환·천안·소정리 등지는 크게 변모하였다.[9] 물화 집산과 편리한 유통망은 새로운 장시 개설과 이전으로 이어지는 등 기존 상권商圈 재편으로 이어졌다. 철도 주변은 유통망 확대와 더불어 신흥도시로서 부각되었다. 대량적인 상품 수송과 문물 교류는 이전과 비교할 수 없을

8 민병달·이원표 편저, 『천안독립운동사』-향토문화자료 11, 천안문화원, 1995, 54-56쪽.

9 『황성신문』 1909년 4월 15일 잡보 「小井大場」 : 편집부, 「엄벙이 충청남도를 보고」, 『개벽』 46, 개벽사, 1924, 114쪽.

만큼 대단한 기세였다. 급격한 변화가 집약된 생활공간도 바로 이곳이었다. 최남선崔南善의 「경부철도가」는 당시 양상을 곧바로 보여준다.[10]

변화는 시가지 정비와 더불어 시장세·주세·연초세·가옥세 징수 등 수탈 강화를 위한 조세제도 정비로 이어졌다. 이는 지역 사회의 중심지로서 근대적인 도시 정비와 맞물려 추진되었다. 식민지화를 위한 법령 정비와 더불어 일본인 주거지도 철도역을 중심으로 형성되기 시작하였다. 1909년 설립된 천안심상소학교는 일본인 학령아동을 위한 교육기관이었다. 이는 1915년 천안공립심상고등소학교로 발전하는 등 일본인의 거점이었다.[11] 일본인 관리들이나 상인 등은 자의적으로 치안·행정권을 행사하는 등 지배자로서 사실상 군림했다. 지방관은 이러한 불법행위를 차단·저지하기보다 오히려 편승하는 분위기였다. 일부 잡류배도 일본인과 부화뇌동하는 등 적지 않은 폐단을 일으켰다. 사회적인 불안과 치솟는 물가고는 상호 간 신뢰감을 급속하게 약화시켰다.

러일전쟁 발발과 을사늑약을 전후하여 국망國亡에 대한 위기의식은 고조되었다. 사회진화론에 입각한 실력양성운동은 이와 맞물려 진전을 거듭하는 상황으로 이어졌다. 천안청년회는 충정공 민영환閔泳煥과 면암 최익현崔益鉉에 대한 추모행사를 개최하였다. 순국선열에 대한 애국정신 찬양은 민족의식을 자각·부식하려는 의도였다. 이를 계기로 국권회복에 대한 인식이 고조되는 가운데 자

---

10 최남선, 「경부철도가」, 『육당 최남선전집』 5, 347쪽.

11 김형목, 「천안공립심상고등소학교」, 『천안향토전자사전』, 한국학중앙연구원, 2012.

발적인 참여도 나타났다. 목천인 박용래와 직산인 심순택·이태형 등은 최익현 운구에 필요한 장례비 마련을 위한 의연금 모금에 나섰다.[12] 이는 유림계는 물론 주민들에게 충절의 중요성을 일깨우는 중요한 계기로 작용했다. 대한제국기 『이순신전』·『을지문덕전』 등 국난극복에 앞장선 위인전 발간은 이러한 지역사회 변화와 맞물려 진행되었다. 계몽론자들은 민중을 계몽 대상자로서 인식에서 벗어나 이들의 변화하는 인식을 어느 정도 반영하기에 이르렀다.

충청도를 대표하는 대한제국기 계몽단체는 기호흥학회였다. 이는 정영택·이우규 등의 발기로 1908년 1월 19일 서울에서 창립되었다.[13] 목적은 기호지방 흥학과 민지 계발이었다. 「본회취지서」에 나타난 창립 배경은 "우리 기호지방은 문화의 중추요, 뛰어난 선비의 고향임으로 나라의 중심이자 전국의 범식範式이다. 인물이 찬연燦然하니 조정의 주요 관리들은 이곳에서 태어나고 선산에 묻혔다." 그런 만큼 학문 진흥과 학교 설립으로 청년교육에 노력함은 시급한 과제이다. 기호인사들은 본회 목적에 따라 한마음으로 더욱 노력하여 국권회복을 기약하는 동시에 민족 부활을 꾀할" 것임을 천명하였다.

본회 조직을 정비한 후 기호흥학회는 대중적인 차원으로 확산시키고자 지회 설립인가에 박차를 가하였다. 본회는 각 지방관이나 향교 등에 공함을 발송하여 본회 취지와 목표를 전달하는 한편 학교를 설립하여 국권회복 도모를 요청했다. 각 군에 소재한 향교는 '일향수선지지一鄕首善之地'로 마땅히 학교를 설립하여 인재를 배

12 『황성신문』 1907년 1월 12일 잡보 「義不可勸」.

13 편집부, 「회중기사」, 『기호흥학회월보』 6, 기호흥학회, 54-55쪽.

양하고 문명을 계도하는 중심지로서 변화를 요구하는 상황이었다. 지방관에게 재임 동안에 학교를 설립하여 인재를 양성하는 등 목민관으로서 역할이 강조되었다. 이는 전통교육기관을 시세 변화에 맞게 전환하여 흥학을 도모하려는 의도였다. 각지에 설립된 명륜학교는 당시 상황을 반영한 역사적인 산물로서 주목된다.

이러한 가운데 "무교육無教育이면 위야만爲野蠻하고, 무교육이면 위노예爲奴隸하고, 무교육이면 위사멸爲死滅"이라는 인식은 점차 확산되어 나갔다. 기호학교 지교에 대한 설립인가 계획 등은 이러한 사실을 그대로 보여준다. 또한 기호지방 각 사립학교에 대한 교무지도를 실시하는 한편 교사소개소를 두어 지방의 교사진을 알선하기 위한 활동도 병행하였다.[14]

목천군 유지 등은 기호흥학회 지회 설립인가에 노력을 기울였다. 이들은 본회에 근대교육 보급을 위한 계획서와 함께 인가원을 제출하였다. 본회는 유병필의 동의로 동년 8월 9일 통상회에서 시찰을 중지하고 설립인가를 가결했다. 초기 임원진은 지회장 심형택沈衡澤, 부회장 윤중섭尹重燮, 총무 이정래李廷來, 교육부장 권중모權重謨, 재정부장 강민호姜敏鎬, 회계 이정구李鼎九, 서기 유규석柳圭錫, 간사 강대형姜大馨·김재정金在政 등이었다.[15] 당시 지회원은 81명에 달할 정도로 대단한 규모였다. 목천지회 조직은 지회장, 부회장, 총무, 서기, 교육부, 재정부, 회계, 간사, 찬무원, 평의원 등으로 구성되었다. 이는 본회와 매우 유사하게 운영된 사실을 알려준다. 다만

14 김형목, 「천안 지역 계몽 단체와 근대교육운동」, 『새롭게 본 천안학의 이해』 하, 35쪽.

15 김형목, 「한말 천안 지역 근대교육운동의 전개 양상과 성격」, 『한국독립운동사연구』 30, 91쪽.

목천지회는 홍주나 당진 지회처럼 찬무원 제도를 도입하는 등 약간 변화를 보인다. 이후 시세 변화와 더불어 점차 유생들도 계몽운동이나 국채보상운동 등에 동참하기에 이르렀다.

3. 근대교육 보급과 민족의식 심화

계몽론자들은 지방자치제 시행을 위한 전제조건으로 민지 계발을 위한 의무교육에 많은 관심을 보였다. '주민에 의한, 주민을 위한' 지방행정은 시세 변화와 더불어 모색되는 계기를 맞았다. 계몽론자들에게 지방자치제 시행을 위한 전제조건은 근대교육 시행에 있었다고 해도 과언이 아니다. 지방자치론은 천안군민 수백 명을 회원으로 하는 인민대의회 결성으로 귀결되었다. 목적은 행정일반에 관한 사항을 관민이 협의 실행하기 위함이었다. 임원진은 회장 심상정沈相鼎, 부회장 김용국金溶國, 평의장 홍승국洪承國 등으로 구성되었다. 이에 동참한 인원이 수천 명에 달할 정도로 대단한 호응을 얻었다.[16] '주민에 의한, 주민을 위한' 지방행정은 시세 변화와 더불어 모색되는 계기를 맞았다. 천안군수 안기선安琦善은 무명잡세를 폐지하는 등 변화에 부응하고 있었다. 그는 보부상이나 관노 등이 장시에서 거두는 잡세를 일시에 혁파하는 등 상업활동에 대한

16 『大韓每日申報』 1907년 5월 21일 잡보 「懸河筆舌」: 『황성신문』 1907년 5월 20일 잡보 「天安大議會」, 8월 5일 잡보 「天郡自治」.

지원을 아끼지 않았다.[17] 이러한 선정은 주민들 결집에 의한 바람직한 사회여론 조성으로 이어졌다.

천안군수 안기선은 유지 등과 영진학교 설립을 주도하였다. 이들은 건원절 경축 행사를 개최하는 등 학생들에게 국가의식과 한국인으로서 자긍심을 일깨웠다. 학령아동 입학률은 사립학교 설립과 더불어 점차 증가하는 추세였다. 안국선安國善은 이곳을 지나다가 향학열을 북돋우는 연설을 한 다음 연필·석판 등 학용품 일체를 지원하였다. 반면 여학교 설립은 대단히 부진한 상황을 면치 못하였다. 현지 계몽론자 중 여성교육은 언급조차 없었다.[18]

직산군 삼동면 9개 동리 인사는 의무교육 시행에 필요한 의연금 600여 원을 모았다. 이들은 이를 기초로 사립학교 설립계획을 대내외에 공포하는 등 매우 열성적이었다. 현지 근대교육운동 확산과 진전은 이러한 배경에서 말미암았다. 직산 최두경은 변화하는 시세에 적극적으로 부응한 실천가였다. 그는 근대교육을 위한 구체적인 방안을 제시하는 등 실천적인 면모를 유감없이 보여주었다.[19] 모든 가족의 국채보상운동 참여도 이와 같은 현실인식에서 비롯되었다.

직산군주사 오국영은 일찍부터 근대교육 보급에 노력을 아끼지 않았다. 그는 학부에서 훈도를 파견하기 전에 명예교사로서 열성을 다하였다. 어학·산술을 중심으로 한 가르침은 학생들에게 근대

17 『황성신문』 1907년 9월 17일 잡보 「痛革舊弊」.

18 김형목, 「한말 천안 지역 근대교육운동의 전개 양상과 성격」, 『한국독립운동사연구』 30, 96쪽.

19 『황성신문』 1907년 1월 7일 기서, 1909년 1월 6일 잡보 「三東面義務教育」.

교육의 중요성을 일깨우는 요인이었다.[20] 신사유지의 자발적인 참여는 주민들을 각성시키는 커다란 자극제였다. 아울러 학생들 학습활동은 물론 민족운동 대열에 참여하는 자신감을 배가시켰다.

직산군 성환 유지들은 청소년을 일깨우기 위하여 흥환학교를 설립하였다. 이들은 명예교사로서 자원하는 등 공부하는 분위기를 널리 확산시켰다. 동시에 중장기적인 계획을 학부에 제출하는 등 열성적이었다. 의성학교義成學校로 개칭과 아울러 교사 신축도 단행함으로 교육 내실화에 만전을 기했다. 성환 의성학교에 대한 의연금 모집 당시 경쟁적인 참여는 이곳 교육열을 어느 정도 가늠할 수 있다. 한응이·민옥현·최두경·원긍연·김봉각 등은 이를 주도한 중심인물이었다. 이들은 의친왕을 교장으로 추대하는 등 전국적인 주목을 받았다. 심지어 일본수비대장도 의연에 동참하는 등 적극적인 지원이 있었다.[21]

직산군수 지희열池喜烈은 근대교육에 매우 적극적인 인물이었다. 그는 경위학교經緯學校와 의성학교 유지를 위한 대책을 관내 주민들과 협의하는 등 시세 변화에 부응하였다. "충청남도 직산군에서 경위학교를 설립하고 고명한 교사를 초빙 교수하여 교무가 점차 확장되기로 생도가 70-80명에 달하여 열심 공부하는데 이러한 중에 민재기閔載祺·남상순南相珣·이용성李龍性 3명은 명예로 가르치고 사무원 김도원金道源·임경재任景宰는 정말로 학교 일에 정성을 기울여 같은 군에서 온 사람의 칭송이 있다더라." 한편 소유 전답에 따라 부

20 『황성신문』 1909년 7월 7일 잡보 「吳氏熱心」.

21 김형목, 『대한제국기 충남지역 근대교육운동』, 129-131쪽.

과하는 '의무교육비'는 주민들 난상토론을 거쳐 시행되었다.[22] 부재지주에 대한 '의무교육비'를 거두기 위해 유지들이 날인한 증명서를 가지고 의성학교 교사 전준기全俊基와 경위학교 학감 임경재는 파견되었다. 충남관찰사 김가진金嘉鎭 등은 이에 적극적으로 호응함으로써 사립학교설립운동은 확산하는 계기를 맞았다. 학부도 물리학기계를 기부하는 등 이들을 격려하였다. 민단民團도 이러한 분위기에 편승하여 조 200여 석과 기타 시계詩契 100환을 의연함으로 재정적인 기반을 넓힐 수 있었다.

개신교 선교사업도 이곳 근대교육을 추진시키는 요인이었다. 1901년 공주에 부임한 맥길Willdom, B.Mcgill은 의료사업과 함께 주일학교를 운영하였다. 이는 교세 확산과 동시에 교육기관 운영으로 이어졌다. 1904년 샤프Robert Arthur Sharp 부인 사애리시史愛理施, 일명 사부인는 명선여학당영명여학교 전신을 설립했다.[23] 이는 도내 최초의 여성교육기관으로서 중요한 의미를 지닌다. 충남지역 여성교육은 바로 여기에서 비롯되었다. 교사는 설립자를 비롯하여 배재학당 재학생 윤성렬 등이 맡았다. 유관순과 사촌언니 유예도 등은 이곳에서 교육을 받은 후 이화학당에 입학했다.[24] 재학 중 서울의 만

22 김형목, 「천안 지역 계몽 단체와 근대교육운동」, 『새롭게 본 천안학의 이해』 하, 44쪽.

23 황미숙, 「앨리스 샤프의 충청지역 여성 전도사업과 교육사업」, 『한국기독교와 역사』 47, 한국기독교역사연구소, 2017, 217-219쪽 : 김형목, 「사애리시의 충청지역에서 교육활동과 역사적 성격」, 『한국기독교문화연구』 12, 숭실대 한국기독교문화연구원, 2019, 190-192쪽.

24 임연철, 「지령리교회에서 맺은 유관순과 신앙의 어머니 사부인」, 『이야기 사애리시 : 유관순 열사 신앙의 어머니, 충청 선교의 개척자』-한알의 밀알 46, 신앙과지성사, 2019.

세운동에 참여한 후 고향으로 내려와 아우내만세운동에 앞장섰다.

목천 지역도 사립학교에 의한 근대교육이 발흥하는 분위기였다. 1907년 설립된 사립장명보성학교는 이러한 변화를 이끄는 책원지나 다름없었다.

> 목천군 사립장명보성학교 교감 전주사 홍사식洪思軾은 교육에 열심하여 동씨는 수십 대에 전래하는 가사 30칸 기와집을 교사校舍로 부여하고 수백 원 재정을 보조함으로 같은 군에 사는 인사들은 그 열심에 감동하여 나날이 기부금이 적지 아니하고 학생들도 나날이 늘어난다. 홍사식 같은 사람은 가정을 버리고 국가에 도움을 준다며 칭송하며 같은 군에 사는 전군수 서상빈徐相斌과 진사 박동희朴東熙 등도 교육에 열심하여 5백여 년 깊은 잠에 든 인사들을 고동흥기鼓動興起하여 자녀들을 진학하게 함으로 진력을 다한다 하니 그 애국 신사상에 대하여 치하하노라.[25]

개학을 전후하여 1월 23일부터 2월 7일까지 광고하는 등 이미 입학시기를 놓친 학령아동의 적극적인 입학을 권유했다. 광고 내용은 "본교에서 기숙사를 별도로 운영하여 편리하게 하고 학원을 더 선발하오니 즉시 와서 상의하심을 바람. 목천군 사립장명보성학교"였다. 홍사식은 전의군 대동소학교大東小學校 명예교사로도 활약했다. 그에게 근대교육 보급은 사회적인 책무로서 인식하는 동시에 이를 스스로 해결해야 한다는 강한 사명감으로 충만했다.[26]

---

25 『황성신문』 1907년 1월 23일 잡보 「熱心教育」.

26 김형목, 「아우내 근대교육의 역사와 김구응 열사」, 『제3회 아우내4·1문화제 자

목천군수 남계석南啓錫은 학생들에게 향학열을 고취시키는 등 이에 동참하고 나섰다. 그는 3년 전에 설립한 병진학교幷進學校가 재정난에 직면하자, 관내 면장과 군주사 등과 합의한 후 의연금을 갹출하였다. 발기인은 군수를 비롯하여 이정구李鼎九·이정래李廷來·한우석韓禹錫 등이었다. 이들은 관내를 순회하면서 학부형과 자산가 등에게 학교운영 참여를 권유하는 등 재정 확충에 노력을 기울였다. 흥호학교興湖學校는 이러한 상황과 맞물려 발전할 수 있는 토대를 마련할 수 있었다. 1910년 6월경에 재정난에 직면하자 교감 이정래, 회계 강대형姜大馨, 교사 유치성兪致晟·유규석柳圭錫 등은 교육 내실화 노력을 아끼지 않았다.[27]

조정식趙鼎植·홍승철洪承哲 등은 우국애민적 사상으로 청년교육을 발달하기 위하여 100원씩을 출연하였다. 이들은 보명학교普明學校를 설립한 후 교육에 매진했다. 이에 학생은 40~50명에 달하는 성황을 이루었다.[28] 이동면장 조세증趙世增과 유지 이항림李恒林·김사덕金思悳·이재홍李在弘·윤달섭尹達燮·이원하李瑗夏 등은 녹동학교麓東學校를 세웠다. 이들은 주민들에게 자녀들 입학을 권유하는 등 열성

료집』, 19쪽.

27 『大韓每日申報』 1908년 8월 2일 잡보 「並校試驗」, 1910년 6월 30일 학계보 「木川設校」 : 『황성신문』 1909년 3월 21일 잡보 「興湖其興」 : 『대한매일신보』 1910년 7월 1일 학계 「흥호학교장취」.
이 학교와 관련하여 유관순 아버지 유중권의 역할을 강조하는 연구도 있다. 이는 후대의 구술 자료에 근거한 주장이나 논리적으로 부합하지 않는다.(이덕주·최태육, 「유중권·이소제의 교육과 순국」, 『유관순 가家의 사람들』, 98-107쪽) 이들 부부는 개신교인으로 자녀 교육에 열성적인 사실을 지나치게 확대 해석하지 않았나 짐작된다.

28 『大韓每日申報』 1909년 6월 22일 잡보 「兩氏有志」 : 편집부, 「학계휘문, 兩氏熱心」, 『기호흥학회월보』 12, 기호흥학회, 1909.7, 44쪽.

을 다했다. 개교한 지 불과 몇 일만에 70여 명이나 출석하는 등 발전할 수 있는 토대를 마련했다.[29]

강제병합이라 소문이 흉흉한 가운데 이동면 영지리지령리 야소교회에서도 명진학교明進學校를 설립하였다. 개학한 지 불과 몇 일만에 많은 학생들이 입학했다. 이러한 상황에 대해 주민들은 적극적인 지원과 더불어 장차 무궁한 발전을 소망했다.[30] 이 교회는 1907년 8월 국채보상운동에 의연하는 등 사회적인 책무에 소홀하지 않았다. 당시 참여자와 의연한 금액은 다음과 같다. 조성택조병옥 부친, 조인원·박노철·김문삼·박은규·이희림 각 1원, 서상빈·유성배유빈기, 유관순 종조부·김상찬·조병규·김정운·윤병승·김춘삼·김진수 각 50전, 권정규·한인수 각 40전, 김재성·한성백·한기수·황상호·유성득·김순기 각 30전, 유일장·백천일·김정화·유우석유관순 오빠·유도원·유운서·유치운·목학선·김영보·유기서·김인서·윤덕일·박치삼·서희천·함주경·김성현·김화선·김성국·김원여·조형원조인원의 형·유중무유관순 숙부·강경안·정성삼·윤명중·김희도·윤경량·최덕중·이한종·이천길·리순현 각 20전, 김원칠·전원덕·이정삼·이재관·김명준·김치문·김원도 각 15전, 장춘일·엄사일·김자련·유치션선·김춘실·유대원·김영운·윤성업·김학서·김덕현·박정습·김치령·전정운·윤윤성·고정선·박영숙·이성운·최순오·안경장·권만복·김원삼·배도연·김순천·윤종술 각 10전으로 합 21원 5전이었다. 참여 인원

29 『大韓每日申報』 1910년 6월 24일 학계보 「木川設校」: 『대한매일신보』 1910년 6월 24일 학계 「록동학교셜립」.

30 『大韓每日申報』 1910년 7월 8일 학계 「明進將進」: 『대한매일신보』 1910년 7월 9일 학계보 「진명학교 셜립」.

은 무려 82명에 달했다.[31]

주지하듯이 아우내 지역 국채보상운동은 수신면 김상희金相熙 등의 국채보상회 발기로 3월 중순부터 시작되었다. 그는 자신의 문중 사람들이 의연금 출연에 동참하도록 종용했다. 이후 마을을 돌아다니면서 간절하게 권면하는 까닭에 주민들이 감발하여 경쟁적으로 참여하였다. 아울러 그의 애국적인 열성에 주민들은 찬사를 아끼지 않았다. 북면 전곡리 조병길 등은 의연금 10원을 모았다. 일동면 반계 윤씨문중은 9원 10전, 일동면 화산의 윤씨문중은 1원 30전, 이동면 삼한 윤씨문중은 10원, 이동면 매작에 거주하는 윤씨문중은 1원, 갈전 면실 윤씨문중은 1원 90전, 북면 평리 윤씨문중은 1원 60전을 거두었다. 목천군우지사 서상빈 등 상인은 34원 26전을 모았다. 갈병천 임동수 등도 16원 10전을 모금했다. 광기리 안동김씨 문중도 20원을 모금하는 등 문중단위로 확산되는 분위기로 귀결되었다.[32] 일동면 윤씨문중의 의연활동은 미담사례로서 소개되었다. "충남 목천군 일동면 번계리 삼한에 사는 윤행직尹行稷·윤태하尹泰夏·윤행의尹行義·윤명현尹命鉉·윤행주尹行周 등은 국채보상회를 발기하여 그 문중에 의연금을 모집하여 대한매일신보사를 방문하여 전달했다."[33] 아우내 지역은 문중 단위로 의연금 모금에 경쟁적으로 참여하는 등 생활공동체가 유지되고 있었다. 즉 일본군의 방화로 교회가 불타는 등 사회적인 불안에도 국채보상을

31 『大韓每日申報』 1907년 8월 16일 광고 「國債報償義捐金收入廣告, 忠南 木川 二東面 大芝靈耶穌敎堂」.

32 김형목, 『충청도 국채보상운동』-국채보상운동연구총서 ⑬, 도서출판 선인, 2021, 83-84쪽.

33 『大韓每日申報』 1907년 5월 8일 잡보 「尹門出捐」.

위한 활동은 계속적으로 이어졌다. 참여를 통한 소중한 경험은 자부심과 더불어 사회적인 책무를 일깨우는 생활현장이었다. 참된 국채보상운동 정신은 3·1운동 당시 이땅의 민중들이 독립운동 주역으로 등장하는 든든한 밑거름으로 작용했다. 우리가 국채보상운동에 주목해야 하는 이유도 이와 같은 역사적인 배경에서 찾아진다.

이는 근대교육에 대한 관심을 촉발시키는 기폭제로 작용했다. 자녀교육은 개인적인 문제가 아니라 생활공동체를 유지하는 '희망의 빛'과 같은 문제로서 인식되었다. 생활 정도에 따른 '의무교육비' 배렴에도 불만하거나 주저하지 않은 상황은 이러한 사실을 분명하게 보여준다. 대한제국기 천안 지역에서 운영된 대표적인 사립학교는 〈표 1〉과 같다.

〈표 1〉 1906~1910년 천안 지역 사립학교현황[34]

년도	학교명	소재지	설립·교사	교과과정	전 거
1906	흥환학교	직산	김동규, 민연훈; 교장	보교과정 / 40	大1906.8.22, 11.23; 황1906.8.21, 12.3, 1907.12.8; 『충청남북도각군소장』
	일어학교	천안 읍내	심상정	일어/ 다수	황1906.2.28
	농공학교	천안	유지신사	농업학 중심/	大1906.4.19
1907	장명보성학교	목천	홍사식; 교감	보통과정/ 다수	황1907.1.23, 1.23-2.7, 1.24, 8.15
	병진학교; 흥호학교	목천 갈전면	남계석; 교장, 이정래; 교감, 한우석; 학감, 유치성·류규석; 교사, 강대형; 회계	고등과, 심상과/ 수십명	황1909.3.21; 大1908.8.2, 1910.6.3; 대1910.7.1

34 김형목, 『대한제국기 충청지역 근대교육운동』, 132-133쪽.

년도	학교명	소재지	설립·교사	교과과정	전 거
1908	영진학교	천안	안기선(군수), 유지신사	보통과정/ 다수 안국선 연설과 기부	황1908.3.13
	대동학교	전의	유지제씨	보교과정/ 다수	황1909.6.2
	사숙	직산 서리	민재기	한문·국문·산술·작문/ 수십명	대1908.6.3; 大1908.6.18
	흥환학교; 의성학교	직산	의친왕(한응리); 교장, 강호도; 부교장, 민옥현(최두경); 교감, 남상순·민재기·이용성·민계동·전춘기; 교사	보교과정/ 70-80	황1908.7.2, 8.30, 10.22, 1909.2.7, 2.13, 3.2; 대 1908.7.5, 10.1, 10.22; 大 1908.6.23, 7.5, 9.30
	경위학교	직산	민철훈; 교장, 지희렬; 군수, 서광전; 교사	보교과정/ 70 국채보상 참여	大1908.9.30, 1909.1.15, 4, 20, 6.3; 대1908.10.1, 10.22, 1909.4.20; 황1907.6.3, 1908.1.22, 1909.4.3, 4.8, 9.4, 9.15, 12.29, 1910.1.9, 3.16; 『기호』10-37~38쪽
	대성학교	직산 보도원	유지제씨	의병 공격/ 50	황1909.7.27
1909	영미의숙	천안 소동면 미죽리	이동훈·김돈묵	보통과정/ 80	大1909.3.20; 『기호』9-43쪽
	사립보통학교	직산	김병원(민철훈); 교장,	보교과정/ 다수	대1909.9.25, 9.26; 大 1909.9.26; 황1909.6.30
	보명학교	목천	조정식·홍승철	보통과정/ 40	大1909.6.22; 『기호』12-44쪽
	병천학교	목천		보교과정/ 수십명	大1909.6.24; 대1909.6.25; 『기호』12-45쪽

년도	학교명	소재지	설립·교사	교과과정	전 거
1910	광동학교	전의 동면 노계	손창석·정인철	보교과정/ 30	大1910.1.9
	녹동학교	목천 이동	조세증·이항림·김사덕·이재홍·윤달섭·이원하	보교과정/ 70	大·대1910.6.24
	명진학교	목천 이동 영지	예수교회	보통과정/ 다수	大1910.7.8; 대1910.7.9
	수신학교	목천 수산 발산	이우규	보통과/ 수십명	황1910.3.5; 대·大1910.3.6

〈표 1〉은 당시 설립된 '주요' 근대교육기관을 의미한다. 1909년 10월말 현재 충남지방 공·사립보통학교는 112개교였다. 반면 서당개량서당을 포함-필자주은 686개소에 달하였다.[35] 이곳 사립학교설립운동의 주요한 특징은 크게 다음과 같이 정리할 수 있다.

첫째, 대부분은 초등교육 과정이었다. 이는 운영주체의 인식과 궁극적인 지향점을 보여준다. 곧 소수 우수한 인재양성보다 대중에게 일상사에 필요한 '보통지식' 보급이 주안점임을 의미한다. 문맹퇴치를 중시하는 가운데 민족의식·국가의식 등은 매우 중시되었다. 이는 근대교육 전반에 대한 미흡한 인식과 무관하지 않다. 또한 현실적인 여건도 크게 작용하였다. 엄밀한 의미에서 중등교육 시행은 여러 제약적인 요인으로 사실상 불가능한 실정이었다. 초등교육도 이를 담당할 '적절한' 교사진 충원마저 제대로 이루어지지 않았다.

둘째, 중장기적인 운영계획이 거의 없었다. 우후죽순처럼 설립

[35] 『大韓每日申報』 1909년 11월 13일 학계 「書堂何多」.

되는 교육기관에 부응한 사범교육 부재는 이러한 상황과 무관하지 않았다. 물론 일부 학교는 재정적인 확충과 '의무교육비'를 징수하였다. 이는 소수에 불과할 뿐 대부분은 기부금이나 의연금에 크게 의존하고 있었다. 폐교지경에 처하였다는 보도는 이러한 저간의 사정을 보여준다.

셋째, 여자교육기관이 전무한 점이다. 이는 지역적인 특성을 어느 정도 반영한다고 볼 수 있다. 사립학교 운영주체는 아직 근대교육을 통한 남녀평등권 실현까지 인식하지 못하였다. 인근 공주나 진천 등지에는 일찍부터 여학교에 의한 근대교육이 시행되었다.[36] 이는 선교활동 일환이었다. 근대여성교육에서 개신교 역할에 대한 긍정적인 평가는 여기에 있다.

마지막으로 「사립학교령」 시행 이후 사립학교설립운동은 발흥하였다. 이는 지역적인 특성을 반영한 결과에서 비롯되었다. 보수적인 경향이 강한 이곳은 계몽운동도 늦게 시작된 만큼 전개 과정도 지연될 수밖에 없었다. 기호 지역 사림 등에 대한 비판은 이를 방증한다.[37]

한글에 대한 관심은 식민지화에 대한 위기의식과 더불어 고조되었다. 국문학교 설립계획이나 국문야학 성행은 이러한 사실을 엿볼 수 있다.[38] 한글에 대한 관심은 교육열 고조로 이어졌다. 노동

36 공주영명중·고등학교, 『영명100년사』, 영명100년사편찬위원회, 2007, 84-89쪽.

37 『大韓每日申報』 1908년 4월 9일 잡보 「畿湖興학會에셔 畿湖人士에게 발送흔 全문이 如左흐니」.

38 김형목, 「한말 국문야학의 성행 배경과 성격」, 『한국독립운동사연구』 20, 독립기념관 한국독립운동사연구소, 2003 참조.

야학은 이러한 상황과 맞물러 발전을 거듭하기에 이르렀다. 이는 단순한 지식습득 차원에만 머물지 않고 새로운 '노동자상'을 창출하기에 이르렀다. '노동가치'·'임금' 등 노동자와 관련된 사회적인 인식변화는 이와 맞물려 진행되었다.

근대교육운동 진전은 상무교육에 대한 관심을 고조시켰다. 이는 국권회복을 위한 일환으로서 추진되었다. 운동회는 군사훈련을 버금가는 체력단련장이나 다름없었다. 1907년 5월 11일 청주 문암평에서 개최된 충청남북도연합대운동회는 대단한 성황을 이루었다. 학생 800여 명과 내빈 600여 명을 비롯하여 군중은 그야말로 인산인해를 이룬 대단한 변화였다. 당시 상황은 "각 학도는 일제히 우리나라의 토산 백목으로 양복을 만들어 입었다. 운동과정에 피선한 학생은 1백보경주에 김진용·함영석·김명창, 2백보경주에 윤사혁·권종운·송재경, 기취旗取에 정세혁·김성용·김진용, 계산경주에 박탁·이연우·남상규, 고도高跳에 손해춘·이창삼·유인호, 양인삼각에 김정하·윤창석·김응래·이영하·유시영·이병렬, 제등경주에 정세혁·차철·나윤겸, 문장경주에 권종운·유성·이종만, 광도에 함영석·김암회·정세혁, 각저角抵에 조옥인·이성규·임학빈 여러 사람이다. 각기 상품을 수여하고 내빈 중 유지신사 여러분이 연설하여 일시에 성황을 이루었다. 호중에 점차 교육의 발달함을 이로 보아 기약할 수 있다더라."[39] 늠름한 대오와 정정당당한 모습은 관중들로부터 절대적인 환영을 받았다. 지금까지 전혀 색다른 광경에 주민들은 변화하는 현실을 절감하는 생활현장으로 다가왔다.

1909년 진천 문명文明학교와 목천 병천학교 등 5개교 연합운

---

[39] 『황성신문』 1907년 5월 22일 잡보 「湖中學校大運動」.

동회 개최는 학생들에게 향학열을 일깨웠다. “진천읍 문명학교교감 이상직李相稷과 이곳 영국인 선교사 김우일金禹壹 등의 발기로 본월1909년 6월 12일에 군내 5학교와 목천 병천학교에서 연합대운동회를 개최하였다. 학생이 수백 명이오 관중이 인산인해를 이루어 목천군에서 처음으로 대성황이었다더라.[40] 주민들은 현장을 목격하는 가운데 근대교육의 중요성을 인식하기에 이르렀다. 유지들은 교재와 학용품 답지로 이들에 대한 격려와 지원을 아끼지 않았다. 외부 세계와 교류와 소통은 주민들의 일상사 변화와 더불어 가치관을 크게 변화시키는 자극제였다. 정정당당한 경쟁을 통하여 학생들 향학열과 현실 인식은 심화되는 결정적인 계기였다고 해도 과언이 아니었다.

직산 성환 의성학교 학생 50여 명과 임원 20여 명 등은 순종황제 즉위 1주년을 맞아 제등행렬 등 대대적인 경축행사를 벌였다. 주민들 적극적인 호응은 사회구성원으로서 자기 존재성을 인식하는 계기였다. 이는 근대교육에 대한 높은 관심과 지원으로 이어졌다. 생활 정도에 따른 ‘의무교육비’ 징수에 의한 사립학교 운영은 이와 같은 성격을 그대로 보여준다.

---

40 김형목, 「대한제국기 천안 지역 근대교육운동」, 『대한제국기 충청지역 근대교육운동』, 140쪽.

4. 3·1운동 전개 양상과 독립운동가들

1919년 1월 22일 광무황제 사망 소식은 충효관이 공존한 상황에서 대단한 충격이었다. 일제의 의한 '독살설'은 사실 여부와 관계없이 한국인의 분노를 표출하기에 충분했다. 2월 8일 일본 유학생들은 적지 도쿄에서 2·8독립선언을 감행한 소식은 신선한 자극제로 다가왔다.[41] 유학생들 일부는 독립선언서를 휴대하고 민족대표 등과 접촉하며 거국적인 만세운동을 추동시켰다. 상하이 신한청년단도 국내외로 단원을 파견하는 등 분위기를 고취하는 상황으로 이어졌다.

3월 1일 서울·평양·정주·의주·선천·원산 7개 지역에서 만세운동이 시작되었다. 탑골공원에 모인 학생들은 독립선언서를 낭독한 후 시가행진에 돌입했다. 광무황제 국장에 참석하기 위하여 전국에서 모여든 사람들은 이와 같은 현장을 직접 목격한 후 고향으로 돌아와서 만세운동 준비에 착수하였다. 일제는 평화적인 시위에 총칼을 휘두르는 등 무자비한 탄압으로 맞섰다. 더욱이 학생들의 시위에 당황한 일제는 서울 일원 중등학교에 휴교령을 내렸다. 이들은 각자 고향으로 돌아와 3·1운동의 전국화에 불을 지르는 결정적인 계기였다. 서울 만세운동은 철도 연선을 따라 각지로 파급되는 상황을 맞았다.

천안 지역도 3월 14일 목천공립보통학교를 비롯하여 3월 20일 양대리 사립광명학교에서 만세운동이 일어났다. 만세운동의 시발

41 김형목, 「2·8독립운동을 주도하다」, 『상산 김도연 평전』, 도서출판 선인, 2021.

점인 목천공립보통학교 학생들은 오후 4시경 교정에 모인 120여 명이 독립만세를 외쳤다. 학교 부근을 활보할 때 목천헌병주재소 헌병들은 출동하여 이를 저지하였다. 이 과정에서 학생 12년을 붙잡으며 해산시켰다. 다행히도 붙잡힌 학생들은 목천면장의 신원보증으로 풀려날 수 있었다.[42]

가장 지속적으로 만세운동이 일어난 지역은 입장면 양대리 일원이었다. 이곳은 일찍부터 금광이 개발되는 등 외국인과 주민들 사이에 갈등이 증폭되었다. 이러한 상황과 맞물려 학생·기독교인·장시 등과도 연동되어 있었다. 3월 20일 만세시위는 3월 10일경부터 광명학교 민옥금민원숙으로 개명·한이순한도숙으로 개명·황금순황현숙으로 개명 이른바 '3숙자매' 등은 계획에 돌입했다. 장날에 즈음하여 만세를 부르기로 날자를 정한 후 태극기와 독립선언서를 만들었다. 오전 10시경 70-80명 학생들은 독립만세를 부르며 장터로 나아갔다. 순식간에 시위군중은 300여 명으로 늘어났다. 천안헌병분대와 천안철도엄호대는 긴급 출동하여 남자 40명과 여자 10명을 붙잡았다. 이를 주도한 인물은 광명학교 여학생이었다. 심문과정은 물고문 등 온갖 악형이 동원되었으나 자신들의 독립의지를 정정당당하게 밝혔다.[43] 이들은 '숙자매'는 1년 2개월 징역형을 선고받고 공주형무소에서 복역한 후 석방되었다.

여학생을 비롯한 여성들 활동은 대한민국임시정부의 참정권 설정에 영향을 미쳤다. 임시헌장 제3조에는 "대한민국 인민은 남녀

42 최우석, 「천안 지역 3·1운동의 전개와 특성」, 『새롭게 본 천안학의 이해』 하, 139-140쪽.

43 민병달·이원표, 「입장 기미 독립만세운동」, 『천안독립운동사』, 91-94쪽.

귀천과 빈부의 계급이 없고 일체 평등"하다는 평등권이 명시되었다. 제5조인 "대한민국 인민으로 공민 자격이 있는 사람은 선거권과 피선권을 가진다"라고 규정함으로 여성 참정권이 부여하는 길이 열렸다. 임시의정원법에는 "중등교육을 받은 이상 남녀 모두 피선거권을 부여"하는 등 여성 지위와 권리에 획기적인 변화로 이어졌다.[44]

3월 28일 입장면 노기리의 직산금광회사 직원인 박창신·안은·한근수 등이 주도했다. 하루 전에 박창신 집에서 이들은 태극기를 제작한 후 광부들의 교대시간을 이용하여 이러한 사실을 알렸다. 200여 명 시위군중은 헌병주재소에 돌을 던지는 동시에 전화선을 절단하는 매우 공세적이었다. 헌병들 발포로 3명남기철과 신일성, 신원미상 1명 등이 현장에서 사망하고 7명이 부상당했다. 시위군중 대부분은 직산금광에서 일하는 광산노동자였다. 이는 30일 기독교도에 의한 만세시위로 이어지는 등 독립에 대한 열망을 강력하게 표출하였다.[45]

29일 읍내시장에서도 3,000여 명 군중이 모였다. 이문헌·허병·최오득·인시봉 등은 군중들에게 만세운동 참여를 권유했다. 인시봉은 갓을 쓴 사람들에게 갓을 벗기며 동참을 강권할 정도였다. 출동한 천안헌병대는 시위대를 이끄는 사람들에게 청색 잉크로 표시하여 검거하는데 혈안이었다. 그런데 이 만세운동을 주도한 인물들의 직업적·지역적인 연관성은 잘 발견되지 않는다. 30일 풍세면

---

44 최우석, 「천안 지역 3·1운동의 전개와 특성」, 『새롭게 본 천안학의 이해』 하, 142쪽.

45 민병달·이원표, 「입장 기미 독립만세운동」, 『천안독립운동사』, 91-94쪽.

주민들은 20여 개소에 봉화를 올렸다. 이들 중 200여 명은 시장으로 이동하여 독립만세를 불렀고, 헌병들은 총기를 발포하여 해산시켰다. 이때를 전후로 충남 지역에서 횃불시위는 새로운 시위 형태로 자리매김하였다.[46]

인근 지역에서 만세운동 소식을 접한 김구응金球應은 진명학교 부교장으로 병천교회 전도사인 박병무어거스틴·강태희 등과 만세운동을 논의했다. 대부분 독립운동가가 그러하듯이 아우내만세운동의 주역인 김구응에 대한 사료는 빈약하다. 그는 1887년 7월 27일 목천군 갈전면현 병천읍 가전리 99번지에서 태어났다.[47] 한학을 수학하는 한편 신학문을 익혀 동네에 청신의숙을 설립하여 근대교육 보급에 노력했다. 그런데 신학문을 언제부터 누구로부터 배웠는지 알 수가 없다. 당시 괴산 지역은 보수적인 성격이 강해 근대교육이 널리 보급되지 않은 상황이었다. 경술국치 이후에는 수신면 장신리 감리교회에서 운영하던 장명학교 교사로서 재직했다. 그는 유관순의 오빠 유우석과 조병옥 등을 가르치면서 기독교인과 교류·유대감을 강화할 수 있었다.[48] 감리교회에 대한 탄압으로 결국 1918년 학교는 폐교되고 말았다.

3·1운동이 일어나기 1년 전에는 아우내 성공회에서 운영하던

46 최우석, 「천안 지역 3·1운동의 전개와 특성」, 『새롭게 본 천안학의 이해』 하, 143-144쪽.

47 전해주, 「김구응과 성공회 진명학교」, 『아우내4·1문화재자료집』, 38쪽.
친손인 김경식 증언에 의하면 출생지는 충북 괴산으로 1907년 이곳으로 이사왔다고 한다. 이는 아버지로부터 전해 들었다는 점에서 사실로 생각된다.

48 이정은, 「김구응」, 『충남의 독립운동가』 1, 충청남도·충청남도역사문화연구원, 2011, 105쪽.

진명학교 교사가 되었다. 그는 그동안 경험을 살려 주민들과 소통에 노력하는 한편 폭넓은 교유 관계를 형성했다. 10년 이상 교사 생활은 많은 제자를 배출하는 등 지도자로서 면모를 일신하는 든든한 배경이었으리라고 생각된다. 성공회는 진천·천안·직산 등지 외부 세계와 소통하는 통로 중 하나였다. 앞에서 언급한 수원 성공회 부재렬의 직산에서 활동과 진천 5개 사립학교와 연합대운동회는 이러한 사실을 그대로 방증한다. 특히 진천 성공교회는 1914년부터 유치원을 운영할 정도로 근대교육 보급에 적극적이었다.[49] 이러한 사실은 아우내 지역에서 성공회 역할과 역사적 위상이 대단한 사실을 엿볼 수 있는 대목이다. 앞으로 이에 대한 사료 수집과 정리가 시급한 과제임을 의미한다.

특히 그에게 목천공립보통학교 학생들의 만세운동은 자신의 역할이 무엇인지를 생각하는 결정적인 계기 중 하나였다. 이에 교회 청년들과 매일 밤 교회 사무실에서 구체적인 계획을 세웠다. 조인원과 유중권·유중무 형제 등과 만세운동 준비에 골몰하였다. 3월 13일경에 고향으로 돌아온 유관순과 사촌언니 유예도는 독립선언서와 서울에서 만세운동 소식을 전했다. 이리하여 아우내만세운동은 주도면밀하게 준비에 들어갔다.

김구응 등 만세운동 계획은 다음과 같이 정리할 수 있다. 첫째, 효과적으로 만세운동을 전개하기 위하여 지역 책임자를 선정했다. 6개 구역으로 나누어 목천면 홍장섭, 북면 유연하, 갈전면 박제식, 동면 김소용, 수민면과 성남면 강태희 등이었다. 둘째, 인근 지역

---

49 김형목, 「1910년대 유치원 현황과 설립주체」, 『실학사상연구』 21, 무악실학연구회, 2001.

주민들을 최대한 동원하고 지역 내 유지들의 협조를 최대한 받음으로 거족적인 만세운동이 되도록 한다. 셋째, 만세운동은 평화적인 방법으로 하며 어떠한 일이 있어도 폭력을 사용해서 안 된다. 마지막으로 당일 사용할 태극기를 만드는 일은 박병무 전도사의 책임 하에 진행한다. 물론 김구응, 진명학교 학생들, 교인인 김엘리야·김인애·강신덕·강태민 등도 참여하였다.[50] 물론 유관순과 유예도 등도 이러한 과정에 참여하여 서울에서 소식을 알렸다.

5. 민족운동사에서 3·1운동의 위상

아우내만세운동이 일어나기 며칠 전부터 인근 지역 산에서 횃불봉화가 피어올랐다. 이는 만세운동을 알리기 위한 신호로서 매우 유용한 방법 중 하나였다. 거사 전날에도 매봉산을 비롯하여 동림산·서림산·은석산·상봉산 등지에도 봉화가 타올랐다. 유관순과 유예도 등은 인근 지역을 다니며 장날을 이용한 만세운동을 알렸다.

장날인 4월 1일에는 평소보다 많은 사람들이 모여 인산인해를 이루었다. 아마도 3천여 명으로 아우내뿐만 아니라 진천이나 천안 등지 주민들도 참여했다. 김구응을 비롯한 박병무·조원인·유중무·유중권 등은 이른 아침부터 장터로 향했다. 분위기가 무르익자, 오후 1시경에 김구응이 독립선언서를 낭독한 후 깃발을 앞세우고 평

50 강준희, 『이대로 섬기기를 원합니다』, 대한성공회출판부, 1998, 179쪽.

화적인 시위에 들어갔다.[51] 일제 헌병은 기세에 눌려 전혀 저지하지 못한 채 관망하는 분위기였다. 오직 만세시위를 중지하고 해산을 권고하는 상황이었다. 시위군중은 계속 독립만세를 부르며 장터를 누볐다. 오후 지원군이 도착하자 헌병들은 시위대를 향해 무차별적인 총격을 가했다. 이때 김구응·유중권 등은 총상을 입고 절명하거나 빈사 상태에 빠졌다.[52] 시위대를 이끌던 김구응은 제일 먼저 총탄에 희생되고 말았다. 조인원도 중상을 입는 가운데 시위대는 일시적으로 해산하였다.

잠시 후 재집결한 40여 명은 시신을 운구하는 동시에 헌병들에게 항의하기 시작했다. 순식간에 1,500여 명으로 늘어난 군중은 헌병주재소 유리창·경계철조망·유치장 벽 등을 부수었다. 유중무는 빈사 상태인 형 유중권을 등에 업고 사무실로 들어갔다. 헌병보조원 맹성호가 저지하자 "너는 보조원을 몇 십년 할 것 같으냐? 때려 죽이겠다"고 꾸짖었다. 유관순도 주재소장에게 "자신의 나라를 되찾으려고 하는 정당한 일을 하는데 어째서 군기軍器, 총칼를 사용하여 민족을 죽이느냐?"고 항변했다.[53] 아들의 사망 소식을 듣고

---

51 손성진, 「움켜 쥔 시신의 손에 독립선언서…아우내 만세운동 '진짜 주역'」, 『서울신문』 2019년 2월 12일자.
일부에서 독립선언서를 낭독한 인물을 조인원으로 언급하였다. 당시 기록이나 후일 증언 등을 통해 김구응이 낭독한 것으로 보인다(최훈, 「아우내장터 만세운동 주도, 김구응선생 재평가 활발」, 『중앙일보』 1991년 3월 1일자 : 이윤옥, 「3·1운동 100돌 100인의 여성독립운동가〈5〉 천안아우내 만세운동 이끈 김구응·최정철 모자(母子)」, 『우리문화신문』, 2018년 1월 3일자).

52 최우석, 「천안 지역 3·1운동의 전개와 특성」, 『새롭게 본 천안학의 이해』 하, 145쪽.

53 이정은, 「유중무」·「유중오」, 『충남의 독립운동가』 2, 26-27쪽.

달려온 어머니 최정철은 "내 나라를 찾겠다고 만세를 부른 것도 죄가 되느냐? 당장 내 아들을 살려내라!"며 헌병 멱살을 잡아 흔들며 절규하였다. 남편의 죽음에 항의하는 이소제와 아들의 죽음에 항의하는 최정철을 헌병은 총으로 잔인하게 살해하였다. 이어 총검으로 마구 찔러 선혈이 낭자했다. 모자 시신은 벌집 쑤신 듯하여 차마 눈뜨고 볼 수 없는 참혹한 광경이었다.[54] 결과는 61명 부상, 18명이 사망한 가운데 30여 명이 붙잡히는 "피바다"로 얼룩지는 참혹한 현장이 되고 말았다. 현재까지 밝혀진 천안 지역 만세운동과 관련하여 독립유공자로 인정된 사람은 〈표 2〉와 같다.

〈표 2〉 천안 지역 3·1운동 참가자들[55]

성명	직업	나이	성명	직업	나이
이규태	목천공보교 학생	15	김구응	진명학교 교사	32
민옥금	광명학교 학생	13	김상철	농업	46
한이순	〃	15	유관순	이화학당 학생	17
황금순	〃	15	유예도	〃	15
강기형	광명학교 교사	52	유중권	농업	56
안시봉	광부	19	유중무	전도사	45
김병렬	직산금광회사 고인	35	유중오	농업	31
김채준	〃	20	조인원	〃	56

54 김진호, 「천안군」, 『국내 3·1운동 Ⅱ-남부』-한국독립운동의 역사 20, 한국독립운동사편찬위원회·독립기념관 한국독립운동사연구소, 2009, 23-26쪽 : 이정은, 「김구응」, 『충남의 독립운동가』 1, 충청남도·충청남도역사문화연구원, 2011, 105-106쪽.

55 충청남도·충청남도역사문화연구원, 『충남의 독립운동가』 1-2를 참조하여 작성.

성 명	직 업	나이	성 명	직 업	나이
조쌍동	구두수선업	19	김상훈	〃	46
박창신	직산금광회사 고인	25	김용이	〃	24
안은	〃	23	조병호	〃	21
한근수	〃	27	백정운	〃	24
백학서	〃	23	이소제	무직	44
이문현	광부	37	신씨	농업	67
허병	농업	36	조만형	〃	21
최오득	〃	36	박제석	〃	19
안시봉	〃	28	박봉래	이발업	27
김교선	〃	28	최정철	무직	66
한동교	〃	22	박병무	진명학교 교감	32
이백하	〃	21	윤태영	농업	69
김상철	〃	23	윤희천	〃	25
이순구	무직	22	이성하	〃	60

3·1운동과 관련하여 독립유공자로 인정받은 천안인은 50여 명에 달한다. 현재 판결문이 남아 있는 참가자는 모두 32명이다. 3월 20일 입장면 양대리 8명, 3월 28일 입장면 4명, 3월 29일 천안면 4명, 4월 1일 아우내장터 16명이다. 〈표 2〉는 판결문은 없으나 3·1운동과 관련된 인물을 정리했다.

양대리 만세운동은 10대 초반이나 20대 초반이 주도했다. 특히 광명학교 여학생 3자매는 10대 초반으로 주목된다. 이는 근대교육 수혜로 여학생들이 민족문제에 관심을 가지는 동시에 사회구성원으로 '자기역할'과 '사회적인 책무'를 자각하고 있음을 엿볼 수 있다. 3월 28일 입장면 광부들은 20대 초반으로 노동자의 부당한 수탈에 대한 저항정신을 표출한 사실을 보여준다. 아우내장터 만세운동은 다양한 연령층이 분포한다. 60대에서 10대까지로 민족적인 결속을 엿볼 수 있는 대목이다.

한편 아우내만세운동에 대한 기록은 많지 않다. 당시 상황에 대해 민족주의 역사가이자 대한민국임시정부 임시대통령을 역임한 박은식朴殷植은 『한국독립운동지혈사』에서 다음과 같이 언급했다. "4월 1일 천안군 인사들이 아우내장터에서 시위운동을 벌이자, 왜병이 시위행렬의 기수旗手를 찌르려고 했다. 기수는 맨손으로 총검에 대항하여 온몸이 피투성이가 되었는데 왜병은 그의 배를 찔러 죽였다. 주모자 김구응이 왜경에 항의하니 왜경이 논리적으로 궁색하여 답변을 못하고 말문이 막혔다. 당황한 왜경이 총검으로 스스로를 찌를 듯하더니 돌연 김구응을 향해 총을 쏘는 한편 머리를 부수고 온몸을 난자했다. 그의 어머니가 시신를 안고 기절하였다가 정신을 차려 격렬하게 항의하니 왜경은 노모마저 찔러 죽였다."[56]

민족대표 33인 중 한 사람으로 임시정부의 활동을 정리한 김병조金秉祚는 『한국독립운동사략 상편』에서 아우내만세운동을 기록으로 남겼다. "천안군 병천시장에서 의사 김구응이 남녀 6,400명과장된 인원으로 짐작을 소집하여 독립선언을 할 때 일본헌병이 한국인의 기수를 해치고자 했다. 기수는 맨손으로 이를 막느라 피가 낭자했다. 그러자 일본헌병은 이들의 복부를 칼로 찔러 죽음에 이르게 하는지라. 김구응이 일본헌병의 잔인무도함을 꾸짖자 돌연 총구를 김구응에게 돌려 그 자리에서 즉사케 했다. 김구응은 머리를

56 박은식, 「天安之慘殺」, 『한국독립운동지혈사』 하, 상해 유신사, 1920, 64쪽.

맞아 현장에서 순국했으나 일본헌병은 사지를 칼로 난도질했다. 이때 김구응의 노모최정철가 일본헌병을 향해 크게 질책하자 노모마저 칼로 찔러 죽였다."[57] 그런데 모자의 아우내만세운동의 준비과정이나 현장에서 역할은 오래동안 우리들 기억에서 망각되었다.

우리는 3·1운동을 생각할 때 화성 제암리와 천안 아우내를 떠올리곤 한다. 아우내만세운동이 일어난 지도 벌써 103주년을 맞았다. 그럼에도 만세운동의 주역에 대한 연구는 크게 미흡한 수준임을 부인할 수 없다. 후손들의 증언조차도 제대로 수집·정리되지 못한 현실이 못내 안타깝다. 대부분 연구는 대한제국기부터 개신교에 주목하였으나 성공회 병천교회의 아우내에서 역할에 주목하지 못했다.

김구응은 아우내의 변화와 일상사를 변화시킨 주역 중 한 사람이다. 만세운동 준비과정이나 현장에서 역할은 주목해야 할 중요한 부분임에 틀림없다. 흔히 "그 어머니에 그 아들是母是子"라는 표현은 이들 모자를 두고 하는 말이 아닐까. 보다 심화된 연구를 통하여 김구응의 인생역정이 생생하게 우리 곁으로 다가오기를 바라고 또 바란다. 한국독립운동사에서 이와 같은 범주에 들어가는 인물들은 너무나 많다. 이들이 바로 천안 지역 3·1운동은 물론 일제강점기 민족해방운동을 이끈 주인공들이었다. 이를 위한 지방자치화 시대에 부응하는 인물들이 새롭게 조명되기를 거듭 소망한다. 머리말에서 언급하였듯이 '영웅주의 역사관'에 입각한 역사인식에

---

57 김병조, 「天安郡獨立宣言」, 『한국독립운동사략 상편』, 상해 선언사, 1921, 75-76쪽; 독립기념관 한국독립운동사연구소, 『한국독립운동사략 상편』-3·1운동 100주년 기념 자료집(제1집), 역사공간, 2018, 98쪽(번역문)과 75-76쪽(원문).

서 벗어나 사회적인 책무에 충실한 이들이 역사무대에 부활하기를 바란다.

참고 문헌

『황성신문』, 『제국신문』, 『大韓每日申報(국한문혼용판)』, 『대한매일신보(한글판)』, 『만세보』, 『매일신보』, 『신한민보』, 『중앙일보』, 『서울신문』, 『우리문화신문』, 『기호흥학회월보』.

국채보상운동기념사업회, 『유네스코 세계기록유산에 등재된 국채보상운동 기록물』 1-13, 2017-2021.

김병조, 『한국독립운동사략 상편』, 상해 선언사, 1921.3; 독립기념관 한국독립운동사연구소, 『한국독립운동사략 상편』-3·1운동 100주년 기념 자료집 제1집, 역사공간, 2018.

김영우, 「한말의 사립학교에 관한 연구〈II〉」, 『교육연구』 3, 공주사범대학 교육연구소, 1986.

김형목, 『대한제국기 야학운동』, 경인문화사, 2005.

_____, 『김광제, 나랏빛 청산이 독립국가 건설이다』, 도서출판 선인, 2012.

_____, 『대한제국기 충청지역 근대교육운동』, 도서출판 선인, 2016.

_____, 『충청도 국채보상운동』, 도서출판 선인, 2016.

_____, 『충청도 국채보상운동』-국채보상운동연구총서 ⑬, 도서출판 선인, 2021.

_____, 「기호흥학회 충남지방 지회 활동과 성격」, 『중앙사론』 15, 한국중앙사학연구회, 2001.

_____, 「1910년대 유치원 현황과 설립주체」, 『실학사상연구』 21, 무악실학연구회, 2001.

_____, 「한말 충청도 야학운동의 주체와 이념」, 『한국독립운동사연구』 18, 독립기념관 한국독립운동사연구소, 2002.

_____, 「한말 충북지방의 사립학교설립운동」, 『한국근현대사연구』 23, 한국

근현대사학회, 2002.
_____, 「한말 천안 지역 근대교육운동의 성격」, 『한국독립운동사연구』 30, 독립기념관 한국독립운동사연구소, 2008.
_____, 「사애리시의 충청지역에서 교육활동과 역사적 성격」, 『한국기독교문화연구』 12, 숭실대학교 한국기독교문화연구원, 2019.
_____, 「애국계몽운동-계몽단체의 조직과 활동-」, 『충남독립운동사』 I-국권회복운동·1910년대 독립운동, 충청남도·충청남도역사문화연구원, 2020.
_____, 「아름다운 인연, 3·1운동 '아이콘' 유관순의 부모님 유중권과 이소제를 아시나요」, 『독립기념관』 3월호, 독립기념관, 2020.
_____, 「천안 지역 계몽 단체와 근대교육운동」, 단국대학교 인문도시지원사업단 편, 『새롭게 본 천안학의 이해』 하, 단국대출판부, 2021.
_____, 「천안 지역 국채보상운동의 전개 양상과 성격」, 단국대학교 인문도시지원사업단 편, 『새롭게 본 천안학의 이해』 하, 단국대출판부, 2021.
_____, 「부재열과 외국인들」, 국채보상운동기념사업회, 『국채보상운동 인물사』-국채보상운동연구총서 ⑲, 도서출판 선인, 2021.
민병달 편저, 『천안의 인물사』-향토문화자료 5, 천안문화원, 1990.
민병달·이원표 편저, 『천안독립운동사』, 천안문화원, 1995.
박은식, 『한국독립운동지혈사』, 상해 유신사, 1920.
손성진, 「움켜 진 시신의 손엔 독립선언서…아우내 만세운동 '진짜 주역'」, 『서울신문』, 2018년 2월 12일자.
심옥주, 「유관순, 3·1만세운동의 횃불을 들다」, 연세대 근대한국학연구소, 『여성독립운동가 열전』-근대한국학 대중총서 04, 세창출판사, 2021.
이덕주·최태육, 『유관순 가家의 사람들』, 신앙과지성사, 2019.
이윤옥, 「3·1운동 100돌 100인의 여성독립운동가〈5〉 천안아우내 만세운동

이끈 김구응·최정철 모자(母子) 최정철, 김구응 의사 증손자 김윤식 씨와 대담」, 『우리문화신문』, 2018년 1월 3일자.

이지애, 「개화기 '배움터'의 변화와 '자아찾기'로의 일상성」, 『근대의 첫 경험-개화기 일상 문화를 중심으로-』, 이화여대출판부, 2006.

이정은, 『유관순- 불꽃같은 삶, 영원한 빛』, 독립기념관 한국독립운동사연구소, 2004.

임연철, 『이야기 사애리시 : 유관순 열사 신앙의 어머니, 충청 선교의 개척자』-한알의 밀알 46, 신앙과지성사, 2019.

임명순, 『근현대 천안관련 신문자료, 1898.8.12~1950.3.29』, 천안향토사연구소, 2002.

전해주, 「성공회 병천교회의 3·1 아우내 만세운동에 대한 기여」, 성공회대석사학위논문, 2006; 「김구응열사와 성공회 진명학교」, 『제1회 아우내4·1문화재자료집』, 천안역사문화연구회, 2019에 재수록.

최우석, 「천안 지역 3·1운동의 전개와 특성」, 단국대학교 인문도시지원사업단 편, 『새롭게 본 천안학의 이해』 상, 단국대출판부, 2021.

최　훈, 「아우내장터 만세운동 주도, 김구응선생 재평가 활발」, 『중앙일보』 1991년 3월 1일자.

충청남도, 『충남의 독립운동가』 1-2, 충청남도역사문화연구원, 2011.

천안 출신 인물 조병옥의 생애와 활동

박상준독립기념관

1. 머리말

천안은 대한제국 시기까지 별도의 행정구역이었던 천안·목천·직산 세 개의 고을이 일제강점기에 접어들어 합쳐지면서 현재 모습의 토대를 갖추게 되었다. 이 중에서도 특히 동남부의 목천지역[1]은 이동녕·이장녕·유관순 등 유수의 독립운동가들을 다수 배출하면서 충절의 고장으로 불려도 손색이 없는 곳이었다. 본 글에서 살펴보고자 하는 유석維石 조병옥趙炳玉, 1894~1960 역시 천안 병천면 출신의 인물로, 일제강점기 여러 사회운동을 이끈 민족운동가였다. 또한 해방 이후에는 정치가로 활동하며 대한민국 정부를 수립하는데 기여하는 한편, 제1공화국 시기 이승만의 정치적 라이벌의 한

1 옛 목천 지역은 지금의 목천읍·병천면·동면·북면·성남면·수신면을 포괄하였다.

사람으로서 자리매김하기도 하였다.

이렇듯 식민지와 분단이라는 격동의 시기 속에서 조병옥은 자신의 활동을 통해 많은 족적을 남겼다. 따라서 그의 생애에 대한 조명도 독립운동가로서, 정치가로서 다각도로 이루어졌고, 다양한 해석과 평가 속에서 연구가 진행되었다. 또 그러한 맥락에서 조병옥이 생전에 남긴 자서전 『나의 회고록』은 자신의 삶 속에서 나타난 모습들의 내면을 일정하게 들여다 볼 수 있는 중요한 사료라 할 수 있을 것이다. 그러나 한편으로 이는 조병옥 자기 자신의 행위를 정당화하는 논리로 나타나기도 하였다. 따라서 조병옥의 자서전을 통해 그의 생애를 살펴봄에 있어, 비판적 시각을 가지고 접근해야 할 필요가 있다.

본 원고는 2022년도 단국대학교 인문도시지원사업 '천안학의 이해'에서 조병옥의 생애와 활동에 대해 강의한 내용을 정리한 글이다. 이를 통해 한국 근현대의 흐름 속에서 그가 어떠한 방향을 가지고 살아갔는지에 대해 조금이나마 알 수 있는 계기가 되기를 기대한다.

2. 출생과 가정환경

조병옥은 1894년 지금의 천안시 병천면 용두리에서 아버지 조인원과 어머니 남양 홍씨의 2남 중 장남으로 태어났다. 당시에는 천안의 행정구역이 통합되기 이전이었기 때문에 충청도 목천군 이동면 지령리였다. 조병옥의 아버지 조인원이 충청도 청원군 강내면 연정리에서 살다가 용두리 지랭이골로 이사와서 자리잡은 것을 보아, 그의 집안은 오랜 시간에 걸쳐 목천지역에 자리잡은 유력가문은 아니었다. 그에 비해 재산 정도는 평소 가난한 집 사람들에게 양식을 나누어 준 예가 많다거나 조병옥이 미국 유학 당시 재산이 120마지기 정도였다는 점을 볼 때, 상당한 경제적 기반을 갖추고 있었다.

조인원은 1864년생으로 당시로서는 늦은 나이에 조병옥을 낳은 편이었다. 조인원과 차남인 조병호(조병옥의 동생)는 1919년 4월 1일 아우내장터에서 독립만세운동이 일어났을 때 선두에서 주민들을 이끌었다. 아우내장터 만세운동이라고 불리는 이 만세시위는 유관순과 그의 아버지 유중권이 참여한 것으로 유명하다. 여기에서 유중권을 비롯한 주민 19명이 병천 헌병주재소 소속 헌병의 발포로 순국하고, 30여 명이 부상을 당하였다. 이에 조인원·조병호는 유관순 등과 함께 군중을 이끌고 주재소로 몰려갔다. 조인원은 주재소장과 헌병의 총을 잡았고 조병호는 헌병의 뺨을 구타하여, 같은 해 6월 30일 경성복심법원에서 '소요 및 보안법 위반'으로 각각 징역 3년과 2년 6개월의 판결을 받은 뒤 옥고를 치렀다.

이렇듯 조병옥의 집안은 3·1운동 당시 적극적으로 참여하였다. 아우내 만세운동이 유관순이 주도했던 시위로만 흔히 알려져 있지만 그 못지않게 조병옥의 가족들 역시 여기에서 중요한 지도자 역할을 한 것이었다. 그러나, 이 시기 조병옥은 미국에서 유학 중이었기 때문에 국내의 만세운동에는 참여할 수가 없었다.

한편 가정환경에 의해 조병옥의 인생에 큰 영향을 미친 일이 하나 더 있었다. 그것은 바로 아버지 조인원이 기독교를 받아들인 것이었다. 조병옥이 어린 시절 미국인 감리교 선교사인 케이블 목사가 조병옥의 동네에 와서 전도를 하였는데, 이때 조인원은 감리교 신자가 된다. 이후 조인원은 집 사랑채를 사경회 강습장소로 개방하고 신자들을 모이게 하였으며, 속장(평신도 신앙지도자)이라는 교직으로 임명받는 등 지역의 중심적인 교회 지도자로서 활발하게 활동하였다.

조인원의 기독교 수용 및 교회활동은 단순히 서양에 대한 동경에서 비롯된 것만은 아니었다. 조인원은 1900년대에 접어들어 일제의 침략이 노골적으로 본격화되자 국권회복운동의 차원에서 일어난 계몽운동에 대해 큰 관심을 갖고 주목하였다. 이 과정에서 그는 기독교를 민족공동체의 독립을 수호하고 그 힘을 키울 수 있는 근대화의 통로로 인식하게 된 것이었다. 조인원의 이런 기독교관은 아들 조병옥에게도 큰 영향을 끼쳤다.

3. 일제강점기 민족운동 참여

1) 미국 유학 생활

조인원은 원래 조병옥을 한학자로 키우고 싶어 했다. 그러나 조인원이 기독교를 받아들이면서 조병옥은 케이블 목사의 추천에 의해 공주 영명학교 4학년에 편입하게 되었다. 영명학교 졸업 후 평양에 있던 숭실중학교로 편입하였는데, 이곳에 진학한 이유도 영명학교와 마찬가지로 미션스쿨이었기 때문이었다.

숭실중학교가 위치하고 있던 평양을 중심으로 하여 관서지방 일대는 조선 시대에 오랫동안 정치적 차별을 받았던 공간이었다. 지역차별로 말미암아 양반사족 지배체제가 미약했고, 그러한 관계로 신분이나 가문의 차별이 크지 않아 일찍부터 주민들 사이에 일체감을 바탕으로 한 평민적 자치질서가 발달하였다. 이는 근대에 이르러 관서지방이 다른 지방에 앞서 신문명을 받아들일 수 있는 유리한 조건으로 작용하였고, 개항통상 이후 기독교의 수용과 신교육 실시의 선도적 역할을 하게 되었다. 숭실중학교는 앞서 안창호가 창설하였던 대성학교의 영향을 받아 학풍이 좋았으며, 학생이 5백여 명이나 되었다. 조병옥은 여기에서 자신의 시야를 넓히는 데 큰 도움을 받았고, 연설·토론 대회에도 참가하는가 하면 학생회 활동도 하였다.

이후 조병옥은 숭실중학교를 졸업하면서 미국 유학을 결심하게 된다. 조병옥이 유학을 결심하게 된 계기는 1910년 미국 프린스턴대학교에서 박사학위를 받고 귀국한 뒤 YMCA에서 활동하던 이승만을 비롯하여, 신흥우·김규식·백상규 등의 미국 유학생 출신들을 동경하였기 때문이었다. 조병옥은 미국 유학을 준비하기 위해 영어를 공부하기로 마음먹고 배재전문학교(연희전문학교의 전신)에 입학하였다. 조병옥은 재학 당시 배재학당의 교장으로 있던 신흥우의 요청에 따라 시간강사를 맡아 1년간 한문과 대수를 가르치기도 하였다.

배재전문학교를 졸업한 조병옥은 미국으로 건너가 펜실베니아

주에 있는 와이오밍 고등학교에 입학하였다. 당시 조병옥의 유학 선택지에는 일본도 있었으나 일본에 대한 적개심과 미국에 대한 동경으로 미국 유학을 택하였다. 미국으로 유학을 갈 때 아버지 조인원은 소유하고 있던 120마지기의 토지 중 절반을 팔아 3천 원을 마련해 주었다. 와이오밍 고등학교 4년의 재학기간 동안 조병옥은 여러 나라 언어를 습득하였고, 이 학교 역시 감리교 계열의 미션스쿨이었기 때문에 기독교 교리를 계속 접해 나갔다.

1918년 와이오밍 고등학교를 졸업한 조병옥은 곧 이어 컬럼비아대학교 경제학과에 입학하였다. 그는 4년간에 걸쳐 1년에 8백 달러의 장학금을 받았고 1922년에 학사, 이듬해에 석사, 그리고 1925년에 철학박사 학위를 받았다. 그가 제출한 박사학위 논문의 제목은 「한국의 토지제도Land Tenure in Korea」였다.

조병옥은 미국 유학을 통해 지식으로만 접했던 근대 미국사회를 체험하고, 기독교 신앙 및 세계관을 내면화하였다. 뿐만 아니라 당시 최고 고등교육과정인 미국 대학교의 학사·석사·박사를 모두 통과함으로써 서구 근대문명의 정수精髓를 직접 체득할 수 있는 기회를 갖게 되었다.

그런가하면 조병옥은 컬럼비아대학교에서 수학하면서 자신이 평생 동안 견지하였던 사상적 기반을 형성하기도 하였다. 그는 러시아인이었던 심코비치 교수에게 사회주의·공산주의에 대한 이론과 비판 강의를 듣고 개인지도를 받으며 유물사관을 파악하게 되었다. 조병옥의 이러한 학문적 경험은 이후 그가 공산주의와 공산주의 전략을 비판하고 자유민주주의를 옹호하는 토대가 되었으며, 자신의 정치적 논리를 관철시켜 나가는 과정에서 강력한 무기가 되기도 한다.

한편 조병옥이 컬럼비아대학교 재학 중이던 1919년, 국내에서 3·1운동이 일어나자 침체된 미주 한인사회에도 정치적 활기를 띠기 시작했다. 조병옥은 이 해 4월 14일 유학생들의 주도로 필라델피아에서 개최된 제1차 한국의회First Korean Congress에 참석하였다. 이 자리에서 조병옥을 비롯한 참석자들은 '정의'와 '인도'를 숭상하는 미국을 신뢰한다고 천명하고, 미국정부와 파리강화회담에 조선의 독립을 간절히 호소·요청하였다.

또한 이 무렵 뉴욕 한인들에게 단체의 필요성이 제기되면서 1921년 교민과 학생들이 중심이 된 뉴욕 한인회가 조직되었다. 조병옥은 이 단체의 총무를 맡고 대한인공동회에 참여하여 뉴욕 한인사회의 단결을 도모하는 역할을 하였다. 뉴욕지역 이승만계 인사와 안창호계 인사들의 합작체로 발족한 대한인공동회는 1921년 11월부터 열린 워싱턴회담에서 한국문제가 공식적인 회의 의제로 선정되도록 대한민국 임시정부 구미위원부의 외교활동을 적극적으로 후원하였으나 성과를 얻지는 못하였다.

2) 귀국 후 기독교 사회운동 참여

조병옥은 미국에서의 학업을 마치고 1925년 8월 귀국했다. 1914년 배재전문학교를 졸업하고 와이오밍 고등학교에 입학한 뒤 컬럼비아대학교에서 박사학위를 취득할 때까지 10여 년의 기간 동안 미국 유학생활을 한 것이다. 그는 귀국 후 곧장 천안 용두리 고향으로 돌아왔으나, 오랜 기간 미국에 있었던 자신으로 인해 가족들이 일본경찰로부터 핍박받을 것을 우려해 이튿날 바로 상경하였다.

서울에 올라온 조병옥은 연희전문학교 상과 전임교수로 임용되어 재정 금융학과 사회학을 담당하였으나, 학생들의 동맹휴학 문제에 연루가 되어 곧 사임하였다. 그리고는 주로 YMCA에 나가 청년회 일요강좌·간담회 등에 참여하며 사회복음Social Gospel을 주장하였다. 당시 한국 교회는 기독교의 적극적인 사회참여를 주장하는 논의가 활성화되어 있었다. 이를 배경으로 1920년대 중반 이후 기독교 사상계에는 '기독교사회주의'와 '사회복음주의'가 본격적으로 소개되었다. 이들 사조는 당시 기독교계 개혁운동 및 사회운동의 새로운 방향과 방법론을 모색하던 기독교인들에게 큰 자극이 되었다.

조병옥 역시 이러한 기독교 내 일각의 문제의식에 공감하고 있었다. 그는 YMCA 이사회 석상에서 "YMCA가 종래의 방침대로 젊은 기독교 신자들의 친목이나 교양단체로 끝날 것이 아니라, YMCA의 신운동을 전개하여 운동경기장을 건설하고 목욕탕을 설비하는 한편 민족운동의 일역으로써 사회개혁운동에도 가담하는 것이 좋지 않으냐"라고 주장하였다. 또 그러한 맥락에서 자신의 지론을 지지하는 YMCA회원, 감리교·장로교의 젊은 신도, 그리고 연희전문학교의 젊은 학생들을 규합하여 60여 명으로 이루어진 기독신우회라는 비밀단체를 조직하였다. 기독신우회는 20명씩 분산하여 기독교혁신운동을 전개하는 한편 동조자를 모으는 활동을 1년 반가량 하였으나, 조병옥이 투옥되면서 해산되고 만다.

3) 신간회 운동

조병옥의 투옥은 당시 그가 참여하고 있던 신간회의 광주학생운동 지원이 발단이 된 일이었다. 신간회가 창립되기 이전부터 조병옥은 민족협동전선의 필요성을 인식하고 있었다. "남에게 뒤떨어진 민족은 반드시 협동·협력하는 정신이 무엇보다 풍부해야 한다"라고 주장했던 조병옥은 귀국 직후인 1925년 9월 언론계와 학계에 종사하던 미국·일본 유학생 출신의 지식인들과 함께 조선사정연구회를 주도적으로 조직하였다. 조선사정연구회는 비타협적 민족주의자들이 사회주의자들과 민족협동전선을 논의하는 과정에서, 비타협적 민족주의자 자체 조직을 정비하면서 결성한 조직이었다. 그리고 신간회가 창립되자 조병옥 등 연구회 회원들은 여기에 참여하였다.

조병옥은 1927년 2월 개최된 신간회 창립대회에서 본부의 간사에 선출되었다. 신간회는 '민족 유일당 민족협동전선'을 슬로건으로 내걸고 비타협적 민족주의 진영과 사회주의 진영이 연합하여 창립된 결사체였다. 시기에 따라 2만 명에서 최대 4만 명의 회원을 지닌 일제하에서 가장 규모가 컸던 반일민족운동 단체였다.

그러나 신간회 창립 이후 조병옥은 신간회 내에서는 별다른 움직임을 보이지 않고, 한동안 수양동우회를 합법적인 정치투쟁 단체로 개조하는 일에 집중하였다. 수양동우회는 1913년 미국 샌프란시스코에서 안창호에 의해 조직된 흥사단의 국내지부로서 '민족의 실력배양'과 '인격수양'을 목적으로 하는 수양단체였다.

조병옥은 1929년에 이르러서야 본격적으로 신간회 활동을 시작하였다. 본부 총무간사·재무부장·교육부장 등으로 선임되었던 그는 신간회 운동이 "조선 대중을 훈련조직하여 우리의 복리증진에 당當할 세력을 조성하고자 함"이라 설명하며 민족적 정치투쟁의 전개를 강조하였다. 이와 더불어 본인이 조직한 기독신우회의 구성원들을 신간회 활동에 적극 끌어들였는데, 당시 경성지회 임원으로 선출된 오화영·이동욱·김사목·김응집 등은 기독신우회 회원들이었다. 이렇게 조병옥은 기독신우회를 배경으로 신간회 본부와 경성지회로 진출하여 신간회 운동을 주도하는 리더로 자리를 잡았다.

1929년 7월 신간회 경성지회장으로 선출된 조병옥은 신간회의 투쟁적 활동을 실천하기 위한 사업들을 펼치기 시작했다. "단결로써 투쟁으로 … 투쟁에서 단결로"라는 구호를 내걸면서 그는 일제 당국에 협조적 태도를 보이는 간부를 비판하고 적극적인 정치적 투쟁을 전개해 나갔다. 그리하여 조병옥이 경성지회장으로 선출된 이후 경성지회는 강연 및 연설과 같은 계몽운동의 활동에서 더 나아가 정치·사회·경제문제에 관한 실천적·투쟁적인 활동을 시작했다.

이와 같이 조병옥 등의 주도 하에 신간회가 비타협적 정치투쟁 노선을 전개하는 동안 1929년 11월 광주학생운동이 일어난다. 광주학생운동이 발생하자 신간회는 이를 격려·옹호하면서 전국적인 민족운동으로 확산시키기로 결의하고 추진하기 시작하였다. 조병옥은 12월 10일 오후 중앙집행위원장 허헌의 자택에서 검사위원장 권동진, 동아일보 사장 송진우, 조선일보 부사장 안재홍, 중외일보 조사부장 이시목 등과 모여 1. 광주학생운동과 관련하여 관헌이 취한 조치를 힐난하고 이들을 규탄하기 위하여 사건의 정체를 폭로할 것, 2. 구속된 학생을 무조건으로 석방하게 할 것, 3. 경찰의 학교유린을 배격할 것, 4. 경찰정치와 항쟁할 것 등 취지의 연설광고문을 인쇄 살포할 것을 협의하였다. 또한 청중을 모아 공개연설회를 개최하여 위 광고문에 기반한 연설을 한 뒤 시위운동을 주도하고 그 경과보고를 시내 한글신문으로 보도하고자 하였다. 이와 함께 조병옥 등이 각 방면의 유력자들에게 동참을 권유할 계획을 세웠다. 여기에 따라 조병옥은 천도교청년당 간부 조기간과 불교계의 한용운 등 종교계 인사들을 비롯하여 동아일보 편집국장 주요한 등 언론계 인물까지 각계 유력자들을 만나며 민중대회를 성사시키고자 하였다. 그러나 12월 13일 대회가 개최되기 6시간 전에 조병옥 등 신간회 구성원 44명을 비롯해 근우회·청년총연합회·노동총동맹의 관련자 47명 등이 일제의 검속으로 체포되면서 민중대회는 결국 좌절되고 만다.

이 사건으로 인해 조병옥은 경성지방법원에서 보안법 위반으로 징역 1년 4개월의 판결을 받고 복역하였다가 1932년 1월 22일 가석방되었다. 판결 이후 조병옥이 복역한 것은 8개월 남짓이었으나, 그가 1929년 12월에 체포된 이후 계속 구금되어 있었으므로 실제 복역한 기간은 2년이 넘는 기간이었던 것이다.

조병옥이 출옥했을 때 신간회는 이미 해소되어 없어진 후였다. 신간회는 민중대회사건으로 큰 타격을 받았는데, 본부 임원들뿐만 아니라 지회의 많은 운동가들이 체포·투옥되었다. 이 사건 이후 신간회는 허헌 중앙집행위원장 체제에서 김병로 집행위원장 체제로 바뀌었다. 김병로 중심의 신간회가 취한 자치론자들과의 제휴

같은 타협적인 노선, 가급적 충돌을 피하려는 온건 노선으로 인해 사회주의세력의 반발을 불러왔고 결국 해소까지 이르게 되었다.

4) 언론·광산 사업과 수양동우회 사건

감옥에서 출소하였지만 신간회의 해소로 인해 조병옥은 적수공권의 처지에 있었다. 이러한 와중에 지인으로부터 당시 경영난에 빠져있던 조선일보를 인수해 보라는 권유를 받고 자금조달을 위한 활동에 착수하기 시작했다. 그는 무지한 대중을 널리 계몽시키고, 민족의 얼을 살리고, 민족문화를 향상시키는 민족운동의 커다란 역할을 할 수 있는 방법은 오로지 언론을 창달하는 길밖에 없다고 여겼다.

그리하여 조병옥은 황해도와 평안남북도에서는 조만식과 함께 각 방면의 유력자들을 찾아다니며 신문사 운영자금 원조를 요청하였고, 삼남지방 일대에서는 그 스스로의 힘으로 운영자금을 확보하여 총 30만원이라는 금액을 모을 수 있었다. 이렇게 인수된 조선일보는 조만식이 사장으로 취임하고 주요한이 편집국장, 조병옥은 전무이사 겸 영업국장이 되었다. 그러나 조선일보를 운영한 지 약 8개월 만에 다시 경영난에 빠지게 되었다. 이에 조병옥은 난관을 돌파할 방안을 백방으로 찾다가 전前동아일보 정주지국장이었던 방응모를 소개받아 그에게 경영권을 넘겼다. 그러나 얼마안가 둘 사이에 경영문제에 대한 끊임없는 의견대립이 일어났고, 결국 조병옥은 조선일보에서 퇴사하고 이후 광산 운영을 결심하였다.

조병옥은 신간회 당시부터 가깝게 교류하였던 민병주와 동업하여 광산 사업에 착수하였으나, 곧 체포되어 다시 수감생활을 하게 된다. 조병옥이 체포된 것은 수양동우회 사건에 연루되었다는 혐의 때문이었다. 조병옥은 1925년 유학을 마치고 귀국하여 이 수양동우회에 가입하여 활동한 적이 있었다.[2]

수양동우회 사건은 기독청년면려회가 1937년 6월 개최할 예정이었던 제8회 전조선면려회 금주운동을 앞두고 전국 각지에 보낸 팜플렛이 문제가 되면서 발단이 되었다. 그것은 '멸망에 함陷한 민족을 구출할 기독교인의 역할'이라는 팜플렛의 문구가 불온하다는 것이었다. 이에 일본 경찰이 1937년 5월 기독청년면려연합회 서기 이양섭을 체포하여 신문하던 중 그 배후에는 이대위·정인과·이용설·주요한 등 수양동우회 인사들이 대거 관련되어 있다는 자백을 받아냈다. 여기에 따라 수양동우외 회원들에 대한 대대적인 검거가 시작되었고, 그 과정에서 조병옥도 체포된 것이었다.

조병옥은 치안유지법 위반혐의로 예심기간 2년 동안 형무소에 수감되어 있다가 1939년 12월 경성지방법원 1심 공판에서 무죄를 선고받았다. 이후 검사 측의 항소로 경성복심법원에서 징역 1년 6개월, 그리고 다시 조병옥의 상고로 고등법원에서 1941년 7월 무죄 판결을 받았다. 최종적으로는 무죄판결을 받았지만 조병옥은 4년여의 기간을 감옥에서 보낸 것이었다.

출소 후 조병옥은 일제의 여러 회유압박과 생활고를 견디지 못하고 고향인 천안군 용두리 마을로 내려갔다. 낙향한 이후에도 그

---

2 당시 수양동맹회. 수양동맹회는 같은 해 평양 대성학교 관련 상공인들이 주도적으로 결성한 동우구락부와 통합하면서 수양동우회로 개칭된다. 이 단체는 모두 안창호의 실력양성론에 입각한 단체로 사실상 그 목적을 같이 하고 있었다.

는 주재소 출두통지를 받기도 하고, 순사로부터 창씨개명의 압박을 받아야 했다. 이렇게 일제가 전쟁을 벌이던 시기 고향에서 조용히 지내던 조병옥은 1945년 8월 눈병으로 인해 서울로 올라와 있던 차에 해방을 맞이하게 된다.

4. 해방 이후 정치가로서의 삶

1) 미군정 하 경무부장 활동

해방 직후 한반도 전역에서는 각 지역의 질서를 유지하기 위한 자생적 조직들이 생겨나기 시작했다. 이들은 곧 여운형·안재홍 등이 이끌던 조선건국준비위원회(건준)가 지방지부조직에 착수하자 여기에 흡수되어갔다. 한편 한반도에 진주한 미군과 소련군은 38선을 기준으로 한반도를 분할 점령하여 통치하기 시작하였다.

조병옥은 미군이 진주한 직후 9월 16일에 결성된 한국민주당(한민당)에 참여하였다. 한민당은 송진우·김성수·김병로 등 민족주의 우파 계열의 지식인과 언론인, 자산가가 중심이 되어 결성한 정당이었다. 이들은 건준의 타도를 추구하는 한편 미군의 한반도 통치에 적극적으로 협조하고자 하였다. 조병옥은 한민당이 정식 창당되기 직전 윤보선과 함께 미군정청 최고 사령관이었던 하지 중장을 만난 자리에서 건준과 여운형에 대해 '친일파 집단', '잘 알려진 부일협력자'라고 하였다.

한편 미군정은 해방 이후 혼란한 사회를 수습하고 통제하기 위해 경찰력을 효과적으로 운영할 필요가 있었다. 이 과정에서 조병옥은 한민당 수석총무 송진우의 추천으로 10월에 경찰의 총수인 경무국장(곧 경무부장으로 개칭)에 임명되었다.

조병옥은 미군 진주 이후 가는 곳마다 적색공포와 공아론恐俄論을 퍼부었고, 군정 당국자들의 눈에 열정적 반공주의자의 모습으로 각인되었다. 신원보증은 조병옥이 졸업한 공주 영명학교의 선교사 출신 군정부 인사고문위원 윌리엄스와 연희전문학교의 언더우드 정도면 충분했다.

무엇보다 조병옥은 우익진영에게 지울 수 없는 정치적 얼룩인 특별한 친일흠결이 없었다. 뿐만 아니라 미국적 자유민주주의와 반공이념을 내면화시킨 컬럼비아대학교 졸업자라는 화려한 학적 배경과 1920년대 말 신간회 사건으로 투옥된 항일경력까지 갖추고 있었다. 요컨대 미국 유학을 통해 형성된 친미적 성향과 미국식 반공논리로 무장한 조병옥은 미군정의 입장에서 중용하지 않을 이유가 없는 인물이었던 것이다.

조병옥은 경무국장으로 취임한 후 가장 우선적으로 경찰력을 강화하는 데 주력하였다. 그리하여 경찰의 병력을 2만 5천명으로 책정하고 그 병력을 미군과 같은 사단제로 편성하였다. 또한 각 도청소재지에는 경찰청을 설치하고 각 시에는 경찰서, 각 읍면에는 지서 등을 설치하여 체계적인 조직망을 형성하였다. 그런가 하면 경무기와 중화기 등으로 무장화하여 수시로 각지에서 일어나는 좌익세력의 소요에 대비하고자 하였고, 전국의 중요지점에는 기동경찰대를 배치하여 유사시 즉각적으로 출동할 수 있는 만반의 태세를 갖추었다.

경찰력의 강화를 도모한 조병옥은 이후 이를 동원하여 좌익세력을 타도하고자 하였다. 그는 1946년 9월 총파업, 1947년 3월 총파업 등에 대한 강경한 조치를 취하여 조선노동조합전국평의회를 무력화시켰다. 동시에 우익진영의 노동단체였던 대한노동총연맹을 지원하는 등 각종 우익단체를 육성하는 데 주력하였다.

조병옥은 자신의 고향인 천안에서 좌우익 간 충돌이 발생했을 당시 우익세력을 비호하기도 하였다. 그 충돌은 1946년 2월 9일 우익청년단체인 광복청년회 천안지부와 천안의용소방대 구성원들이 연합하여 좌익 세력을 소탕한 사건이었다. 이들은 사건 전날 천안 내 좌익계 인사인 최종순의 집을 습격한 후, 그 여세를 몰아 이튿날 흥아산업 공장과 KTC Korea Truck Company 천안사업소 등에 침입하여 동맹파업을 주도한 천안읍내 좌익세력에 대한 대대적인 소탕활동을 전개하였다. 그리고 더 나아가 11일에 이르러서는 인근 성환면에서 이들의 지원을 받은 광복청년회 성환지부와 성환의용소방대가 매주리 등지의 좌익세력들을 축출하였고, 이튿날에는 성환의용소방대가 주축이 되어 경기도 평택·안성·오산·서정리에까지 그 여세를 이어나갔다.

사건이 발생한 후 천안 경찰은 우익 측 주동자 50명을 소환하여 이 중 주동자격 인물 15명을 대전지방 검찰청에 송치하였다. 이들 가운데 5명은 무죄로 석방되고 10명이 재판에 회부되었으나 모두 판사의 직권으로 보석 석방 되었다. 이후 검찰 측의 상고를 고등법원이 기각함에 따라 재판은 종결되었는데, 이러한 일련의 재판과정에 바로 조병옥의 지원이 있었던 것이다. 그는 경무부장으로 있으면서 부족한 경찰력을 보완하기 위해 대한민주청년총동맹·서북청년회 등 우익청년단체의 육성·지원을 게을리하지 않았는데, 천안에서 발생한 사건의 지원은 이러한 맥락에서 그가 행한 대표적인 예라 할 수 있다. 그러나 무엇보다 조병옥이 경무부장 재직 중 우익청년단체들을 지원·이용하였던 행동은 1948년의 제주 4·3사건의 대응방식에서 선명하게 드러났다.

4·3사건이 일어나기 1년 전인 1947년에 제주 3·1사건이 있었다. 3·1사건은 1947년 3월 1일 3·1절 28주년을 기념하여 제주도에서 기념식이 끝난 후, 좌익세력들이 가두시위를 하는 과정에서 구경을 하던 한 아동이 기마경찰이 탄 말에 치여 다친 것이 발단이 되었다. 아이를 다치게 한 기마경찰이 그대로 가려고 하자 주변에 있던 군중이 돌을 던지며 반발을 했고, 이에 경찰들이 발포를 하여 사상자가 발생한 것이다. 도민들의 진상규명과 책임자 처벌 요구에 오히려 조병옥은 집회 후 폭도들이 경찰서 등을 습격하여 불가피하게 발포하였다고 해명하였으나, 경찰의 과잉진압으로 사상자가 나온 것이 밝혀지자, 제주도 내 민관이 총파업에 돌입하였다.

그러자 조병옥은 250명의 철도경찰관과 우익청년단체 회원들을 끌어 모아 제주도에 도착하여, 총파업을 강경 진압하고자 하였다. 이러한 방침에 따라 자신이 규합해 온 서북청년단을 비롯한 우익청년단체를 검찰청·경찰서·각 보안기관에 배치한 후, 수십 명의 경찰관을 대동하여 제주도 총파업투쟁위원회를 습격하여 모든 서류를 탈취하고 농성 중인 간부들을 검거하였다. 여기에서 더 나아가 각 읍·면·리 단위로 작성된 검거자 명단에 기초하여 제주도 전체에서 대대적인 검거 선풍을 일으키면서 강경 진압하였다. 이어 조병옥은 경찰의 발포는 정당한 행위였고, 파업은 해소되었다고 발표하였다. 이후 제주도의 총파업 사태는 표면적으로는 진정 국면에 접어들었으나 우도·중문리 등 각지에서 지역 주민과 경찰이 충돌하는 사건이 빈번하게 발생하였다.

이러한 가운데 1947년 말 국제연합이 한국 총선거 실시를 결의하였다. 그러나 1948년 1월 소련의 거부로 남한 단독선거 실시가 결정되었다. 남로당은 여기에 반대하여 1948년 2월 7일을 기하여 전국에서 총파업을 일으키는 2·7총파업을 전개하였다. 이에 따라 제주에서도 지속적인 시위가 벌어졌으며, 경찰 역시 강경 대응으로 맞서 민심은 심하게 동요되었다.

4월 3일 남로당 제주도당 소속 350명의 무장대가 도내의 12개 지서와 서북청년회 등 여러 우익청년단체 요인의 집을 습격하면서 4·3사건은 시작되었다. 그 후 4월 28일 국방경비대 9연대와 무장대는 협상을 벌여 평화적 해결을 시도하였으나, 미군정과 경찰은 5월 1일 우익청년단체들이 저지른 오라리 방화사건을 무장대의 소행으로 몰아가는 등 사태를 악화시키고 강경 진압작전을 전개하였다.

5월 5일 조병옥은 군정장관 딘 중장, 민정장관 안재홍, 국방경비대 총사령관 송호성, 9연대장 김익렬 등과 함께 긴급대책회의에 참석하였다. 또한 그는 5월 22일 제주경찰서 관내의 토벌대를 진두지휘하면서 유격대를 습격하기도 하였는데, 이 과정에서 7살 된 어린 아이가 사살되기도 하였다. 조병옥은 4·3사건이 진행되는 동안 제주도민들과의 협상이나 타협은 전혀 고려하지 않고 오로지 강경진압을 고수했다. 무엇보다 이러한 강경진압 방침이 관철되는 과정에서 무고한 주민들까지 경찰과 우익청년단체에 의해 학살당하는 일이 발생하였다. 제주4·3사건진상규명 및 희생자명예회복위원회의 진상보고서에 따르면 4·3사건으로 약 2만 5천 명에서 3만 명 정도의 제주도민이 희생된 것으로 추정되는데, 이는 당시 제주도 인구의 10%가 넘는 수치였다.

2) 정부수립~한국전쟁기 정부 관료 활동

1948년 8월 15일 남한정부가 수립되자 조병옥은 대통령 특사에 임명되었다. 이승만이 조병옥을 특사에 임명한 이유는 그가 외교노선을 중시하는 성향에 기초하고 있었다. 이승만은 남한 단독정부 수립의 정당성도 외교를 통해 인정받으려고 하였고, 그 역할을 할 적임자로 조병옥을 선택했던 것이다.

특사로 임명된 조병옥은 1948년 9월 6일부터 일본·대만·필리핀·미국 등 7개국을 방문한 후 같은 해 10월 제3회 국제연합총회가 열리고 있는 파리에 도착하였다. 여기에서 그는 외교 활동을 벌여 12월 12일 국제연합으로부터 대한민국 정부 승인을 받게 되었다.

이후 조병옥은 이승만에게 북한의 '남침위협과 그에 대비한 군사원조'의 필요성을 주장하여 군사원조를 위한 대통령 특사 및 유엔 한국대표의 시무를 관장하는 특명전권대사에 임명되었다. 조병옥은 군사원조에 관한 자료를 수집한 후 1949년 3월 초에 미국으로 출발하여 이승만의 이름으로 된 군사원조요청서를 미국정부에 제출하였다. 또한 뉴욕타임즈사를 방문해서 "만약 미국의 대한군사원조가 없게 되면 한국은 공산화된다"는 요지의 연설을 하였다. 그리고 그 결과로 한국은 1억 3천만 달러에 해당하는 군사원조를 받게 되었다.

한국으로 돌아온 조병옥은 1950년 5월 30일 치러진 제2대 국회의원 선거에 민주국민당(민국당, 한민당의 후신) 소속으로 출마하여 사회당의 조소앙과 성북구에서 맞붙었다. 조병옥이 성북구 출마를 결정하기 전에 천안군민 약 백여 명이 찾아와 천안에서 출마해 달라는 요청을 받은 적이 있었다. 그러나 당시 같은 당의 천안군 지역구 제헌의원이자 같은 지역 출신의 이상돈이 자신을 위해 다른 곳에 출마를 해달라는 부탁을 하였고, 조병옥은 당시 거주하던 성북구를 택하게 되었다.

미군정 경무부장 출신 조병옥과 남북협상파 민족주의자 조소앙 간의 대결은 2대 총선의 최대 하이라이트였다. 선거 초반부터 조병옥 측은 조소앙 측 선거운동원 83명을 경찰서에 구금하는 등 경찰을 동원한 압력 행위를 서슴치 않았다. 그런가 하면 선거 하루 전날인 29일에는 "조소앙이 공산당의 정치자금을 받아쓴 것이 탄로나 투표일을 하루 앞두고 월북했다"는 사실 무근의 벽보와 전단이 성북구 일대에 뿌려지기도 하였다. 그럼에도 불구하고 결국 조병옥은 조소앙에게 패하여 낙선하게 된다.

조병옥이 선거에 패배하고 곧바로 한국전쟁이 발발하자, 이승만은 그를 내무부장관에 임명하였다. 내무부장관이 된 조병옥이 가장 중요하게 여긴 당면 문제는 경찰의 재편과 경찰관을 유엔군에 배속시키는 일이었다. 이에 따라 그는 경찰 병력을 6만 5천명으로 책정하고 대구·부산에 경찰훈련소를 설치하였다. 또한 학생의용경찰대를 편성하여 유엔군에 배속시킬 것을 요청하기도 하였다.

하지만 조병옥의 내무부장관직은 그리 오래 유지되지 못하였다. 이듬해인 1951년 2월 국군에 의해 거창양민학살사건이 발생하자 그는 이승만 대통령을 방문하여 하루빨리 현지조사를 실시하고, 사실이 판명되면 관련자들을 엄정하게 처벌해야 한다고 주장하였다. 설사 면민들이 공비와 협력하였다고 하더라도 그것은 자기의 생명을 보호하기 위한 만부득이한 처사이고, 또 면민들 중에 공산당원이 있다하더라도 그것은 법의 절차를 밟아 정당한 재판에 의하여 처벌해야 되는 것이며, 군인들이 생사여탈권을 가지고 단독적으로 총살을 집행하는 것은 법치국가에서는 있을 수 없는 일이라는 이유에서였다. 이는 불과 3년 전 그가 4·3사건 당시 강경진압방식을 고수하고 민간인 학살을 주도했던 것과는 상반된 태도였다.

한편 조병옥의 주장에 대해 이승만은 그가 당시 국방부장관이었던 신성모를 견제하기 위한 것이라 판단하고, "정부의 장관들이 서로 협력을 하지 않는 까닭에 대한민국의 체면이 국제적으로 손상되었다"는 이유를 들어 조병옥을 비롯한 3부장관의 사퇴를 명령하였다.

해방 이후부터 조병옥은 이승만과 반공과 단정수립이라는 명분으로 공감대를 형성하면서 계속 같은 노선을 걸어왔다. 미군정하에서는 경무부장직을 수행하면서 이승만 단독정부를 수립하는 데 커다란 공을 세웠고, 정부수립 후 이승만과 한민당이 갈라선 이후에도 지원을 아끼지 않았다. 그러나 한국전쟁 중 내무부장관의 사임으로 인해 이후 그는 본격적으로 이승만과 대립하게 된다.

3) 제1공화국 시기 보수 야당의 지도자 활동

내무부장관을 사임한 조병옥은 이후 민국당 사무총장이 되었다. 그리고 1954년 5월 제3대 민의원 선거에서 대구 을구에 출마하여 당선되었다. 민의원에 당선된 조병옥은 민국당을 중흥시키기 위한 대안으로 자유당 탈당파와 일부 무소속 의원들을 규합하여 신당 창당을 추진하였다. 그리하여 1955년 민주당이 창당되었고 독재 배격, 내각책임제 구현 등을 내세우며 이승만의 자유당과 대립하는 구도를 형성하였다.

민주당이 창당된 이듬해인 1956년 제3대 대통령 선거가 치러지게 되었다. 민주당의 대통령 후보는 신익희로 결정이 났으나, 부통령 후보는 조병옥을 중심으로 한 구파(민국당계)와 장면을 중심으로 한 신파(비민국당계)의 갈등관계로 쉽게 해결이 되지 않았다. 그러나 조병옥이 부통령 후보를 포기함으로써 장면으로 결정되었다.

이후 조병옥은 민주당 내 구파를 대표하면서 이승만의 자유당 정권과 맞섰다. 그러나 그는 줄곧 자유당 정권과 맞서 싸우기 보다는 협상을 통해 문제를 해결하고자 하였고, 지극히 온건한 제안과 타협적인 노선을 택했다. 또한 당시 민심을 잃고 있던 이승만에 대해서도 직접적인 공격이나 비난을 하지 않았다. 대신 이승만의 아랫사람들, 주로 자유당 내 강경파들이 대통령을 오도하고 있다고 비난했으며, 이승만이 후세 사람들에게 독재자가 아닌 국부로 존경받기를 바랬다. 조병옥과 이승만은 정치적 관계를 떠나 개인적인 오랜 친분으로 맺어져 있었고, 매년 정월 초하루에 부인과 함께 경무대를 방문하여 새해 인사를 하는 사이였다.

그러나 정권교체를 위한 조병옥의 노력은 끝내 이루어지지 못하였다. 1960년에 있은 정·부통령 선거를 앞두고 조병옥은 당시 부통령이었던 장면을 이기고 민주당의 대통령 후보로 최종 선출이 되었다. 그러나 그는 갑자기 건강이 악화되어 미국으로 건너가 월터리드 육군병원에 입원하였고, 그곳에서 선거를 정확히 한 달 앞둔 2월 15일 심장마비로 사망하였다. 조병옥의 사망 이후 한국은 3·15부정선거와 4·19혁명, 5·16군사정변으로 이어지는 사건들을 연이어 겪으면서 다시금 큰 변화를 겪게 된다. 그리고 조병옥은 1962년 일제강점기 독립운동의 공적을 인정받아 건국훈장 독립장을 수여받는다.

5. 맺음말

조병옥은 식민지와 한반도 분단, 제1공화국의 시기를 거치면서 민족운동가·정치인으로서의 삶을 산 인물이었다. 그는 젊은 시절 미국 유학을 통해 체득한 미국의 자유주의와 반공사상을 바탕으로 자신 내면의 논리를 형성해 나갔다. 그리고 여기에 기반하여 전개한 여러 활동들은 오늘날 다양한 평가를 남기고 있다.

최근 조병옥의 고향 천안에서는 그의 해방 이후 행적과 관련해

연이은 논란이 일어난 바 있다. 2009년 천안시에서는 3·1운동 90주년을 맞아 병천에 아우내 독립만세운동 기념공원을 조성하였다. 이곳에는 횃불을 든 유관순 열사를 비롯해 10명의 인물을 표현한 '그날의 함성' 조형물이 있는데, 2021년 동상 가운데 조병옥을 연상시키는 인물이 있다는 문제가 제기되었고, 끝내 다른 인물로 교체되었다. 3·1운동 당시 조병옥은 미국 유학 중이었으므로 아우내 독립만세운동에 참여하지 않아 동상의 인물로는 적합하지 않은데다, 제주 4·3사건 당시 경무부장으로서 민간의 학살을 주도했다는 이유에서였다. 또한 같은 해 천안시는 천안의 역사인물 홍보와 문화관광 콘텐츠 확보를 위해 유관순·이동녕·이범석·조병옥 등 독립운동가 4인의 전기 '천안의 인물' 제작을 추진하였는데, 여기에서도 그는 4·3사건의 책임자였다는 점 때문에 이범석과 함께 강한 반대에 부딪혔다.

이렇듯 조병옥은 종래 일제강점기 민족운동가, 제1공화국 시기 이승만에 대항했던 야당지도자로서 주로 평가되던 데서 더 나아가 해방 후 우익 활동에 대해서도 주목을 받고 있다. 좌우대립·반공독재 등으로 대표되는 이 시기가 벌써 반세기 이상이 훌쩍 지나버린 현재의 시점에서 당대를 역사학적으로 바라보고 연구하고자 하는 노력이 활발히 진행 중이다. 조병옥의 사례는 특정 인물이나 역사적 사실을 보다 다양하고 다각적으로 접근할 필요가 있음을 보여주는 대표적인 사례라 할 수 있다. 결국 이러한 노력은 역사에 대한 해석을 풍부하게 함으로써, 향후 그것을 바라보는 개개인의 시각이 더욱 더 건강해질 수 있게 할 것이다.

참고 문헌

『대전일보』, 『충청투데이』

경성복심법원, 「조인원 외 판결문」, 1919.

독립운동사편찬위원회, 『독립운동사자료집 14: 대중투쟁사자료집』, 1978.

조병옥, 『나의 회고록』, 도서출판 선진, 2003.

서중석, 『사진과 그림으로 보는 한국현대사(개정증보판)』, 웅진지식하우스, 2013.

장규식, 『일제하 한국 기독교민족주의 연구』, 혜안, 2001.

김권정, 「일제하 조병옥의 민족운동과 기독교사회사상」, 『한국민족운동사연구』 64, 한국민족운동사학회, 2010.

김무용, 「조병옥의 친미반공노선과 극우테러」, 『역사비평』 5, 역사비평사, 1989.

박상준, 「해방 이후(1945~50) 천안지역 정치동향의 추이와 성격」, 『동양학』 83, 단국대학교 동양학연구원, 2021.

이수일, 「미국 유학시절 유석 조병옥의 활동과 '근대' 수용」, 『전농사론』 7, 서울시립대학교국사학과, 2001.

이수일, 「유석(維石) 조병옥(趙炳玉)의 8·15해방 실감(實感)과 정치활동」, 『한국민족문화』 56, 부산대학교 한국민족문화연구소, 2015.

이현주, 「일제하 (수양)동우회의 민족운동론과 신간회」, 『정신문화연구』 26-3, 한국정신문화연구원, 2003.

전병규, 「천안 2·9 의거사기」, 『향토연구』 4, 천안향토사연구소, 1993.

조규태, 「신간회 경성지회의 조직과 활동」, 『국사관논총』 89, 국사편찬위원회, 2000.

제주4·3평화재단 홈페이지(https://jeju43peace.or.kr/kor/sub01_01_02.do)

대한민국임시정부와 이종건

이동언 선인역사문화연구소 연구소장

1. 제1차 세계대전 후 세계 질서 개편

1918년 11월 11일 독일이 연합국에 항복함으로써 유럽 전역을 총력 전의 소용돌이에 몰아넣은 제1차 세계대전이 막을 내렸다. 1914년 7월오스트리아·헝가리제국의 세르비아 침공으로 시작된 제1차 세계대전은 영국·프랑스·미국 등 연합국과 독일·오스트리아·헝가리·오스만투르크 등의 동맹국이 식민지 이권을 놓고 다툰 제국주의 전쟁이었다. 이 전쟁에서 선진 문명국을 자처하는 국가들은 저마다의 과학기술을 총동원해 대량 살상무기를 개발하는 데 앞장섰다. 그 결과, 전쟁이 진행된 4년 4개월이라는 기간 동안 3천만 명이 넘는 사상자가 발생하였고, 과학과 이성의 진보라는 인류의 장밋빛 미래는 산산조각이 났다.

제1차 세계대전 직후 프랑스 파리 근교 베르사이유궁전에서

1919년 1월부터 6월까지 전후 처리를 위한 강화회의가 전승국과 중립국 대표들이 참석한 가운데 열렸다. 파리강화회의의 기본 원칙은 영국을 대신해 세계의 중심국가로 떠오른 미국 대통령 우드로우 윌슨Thomas Woodrow Wilson이 1918년 1월 연두교서에서 발표한 14개 조항의 평화교섭 조건이었다. 윌슨의 14개 조항은 민족자결, 비밀외교 철폐와 해양의 자유, 군비축소와 국제연맹 창설 등 이상주의적인 세계개조 구상을 담고 있었다.

마침 러시아혁명으로 수립된 신생 소비에트공화국의 레닌Vladimir Ilich Lenin 또한 자국 내 소수민족 자결을 선언함에 따라 정의·인도·개조는 전후 세계의 새로운 가치로 자리잡았다. 「3·1독립선언서」에서 "아아, 신천지가 눈앞에 전개되도다. 위력의 시대가 가고, 인도와 정의의 시대가 도래하도다"라고 천명한 것처럼 세계개조와 민족자결의 대기운은 한국을 비롯한 식민지 피압박민족의 독립운동을 촉발시키는 계기가 되었다.

그러나 현실속의 국제정치는 그같은 이상과는 거리가 멀었다. 민족자결주의는 패전국인 오스트리아-헝가리제국과 오스만투르크제국에 소속된 영토와 독일제국의 식민지로 그 적용 범위가 국한되었고, 그나마도 연합국의 위임통치로 귀결되었다. 윌슨이 제창한 무병합·무배상의 원칙 또한 프랑스 등의 강력한 반발에 부딪혀 유야무야되었다. 그 결과 독일은 전쟁의 모든 책임을 지고 330억 달러라는 막대한 배상금 지불을 강요받았다. 베르사이유조약의 꽃이라할 국제연맹의 결성도 제창국인 미국이 상원의 비준 거부로 참가하지 못함으로써 빛이 바래고 말았다.

한편 일본은 베르사이유체제의 성립 과정에서 승전국의 프리미

엄을 활용해 일약 세계 '5대열강'의 반열에 올랐다. 이에 앞서 제1차 세계대전이 발발하자 일본은 독일에 선전포고를 하고 중국 산둥반도의 독일 조차지를 점령하였다. 또한 산둥반도와 남만주·동부 내몽골에서 자국의 이권을 확대하기 위해 21개조의 요구를 위안스카이 정부에 통고하였다. 일본은 여기에 만족하지 않고 태평양 적도 이북에 산재한 독일령 남양군도를 점령하는 한편, 지중해에 해군을 파견하였다. 뿐만아니라 소비에트 공산정부를 타도하기 위해 1918년 시베리아에 11개 사단을 파견하여 1922년까지 4년간 바이칼호 동쪽 지역을 실질적으로 점거하였다. 경제적으로도 전시 특수에 힘입어 1915년 적자국에서 흑자국으로 돌아섰고, 1917년에는 11억 5천만 엔의 본위화폐를 보유할 만큼 급성장하였다.

그런데 일본의 급부상은 미국을 비롯한 연합국의 견제 심리를 발동시키는 요인이 되기도 하였다. 종전 직후 중국에 파견된 미국 대통령 특사 크레인이 "중국도 그간 일본으로부터 받은 손해를 청구할 수 있다"는 요지의 발언을 한 것도 중국을 끌어들여 일본을 견제하려는 의도가 있었던 것으로 볼 수 있다. 한국의 민족지도자들이 파리강화회의 개최에 맞춰 거족적인 독립운동을 기획한 것은 그와 같은 국제 정세의 변화를 독립 쟁취의 기회로 삼기 위해 던진 회심의 승부수였다.

2. 대한민국임시정부의 성립과 활동

1) 대한민국임시정부의 수립

한민족의 독립의지를 세계 만방에 알린 3·1운동은 대한민국임시정부 수립으로 이어졌다. 임시정부 수립 문제를 처음으로 논의한 것은 미주의 대한인국민회이다. 대한인국민회는 대한제국 멸망 직후인 1910년 10월 "형질상의 구한국은 이미 망하였으나, 정신상의 신한국은 바야흐로 울흥하기 시작"한다고 하여, 대한인의 자치기관으로서 삼권 분립에 기초한 '가정부假政府' 즉 임시정부를 설립할 것을 제창하였다.

이후 러시아 연해주와 중국 관내 지역에서도 임시정부 수립 논의가 진행되었다. 그중 가장 대표적인 것이 1917년 7월 중국 상하이에서 활동하던 독립운동가들이 중심이 되어 발표한 「대동단결선언」이다. 「대동단결선언」 발의자들은 대한제국의 황제권 소멸을 망국亡國이 아니라 민권에 기초한 신한국의 출발을 알린 사건으로 규정하고, 해외 한인단체가 총단결하여 대한제국의 국민·영토·주권을 상속할 유일무이한 최고기관의 설립을 제창하였다.

이러한 임시정부 수립운동은 3·1운동 직후인 1919년 3월 4일 중국 상하이 프랑스조계에 독립운동의 최고기관 조직을 위한 임시사무소가 설치되면서 구체화되었다. 민족대표 33인의 위임을 받아 상하이로 파견된 현순과 신한청년당 출신 인사들, 그리고 국내와 일본·만주·러시아·미국 등지에서 건너온 독립운동가들은 임시사무소를 중심으로 모여 장차 독립운동을 이끌어 갈 최고기관의 설립에 대해 논의를 시작하였다.

이때 최고기관의 형태를 정부로 할 것인지 정당으로 할 것인지를 놓고 격론을 벌여 정부를 조직하기로 결정하였다. 4월 10일 상하이 프랑스조계 임시사무소에 각 지방 대표 자격으로 모인 29인은 이튿날까지 밤샘 회의를 열어 대한민국임시의정원을 조직하고, 국체를 민주공화제로 하는 임시헌장을 제정하였다. 그리고 이승만을 국무총리로 하는 내각책임제의 임시정부를 구상하였다.

러시아 한인독립운동가들은 1919년 2월 25일 니콜스크-우스리스크에서 전로한족회중앙총회를 중심으로 러시아, 간도 및 국내 대표들을 소집하여 전로·국내조선인회의를 개최하고, 대한국민의회 조직에 착수하였다. 그리고 3월 17일 대한국민의회 이름으로 독립선언서를 발표하고 공식적으로 성립을 선포하였다. 대한국민의회는 입법, 행정, 사법 기능까지 삼권을 하나의 기관에 담아낸 소비에트제 정부 형태를 채택하였다. 대한국민의회는 3·1운동 직후 임시정부의 성격을 띠고 등장한 최초의 조직이었다. 그러나 구성원 대부분이 함경도 출신이라는 지역적 편중 논란으로 대표성의 한계를 드러내었다.

2) 통합 임시정부의 성립

상하이 대한민국임시정부가 수립되자 대한국민의회는 1919년 4월 29일 블라디보스토크 신한촌에서 간부회의를 열어 임시정부를 '가승인'하였다. 그리고 상설의회 의장 원세훈을 상하이로 파견하여 통합 교섭에 나섰다. 5월 7일 상하이에 도착한 원세훈은 두 지역에 설치된 의회를 통합하고 임시정부 위치를 러시아령으로 이전할 것을 상하이임시정부에 제안하였다. 이 제안에 대하여 임시정부 국무원은 정부와 의회를 분리하여 정부는 상하이에 두되, 의회는 러시아령에 둘 수도 있다는 수정안을 제시하였다. 그러나 임시의정원이 7월 14일 회의에서 국무원의 협상안을 부결시킴으로써 통합 교섭은 난관에 봉착하였다.

이후 상하이 임시정부는 정부의 통합보다는 미국에 있는 국무총리 이승만을 상하이로 불러들여 정부의 운영을 정상화시키는데 주력하였다. 이 일은 미국에서 건너와 6월 28일 내무총장에 공식 취임하고 국무총리 직무까지 대리하던 안창호가 맡았다. 그런데 정작 이승만은 상하이 임시정부 국무총리가 아닌 '한성정부'의 대통령을 자처하며 법통성을 주장하였다.

이른바 한성정부는 4월 23일 서울에서 국내 13도 대표자 25인 명의로, 국민대회 형식을 빌어 발표한 임시정부였다. 당초 계획은 당일 정오 서울 서린동 봉춘관에 13도 대표자가 모여 임시정부 수립을 선언함과 동시에 종로 보신각 앞에서 수천 명의 시민·학생이 국민대회를 개최하고 대대적인 시위운동을 벌인다는 것이었다. 그러나 대표자들은 봉춘관에 나타나지 않았고 독립시위도 학생 몇몇이 「국민대회취지서」와 임시정부 「선포문」을 뿌리고 '국민대회 공화만세'라는 깃발을 흔드는 데 그치고 말았다. 이를 통해 볼 때 이승만을 집정관총재로 하여 선포된 한성임시정부는 조직적 실체가 모호한 '전단정부'에 지나지 안았다. 하지만 그 배후에 있던 중앙YMCA 지도부 곧 기호지방의 기독교세력이 미국의 이승만에게 한성정부의 문건을 전달함으로써 상황은 새로운 국면으로 접어들었다. 문건이 전달된 직후인 6월부터 이승만이 한성정부의 대통령을 자처하며 본격적인 외교·선전활동에 나섰기 때문이었다.

그같은 상황에서 대한민국임시정부를 이끌던 안창호는 워싱턴에 있는 이승만에게 전보를 보내 조속히 상하이로 건너와 국무총리 직무를 수행할 것을 촉구하였다. 그러나 이승만은 한성정부의 법통을 주장하며 응하지 않았다. 안창호는 할 수 없이 한성정부의 법통을 인정할 수 밖에 없었다.

대한국민의회는 임시정부 대표가 한성정부 승인을 전제로 제의한 통합안을 상하이 임시정부 내각과 의회 모두를 해산하는 것으로 받아들이고 8월 30일 의원총회를 열어 만장일치로 해산을 결의하였다. 이에 상하이 임시의정원은 9월 6일 정부 직제와 각료진을 한성정부 문건에 따라 수정한 임시정부 개조안을 원안대로 통과시키고 이승만을 임시대통령으로 선출하였다.

대한국민의회와 임시정부 사이에 논쟁이 있었으나 우여곡절 끝에 이동휘가 11월 3일 국무총리에 취임함으로써 임시정부는 부족하나마 통합정부로서의 모습을 갖추게 되었다. 이동휘로 대표되는 한인사회당 세력이 대한국민의회의 일원으로 참여함으로써 임시정부는 한국의 독립운동을 대표하는 통합정부이자 최초의 좌우합작정부라는 의미를 가질 수 있게 되었다.

3) 대한민국임시정부의 활동

대한민국임시정부 수립 초기에는 각 부서 중심으로 활동이 추진되었다. 외무부는 파리강화회의에 파견한 대표를 통해 독립외교에 집중하였고, 내무부는 국내행정을 장학하기 위해 연통부를, 교통부는 독립운동의 연락망을 확보하기 위한 통신기관으로 교통국을 각각 설치하였다. 그리고 군무부는 육군무관학교를 세워 군사간부를 양성하고 국내에 군사주비단을 조직해 독립전쟁에 대비한 교두보를 마련하는데 힘을 쏟았다. 더불어 임시정부는 내무부 경무국장 밑에 20여 명의 정·사복 경호원을 두어 교포사회에 잠입해 오는 일본 자객이나 밀정을 색출·처단하고 임시정부 요인의 신변을 보호하였다.

초기 임시정부 활동의 근간을 이룬 것은 연통제였다. 통합 임시정부 출범이전부터 안창호의 지휘하에 추진된 국내연통부는 도·부·군·면의 행정조직에 따라 비밀리에 설치되었다. 연통부의 설치는 중국과 국경을 맞대고 있는 북부지방의 평안도·함경도·황해도에서 순조롭게 추진되었다. 그러나 경기도·충청도에서는 일부지역에서만 진행되었고, 강원도·경상도·전라도에서는 유사한 성격의 비밀결사단체가 그 역할을 대신하였다. 연통부가 국내에 통치력을 확보하기 위한 비밀 행정체계였다면 교통국은 사람과 정보, 자금과 물자를 연결해 주는 독립운동의 비밀 연락망이었다. 임시정부는 나라 안팎의 주요거점에 교통사무국을 설치하고 통신원을 배치하여 정부에서 파견한 특파원과 정보·자금·물자를 연결하는 임무를 수행하는 한편, 독립운동가들이 안전하게 이동할 수 있도록 도와주는 역할도 하였다. 그 대표적인 거점으로 안희제가 경영하는 부산의 백산상회와 만주의 이륭양행 등이 있다. 이륭양행은 영국인 조지쇼우George L. Shaw가 경영하던 하던 무역·선박회사였는데 압록강 국경 만주 단둥에 위치하고 있어 중국과 국내를 연결하는 교통국의 중추적인 거점이었다.

연통부와 교통국은 1921년 일제의 탄압으로 국내 조직기반이 와해될때까지 임시정부의 공보와 각종 법령, 포고문, 기관지 『독립신문』 등을 국내로 전달하였고, 독립운동 자금 모집과 통신 연락을 담당하면서 임시정부에 인적·물적 자원과 정보를 공급하는 통로였다.

3. 대한민국 건국과 임시정부 수립

우리가 살고 있는 나라의 이름은 '대한민국'이다. 우리는 '대한민국'이란 국가의 국민으로 살고 있지만, '대한민국'이 언제 어떻게 건국되었는지 명확하게 알지 못한다. 대한민국 건국은 1919년? 1948년? 논쟁은 지금도 계속되고 있다. 그러나 대한민국은 1948년에 건국된 것이 아니다. 대한민국이란 국호를 사용한 것은 1919년부터였다. 이후 우리는 지금까지 대한민국이란 국호를 사용하고 있다.

대한민국이 건국된 것은 1919년이다. 1919년 3월 1일 "조선은 독립국임과 조선인은 자주민임을 선언하노라"라는 독립선언이 발표되었다. 일제의 식민지 지배를 부정하고, 조선이 독립국임을 선언한 것이다. 독립을 선언한 후, 독립국을 세우자고 하였다. 국내외 인사들이 중국 상해로 모여들었다. 이들은 먼저 임시의정원을 구성하였다. 의정원은 오늘날 국회와 같은 것이다. 4월 10일 밤부터 다음날까지 첫 회의를 열었고, 여기서 국호를 정하였다. 신석우 의원이 국호를 '대한민국'으로 하자고 제안하였고, 만장일치로 '대한민국'이란 국호로 결정한 것이다.

'대한민국'이란 국호는 당시 독립운동가들 사이에 공감대를 형성하고 있었다. 독립운동가들은 1910년 8월 29일 대한제국이 멸망한 것을 군주인 융희황제가 주권을 포기한 것으로 보았다. 대한제국은 군주주권국가로 군주가 주권을 행사하는 나라였다. 군주가 국권을 포기한 것은 곧 국민에게 주권을 선위禪位한 것이고, 이에 따라 국민이 군주가 행사하고 있던 국가의 주권을 계승한다는 것이다. 이러한 논리에 의해 대한제국의 '帝' 임금 제를 '民' 백성 민으로 바꾸어, 대한민국이란 국호를 결정한 것이다, '帝'는 군주를, '民'은 국민을 말한다.

대한민국은 국가의 구성요소를 갖추었다. 국가가 성립되기 위해서는 주권·영토·국민의 세 가지 요소가 필요하다. 1919년 9월 11일 공포한 대한민국임시헌법에 세가지 요소를 갖추어 놓았다. "대한민국은 대한인민으로 조직함" 제1조, "대한민국의 주권은 대한인민 전체에 재함" 제2조, "대한민국의 강토는 구한제국의 판도로 정함" 제3조이라고 한 것이다.

1919년 4월 임시의정원 회의에서 국호를 대한민국으로 결정한 후, 곧바로 임시정부를 수립하였다. 대한민국이란 국가를 유지 운영하기 위한 조직체로 대한민국임시정부를 수립한 것이다. 정부의 수반은 국무총리였고, 내무·외무·재무·교통·군무·법무부의 6개 부서를 두었다. 일종의 내각책임제 형태였다. 국무총리제 1919. 4~1919. 9

그리고 무기명투표로 국무총리에 이승만을 선출하고, 각부 총장도 선출하였다. 이로써 대한민국이란 국가를 유지 운영하기 위한 임시정부가 수립되었다.

1919년 9월 11일 대한민국임시정부를 유지 운영하기 위한 헌법도 제정 공포하였다. 헌법의 명칭은 대한민국임시헌장이었다. 헌장 제1조에 "대한민국은 민주공화제로 함"이라 하여, 임시정부의 정체는 민주공화제를 채택하였다. 그리고 임시정부는 임시의정원의 결의에 의하여 통치한다는 대의제와 인민의 자유 언론·출판·집회 등, 권리 선거권, 피선거권, 의무 교육·납세·병역 등을 규정하였다.

이로써 우리 역사에서 처음으로 대한민국이란 이름을 가진 국가가 건국되었고, 대한민국을 유지 운영하기 위한 임시정부가 수립되었다. 이를 한마디로 대한민국임시정부라고 한다. 대한민국임시정부는 대한민국이란 국가, 그리고 이를 유지 운영하기 위한 임시정부라는 말이다. 국가와 정부, 두 가지 뜻을 담고 있다.

대한민국의 건국과 임시정부의 수립은 우리 역사에 획기적인 변화였다. 수 천년 동안 지속되어 오던 군주주권국가에서 국민주권국가로, 전제군주제에서 민주공화제로 바뀌는 민족사의 대전환이 이루어진 것이다. 유럽에서는 군주주권에서 국민주권으로 변화하는데 수백년이 걸렸고, 수많은 시민혁명이 있었다, 우리는 대한제국이 멸망한지 9년 만에 이러한 역사적 변화를 이루었다. 이러한 역사의 변화가 독립운동 과정에서 이루어졌다는 사실, 그리고 대한민국 건국과 임시정부 수립을 통해 이루어졌다는 사실을 명심할 필요가 있다.

대한민국이 건국되고 임시정부가 수립되면서, 우리 역사에서 처음으로 국민주권·민주공화제·민주주의가 시작되었다. 이는 임시정부를 통해 발전되고 정착되었다. 임시정부가 27년여 동안 정부의 조직을 유지 운영하면서, 민주공화제를 발전시키고 정착시킨 것이다. 임시정부는 민주주의 원리에 의한 헌법을 제정하고, 이를 기초로 하여 유지 운영되었다. 수립 당시 제정한 헌법을 이후 5차례에 걸쳐 개정하였다. 이를 통해 민주적 제도와 절차가 합리적으로 보완되고 발전된 것이다.

정부의 지도체제도 다양하게 실험하였다. 임시정부 수립 당시에는 국무총리를 수반으로 하는 내각책임제 형태였다. 이후 5개월 만인 1919년 9월 헌법을 개정하여 대통령중심제로 바꾸었다. 이승만이 초대 대통령에 선출되었고, 이동휘가 국무총리를 맡았다. 그러나 대통령중심제는 원만하게 운영되지 못하였다. 대통령 임기가 제한되어 있지 않거나 대통령이 의정원과 마찰을 빚게 되었을 때 해결할 제도가 미비한 것도 원인이었지만, 가장 큰 요인은 대통령 이승만이 상해에 부임하지 않고 미국에서 그 역할을 수행한 때문이었다. 미국에 있는 대통령과 상해에 있는 임시정부 각원 사이에 마찰과 갈등이 일어났고, 결국 임시의정원에서 1925년 3월 대통령 이승만을 탄핵하는 일이 벌어졌다.

대통령제를 폐지하고 국무령제를 도입하였다. 제2대 대통령으로 선출된 박은식은 대통령제로 인한 폐단을 없애기 위해 헌법 개정을 추진, 국무령제로 바꾸었다. 이때 그 명칭을 '나라의 심부름꾼'을 뜻하는 '국복國僕'〔僕:시중꾼 복〕으로 하자는 논의도 있었다. 국가의 수반은 군림하는 것이 아니라 심부름꾼이 되어야 한다는 의미였다. 그러나 대통령 탄핵으로 인한 여파로 인해 국무령제도

정착하지 못하였다. 1927년 대통령·국무령 등의 정부수반을 없애고 집단지도체제인 국무위원제로 바꾸었다. 그리고 "대한민국의 최고 권력은 임시의정원에 있음"이라고 하여 정부보다 의정원의 위상을 강화시켰다. 이후 1940년 10월 국무위원제를 주석제로 바꾸고, 김구를 주석으로 선출하였다. 전시체제에 대응하고 효율적인 독립운동을 위해 집단지도체제보다는 강력한 단일지도체제를 채택한 것이었다.

또 민주주의의 꽃이라고 하는 의회정치를 확립하였다. 3월 1일 독립을 선언한 직후 독립국을 세우기 위해 먼저 구성한 것이 임시의정원이었다. 임시의정원은 국회와 같은 것으로 의회였고, 첫 의회에서 대한민국과 임시정부를 수립하였다. 의회를 먼저 구성하고 의회에서 정부를 수립한 것이다. 그리고 헌법에 "대한민국은 임시정부가 임시의정원의 결의에 의해 차를 통치함"이라 하여, 의회정치의 기반을 마련해 놓았다.

임시의정원은 각 지방인민을 대표하는 의원들로 구성된 임시정부의 입법기구였다. 의원은 인구 30만명에 1인씩 선출하였고, 모두 57명으로 구성되었다. 국민들의 의견을 수렴하는 대의기구가 임시의정원이었고, 의정원의 결의에 의해 정부의 조직을 유지 운영한 것이다. 의정원은 1930년 한국독립당이 창당되면서 정당 중심으로 운영되었다. 한국독립당이 임시정부를 옹호 유지하는 정당이었고, 이들이 의정원을 구성한 일당체제였다. 이후 조선민족혁명당을 비롯한 좌익진영의 정당들이 1942년 의정원에 참여하면서 다당체제로 바뀌었다. 한국독립당이 여당으로, 좌익진영의 정당들이 야당으로 역할하여 다당체제가 갖추어졌다. 의정원을 통한 이러한 경험은 정당정치의 기원을 이룬 것이었고, 민주공화제를 발전 정착시키는 커다란 디딤돌이 되었다.

일제에게 나라를 빼앗기고 식민지 지배를 받았지만, 우리 역사는 단절되지 않았다. 민족구성원 대다수가 빼앗긴 나라를 되찾기 위해 독립운동을 전개하였고, 이 과정에서 우리 역사를 발전시켰다. 독립운동 과정에서 생성되고 발전된 것들이 많다. 그 중에서도 대표적인 것이 대한민국을 건국하고 임시정부를 수립하였다는 점이다. 이는 우리 역사를 군주주권에서 국민주권으로, 전제군주제에서 민주공화제로 뒤바꾸는 민족사의 대전환이었고, 이로써 민주주의의 역사가 시작된 것이다.

해방 후 1948년 수립된 대한민국 정부는 독립운동 시기에 존재한 대한민국과 임시정부를 재건한 것이다. 제헌 헌법 전문에 "유구한 역사와 전통에 빛나는 우리들 대한국민은 기미 삼일운동으로 대한민국을 건립하여 세계에 선포한 위대한 독립정신을 계승하여 이제 민주독립국가를 재건함에 있어서"라고 한 것이 그것이다. 새로이 대한민국을 건국하고 정부를 수립한 것이 아니라, 3·1운동으로 건립한 민주독립국가인 대한민국을 재건한 것이었다.

한민족은 5천년 가까운 역사를 유지해 오고 있다. 이 과정에서 다른 민족의 침략을 받아 시련과 고통을 겪었지만, 우리의 역사는 단절되지 않았다. 대한민국을 건국하고 임시정부를 수립하여 민족사의 맥을 이어왔다. 대한민국은 1948년에 건국된 것이 아니라, 1919년에 건국되었다.

4. 대한민국의 정체성: 광복과 건국의 관계

대한민국 건국은 1919? 1948?

1) 건국과 광복의 가치 조화

"3·1 운동에서 표출된 광복 이념을 토대로 임시정부가 만들어졌고 대한민국 국호가 선정·공표됐다"며 "정치적 정당성을 획득한 대한민국 임시정부의 법통은 1948년 대한민국 건국의 규범적 토대가 됐다"고 말했다. 대한민국 건국은 1948년으로 보는 것이 바람직하되, 건국의 뿌리가 1919년 3·1운동과 임시정부에 있음을 간과해서는 안 된다는 뜻이다. 다만 일각에서 제기되는 '건국절' 제정 논란과 관련해선 광복은 건국을 포괄하는 이념이므로 '광복절'을 유지하는 것이 지혜롭다고 덧붙였다.

"1919년 광복 이념과 1948년 대한민국 건국은 양자택일의 문제가 결코 아니고 둘 다 필수불가결하고 중요하다"며 "건국을 강조하면서 광복의 가치를 훼손하거나 임시정부의 법통을 강조하면서 건국의 가치를 가볍게 보는 입장은 모두 대한민국의 미래를 위해 지혜롭지 않다"고 강조했다. "광복과 건국의 가치를 조화시키려는 노력은 사회 통합에 필수적"이라면서 "같은 논리로 광복의 큰 어른인 백범 김구와 건국의 큰 어른인 우남 이승만의 공적을 높게 평가하는 것이 대한민국의 정체성 확립에 도움이 된다"고 말했다. 한상진/서울대 명예교수

2) 1948년 건국

“임시정부에 모인 민족 지도자들의 정치 이념은 매우 이질적이었다”며 “서로 다른 이념은 얼마 되지 않아 심각한 대립과 갈등에 노출됐고 결국 임시정부를 사실상 해체하고 말았음이 숨길 수 없는 역사의 민얼굴”이라고 지적했다. “1948년에 성립한 대한민국은 수많은 우여곡절과 시행착오를 겪으면서 자유민주주의의 이념을 지키고 성숙시켜왔다”며 1948년을 건국으로 봐야 한다는 견해를 제시했다. 이영훈/서울대 경제학부 교수

3) 1919년의 역사성과 대한민국 정체성

1919년은 3·1운동과 임시정부 수립이라는 역사적인 사건을 통해 대한민국이 ‘잉태’된 해이기에 큰 의미가 있다. 3·1운동 직후 여러 형태의 임시정부가 자연스럽게 등장했다. 이에 통합을 모색한 결과, 국내 한성정부의 정통성 법통을 계승하되, 본부를 상해에 둔 통합된 대한민국임시정부가 1919년 9월 11일 탄생했다. 흥미롭게도 한성정부는 대통령 격인 집정관총재에 이승만을 추대했으며, 상해의 통합임시정부도 대통령에 이승만을 추대했다. 그런데도 임시정부 100주년에 이승만을 고의로 제외하는 것은 온당치 못한 처사라고 할 수밖에 없다.

1919년 탄생한 임시정부는 오늘의 대한민국 탄생에 중요한 밑거름이었다. 계파 간의 분열로 지리멸렬한 모습을 보이기도 했지만, 임정이 독립을 위해 노력한 공은 높이 평가해야 한다. 또한, 수

립 과정에서 대한민국이라는 국호를 정하고, 왕정복고가 아닌 민주공화정을 추구하고, 독립된 근대 국민국가를 만들자는 이상은 대한민국의 정체성을 심어 놓았다. 그래서 필자는 여러 지면을 통해 1919년을 '정신적 건국'으로 표현했다.

문재인 정부는 오늘 대한민국임시정부 100주년 기념식을 한다. 그런데 대한민국은 상해 통합임시정부의 법통을 계승한 것이고, 통합임시정부는 한성 임시정부를 계승한 것이기에 임시정부 100주년 기념일은 법적으로는 한성 임정의 수립일인 4월 23일이나 상해 통합임정이 설립된 9월 11일이 돼야 더 논리적일 것이다. 4월 11일 수립된 상해임시정부는 9월에 창설되는 통합임시정부를 만들기 위해 해체됐기에 대한민국의 법통을 갖고 있다고 보기는 무리가 있다. 이러한 혼선은 차후 차분히 논의되고 시정돼야 할 것이다.

그리고 임정은 국민·영토·주권이라는 국가의 성립 요건을 못 갖췄고, 국제사회로부터 승인받지도 못했다. 임정 설립으로 대한민국이 수립된 게 아님을 잘 인식한 것은 바로 임정 인사들이었다. 그래서 임정은 진정한 독립과 건국을 위해 노력했고, 1941년 11월에는 '건국강령'을 발표했다. 2017년 대한민국임시정부기념사업회와 대한민국임시정부기념관건립추진위원회가 함께 편찬한 '사진으로 보는 대한민국임시정부: 1919~1945'는 소중한 자료집이다. 이 책에는 1945년 11월 4일 임정 요인들이 환국을 앞두고 남긴 글의 사진도 수록돼 있다. 여기서 최동오와 황학수는'화평건국和平建國' '건국필성建國必成'을 써서 진정한 건국을 염원하는 마음을 표현했다. 임정 요인들도 그때까지 건국은 이뤄지지 않았음을 잘 알고 있었다는 증거다.

임시정부의 이상이 실현된 것은 1948년 대한민국의 수립이다. 유엔 감시 아래 한반도 역사상 처음으로 실시된 자유선거이자 보통선거였던 5·10선거를 거쳐, 8월 15일 대한민국 정부가 수립되고, 같은 해 12월 12일 유엔총회가 대한민국을 한반도 내의 유일 합법정부로 승인함으로써 온전한 국가가 된 것이다.

그런데 그동안 1948년을 폄훼하고, 1919년을 건국 기점으로 삼아 2019년을 '건국 100주년'이라 하려는 시도가 집요하게 진행됐다. 그 배경에는 1948년 대한민국 체제를 부정하는 왜곡된 역사관이 있었다. 다행히, 건국 100주년이란 용어가 빠지게 됐고, 북한과 함께하려던 '3·1절 100주년 남북 공동행사'도 무산됐다. 북한은 3·1운동을 격하하고 임정을 부정하는데 그들과 함께 이런 행사를 하려던 시도 자체가 어리석은 일이다. 언제쯤 이러한 역사관의 혼란에서 벗어날 것인가. 강규형/명지대 교수, 문화일보 2019년 4월 11일

4) 1919년에 수립된 임시정부 계승

"대한민국이 1948년 건국됐다거나 건국절을 제정해야 한다는 주장은 역사적·법률적·상식적으로 맞지 않을뿐더러 국익에도 엄청난 손실을 가져오게 되는 심각한 문제"라고 반박했다.

"제헌국회는 대한민국 정부를 수립할 때 1919년 수립된 임시정부를 재건 부활하는 방법을 택했고, 연호도 임시정부에서 사용하던 '대한민국'을 똑같이 사용했다"면서 "1948년을 건국으로 보는 건 우리 스스로 우리의 역사를 왜곡·축소하는 일"이라고 주장하였

다. 한시준/단국대 역사학과 교수

5. 대한민국임시정부에서 활동한 천안출신 애국지사 이종건

이종건李鍾乾 ; 1906. 5.14~1960. 6.19은 대한민국 임시의정원 충청남도 대의원으로 활동하였다. 그는 1906년 천안 수신면 속창리 215번에서 태어났다. 일명 동초東初 또는 세장世章이라는 이명도 있다. 그의 성장과정은 잘 알려져 있지 않다. 1928년 휘문고보를 졸업하고 중국으로 망명하였다. 중국 산둥山東의 군벌 옌시산閻錫山 휘하에서 군관학교 과정을 수료하고 독립운동에 투신하였다.

1931년 중국 베이징北京에서 한족동맹회韓族同盟會에 가입하여, 독립운동을 방해하고 사전 봉쇄하려는 밀정 신모申某를 처단하는 등 독립운동 저해 세력을 없애는 데 주력하였다. 이후 상하이上海에서 한인독립운동청년동맹을 조직하고 활동하는 한편, 한인청년당韓人青年黨과 의열단義烈團 등에 가입하여 극렬한 투쟁을 전개하였다. 같은 해 10월 31일 교민단의경대원僑民團義警隊員으로 임명되어 상하이를 내왕하는 출입국자들의 신상을 파악하여 독립운동가들의 부일附日 매국행위 여부를 조사, 밀정을 색출하여 처단하는 등 민족정기 확립에 주력하였다.

1931년 12월부터 1933년 11월까지 임시의정원 충청남도 대의원으로 선임되어 활동하였다. 1933년 한국독립당韓國獨立黨 난징南

京지부 활동요원으로 지명되었다. 1934년 4월 10일 중국 중앙군관학교中央軍官學校 뤄양분교洛陽分校에서 군사훈련을 받은 뒤, 난징에 머물면서 김구구락부회金九俱樂部會를 개최하여 친목도모와 독립운동가 유대를 강화하였다. 1936년 봄 화로항花露港의 합숙훈련소에서 훈련을 받는 등 항상 새로운 전술전략을 익히는 데 앞장섰다. 1938년에는 우창武昌·한커우漢口·한양漢陽 등지에서 대일무장투쟁에 참가하여 혁혁한 성과를 거두었으며 중국군의 칭송을 받았다. 1942년 4월 한국광복군 제1지대에 편입하여 8·15광복 때까지 활동하였다.

정부에서는 선생의 공훈을 기려 1977년 건국훈장 독립장을 추서하였다.

참고 문헌

『조선통치사료』(한국사료연구소) 501·508쪽.

『사상정세시찰보고집』 262·386쪽.

『사상정세시찰보고집』 (기2) 439쪽.

『일제침략하한국36년사』 13권 614쪽.

『임시정부의정원문서』(국회도서관) 220·221·222·706·711·729쪽.

『독립운동사』(국가보훈처) 4권 713쪽.

『독립운동사』(국가보훈처) 6권 126·373·610쪽.

『독립운동사』(국가보훈처) 7권 710쪽.

『국외용의조선인명부』(총독부경무국) 288쪽.

『명치백년사총서』(김정명) 제2권 501쪽.

『한국민족운동사료(중국편)』(국회도서관) 695·825·871쪽.

『한국독립운동사』(국사편찬위원회) 5권 979·980·981쪽.

『한국독립운동의 역사』(독립기념관 한국독립운동사연구소) 126~139쪽.

자료로 본 천안 지역 독립운동
- 서대문형무소와 수형기록카드를 중심으로 -

이지은 서대문형무소역사관

1. 머리말

천안은 다양한 독립운동이 전개되었고 많은 독립운동가를 배출한 지역이다. 따라서 이에 대한 연구는 지속적으로 진행되었고, 특히 '천안학'에 대한 집중적인 연구사업이 전개되면서 천안 지역 독립운동과 독립운동가에 대한 연구는 활발한 편이다.[1] 따라서 본고는 '자료로 본 천안 지역 독립운동'이라는 주제 아래 기존에 정리된 연구를 포함하는 한편, 자료의 부족이나 연구가 부족하여 잘 알려지지 않았던 천안 지역 독립운동 또는 독립운동가에 대해 서술하

[1] 심재권·김선명, 『(삶이 평안한)천안학: 천안의 역사, 문화, 정치, 경제, 지리 이야기』, 살림터, 2014; 단국대학교 인문도시지원사업단 편, 『(새롭게 본) 천안학의 이해 上, 下』, 단국대학교 출판부, 2021.

고자 한다.

그 중에서도 '서대문형무소'와 '수형기록카드'를 중심 자료로 삼아 서술하고자 한다. 서대문형무소는 한국 최초의 근대감옥이었던 만큼 많은 역사를 담고 있다. 그 중에서도 특히 독립운동가와 밀접한 관계에 있다. 또한 1919년 3.1운동 이후 일제는 독립운동가를 감시 또는 관리할 목적으로 정보기록카드를 작성하였는데 이를 '수형기록카드'라고 한다. 이 카드에는 독립운동가의 사진이 붙어 있는데 대부분의 사진촬영 장소가 서대문형무소였던 것으로 확인할 수 있다.

따라서 본고에서는 '서대문형무소'와 '수형기록카드' 속에 나타난 천안 지역 또는 천안출신 독립운동가에 대한 이야기로 구성하고자 하였다.

2. 서대문형무소와 수형기록카드

1) 서대문형무소와 독립운동

서대문형무소는 1908년 경성감옥이라는 이름으로 개소하였다. 1912년 경 서울 공덕동에 감옥을 추가로 개소하고 이를 경성감옥이라 칭했다. 따라서 본래의 경성감옥은 서대문감옥으로 개칭하였다. 1923년 관련 법제를 다시 제정하고 서대문형무소라 부르게 되었으며, 1987년 현대에 이르기까지 감옥으로 사용하였다. 경기도

의왕시로 서울구치소가 이전하고 복원 및 정비를 통해 1998년 서대문형무소역사관으로 개관하여 현재에 이르고 있다.

서대문형무소 위치는 일제가 부여한 많은 의미가 있다. 첫 번째, 지리적 측면에서 사람들의 왕래가 많은 도심 속에 위치해 있다는 것이다. 동쪽으로 경복궁, 서쪽으로 마포와 양화진, 남쪽으로 용산과 남대문, 북쪽으로 의주를 잇고 있다. 서대문형무소가 위치한 곳은 각 지역에서 시내로 진입하는 노선으로 서울로 들어서는 주요 길목 중하나였다. 이 곳에 한 가운데 감시와 통제의 상징을 설치하여 일제 통치에 대한 공포심, 복종감을 들게 한 것이다.

두 번째, 독립문의 인근에 위치해 있다는 점이다. 독립문이 자리한 곳은 조선시대에 청나라 사신을 맞이하던 영은문과 모화관이 있던 곳이었다. 근대시기에 이를 허물고 독립문과 독립관을 세워 조선이 자주국임을 내세웠다. 그러나 일제는 이 위치에 서대문형무소를 만듦으로써 조선에서 가장 강력한 세력은 일제임을 상징적으로 보여주고자 하였다.

세 번째, 자연지형의 이점이다. 인왕산과 안산이 병풍처럼 둘러싸고, 가파른 무악재고개가 가로막고 있어 수감자 통제에 유리했다.

일제는 한국인에 대한 식민지배를 점차 강화해 나갔다. 이는 서대문형무소의 운영에서도 확인된다. 1908년 개소 당시에는 수용인원이 500여 명이었으나 1930년대에 이르러 그 면적이 처음 규모의 35배 정도로 증가하였고, 수용인원은 5배 정도 늘어 2500여 명이 되었던 것이다. 이는 서대문형무소가 지니고 있는 특징 또한 반영된 것이었는데 형이 확정된 기결수와 확정되지 않은 미결수를 수용하는 기능을 모두 갖추고 있었기 때문이다. 따라서 경성복심법원과 고등법원이 소재한 서울에 있었던 서대문형무소에는 항소 또는 상고한 수감자들이 판결 전까지 수용되었다. 또한 사형이 집행되는 곳이었기에 많은 사형수가 수감되었다. 이처럼 서대문형무소는 일제강점기 당시 한반도에서 최초이자 최대 감옥으로 식민지 감옥 운영의 핵심 역할을 담당하였다.[2]

2) 수형기록카드

서대문형무소와 더불어 본고에서 주요 자료로써 활용할 수형기록카드란 '일제 주요감시대상 인물카드'라는 이름으로 국가등록문화재로 지정되어 있다. 수형기록카드는 가로 15cm, 세로 10cm의 낱장의 종이 재질로 된 카드형식의 기록물이다. 앞면에는 수감자의 상반신 사진이 부착되어 있고 간략한 인적사항이 기재되어 있다. 뒷면에는 기본 신상정보와 수형사항이 기록되어 있다. 각 카드마다 일련번호가 있는데 가장 마지막 번호가 65,139번이다. 그 중 6,264장만이 남아 있을 뿐이지만, 카드의 마지막 번호를 통해 독립운동과 관련된 수감자 수가 최소 65,000여 명 정도였다는 사실을 확인할 수 있다.

수형기록카드를 작성하기 시작한 것은 1919년 3.1운동이 계기였다. 폭발적으로 증가한 '사상범' 즉 독립운동가들에 대한 정보를 기록하여 피체부터 감옥의 투옥, 출소 이후의 동향을 감시 및 관

---

2 박경목, 「일제강점기 서대문형무소연구」, 충남대학교 박사학위논문, 2015, 21-34쪽.

리하려는 목적이었다. 또 유사한 항일운동사건이 발생할 경우, 이들의 인상착의를 신속하게 파악하여 검거의 효율성을 높이기 위한 목적으로 만들어진 것이었고, 수배용 자료로도 이용되었다. 수형기록카드가 작성된 이유는 다음의 4가지 유형으로 분류할 수 있다.[3]

① 일제 경찰관서에서 항일운동가에 대한 범죄경력을 파악하기 위한 관리용 자료
② 일제 경찰이 항일운동 사건 발생 시 신속히 수사 및 체포에 만전을 기하기 위한 수사용 자료
③ 서대문형무소에 수감되었던 항일운동가에 대한 일제 측의 지속적 감시를 위한 자료
④ 주요 항일운동가의 검거를 위한 수배용 자료

이 4가지 유형에 모두 해당하는 사람은 바로 도산 안창호 선생이다. 도산 선생은 독립협회를 비롯하여 신민회, 대한민국 임시정부, 흥사단 등을 이끌며 활발한 독립운동을 전개하였다. 따라서 일제는 요주의要注意 대상의 독립운동가로서 도산 선생을 감시하고자 하였다. 그 결과 1919년에 처음으로 도산 선생에 대한 감시카드를 만들었다. 도산 선생의 두 번째 수형기록카드는 1932년 4월 윤봉길 의사의 훙커우虹口공원 의거 직후에 만들었다. 도산 선생은 윤봉길 의사의 의거로 상하이 프랑스 조계지에서 피체되어 징역 4년형을 받고 서대문형무소에 수감되었는데, 이 때 작성된 것이다. 이

[3] 박경목, 전게 논문, 265-266쪽.

카드를 통해 오랜 독립운동과 망명생활로 많이 초췌해지고 지친 선생의 모습을 확인할 수 있다.

도산 선생의 세 번째 수형기록카드는 1937년에 작성되었다. 도산 선생은 수감생활을 하던 서대문형무소에서 1933년에 대전형무소로 이감되었다가 1935년 2월 가출옥 하였다. 그러나 1937년 6월 일제에 의해 조작된 '동우회사건'을 이유로 다시 검거되어 서대문형무소에서 복역하게 되었다. 이 때 수형기록카드가 작성된 것으로 보이는데, 서대문형무소와 대전형무소의 고되고 오랜 수감생활과 열악한 환경이 도산 선생의 건강을 매우 악화시켰음을 확인할 수 있다. 뿐만 아니라 수형기록카드 속 도산 선생의 얼굴에는 또 다시 시작된 수형생활로 쌓인 고단함이 견디기 힘들 정도에까지 이르렀음도 확인된다.

일제는 도산 선생의 건강이 갈수록 악화되자 옥중에서 서거할 것을 우려하여 1937년 12월 병보석으로 출감시켰다.[4] 마지막이자 4번째로 작성된 수형기록카드는 1937년 11월에 작성된 것으로 기재되어 있는데, 그 즈음하여 병색이 짙은 도산 선생의 안색을 흑백사진임에도 불구하고 확인할 수 있다. 결국 도산 선생은 1938년 3월 10일 서거하였다. 그런데 4번째 수형기록카드의 작성년도는 1939년이다. 이는 바로 도산 선생이 서거한 이후에 수형기록카드가 작성되었다는 것을 의미하고, 특히 주목해야 할 부분이다.

이로 보아 기재된 날짜는 카드의 작성일을 기준한 것일 뿐 해당 년도의 도산 선생의 모습이라고 하기는 어렵다는 것을 알 수 있다.

---

4 이명화, 「도산 안창호의 서대문형무소 투옥과 수감 생활」, 『한국독립운동사연구』 46, 독립기념관 한국독립운동사연구소, 2013.

그럼에도 독립운동의 풍파와 고된 수형생활을 지나온 도산의 모습을 확인할 수 있는 자료로서 의미가 있는 것은 분명하다. 또한 앞서 언급한 대로 4가지 유형의 수형기록카드를 모두 담고 있는 것을 확인할 수 있다.

결론적으로 말하면, 수형기록카드에는 반드시 서대문형무소에 수감되었던 인물에 대한 정보나 사진만을 담고 있는 것은 아니다. 앞서 살펴본 도산 선생의 사례를 통해서 확인할 수 있었다. 하지만 대부분은 수감된 사람에 대한 기록이다. 그 중 일부가 독립운동가들을 감시하거나 체포하기 위한 목적으로 작성되었던 것이다. 이 카드가 전해지면서 우리는 역설적이게도 그 동안 알지 못했던 독립운동가의 얼굴을 확인할 수 있게 되었다. 독립운동가는 얼굴이 밝혀지면 곧 피체되거나 활동이 어려워지기 때문에 남아있는 사진 자료가 많지 않으나 수형기록카드를 통해 그 분들의 얼굴을 확인할 수 있는 것이다. 따라서 서대문형무소역사관에서는 전시실 2층 메모리얼 홀에 카드 전부를 전시하여 이들을 기억하고 추모하고 있다.

지금까지 서대문형무소와 수형기록카드에 대한 개설적인 이야기였다. 지금부터는 이에 대한 이해를 바탕으로 서대문형무소에 수감된 이력이 있거나, 수형기록카드 속 천안 지역, 또는 출신 인물에 대해 살펴보고자 한다.

3. 천안 지역 독립운동과 서대문형무소

1) 대한광복회 충청도 지부

광복회는 1915년 7월 대구에서 의병계열과 계몽운동계열이 연합해 결성된 비밀결사이다. 이 단체는 무력이 준비되면 일제와의 전쟁을 통해 독립을 달성한다는 목적을 가지고 결성되었다. 따라서 독립군 양성을 위해 만주에 사관학교를 설립하고 군대 양성을 추진코자 하였다. 이를 위해 군자금 모집과 무기 구입, 친일파를 처단하는 의협투쟁을 전개하였다.

광복회는 전국적인 규모의 국내지부조직과 만주본부에 해당하는 길림광복회를 조직했는데, 그 중 가장 활발한 활동을 전개한 곳이 바로 충청도 지부이다. 충청도 지부는 광복회의 가장 대표적인 지부이며 김한종이 지부장이었다. 충청도 지부는 여타 지부보다 월등하게 많은 인원이 참여했는데 예산·홍성·청양·아산·천안 지역을 중심으로 지부원이 모집되었다. 특히 천안이 예산·홍성·청양·아산 등 홍주문화권으로 묶여있는 지역이 아님에도 불구하고 많은 인물들이 참여한 것은 주목된다. 충청도 지부원은 충청도 뿐만 아니라 서울, 경기, 경상도 지역에서도 활발한 활동을 전개했다.

광복회는 군자금 모집을 가장 중점적으로 추진하였다. 광복회는 결성 목적을 실현하기 위해서 막대한 자금을 필요로 했다. 그러나 일제의 무단통치 하에서 자금의 모집은 많은 제약이 따랐기 때문에, 우선 회원들의 자산을 광복회에 기탁해 자금을 조달하거나 연락기관의 설치에 활용하였다. 그리고 친일적 인물들을 처단하고 군자금 모집의 방법으로 활용하였다.

천안 출신 광복회 회원은 장두환張斗煥을 중심으로 유중협柳重協·조종철趙鍾哲 등이 있다. 장두환은 충청도 지부에서 중요한 역할을 담당하였다. 장두환은 만주에서 활동할 것을 권유받았으나 부모님을 모시는 관계로 만주에서의 활동은 사양하였다. 그리고 충청도 지부에서 활동하기로 결정하고 권총 구입비로 자금을 제공했다. 김한종이 충청도 지부의 책임을 맡고 있으면서 경상도나 서울 등 외지에서 많은 활동을 한 반면, 장두환은 충청도 지부의 활동을 주도했다.

광복회 충청도 지부는 도고면장 박용하朴容夏를 처단하기도 하였다. 도고면장을 처단하는 이유는 군자금 모집과는 별개로 당시에 도고 지역에서 주민을 괴롭히는 친일면장을 처단하는 차원에서 이루어졌다. 박용하는 광복회 통고문通告文을 헌병에 건네주었을 뿐만 아니라 지역 사회에 많은 악행을 저지르고 있던 인물이었기 때문이다.

김한종이 천안 읍내에서 박용하의 처단을 장두환에게 설명하자, 그는 이에 찬성하였고 김경태에게 실행을 지시하였다. 김경태와 임세규는 도고면 성문영의 집에서 사형선고문死刑宣告文에 박용하의 이름을 기입한 후 박용하의 집에 도착하였다. 박용하는 의연금을 내겠으니 이를 연기해 달라고 했으나 김경태와 임세규는 곧바로 박용하를 처단했다.

그러나 이를 계기로 일제의 탄압이 거세졌다. 박용하를 처단한 직후인 1917년 1월 하순부터 충청도 지부장 김한종·장두환·유창순·김경태·성달영 등 광복회의 중심인물들이 피체되어 재판을 받았다. 충청도 지부 천안 출신자 중 유창순은 10년형을 선고받았다. 장두환은 징역 7년형을 선고받았으나 1921년 4월 서대문형무소에서 옥중 순국하였다. 조종철은 2년 6개월을 선고받았다.

비록 이들의 피체와 순국으로 광복회의 활동은 중단되었지만 광복회는 3.1운동으로 민족적 역량을 결집시킬 수 있는 기반을 제공하였다. 조선헌병대 사령관이 조선총독에게 충청도 3.1운동의 배경으로 광복회 활동을 지목할 정도로 독립운동기의 암흑기와도 같았던 1910년대 우리 민족에게 용기를 일깨운 단체였다.[5] 또한 충남 지역에서 활발히 활동했으며, 천안 출신 인물이 다수 참여했다는 점에서 주목되는 단체이다.

2) 1919년 아우내장터 만세시위

1919년 3월 1일 민족대표 33인의 독립선언서가 선포되고, 이로써 전개된 독립만세시위운동은 전국으로 확산되었다. 천안 지역에서는 3월 14일 목천공립보통학교 학생들이 교정에서 독립만세를 외친 것을 시작으로 병천·성환·직산 등지에서 4월 1일까지 만세시위가 지속되었다.

충남 지역은 3월 말부터 4월 초순 사이에 가장 활발히 만세시위운동이 전개되었다. 천안 지역 역시 3월 29일 천안 읍내, 30일 입

5 이성우, 「광복회 연구」, 충남대학교 박사학위논문, 2007, 71-80·120-125쪽.

장·풍세에서 연이어 독립만세시위와 횃불독립만세시위가 전개되었다. 4월 1일 갈전면 아우내 만세시위가 일어나기 몇 일 전부터 밤마다 병천 읍내 주위의 높은 곳에서 주민들이 불을 피우고 독립만세를 외쳤다. 또한 독립운동과 관련된 여러 가지 소문들이 사람들의 입으로 전파되어 각지로 퍼짐으로서 독립만세를 외치려는 움직임이 거세졌고 독립운동의 분위기가 한껏 고조되었다.

당시 병천에서 발생한 시위상황은 '조선소요사건관계서류'에 상세히 묘사되었다. '조선소요사건관계서류'는 1919년 3월 1일부터 1921년 말까지 일본 육군성에서 수신·발신한 3.1운동 관련 공문서를 편철한 자료이다. 일본 육군성은 일본 육군의 주무부서로서 3.1운동을 무력으로 탄압한 조선 주둔 일본군조선군과 헌병을 관할하는 최상위 행정기관이었다. 이들 사이에 오고 간 문서인 까닭에 3.1운동에 대한 일제의 가장 내밀하고 중요한 기록이라고 할 수 있다. 이 기록에서 나타난 아우내시위 현장은 다음과 같았다.

> 4월 1일 충청남도 천안군 병천의 소요진압상황[6]
>
> 천안군 병천은 소요 당일4월1일의 며칠 전부터 밤마다 읍내 주위 고지에서 횃불을 올리고 만세를 외쳤으며, 또 여러 가지 유언비어를 퍼뜨리며 형세가 불온하였는데, 4월 1일은 장날에 해당하여 아침부터 상당히 많은 조선인이 몰려와서 시장이 매우 혼잡하고 대단히 불온한 형세였음. 헌병 등이 대대적으로 경계하던 중 오후 2시경 모여든 약 3,000명은 시장에서 한국대국기를 선두로 500~600개의 한국기

6 독립기념관 한국독립운동사연구소 편, 『3.1운동 관련 일본육군성문서 자료집: 조선소요사건관계서류 I 』, 2020, 391-392쪽.

를 손에 들고 만세를 외치며 대대적으로 소요를 벌였음. 결국 헌병주재소로 몰려들어 제지하는 것을 듣지 않았으며, 헌병은 어쩔 수 없이 격투를 개시하게 되었는데, 중과부적으로 발포를 하게 되었음. 그러나 일시 흩어졌지만 여전히 폭동을 일으키며 위험한 지경에 이르렀다는 보고를 받고, 당시 천안철도엄호대장으로 있던 가부토甲대위 이하 6명은 바로 자동차를 타고 병천으로 급히 출발하였음.

오후 4시 경 병천에 도착했을 때, 조선인은 아직 흩어지지 않고 시장 근처에서 크게 북적거리고 있었으며, 또 폭동 조선인은 무리를 지어 주재소를 포위하여 제지해도 응하지 않을 뿐만 아니라 폭행하고 틈만 나면 습격하려는 형세였음. 따라서 충돌한 병졸에게 이에 대해 병기를 사용하여 적극 진압하도록 시켜, 그곳에서 흩어지게 할 수 있었음. 그리하여 아직 부근 고지 위에는 여기저기 흩어져 있었지만, 다시 군집하여 몰려들 형세는 없어지게 되었음. 해가 진 후 천안에서 증원된 상등병 이하 5명을 잔류시켜 헌병과 협력하여 경계를 담당하도록 하고, 다른 병력은 천안으로 철수 귀환했음.

사격 소모 탄환파견 병졸만은 실탄 14발임.

- 피해 상황

헌병주재소의 경우 구내 한쪽 면에 작은 돌을 던져 유리창이 파손되었음. 주위 철조망 담장은 전혀 파괴되지 않았으며, 유치장은 뒷벽이 곡갱이로 파괴되었음. 우편소 근처의 전화선은 절단되었으며, 면사무소의 미닫이문은 약간 파괴되었음.

- 부상자

조선인 61명, 이 중 18명은 부상 후 사망했음.

대부분 가부토甲 대위가 도착하기 전에 지방관헌이 발생시킨 사상

자임

이 자료에 따르면 4월 1일 병천에서 전개된 독립만세시위는 기독교인과 지역민 3,000여 명의 군중들이 독립만세를 외쳐 24명이 검거되고 43명이 부상을 입었으며 18명이 사망하였다. 이러한 상황은 미주 한인사회의 민족운동단체인 국민회 북미지방총회의 기관지 《신한민보》에도 두 차례에 걸쳐 보도되었다. 1919년 5월 27일과 9월 2일 보도를 통해 병천시위에서 김구응, 박종만의 활동과 일제의 탄압상을 상세히 보도한 것이다. 또한 '서울 이화학당 000 녀사'로 유관순 열사가 부모가 피살되었어도 계속 독립운동을 하다 중상을 당하고 체포된 사실이 보도되었다.[7]

신한민보에서도 주목했듯이 아우내시위에서 가장 널리 알려진 독립운동가는 유관순 열사이다. 유관순 열사는 독립장 포상을 받았으나 2019년 대한민국장으로 승격되기도 하였다. 그런데 유관순 열사가 옥중 순국한 것은 3.1운동 당시의 부상보다 3.1운동 1주년인 1920년 3월 1일에 있었던 일이 결정적이었다.

유관순 열사는 1920년 3월 1일 오후 2시 옥중에서 만세를 외쳤다. 감방 안에서 기념식을 비밀리에 준비하고 당일 실행에 옮긴 것이었다. 이는 서대문감옥 전역으로 퍼졌다. 수감자들이 호응하며 서대문감옥 전체에서 만세가 터져나왔다. 주동했던 유관순과 이신애는 죽기 직전까지 매를 맞았다. 이로 인해 유관순 열사는 건강이 심각하게 악화되어 병감으로 옮겨졌고 삼엄한 감시를 받았다고 한

7 《신한민보》, 「천안」, 1919년 5월 27일자; 《신한민보》, 「천안시위운동의 후문, 30여명을 1시에 총살」, 1919년 9월 2일자.

다. 그로부터 몇 달 뒤인 9월 28일 옥중에서 순국하였다.[8]

그런데 유관순 열사의 수형기록카드를 보면 특이한 점이 있다. 출소한 적이 없음에도 카드의 기록상 출소 날짜가 작성되어 있다는 것이다. 1920년 9월 28일 옥중 순국한 유관순 열사가 카드 기록상 출소연월일이 1921년 1월 2일로 기재되어 있다. 이는 종종 확인되는 사례인데 수감 중 심한 고문이나 병으로 옥사한 경우나 수감자가 죽기 직전에 방면된 경우가 그러했다. 카드 기록상으로는 단순히 출소한 것으로 기재되어 감옥 안에서 죽었거나, 감옥에서 처우 중 죽음의 사유가 되는 어떠한 행위도 없었던 것으로 보이도록 한 것이다.[9] 이처럼 15*10cm 크기의 카드에서마저 일제의 악랄한 통치와 거짓이 나타난다.

4. 수형기록카드 속 천안 지역 인물

1) 치안유지법 관련 천안 출신 독립운동가

수형기록카드에서 확인되는 죄명 중 가장 많은 비율을 차지하는 것이 바로 치안유지법 위반59%이다. 일제는 1925년 4월 22일 치안유지법을 제정 공포하고 1925년 5월 12일부터 한국에 적용

8 박용옥, 「류관순열사의 3·1만세시위운동과 옥중투쟁」, 『한국인물사연구』 6, 한국인물사연구소, 2006.

9 박경목, 『일제강점기 서대문형무소연구』, 충남대학교 박사학위논문, 2015, 252쪽.

하여 ‘사상범’에 대한 엄벌주의적 법 적용과 행형을 도모하였다. 그러나 일본 본토에서 공산주의자에게만 적용하였던 법률을 한국에서는 사회주의자, 공산주의자뿐만 아니라 민족주의 계열 및 여타 독립운동가에게도 적용하였다. 치안유지법 제1조에 따르면 “국체國體를 변혁하고 또는 사유재산제도를 부인하는 것을 목적으로 하여 결사를 조직하거나 또는 그 정情을 알고서 이에 가입한 자는 10년 이하의 징역 또는 금고에 처함.”이라고 명시하였다.

여기서 확인되는 ‘사유재산제도의 부인’으로 이 법이 사회주의 운동을 겨냥한 내용이라고 볼 수도 있지만, 조선총독부 및 사법부는 ‘국체의 변혁’이라는 요건을 ‘조선의 독립을 목적으로 하는 것은 제국주권의 존립에 관한 사항으로 국체의 변혁을 목적으로 하는 것’이라고 해석하고 모든 독립운동을 처벌하는 데 치안유지법을 적용하였다. 따라서 1920년대 중반 이후 이 법에 의해 많은 사상범이 양산되었다. 기타 죄명 중에서도 ‘보안법25%, 소요2%, 출판법1%, 폭력행위 처벌에 관한 법, 폭발물 취체법, 불경, 제령7호 위반, 안녕질서에 관한 법’ 등이 보이는데 이 역시 사상범으로 분류되는 독립운동을 탄압하기 위한 법이다.[10]

본 장에서는 천안 지역 출신본적지 기준 인물 중 치안유지법으로 옥고를 치른 분들에 대해 정리하였다. 유민식과 김규환의 경우 포상을 받은 분들로 행적이 확실하나, 나머지 4분은 미포상자로서 수감된 사건에 대한 조사만 했을 뿐 모든 행적을 검증하기는 어려웠다. 따라서 사후 행적에 어떠한 변동이 있을 가능성도 있지만, 본 강의에서는 수감된 사건 자체만 놓고 치안유지법 관련 천안 출

10 박경목, 전게 논문, 48쪽.

신 독립운동가라고 칭하고자 한다.

① **유민식** 兪民植, 1898.10.17.~1969.08.11.

이명 : 兪政根, 兪晩松, 兪后檀
본적 : 충청남도 천안 聖居 茅田 213
훈격 : 독립장 1977

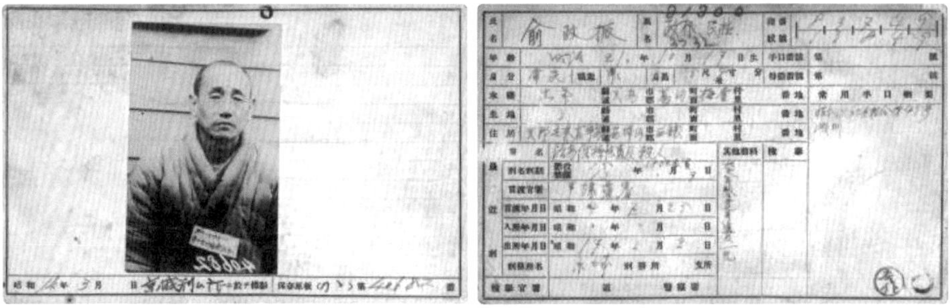

유민식 수형기록카드 앞면과 뒷면[11]

유민식 포상 기준의 수형기록카드에서는 유정진으로 기록되었으며, 정근, 단송 등 여러 이명을 사용했음이 확인된다. 유민식은 1910년 8월 국권 피탈 직후 만주와 하얼빈 등지에서 국권회복운동을 전개하다가 1919년 초 상하이로 갔다. 1919년 4월 대한민국 임시정부 수립에 참여하였고, 대한민국 임시의정원에서 충청도 대표로 활동하였다. 또한 상하이 대한교민단장을 역임하기도 하였다.

11 본고에서 활용된 수형기록카드는 모두 국사편찬위원회 소장 '일제감시대상기록카드' 자료임을 밝힌다.

1922년 3월경 북로군정서 김좌진의 요청으로 다시 만주로 건너가 활동하였다. 이때 독립군의 군비강화를 위하여 김좌진의 밀명을 받고 1923년 5월 국내에 특파되었다. 그는 안동 김씨를 중심으로 군자금을 모집하는 등 모금운동을 전개하였으나 일제 경찰에 피체되어 징역 3년형을 받고 옥고를 치렀다. 따라서 그의 수형기록카드에 기록된 제령7호 위반 1범은 이때의 기록이다.

1925년 11월 출옥 후 그는 인터뷰에 응했는데 "썩은 만주밤滿洲栗을 7일이나 먹고 단식동맹운동을 벌였다"는 옥중투쟁 일화가 동아일보에 보도되었다. 출옥 후 일경의 끈질긴 감시를 따돌리고 다시 만주로 탈출하여, 1925년 3월 신민부에 참여하였다. 그는 중앙집행위원회 경리부 위원장으로 선임되어 항일무장투쟁을 계속 전개하였다.

그러나 1927년 2월 하얼빈 일본영사관 경찰대와 중국 군벌의 합작으로 신민부의 비밀본거지를 포위 습격당했고 집행위원장 김혁을 비롯하여 유민식과 본부 직원이 모두 체포되었다. 유민식은 1929년 7월 23일 평양복심법원에서 징역 15년형이 확정되어 서대문형무소에서 옥고를 치렀다. 그는 옥중에서도 투쟁을 멈추지 않았다. 1934년 옥중에서 독립만세운동을 주도하기도 한 것이다.[12]

---

12 국가보훈처, 「유민식 공훈록」, 『독립운동가공훈록』 4, 1987.

② **김규환**金奎煥, 1915.03.11.~1985.07.02.

본적 : 충청남도 천안 광덕 신흥 371

훈격 : 애족장1990

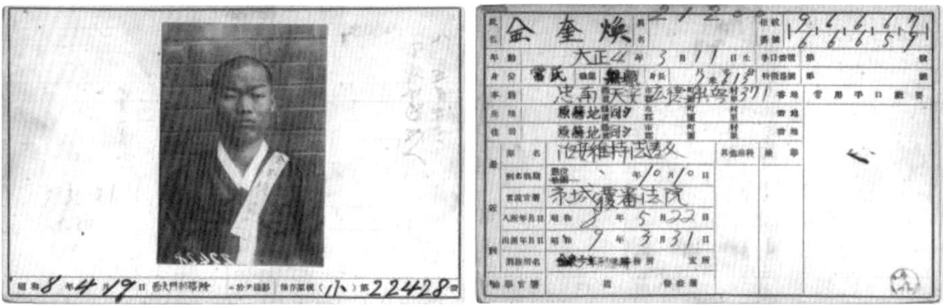

김규환 수형기록카드 앞면과 뒷면

김규환은 1932년 6월 12일 충남 예산농업학교 재학생과 일부 졸업생으로 비밀결사인 독서회를 조직하여 활동하였다. 독서회는 반제반전反帝反戰을 목적으로 학교 내외는 물론 이 지역의 농촌 청년들에게 광범위한 영향을 미치며 활동하였다. 이는 일제가 적용한 치안유지법에 위반되는 행동이었고 결국 일제에 의해 붙잡혔다.

김규환은 1933년 3월 30일 공주지방법원에서 치안유지법 및 보안법 위반으로 징역 1년형을 받았다. 이에 1933년 5월 15일 경성복심법원에 상고하였으나 기각으로 형이 확정되어 김천소년형무소에서 옥고를 치르다가 소위 칙령勅令 제120호에 의하여 10개월 10일로 감형되어 1934년 3월에 출소하였다. 수형기록카드에 실린 사진은 서대문형무소에서 촬영되었는데 상고과정에서 수감

되었던 것으로 보인다.[13]

③ **이민식** 李敏湜, 1908.04.08.~미상

본적 : 충남 천안군 성거면 삼곡리

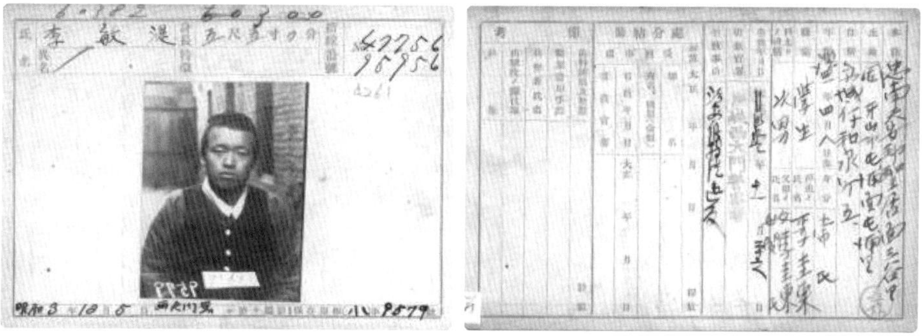

이민식 수형기록카드 앞면과 뒷면

서울에서 중동학교를 재학하였다. 직산학우회 위원이며 조선학생 사회과학연구회원으로 소속되어 있었다. 1928년 2월 재학 중 공산주의계열 학생비밀결사단체인 '조선학생공산당「CS黨, ㄱ당」'을 결당하는 데 참여하였다. 전 조선중등학교 학생을 망라한 공산주의 결사로 확대시키고자 임원, 당규, 강령 등을 제정하고 사업을 진행하고자 했다. '조선을 일본의 굴레로부터 이탈시키고'자 했는데 그 방법 중 하나로 '맹휴'를 택한 것으로 보인다. 특히 조직적으로 전개된 '동맹휴교' 준비 및 활동으로 인해 관련자들에 대한 검거와 수배가 내려졌다. 이민식 또한 이로 인해 구속되어 검사에게

13 국가보훈처, 「김규환 공훈록」, 『독립운동가공훈록』 8, 1990.

송치되었다.[14]

④ **이영준**李英俊, 1909.12.22. ~ 미상

이명 : 聖五, 相喆

본적 : 충청남도 천안군 동 화덕 341

죄명 : 치안유지법위반

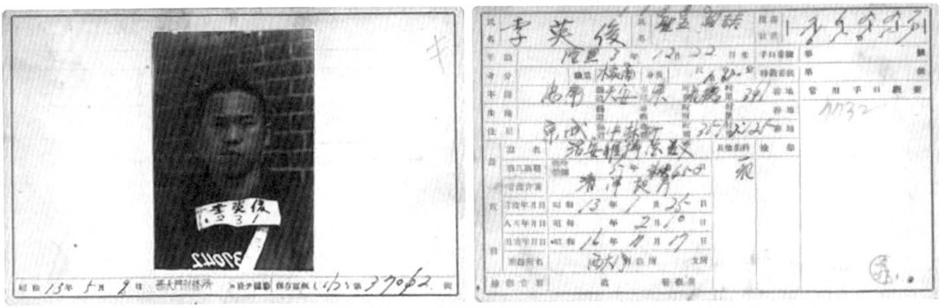

이영준 수형기록카드 앞면과 뒷면

1935년 7월 청진법원에서 '웅기열성자동맹' 관계로 재판을 받았으나 징역 1년 6월, 집행유예 5년을 받았다.[15] 집행유예 기간 중인 1938년 1월 다시 치안유지법 위반 혐의로 재판을 받아 옥고를 치렀다.[16] 각 지역열성자동맹 관련 옥고를 치른 분들이 포상을 받은 것으로 보아 공산주의조직이었으나 항일을 목적으로 하는 단체로 추정된다.

---

14 《조선일보》, 「금년 2월 소격동에서 CS당으로 결당식」, 1928년 12월 7일자.

15 《동아일보》, 「열성자동맹 3명은 항소」, 1935년 7월 25일자.

16 「이영준 판결문」, 1938.03.16.(국가기록원 독립운동관련 판결문)

⑤ **유정경일** 柳井敬一, 1917.02.28. ~ 미상

본적 : 충청남도 천안시 동면 용두리

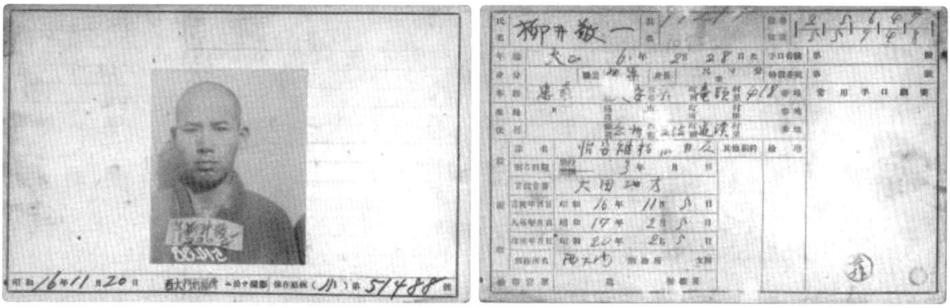

유정경일 수형기록카드 앞면과 뒷면

1941년 7월 공주에 위치한 장기초등학교 학생들에게 "조선 왕자가 일본으로 도망가서 일본 군인이 되어 있는데 조선왕은 그런 정도의 바보인 것이다", "조선의 독립을 위해서는 어떤 어려움이 있더라도 참고 노력해야 한다", "승리는 신념에 있으니 땀과 피와 눈물을 흘리라" 등의 문구를 자신의 사진 뒷면에 써서 졸업생들에게 나누어 주었다. 치안유지법 위반으로 대전지방법원에서 징역 3년을 선고받고 서대문형무소에서 옥고를 치렀다.[17]

⑥ **향원태환** 香原泰煥,1900.11.11.~미상

본적 : 충청남도 천안군 입장 양대 155

죄명 : 보안법위반, 불경, 육해군형법위반

---

[17] 국가보훈처, 『독립운동사 제9권: 학생독립운동사』, 1974, 747쪽.

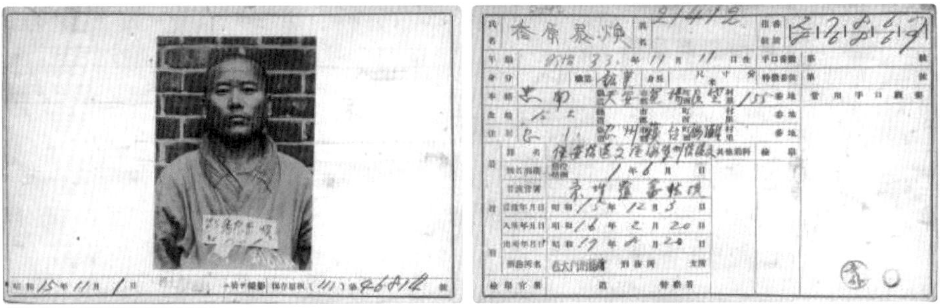

향원태환 수형기록카드 앞면과 뒷면

충청북도 충주에 소재한 광산에서 근무하였는데 일본인과 조선인에게 차별대우가 있다고 생각하여 이에 반감을 품고 그 대우개선을 요구하기도 하였다. 1940년 8월 주재소 순사 및 동同 광산 직원들과 함께 술을 마시던 중 광산에서 일본과 조선인 간의 차별대우에 관하여 수차례 불평을 토로하였다. 그 내용의 요지는 그의 판결문을 통해 상세히 확인할 수 있다.

1) 현재 조선에서는 南 총독 이하 각 관공리와 신문지 등에서도 내선융화, 내선일체를 역설하고 있으나 이는 완전히 말뿐인 것이다. 조선인에게 일본인다운 대우를 하고 있지 않다. 현재와 같이 대우하면 제2의 만세사건이 일어나도 해결할 방법이 없는 것이 아닌가?
2) 천황폐하가 아무리 위대하다고 말하여도 우리들 조선인을 바보로 알고 거만하게 굴면 결국 우리 조선인들도 반감을 품게되면 위대한 것도 무엇도 아니지 않는가?
3) 일본 군대가 아무리 강하여도 우리 조선인이 협력하지 않으면

이번의 전쟁도 패전할 것이다.

라는 취지의 언사를 내뱉음으로써 경성복심법원에서 징역 1년 6월을 받고 서대문형무소에서 옥고를 치렀다. 그에게 적용된 법은 보안법 위반, 불경, 육해군형법 위반이었다.[18]

2) 국가총동원법 위반자

수형기록카드 중에는 천안출신의 국가총동원법 위반자들이 다수 존재한다. 앞서 치안유지법 위반자에 비해 이들에 대해 상세하게 설명하지 않는 것은 수감의 직접적인 원인에 대한 구체적인 자료를 찾기 어려울 뿐만 아니라, 이들이 수감된 사유가 불분명하기 때문이다. 국가총동원법 위반이 독립운동의 범주에 속하는지는 좀 더 면밀한 검토가 필요한 부분이다. 기존의 학계에서는 단순한 경제사범으로 이해하고 있는데, 앞서 말한 수형기록카드의 성격과 연관지어 생각해보면 이들은 경제사범만으로 취급해버리기는 어려운 점이 있다.

국가총동원법은 1938년 5월부터 시행된 법이다. '국가총동원'은 전시 또는 전쟁에 준한 사변의 경우 이른바 국방의 목적을 달성하기 위해 국가의 모든 힘을 가장 유효하게 발휘할 수 있도록 인적, 물적 자원을 통제, 운용함을 말한다. 이는 일체의 인적 물적 자원 전체를 일왕의 위임명령과 집행명령에 따라 복속시켜버린 독재

18 「향원태환 판결문」, 1940.12.03.(국가기록원 독립운동관련 판결문)

적인 법률이었다.

그런데 이 법을 위반한 자들에 대한 수형기록카드497매, 11%가 다수 남아있다. 국가총동원법 위반자의 경우 단순 경제사범일 것으로 보는 시각도 있지만 일제 경찰이 이 카드를 작성한 목적이 '주요 사상범과 범죄 경력 및 수사 경력 자료' 확보로 지속적인 관리 차원에서 작성한 것임을 감안하면 보다 신중한 의미 부여가 필요하다는 의견이 있다.

특히 국가총동원법 위반자에게는 단 한건의 집행유예의 관용이 없었다. 치안유지법이나 보안법 등이 '사상범죄'에도 예심면소, 기소유예 등이 있었던 것에 비하면 매우 엄격하였다. 전쟁시기라는 특수성도 있지만 이들은 단순한 동원령 위반이 아닌, 식민 당국 경찰의 주요 감시 대상이 되었다는 점에 주목하여 이들의 국가 총동원법 위반도 크게 항일 활동의 하나로 파악하고 독립운동의 범주로 검토할 여지가 있다고 보는 것이다.[19]

5. 맺음말

지금까지 서대문형무소와 수형기록카드를 통해 천안 지역 독립운동, 천안 출신 인물들의 독립운동에 대해 살펴보았다. 강의는 이미 알려진 광복회 활동이나 아우내 장터 만세시위 또는 유관순, 유

19 박경목, 「일제강점기 서대문형무소연구」, 충남대학교 박사학위논문, 2015, 107-108쪽.

민식, 김규환 선생처럼 포상을 받은 분들에 대한 소개도 했지만, 아직 포상을 받지 못했거나 사후행적이 불분명할지라도 당시 독립운동 활동이 확인되는 분들에 대해 소개하였다.

독립운동은 실제적인 성과를 거둔 사건뿐만 아니라 과정, 시도에도 그 의의와 가치를 부여한다. 일제의 엄혹한 통치 속에서 이를 극복하고자 한 시도 자체도 가치가 있기 때문이다. 본고는 '자료'가 있는 독립운동에 한정하여 천안 지역 독립운동을 살펴보았다. 그럼에도 기존에 알려진 인물들 이외에 다양한 천안 출신 인물들에 대해 살펴볼 수 있었다.

이는 '자료'가 없더라도 수많은 독립운동 사건과 인물이 있었음을 짐작하게 하는 것이다. '포상'을 받지 못했더라도, '자료'가 없더라도 오늘의 내 삶을 누리는데 무명의 독립운동가가 기여하였음을 기억하길 바란다.

참고 문헌

『동아일보』, 『신한민보』, 『조선일보』, 「국가기록원 독립운동 관련 판결문」

국가보훈처, 「김규환 공훈록」, 『독립운동가공훈록』 8, 1990.

국가보훈처, 「유민식 공훈록」, 『독립운동가공훈록』 4, 1987.

국가보훈처, 『독립운동사 제9권 : 학생독립운동사』, 1974.

독립기념관 한국독립운동사연구소 편, 『3.1운동 관련 일본육군성문서 자료집: 조선소요사건관계서류 I』, 2020.

박경목, 「일제강점기 서대문형무소연구」, 충남대학교 박사학위논문, 2015.

박용옥, 「류관순열사의 3·1만세시위운동과 옥중투쟁」, 『한국인물사연구』 6, 한국인물사연구소, 2006.

심재권·김선명, 『(삶이 평안한)천안학 : 천안의 역사, 문화, 정치, 경제, 지리 이야기』, 살림터, 2014.

단국대학교 인문도시지원사업단 편, 『(새롭게 본) 천안학의 이해 上, 下』, 단국대학교출판부, 2021.

이명화, 「도산 안창호의 서대문형무소 투옥과 수감 생활」, 『한국독립운동사연구』 46, 독립기념관 한국독립운동사연구소, 2013.

이성우, 「광복회 연구」, 충남대학교 박사학위논문, 2007.

대한제국기 천안지역 교육계몽운동의 전개와 성격

김형목(사)국채보상운동기념사업회 이사

1. 머리말

학교는 근대화·문명사회를 대표하는 상징물이자 변화 상황을 역동적으로 체험하는 생활현장이었다. 근대문물이 일상적으로 유통하는 '대표적인' 시·공간은 바로 학교였다. 강고한 신분제 질곡桎梏에서 벗어나 보편적인 평등관에 입각한 인간적인 대우는 이곳을 중심으로 이루어졌다. 자기정체성과 사회적인 존재성은 이를 통하여 어느 정도 인식하는 계기를 마련한 셈이다.[1] 지역적으로 시간적인 차이는 있었으나, 대한제국기 우리 사회는 이러한 변화를 직접 경험하였다. 대응하는 방식은 각자의 계급이나 계층적인 입

1 이지애, 「개화기 '배움터'의 변화와 '자아찾기'로의 일상성」, 『근대의 첫 경험-개화기 일상 문화를 중심으로-』, 이화여대출판부, 2006, 157쪽.

장에 따라 매우 다양하게 나타났다.

사립학교설립운동·야학운동 등 근대교육운동 활성화는 이와 밀접한 관련성 속에서 이루어졌다. 사립학교 설립을 위한 의연금과 국채보상운동 모금 동참은 주민들에게 시세변화를 확인하는 현장이었다. 생활 정도에 따른 일종의 '의무금'과 같은 차등 배정 등은 향회鄕會나 동회洞會를 통한 생활공동체에 입각하고 있었다. 이는 주민들 의견을 어느 정도 수용하는 등 변화에 부응하는 새로운 방식이었다. 경쟁적이고 자발적인 참여를 유도함으로써 자신의 존재성을 일깨우는 동시에 사회적인 책무를 절감시키는 요인이었다.

교내행사 중 중요한 부분을 차지하는 운동회는 학생들에게 정정당당한 경쟁심을 배양하는 교육현장으로 자리매김했다. 나아가 건강한 신체와 건강의 중요성을 인식하는 가운데 진취적인 상무정신 등을 크게 고취시켰다. 대동학교大東學校 「권학가勸學歌」는 당시 운동회에 대한 관심도를 엿볼 수 있다. 주민들은 운동회 등 학교와 관련된 행사를 통하여 지루한 일상사에서 벗어나 새로운 삶의 활력소를 찾는 결정적인 계기나 다름없었다. 운동회 끝난 다음 개최된 연설회나 강연회 등은 상호 의견을 수렴·조정하는 공론장이었다. 주민들 유대감과 결속력은 이러한 상황과 결부되면서 더욱 강화되었다. 천안지역[2]도 이와 같은 분위기에서 크게 벗어나지 않았다. 현재까지 천안지역 근대교육에 관한 연구는 부분적으로 성과

2 서북학회, 「13도행정구역일람표」, 『서북학회월보』 19, 54쪽 ; 천안시지편찬위원회, 『천안시지』 상, 1997. 127-128쪽. 이 글에서 사용하는 천안지역은 대한제국기 목천·천안·직산과 전의군 일부를 포함한다. 곧 오늘날 천안시 전역과 유사한 행정구역이었다.

를 거둔 분야 중 하나이다.[3] 이 글은 천안학 분야 중 근대 교육계몽운동을 새롭게 이해하려는 일환으로 다음과 같은 점에 주목하였다.

우선적으로 20세기 전후 천안지역 사회변동, 외래문물 전래와 수용, 계몽단체 조직·활동에 따른 주민들 인식변화 등에 주목하였다. 동학이나 개신교 전래는 새로운 인간관계 형성과 아울러 일상사 변화를 이끄는 요인으로 자리매김했다. 이방인에 의한 대대적인 직산금광 개발과 제국주의 열강의 수탈 강화를 위한 경부선 개통은 천안지역을 새로운 지역중심지로서 변모시켰다. 이른바 '식민도시'로 성장하는 결정적인 요인 중 하나였다. 근대문물 유입은 철도를 통하여 외부 세계와 소통하는 가운데 이루어졌다. 대한자강회大韓自强會와 대한협회大韓協會 직산지회, 기호흥학회畿湖興學會 목천지회, 천안 인민대의회人民代議會 등은 주민들 민지 계발을 주도한 중심단체였다.[4] 계몽단체 활동과 국채보상운동 등에 대한 참여는 주민들에게 사회적인 존재감과 현실인식을 크게 심화시켰다. 국권회복 방안 중 하나인 근대교육 시행과 보급은 이러한 분위기와 맞

---

3 김영우, 「한말의 사립학교에 관한 연구(II)」, 『교육연구』 3, 공주사범대학 교육연구소, 1986 ; 민병달, 『천안독립운동사』, 천안문화원, 1995 ; 이정은, 『유관순』, 독립기념관, 2004, 142-149쪽 ; 김형목, 「한말 충청도 야학운동의 주체와 이념」, 『한국독립운동사연구』 18, 한국독립운동사연구소, 2002, 45-48쪽 ; 김형목, 「한말 국문야학의 성행 배경과 성격」, 『한국독립운동사연구』 20, 한국독립운동사연구소, 2003, 166-169쪽 ; 김형목, 『대한제국기 야학운동』, 경인문화사, 20005, 164-165·343-347쪽 ; 김형목, 「천안지역 계몽 단체와 근대교육운동」, 『새롭게 본 천안학의 이해』 하, 단국대출판부, 2021.

4 김형목, 「대한제국기 천안지역 근대교육운동의 성격」, 『대한제국기 충청지역 근대교육운동』, 도서출판 선인, 2016, 118쪽.

물려 진전을 거듭하여 나갔다.

이어 근대교육운동 전개 양상과 주민들 반향을 살펴보았다. 주요한 영역은 바로 사립학교설립운동과 야학운동으로 크게 구분할 수 있다. 주민 부담에 의한 '의무교육' 시행 논의는 근대교육에 대한 높은 관심을 이끄는 한편 '기폭제'로 작용하였다. 특히 직산지역 사립학교와 야학은 이러한 방식에 의하여 추진되었다. 계몽론자들에게 문명사회 건설을 위한 최우선 과제는 근대교육 보급에 의한 민지 계발로 인식될 정도였다. 근대교육 시행은 이들에게 반드시 실천해야 하는 사회적인 책무로서 다가왔다. 사립학교설립운동은 이러한 상황과 맞물려 급속하게 확산되는 가운데 교육 내실화를 도모하는 계기였다고 해도 과언이 아니다. 교육시설 정비나 전문강좌에 의한 교과목 편성 등은 당시 상황을 그대로 보여준다.[5] 계몽적인 수준에서 점차 벗어나 피교육자나 현지 여건을 고려한 교육방식이 도입되었다. 이러한 변화는 학령아동學齡兒童은 물론 청소년 등에게 향학열을 고취시켰다.

야학은 근로청소년에게 근대교육에 대한 수학기회 확대이자 향학열을 일깨우는 요인이었다. 무산아동無産兒童이나 근로청소년의 적극적인 호응에 의한 야학운동으로 진전은 이와 무관하지 않았다. 이는 새로운 배움터로서 자리매김과 더불어 근대교육운동의 중요한 영역임을 의미한다. 야학의 근대교육운동사에서 차지하는 위상은 이를 통하여 엿볼 수 있는 부분이다. 직산은 야학에 의한 근대교육이 성행한 대표적인 지역 중 하나였다. 국문야학·노동야

5 김형목, 「천안지역 계몽 단체와 근대교육운동」, 『새롭게 본 천안학의 이해』 하, 25쪽.

학생은 300여 명에 달하는 등 근대교육기관으로서 확고한 위상을 확보하였다. 이에 비하여 다른 지역은 크게 활성화되지 않았다.[6]

이와 같이 근대교육은 부국강병을 위한 시무책 일환으로 추진되었다. 운영주체는 전·현직 군수를 포함한 관리, 재산가·교사·학생 등 이른바 지방유지 등이었다. 특히 지방관은 계몽운동을 주도하는 등 문명사회 건설에 앞장섰다. 일부 지방관은 근대교육 보급을 구실로 불법적인 행위를 마다하지 않았다. 일진회원 등 친일파도 이러한 분위기 조장에 앞장섰다.[7] 보수유림 등의 근대교육에 대한 부정적인 인식은 이와 무관하지 않았다. 물론 이러한 현상은 천역지역에 국한된 문제는 아니었다. 근대사회로 이행하는 과정에서 나타난 '과도기적인' 현상 중 하나로서 주목해야 할 부분이다. 하지만 근대교육운동은 주민들에게 사회적인 존재성을 각인시키는 동시에 항일의식 고취에 이바지하였다. 일제강점기 민족해방운동은 이를 배경으로 추진될 수 있었다.

---

6 직산과 목천은 옛날 천안과 전의와 뚜렷하게 대비를 이룬다. 전자는 근대교육운동과 국채보상운동이 활발하게 전개된 반면 후자는 '상대적'으로 활성화되지 않았다. 그런데 천안 주민들은 국채보상운동에 매우 적극적으로 동참하는 상황이었다. 이러한 원인이나 배경 등은 추후에 별도로 고찰하고자 한다.

7 『매일신보』 1910년 9월 29일 「解散 一進의 數爻」. 충청남북도 일진회원은 2,307명이었다. 이는 경상도 2,065명, 전라도 1,073명과 비교하면 결코 적은 수치는 아니다. 당시 회원 14만여 명 중 절대 다수는 서북지방으로 9만 3천여 명에 달하였다. 이는 갑오농민전쟁 당시 삼남지방에 비해 동학 교도에 대한 상대적인 탄압이 적었던 사실과 무관하지 않으리라 짐작된다.

2. 계몽단체 활동과 인식변화

갑오농민전쟁 당시 충남지방은 격전지로서 많은 피해를 입었다. 제2차 갑오농민전쟁 중 치열하게 전개된 목천 세성산전투는 이를 방증한다.[8] 농민전쟁 참여는 새로운 사회질서에 대한 동경과 아울러 반일의식을 새삼스럽게 고취시켰다. 이어 일본군과 청군 사이에 전개된 성환전투도 외세의 위력을 절감하는 계기였다.[9] "고래싸움에 새우 등터지는 격"이었으나 대한제국 지배층은 수수방관하는 입장이었다. 이후 일본군은 민가에서 군수품을 자의로 징발하거나 부녀자를 겁탈하는 등 온갖 만행을 저질렀다.

미국과 일본인 광산주인은 임금 체불과 가혹한 노동력을 착취하는 등 민족적인 차별을 일삼았다. 직산금광 광부는 저렴한 임금과 열악한 작업환경 개선을 요구하며 파업을 마다하지 않았다.[10] 이는 표면적인 요구조건으로 궁극적인 요인은 외세의 부당한 수탈에 대한 저항이었다. 작업 현장에서 반외세 저항은 일상사로서 이미 일찍부터 배태되고 있었다.[11] 의병진은 직산금광을 습격하는 등

---

8 일기자, 「戰史上으로 본 忠淸南道」, 『개벽』 46, 개벽사, 1924 ; 김병준, 「역대반역자열전, 民衆으로 이러난 甲午大變亂」, 『별건곤』 14, 개벽사, 1928.

9 국사편찬위원회, 『甲午實記』, 42쪽 ; 독립운동사편찬위원회, 『독립운동사- 대중투쟁사』 10, 1978, 284쪽 ; 최남선, 「청일전쟁」, 『육당 최남선전집』 5, 현암사, 1973, 348쪽.

10 「직산군광부작변사사안」 규장각21274 ; 김윤식, 『속음청사』, 광무 8년 갑진조 ; 이배용, 『한국근대광업침탈사연구』, 일조각, 1989 ; 성환문화원, 『일제의 직산금광침탈사』, 1998 참조.

11 『황성신문』 1905년 9월 12일 잡보 「木川礦獘」 ; 국사편찬위원회, 「布哇勞動者募集에 關한 件」, 『통감부문서』 6, 1909년 6월 11일자.

반일활동을 전개하였다. 현지 미국인은 이들을 배척하지 않을 뿐만 아니라 오히려 우호적인 입장이었다.[12] 일본군은 이러한 사태를 우려하는 등 광산개발권을 둘러싸고 노골적인 적개심을 드러내었다.

한편 천안은 일찍부터 교통요충지로서 널리 알려진 곳이다.[13] 우리에게 친숙하게 다가오는 흥겨운 '천안삼거리' 이미지는 이러한 역사적인 배경에서 비롯되었다. 경부철도 부설로 소정리는 크게 변모하는 상황이었다.[14] 물화 집산과 편리한 유통망은 장시 개설로 이어지는 등 기존 상권商圈에 대한 재편을 초래하였다. 철도 주변은 새로운 도회지로서 부각되는 동시에 변화 실상을 엿볼 수 있는 집약된 생활공간이었다. 최남선崔南善의 「경부철도가京釜鐵道歌」는 이러한 변화를 직접적으로 인식한 산물 중 하나였다.[15] 대한제국기 상권 변화는 인구 이동을 촉진시키는 주요한 요인이나 다름없었다.

변화는 천안·목천·직산읍내 시가지 정비와 더불어 가옥세 징수로 이어졌다. 이는 지역사회의 중심지로서 근대적인 도시정비를 위한 일환이었다.[16] 한국 식민지화를 위한 법령정비와 더불어 일본인들 주거지도 형성되었다. 일인 관리들은 자의적으로 치안·행

12 국사편찬위원회, 「韓國駐箚軍參謀長」, 『한국독립운동사자료(의병편 VI)』 13, 1909.

13 개벽사, 「엄병이 충청남도를 보고」, 『개벽』 46, 1924, 114쪽.

14 『황성신문』 1909년 4월 15일 잡보 「小井大場」.

15 최남선, 「京釜鐵道歌」, 『육당 최남선전집』 5, 347쪽.

16 『각사등록』 1907년 2월 10일, 3월 8일 ; 대동학회, 「관보적요」, 『대동학회월보』 15, 36쪽.

정권을 행사하는 무소불위無所不爲에 가까운 존재였다. 지방관은 이러한 불법행위를 저지하기는 커녕 오히려 이에 편승하고 있었다.[17] 일부 잡류배도 일본인과 부동하는 등 폐단을 드러내었다. 경부철도에 편입된 토지보상 대금에 대한 갈취는 대표적인 사례 중 하나이다.[18]

러일전쟁 발발을 전후하여 국망國亡에 대한 위기의식은 고조되어 나갔다. 계몽운동 활성화는 이와 맞물려 진전되는 계기를 맞았다.[19] 천안청년회는 최익현崔益鉉과 민충정공閔忠正公 등에 대한 추모제를 실시하는 등 순국선열에 대한 애국정신을 높이 찬양하였다. 국권수호를 위한 노력은 주민들의 자발적인 참여가 이어짐으로 항일의식을 높이는 계기였다. 직산인 심하택沈夏澤·이태형李泰衡과 목천인 박용래朴龍來 등은 최익현 운구에 필요한 장례비 마련을 위한 의연금 모금에 앞장섰다.[20] 이는 유림계는 물론 지역민에게 충절의 중요성을 일깨우는 분위기로 이어졌다. 대한제국기 「이순신전」·「을지문덕전」 등 국권극복에 앞장 선 위인전 발간도 이와 같은 상황과 맞물려 진행되었다.[21] 외국인 위인전의 번역·발간도 이러한 상황과 밀접한 연관성을 지닌다.

---

17 황현, 『매천야록』, 광무8년 갑진조 ; 『만세보』 1906년 11월 29일 잡보 「修理費難辦」 ; 『大韓每日申報』 1906년 4월 28일 잡보 「網戶網民」 ; 『대한매일신보』 1909년 1월 15일 잡보 「보조원의 힝픽」 ; 『황성신문』 1909년 9월 15일 잡보 「稷其魚肉」.

18 『황성신문』 1907년 9월 17일 잡보 「天安地段價分給」와 「雜奸莫售」.

19 『황성신문』 1905년 9월 13일 논설 「愛國이 由於開明」.

20 『황성신문』 1907년 1월 12일 잡보 「義不可勸」.

21 서우, 「을지문덕전」, 『서우』 2, 1907, 36-37쪽 ; 김봉희, 『한국 개화기 서적문화연구』, 이화여대출판부, 1999, 168-174쪽.

이러한 가운데 대한자강회 직산지회는 충남지방 유일한 지회로서 설립인가를 받았다. 「직산지회청원서」에 대하여 본회는 1907년 2월 18일 임시평의회에서 유근柳瑾을 시찰위원으로 피선하였다.[22] 이에 앞서 본회는 강화·인천·동래·직산·고령 등지 부윤·군수 등에게 지회원 활동에 대한 지원을 요청하는 공함을 보냈다. 이는 정부로부터 인가를 받은 합법적인 단체임을 강조하기 위함이었다.[23] 유근은 직산지역 시찰한 결과를 3월 16일 통상회에 보고하였다. 남궁훈南宮薰 동의에 의하여 직산지회는 설립인가를 받았다. 그런데 당시 임원진은 물론 지회원 명단조차 파악할 수 없다.[24] 대한자강회를 계승한 대한협회 직산지회 지회원 대부분이 이들이 아닌가 추측된다. 해산 직후에 지회로서 설립인가된 사실은 이러한 가능성을 보여주기 때문이다.[25]

이를 계승하여 1907년 11월 10일 창립한 대한협회도 지회 설립에 노력을 기울였다. 지회 설립에 관한 규정은 대한자강회 지회 규정과 유사하였다. 이 단체는 대한자강회 지회의 기존 조직을 그대로 인수하는 가운데 대중운동으로 전환을 모색하는 계기였다. 우후죽순처럼 확산되는 사립학교설립운동은 이를 추진시키는 기폭제나 다름없었다. 특히 국채보상운동은 민중으로 하여금 시세변화에 따른 사회적인 자기존재성을 일깨우는 요인이었다. 면단위에

22 대한자강회, 「본회회보」, 『대한자강회월보』 9, 45쪽과 「본회회계보고」, 『대한자강회월보』 10, 72쪽.

23 대한자강회, 「본회속보」, 『대한자강회월보』 8, 72쪽.

24 대한자강회, 「본회회보」, 『대한자강회월보』 10, 44-45쪽.

25 유영렬, 『애국계몽운동 Ⅰ - 정치사회운동』-한국독립운동의역사 12, 한국독립운동사편찬위원회·독립기념관 한국독립운동사연구소, 2007, 63-64쪽.

설립된 분·지회를 포함한 100여 개소 이상에 달하는 대한협회 지회수는 이를 방증한다.[26] 이러한 가운데 계몽운동은 지방으로 확산을 거듭하는 등 사실상 본격적인 궤도에 진입할 수 있었다.

충남 도내에 설립된 대한협회 지회는 부여·은진·홍주 금산·직산 등 5개소였다. 불행하게도 직산지회를 제외한 나머지 상황은 거의 파악할 수 없다. 본회는 제3회 총회에서 직산·평양·단천 등 11개 지회에 대한 설립을 인가하였다.[27] 직산지회 초기 임원진은 회장 임긍호任兢鎬, 부회장 최한용崔漢用, 총무 민옥현閔玉鉉, 평의원 민종선閔鍾善·임풍호任豊鎬·원긍연元兢淵 등 12명, 간사원 박준병朴駿秉·김홍제金弘濟 등 10명 등이었다. 이들은 대한자강회 직산지회 회원으로 추정된다. 이후 지회원은 계몽운동 확산과 더불어 급속하게 증가되었다.[28] 12월 29일 조직회 개최에 즈음하여 민옥현은 「본회취지」, 임경재는 「조직방침」에 관한 연설로 청중들로부터 주

---

26 김항구, 「대한협회1907-1910연구」, 단국대박사학위논문, 1992, 80-83쪽. 이 글에서 금산지회를 충북으로 파악하였다. 원인은 관할구역에 대한 착오에서 비롯되었다. 금산은 대한제국기 전북에 소속된 행정구역이었다.

27 대한협회, 「본회역사급결의안」, 『대한협회회보』 1, 41쪽과 「회중기사」, 『대한협회회보』 2, 58쪽.

28 대한협회, 「지회임원」, 『대한협회회보』 1, 58쪽과 「회원명부, 지회회원(직산)」, 『대한협회회보』 2, 70쪽. 국채보상운동을 주도한 김광제가 직산지회 간사라고 언급한 연구도 있다(이동언, 「김광제의 생애와 국권회복운동」, 『한국독립운동사연구』 12, 한국독립운동사연구소 ; 최종고, 「한국의 법률가상으로 본 김광제 선생」, 『독립지사김광제선생유고집(증보판)』, 국채보상운동100주년기념사업, 2007). 이는 그의 초명이 홍제(*弘濟, 洪濟*)라는 근거에 의거하여 추론하였다. 이곳에서 활동한 김홍제는 김광제와 전혀 다른 인물이다. 그는 국채보상운동이 전국적으로 전개될 즈음에 활동무대를 대구에서 서울로 옮겼다. 이후 대한협회 시찰원으로 경북·호남지역에서 강연·연설활동에 참가하는 등 직산에서 활동한 흔적은 전혀 나타나지 않는다.

목을 받았다. 지회는 본회에 부당한 제언보세堤堰洑稅에 대한 해결책을 요청하는 등 주민들 권익옹호에 나섰다.[29] 이는 주민들과 유대를 강화하는 가운데 계몽운동을 확산시키는 밑거름으로 작용하였다.

목천군 유지도 기호흥학회 지회 설립인가에 노력을 기울였다. 이들은 본회에 자신들의 근대교육 보급을 위한 계획서와 함께 인가원을 제출하였다. 본회는 유병필劉秉珌의 동의로 동년 8월 9일 통상회에서 시찰을 중지하고 설립인가 인허를 가결했다.[30] 이에 지회장은 임원과 조직 등을 보고하자, 본회는 9월 27일 특별총회를 통하여 승인하기에 이르렀다. 초기 임원진은 지회장 심형택沈衡澤, 부회장 윤중섭尹重燮, 총무 이정래李廷來, 교육부장 권중모權重謀, 재정부장 강민호姜敏鎬, 회계 이정구李鼎九, 서기 유규석柳圭錫, 간사 강대형姜大馨·김재정金在政·임창준任昌準·박호양朴鎬陽·조흥호趙興鎬·홍종찬洪鍾燦 등이었다.[31] 당시 지회원은 81명에 달할 정도로 대단한 규모였다. 지회는 지회장, 부회장, 총무, 서기, 교육부, 재정부, 회계, 간사, 찬무원, 평의원 등으로 구성되었다. 이러한 체제는 본회와 매우 유사하게 운영된 사실을 잘 보여준다.[32]

지회의 주요 활동은 역시 근대적인 교육기관의 설립·운영과 강연회·연설회 등에 집중되었다. 전통적인 교육기관인 사숙·의숙·서

---

29 대한협회, 「본회역사, 회중기사」, 『대한협회회보』 3, 59쪽.

30 기호흥학회, 「본중기사, 회사일람」, 『기호흥학회월보』 3, 50쪽.

31 기호흥학회, 「회중기사, 회사일람」·「회중기사, 지회임원급회원명부(木川郡)」, 『기호흥학회월보』 4, 53·54쪽.

32 이송희, 「대한제국말기 애국계몽단체 연구」, 이화여대박사학위논문, 1984, 124쪽.

당 등의 폐지론은 이러한 가운데 널리 확산되는 분위기였다. 이들에게 사숙의 운영자들은 '촌학구가村學究家'로서 약육강식이 지배하는 '무한한' 생존경쟁에 적응할 수 없다고 평가했다. 뿐만 아니라 구학문에 매몰되어 국권회복과 민권신장에 부합할 수 없는 인물이라고 인식하고 있었다.[33] 이는 근대교육 시행이 절박한 심정을 표현했다고 보인다. 당시 신·구학을 절충한 많은 교육기관이 운영된 사실은 이러한 상황과 연관성을 지니기 때문이다. 천안군 심상정·조경희 등의 의무회義務會 조직도 이와 무관하지 않다.[34]

한편 아산·목천·청안 유림들 동참은 국채보상의 중요성을 다시금 일깨우는 계기였다. 이들은 국민으로서 '당연한' 의무를 실행하는 일환으로 생활정도에 따라 매호 3~6냥씩을 차등 부과하였다. 목적은 시세 변화를 주민들에게 직접 인식시키는 동시에 경쟁적인 참여를 유도하기 위함이었다. 물론 일부는 강제적인 의연금 징수에 대한 비판과 동시에 참여를 거부하기에 이르렀다. 그러나 이들은 본래 목적한 바를 끝까지 관철시켰다. 향촌공동체에 의한 운영방식은 이를 실행할 수 있는 기본원리이자 생활공동체로서 영향력이 여전히 작동하고 있었다.

상인층의 적극적인 동참도 의연금 모금을 활성화시키는 요인이었다. 천안시장 상인들도 역시 능력에 따른 의무금 배렴에 경쟁적으로 호응하는 분위기였다.[35] 이러한 모금방식은 대부분 농촌지역

---

33 皇成子, 「雜俎; 私塾을 一切打破」, 『기호흥학회월보』 1, 40-41쪽 ; 김형목, 「기호흥학회 충남지방 지회 활동과 성격」, 『중앙사론』 15, 한국중앙사학회, 2001, 43쪽.

34 『황성신문』 1907년 3월 28일 잡보 「國債發起人及 趣旨一束」.

35 김형목, 「천안 지역 국채보상운동의 전개 양상과 성격」, 『새롭게 본 천안학의

에서 별다른 거부감 없이 그대로 통용되었다. 향촌공동체 원리는 1862년 농민운동과 1894년 갑오농민전쟁을 비롯하여 국채보상운동에 도입됨으로써 진가를 발휘할 수 있었다. 즉 현실적인 상황을 고려한 전통적인 모금방식은 주민들의 자발적이고 경쟁적인 참여를 유도하는 요인이었다.[36] 천안지역에 조직된 체계적인 의연금 모집을 위한 국채보상소는 〈표 1〉과 같다.

〈표 1〉 천안지역 국채보상소 현황

지역별	발 기 인	보상소 명칭	전거
충남북	김상익·노재민·홍순유·노명호	호서국채보상기성의무사	대한 3.7,3.17-19
충남	충남 유지 등	호서협성회	대한 5.19-21
직산	민옥현·김세제·임경재·오혁근·임긍호 등 27인	국채보상금수집소	황성 3.11, 3.14, 3.16, 6.8, 1908.4.10
천안	심상정·조경희 등 15인	국채보상의무회	황성 3,28
전의	신호영·이창규 등 9인	국채보상동심사	황성 4.8

계몽활동과 국채보상운동 참여는 주민들에게 현실인식을 심화시키는 계기였다. 의연금 동참은 부분적이나마 모순된 현실을 이해할 수 있었기 때문이다.[37] 특히 여성들은 이를 통하여 사회적인 자기존재성을 확인하는 동시에 사회적인 책무를 인식할 수 있었

이해』 하, 단국대출판부, 2021, 97쪽.

36 김형목, 「한말 수원지역 계몽운동과 운영주체」, 『한국민족운동사연구』 53, 한국민족운동사학회, 2007, 20쪽.

37 『大韓每日申報』 1907년 3월 24일 잡보 「排斂費可」 : 『황성신문』 1907년 3월 29일 잡보 「林氏全家捐義」.

다. 학생들도 미약하나마 제국주의 속성을 이해하는 한편 대응책도 모색하기에 이르렀다. 일제강점기 학생들의 민족운동해방사상 주도적인 역할은 이러한 역사적인 경험에서 비롯되었다.

3. 교육운동 전개와 실태

1) 사립학교설립운동

지방자치론은 천안군민 수백 명을 회원으로 하는 인민대의회 결성으로 귀결되었다. 목적은 행정일반에 관한 사항을 관민이 협의하여 실행하기 위함이었다. 임원진은 회장 심상정沈相鼎, 부회장 김용국金溶國, 평의장 홍승국洪承國 등으로 구성하였다. 이에 동참한 인원이 수천 명에 달할 정도로 대단한 호응을 얻었다.[38] '주민에 의한, 주민을 위한' 지방행정은 시세변화와 더불어 모색되는 계기를 맞았다. 천안군수 안기선安琦善은 무명잡세를 폐지하는 등 시세변화에 부응하고 있었다. 그는 보부상이나 관노官奴 등이 장시에서 거두는 잡세를 일시에 혁파하는 등 상업활동에 대한 지원을 아끼지 않았다.[39] 이러한 선정善政은 주민들 결집에 의한 바람직한 사회여론 조성으로 이어졌다. 주민들의 사회적인 공공성에 대한 적극

38 『大韓每日申報』 1907년 5월 21일 잡보 「懸河筆舌」; 『황성신문』 1907년 5월 20일 잡보 「天安大議會」, 8월 5일 잡보 「天郡自治」.

39 『황성신문』 1907년 9월 17일 잡보 「痛革舊弊」.

적인 참여는 이를 방증한다.

군회는 지방자치와 맞물려 시행되는 계기를 맞았다. 주요한 결의 사항은 다음과 같다. ① 본회의는 매월 1차씩 회의를 개최하여 자치행정을 실시한다. ② 남녀를 무론하고 국문을 진심으로 연구하기 위하여 군수가 적당한 방법을 강구한다. ③ 교육은 급무이므로 학교를 세울 터이니 군수는 각 면민을 훈유訓諭한다. ④ 누호漏戶·은구隱口는 우매악습이니 인민이 정소呈訴코자 하는 사람은 원고 호적을 첩정帖呈하여 호적에 누락하는 사람은 권리를 박탈한다. ⑤ 정원과 황무지에 식목하되 개인은 10주 이상을 식재植栽하도록 군수가 기도期圖한다. ⑥ 무녀 등의 혹세무민하는 폐단을 엄금한다.[40] 이는 여론 수렴에 의한 주민들 불편사항을 제거하는 동시에 민지 계발을 위한 근대교육 보급에 있었다. 생활안정과 식림의식 고취 등도 주요한 과제 중 하나였다.

계몽론자들에게 지방자치제 시행을 위한 전제조건은 민지 계발을 위한 의무교육 시행이었다. 직산군 삼동면 9개 동리 인사는 의무교육 시행에 필요한 의연금 모금활동으로 600여 원을 모집하였다.[41] 이들은 이를 기초로 사립학교 설립계획을 대내외에 공포하기에 이르렀다. 직산지역 근대교육운동 확산과 진전은 이러한 배경에서 말미암았다.

학교설립과 농사개량도 이와 관련성 속에서 전개되었다.[42] 전의 군수는 식산사업의 하나로 식림사업에 주목하였다. 그는 면장과

40 『황성신문』 1907년 8월 5일 잡보 「天郡自治」.

41 『황성신문』 1909년 1월 6일 잡보 「三東面義務教育」.

42 『황성신문』 1907년 7월 24일 잡보 「天倅初玫」.

동장을 설유하여 소나무 이식을 적극 권장하고 나섰다. 이에 8만여 주에 달하는 소나무가 식재되는 등 대단한 성과를 거두었다.[43] 식림사업은 산림자원을 보호하는 동시에 안정적인 연료를 수급하기 위한 일환이었다.

계몽단체 활동과 국채보상운동 진전 등은 근대교육 활성화로 귀결되었다. 온양·아산·천안 3개 군민들은 연합으로 농공학교 설립을 학부에 청원하였다.[44] 이러한 노력도 학부나 지방관 관심 부족으로 성사되지 않았다. 다만 새로운 변화하려는 노력은 이를 통하여 엿볼 수 있다. 직산 최두경崔斗卿은 변화하는 시세에 적극적으로 부응한 실천가였다. 그는 근대교육을 위한 구체적인 방안을 제시하는 등 실천적인 면모를 유감없이 보여주었다.[45] 전가족의 국채보상운동 참여도 이러한 인식에서 비롯되었다.

목천군수 남계석南啓錫은 학생들에게 향학열을 고취시키는 등 이에 동참하고 나섰다. 그는 3년 전에 설립한 병진학교幷進學校가 재정난에 직면하자, 관내 면장과 군주사 등과 합의한 후 의연금을 갹출하였다.[46] 또한 관내를 순회하면서 학부형과 자산가 등에게 학교운영 참여도 권유하는 등 재정 마련에 노력을 기울였다. 흥호학교興湖學校는 이러한 상황과 맞물려 중장기적인 발전 토대를 마련할 수 있었다.[47]

---

43 『황성신문』 1909년 5월 23일 잡보 「全郡殖産事業」.

44 『大韓每日申報』 1906년 4월 19일 잡보 「設校請願」.

45 『황성신문』 1907년 1월 7일 기서.

46 『황성신문』 1909년 3월 21일 잡보 「興湖其興」.

47 『大韓每日申報』 1908년 8월 2일 잡보 「並校試驗」; 『대한매일신보』 1910년 7월 1일 잡보 「흥호학교쟝취」.

직산군주사 오국영은 일찍부터 근대교육 보급에 노력을 아끼지 않았다. 그는 학부에서 훈도를 파견하기 전에 명예교사로서 열성을 다하였다. 어학·산술을 중심으로 한 교수는 학생들에게 근대교육의 중요성을 일깨우는 요인이었다.[48] 신사유지의 자발적인 참여는 주민들에게 근대교육에 대한 인식을 새롭게 각인시켰다. 아울러 학생들도 학습활동은 물론 사회운동 동참을 유도할 수 있었다.

직산 성환 유지들은 청소년을 일깨우기 위하여 흥환학교興歡學校를 설립하였다. 이들은 명예교사로서 자원을 마다하지 않는 등 학생들 적극적인 참여를 유도했다.[49] 또한 중장기적인 계획은 학부에 대한 승인서 제출로 이어졌다. 의성학교義成學校 개칭과 아울러 교사 신축도 단행하는 등 교육 내실화에 노력을 경주했다. 성환 의성학교에 대한 의연금 모집 당시 경쟁적인 참여는 이곳 교육열을 어느 정도 짐작할 수 있다. 한응이·민옥현·최두경·원긍연·김봉각 등은 이를 주도한 중심인물이었다. 이들은 의친왕을 교장으로 추대하는 등 전국적인 주목을 받았다. 심지어 일본수비대장도 의연에 동참하는 등 적극적인 지원을 아끼지 않았다.[50]

직산군수 지희렬池喜烈은 근대교육에 매우 적극적인 입장이었다. 그는 경위학교·의성학교 유지를 위한 대책을 관내 주민들과 협의하는 등 관심을 유도하였다. 소유 전답에 따라 부과하는 '의무교육

---

48 『황성신문』 1909년 7월 7일 잡보 「吳氏熱心」.

49 『황성신문』 1906년 8월 21일 잡보 「成歡興校」; 『大韓每日申報』 1906년 8월 22일 잡보 「成歡私立學校」, 11월 23일 잡보 「歡校情況」.

50 김형목, 「천안 지역 계몽 단체와 근대교육운동」, 『새롭게 본 천안학의 이해』 하, 43쪽.

비'는 주민들 결의로 의하여 시행되는 계기를 맞았다.[51] 부재지주에 대한 '의무교육비' 수취는 유지들이 날인한 증명서를 가지고 의성학교 교사 전준기全俊基와 경위학교 학감 임경재任景宰를 파견할 정도였다. 공주관찰사 김가진金嘉鎭 등은 이에 적극적으로 호응함으로써 사립학교설립운동은 보다 진전하는 계기를 맞았다.[52]

천안군수 안기선은 유지 등과 영진학교寧進學校 설립을 주도하였다. 이들은 건원절乾元節 경축 행사를 개최하는 등 학생들에게 국가의식과 자긍심을 고취시켰다. 학령아동 입학율은 사립학교 설립과 더불어 급속하게 증가되는 추세였다. 한편 안국선安國善은 이곳을 지나다가 향학열을 북돋우는 연설을 한 다음 연필·석판 등 학용품 일체를 지원하였다.[53]

근대교육에 대한 관심은 천안인 성낙춘成樂春을 통하여 부분적이나마 엿볼 수 있다. 그는 향학열에 불타 무작정 상경하였으나 학비가 없어 뜻을 이를 수가 없었다. 이에 학무국장 윤치오는 학비 전액을 지원하는 등 향학열을 북돋았다.[54] 희소식은 현지 학생들을 크게 자극하는 등 근대교육 확산으로 이어졌다. 반면 여학교 설립은 대단히 부진한 상황을 면치 못하였다. 현지 계몽론자 중 여성교육에 대한 언급조차도 없었다.[55] 대한제국기 천안지역 근대교육기관은 〈표 2〉와 같다.

---

51 『대한매일신보』 1908년 10월 1일 잡보 『경위교흥왕』; 『황성신문』 1909년 4월 8일 잡보 「經校有望」, 9월 4일 잡보 「庶圖有終」, 9월 15일 잡보 「校長有人」.

52 『황성신문』 1909년 1월 19일 잡보 「稷校方針」.

53 『황성신문』 1908년 3월 13일 잡보 「天安盛況」.

54 『황성신문』 1908년 11월 5일 잡보 「尹氏助學員」.

55 『황성신문』 1909년 9월 16일 논설 「女子教育界의 大缺點」.

〈표 2〉 대한제국기 천안지역 근대교육기관 현황[56]

년도	학교명	소재지	설립·교사	교과목/학생수	전거
1906	흥환학교	직산	김동규, 민연훈; 교장	보교과정 / 40	大1906.8.22, 11.23; 황 1906.8.21
	일어학교	천안 읍내	심상정	일어/ 다수	황1906.2.28
	농공학교	천안	유지신사	농업학 중심/	大1906.4.19
1907	장명보성학교	목천	홍사식; 교감	보통과정/ 다수	황1907.1.23, 1.24, 8.15
	진명학교	목천 구산	박재곤; 교감	신구학	대1910.7.16
	병진학교; 흥호학교	목천 갈전면	남계석; 교장, 이정래; 교감, 한우석; 학감, 유치성·류규석; 교사, 강대형; 회계	고등과, 심상과/ 수십명	황1909.3.21; 大1908.8.2; 대 1910.7.1
1908	영진학교	천안	안기선; 군수, 유지제씨	보통과정/ 다수	황1908.3.13
	대동학교	전의	유지제씨	보교과정/ 다수	황1909.6.2
	사숙	직산 서리	민재기	한문·국문·산술·작문/ 수십명	대1908.6.3; 大1908.6.18
	흥환학교; 의성학교	직산	의친왕(한응리); 교장, 최두경; 교감, 남상순·민재기·이용성·민계동·전춘기; 교사	보교과정/ 7-80	황1908.7.2, 8.30, 10.22, 1909.2.7, 2.13, 3.2; 대1908.7.5, 10.1, 10.22; 大1908.6.23, 7.5, 9.30

56 〈표 2〉의 大는 『大韓每日申報(국한문혼용판)』, 대는 『대한매일신보(한글판)』, 황은 『황성신문』, 『기호』는 『기호홍학회월보』 등을 각각 의미한다.

년도	학교명	소재지	설립·교사	교과목/학생수	전거
	경위학교	직산	지희열; 군수, 서광전; 교사	보교과정/ 70	大1908.9.30, 1909.1.15, 4.20, 6.3; 대1908.10.1, 10.22, 1909.4.20; 황1908.1.22, 1909.4.8, 9.4, 9.15, 12.29; 『기호』10-37~38쪽
	대성학교	직산 보도원		의병 공격	황1909.7.27
1909	영미의숙	천안 소동면 미죽리	이동훈·김돈묵	보통과정/ 80	大1909.3.20; 『기호』9-43쪽
	사립보통학교	직산	김병원(민철훈); 교장,	보교과정/ 다수	대1909.9.25, 9.26; 大1909.9.26; 황1909.6.30
	보명학교	목천	조정식·홍승철	보통과정/ 40	大1909.6.22; 『기호』12-44쪽
	병천학교	목천	유지제씨	보교과정/ 수십명	大1909.6.24; 대1909.6.25; 『기호』12-45쪽
1910	광동학교	전의 동면 노계	손창석·정인철	보교과정/ 30	大1910.1.9
	녹동학교	목천 이동	조세증·이항림·김사덕·이재홍·윤달섭·이원하	보교과정/ 70	大·대1910.6.24
	명진학교	목천 이동 영지	예수교회	보통과정/ 다수	大·대1910.7.8; 1910.7.9
	수신학교	목천 수산 발산	이우규	보통과/ 수십명	대·大1910.3.6; 황1910.3.5

〈표 2〉는 당시 설립된 '주요' 근대교육기관을 의미한다. 1909년 10월말 현재 충남지방 공사립보통학교는 112개교였다. 반면 서

당 개량서당을 포함은 686개소에 달하였다.[57] 이곳 사립학교설립운동의 주요한 특징은 크게 다음과 같이 구분·파악할 수 있다.

첫째, 대부분은 초등교육 과정이었다. 이는 운영주체의 인식과 궁극적인 지향점을 보여준다. 곧 소수 우수한 인재양성보다 대중에게 일상사에 필요한 '보통지식' 보급이 주안점임을 의미한다. 문맹퇴치를 중시하는 가운데 민족의식·국가의식 등은 매우 중시되었다. 이는 근대교육 전반에 대한 미흡한 인식과 무관하지 않다. 또한 현실적인 여건도 크게 작용하였다. 엄밀한 의미에서 중등교육 시행은 여러 제약적인 요인으로 사실상 불가능한 실정이었다. 초등교육도 이를 담당할 '적절한' 교사진 충원마저 제대로 이루어지지 않았다. 다만 명예교사로서 활동을 의무로 인식할만큼 열성은 대단한 분위기였다.

둘째, 중장기적인 운영계획이 거의 없었다. 우후죽순처럼 설립되는 교육기관에 부응한 사범교육 부재는 이러한 상황과 무관하지 않다. 물론 일부 학교는 재정적인 확충과 '의무교육비'를 징수하였다. 이는 소수에 불과할 뿐 대부분은 기부금이나 의연금에 크게 의존하고 있었다. "폐교지경에 처하였다"는 빈번한 보도는 이러한 저간의 사정을 보여준다.

셋째, 여자교육기관이 전무한 점이다. 이는 지역적인 특성을 어느 정도 반영한다고 볼 수 있다. 이곳 사립학교 운영주체는 아직 근대교육을 통한 남녀평등권 실현까지 인식하지 못하는 상황이었다. 인근 공주나 진천 등지에는 일찍부터 여학교에 의한 근대교육

---

57 『大韓每日申報』 1909년 11월 13일 학계 「書堂何多」.

이 시행되었다.[58] 이는 개신교 선교활동 일환으로 이루어졌다. 근대여성교육에서 개신교 역할에 대한 긍정적인 평가는 여기에 서도 부분적이나마 엿볼 수 있다.

마지막으로 「사립학교령」 시행 이후 사립학교설립운동은 발흥한 사실이다. 이는 지역적인 특성을 반영한 결과에서 비롯되었다. 보수적인 경향이 강한 이곳은 계몽운동도 늦게 시작된 만큼 전개과정도 지연될 수밖에 없었다. 기호지역 사림 등에 대한 비판은 이를 방증한다.[59] 하지만 전반적인 흐름은 다른 호서 지역에 결코 미진하지 않았다.

2) 야학운동

한편 근대교육운동은 사립학교설립운동과 더불어 야학운동도 병행되기에 이르렀다. 주경야독에 의한 수업 진행은 성인이나 근로청소년에게 근대교육 수학 기회 확대로 이어지는 등 주요 관심사로서 부각되었다. 전근대 지배층의 전유물이자 특권은 시대변화와 더불어 변모하였기 때문이다.

직산군 월경리 원긍연은 오한영吳漢泳·김동식金東植 등의 협조로 사립학교를 설립하였다.[60] 서울 거주 전목사 오석영吳錫泳은 학용품 일체를 학생들에게 지원하는 등 향학열을 북돋웠다. 관내에 소재

58 공주영명중·고등학교, 『영명100년사』, 2007, 84-89쪽.

59 『大韓每日申報』 1908년 4월 9일 잡보 「畿湖興학會에셔 畿湖人士에게 발送ᄒᆞᆫ 全문이 如左ᄒᆞ니」.

60 『황성신문』 1908년 4월 25일 잡보 「元氏倡學」, 4월 26일 잡보 「國文夜學」.

한 사립학교 임원들도 야학 설립에 앞장섰다. 이들의 노력으로 무려 300여 명에 달하는 야학생이 출석하는 등 대성황이었다. 언론은 이에 대한 극찬을 아끼지 않았다.

> 남쪽에서 온 확실히 믿을만한 소식을 들은즉 직산군 내 사립학교에서 여러 임원들이 가정사는 생각하지 않고 교육에만 열심함으로 학생이 나날이 증가하여 광영됨이 크게 기대되는 중에 또한 야학을 설립하여 농부초동을 만나면 설득하고 낮에는 권장하여 진력으로 교육하여 야학생이 현재 300여 명에 달한다더라.[61]

이처럼 야학을 통한 근대교육은 사립학교설립운동을 무색하게 하는 등 향학열을 고조시켰다. 야학은 근대교육기관으로서 각인되는 한편 널리 확산되는 계기였다. 문맹한 성인이나 근로청소년에게 야학은 오늘날 사회교육기관인 '평생교육원'으로서 의미를 지닌다.

동군 유지신사는 경위학교 부설로 국문야학교를 설립하였다. 교사진은 경위학교 교사들에 의하여 자발적으로 구성되었다. 주요 교과목은 국어·한문·작문·산술 등이었다. 동군 산정리 의성학교 학생인 민계동閔啓東은 자기 집에 야학을 설립하였다. 그는 사숙에 재학 중인 학생과 초동목수를 대상으로 2개 반으로 나누어 국어·한문·어학·산술 등을 중심으로 가르쳤다.[62] 이처럼 군내 전통교육기관의 '개량서당'으로 전환은 야학에 대한 주민들의 호응 속에서

---

61 『황성신문』 1908년 12월 22일 잡보 「壯哉夜學」.

62 『황성신문』 1909년 3월 2일 잡보, 「英年有志」.

이루어졌다. 직산군수 지희열은 법률강습소를 설립한 후 직접 교사로서 활동하는 등 야학운동을 추동하였다. 법률학을 가르친 이유 중 하나는 문명사회에 부응하려는 의도였다. 성숙한 시민사회는 철저한 준법정신 준수에서 비롯된다는 인식에서 비롯되었다.[63]

성환수비대 통역관보 김교용도 의성학교에 야학을 병설하여 청년자제를 가르쳤다. 개교 2~3일만에 30여 명이나 출석하는 등 대단한 호응을 받았다. 그는 개학일에 즈음하여 연필·노트 등 학용품 일체도 무상으로 제공하였다. 열성적인 강의와 지원은 관내 미담으로서 널리 칭송됨으로 면학분위기를 일신시키는 계기였다.[64] 이는 인근 지역으로 확산을 거듭함으로써 야학운동의 진전을 위한 든든한 밑거름이나 마찬가지였다.

전의군 동면 손창석孫昌奭·정인철鄭寅哲 등도 광동야학교를 설립하였다. 초동목수 30여 명이 일시에 호응하는 등 설립자나 운영자 등은 크게 자극을 받았다.[65] 교과목이나 교육과정은 국어·한문·산술 등을 중심으로 하는 공립보통학교와 유사하였다. 광동학교 교사들의 명예교사로서 자발적인 참여는 학생들 향학열 고취에 결정적인 요인으로 작용하였다. 주민들도 경쟁적으로 지원에 나서는 등 높은 관심을 보였다. 당시 설립된 야학 현황은 〈표 3〉과 같이 정리할 수 있다.

---

63 『大韓每日申報』 1909년 1월 12월 잡보 「稷倅勸學」; 『황성신문』 1910년 4월 7일 잡보 「民牧과 講師」; 기호흥학회, 「학계휘문, 稷守勸學」, 『기호흥학회월보』 10, 395쪽.

64 『황성신문』 1909년 2월 13월 잡보 「稀罕郡主事」.

65 『대한매일신보』 1910년 1월 8월 학계 「광동학교설립」; 『大韓每日申報』 1910년 1월 9일 학계 「光東有光」.

〈표 3〉 대한제국기 천안지역 야학 현황[66]

야학명	위치	설립자	교사진	교과목	학생수	출전
국문 야학교	직산 월경리	원긍연·오한영·김동식	유지제씨	국문·산술	군내; 300	황1908.4.25, 4.26, 12.22
국문 야학교	직산 경위학교내	유지제씨	경위학교 교사	국문	60	大1909.1.15, 4.20: 대 1908.4.20, 10.1: 황 1908.12.22, 1909.12.4, 12.9, 1910.1.19,3.20: 『기월』10-37~38쪽
야학회	직산 산정리	민계동; 교사	좌동	국한문·어학·산술	20	황1909.3.2
야학	직산 성환 의성학교내	김교용; 성환 수비 대 통역관	좌동	보통과정	30	황1909.2.13
광동 야학교	전의 동면 광동학교내	손창석·정인철	광동학교 교사	보교과정	초동목수; 30	대1910.1.8: 大1910.1.9
법률 강습소	직산	지희열; 군수	좌동	법률학·법률대요	다수	大1909.1.12: 황 1910.4.7: 『기월』7-39쪽

〈표 3〉에 당시 운영된 모든 야학은 아니지만 대표적인 경우로 생각된다. 이를 통하여 나타난 현상적인 특징은 다음과 같다. 첫째로 직산군은 다른 지역보다 야학운동이 폭발적으로 전개되는 등 근대교육기관으로 자리매김하고 있었다. 이는 일찍부터 시작된 금광개발과 밀접한 관련성을 지닌다. 19세기 말부터 외국인에 의한

66 〈표 3〉은 김형목, 『대한제국기 야학운동』, 343-347쪽을 중심으로 정리하였다. 대는 『대한매일신보(한글판)』, 大는 『대한매일신보(국한문혼용판)』, 황은 『황성신문』, 『기월』은 『기호흥학회월보』를 각각 의미한다.

금광개발은 주민들에게 커다란 자극제로 다가왔다. 자본과 기술은 앞세운 저들은 주민들을 '미개인이나 야만인'으로 대하는 등 우월감을 드러내었다. 이에 비례하여 배외의식과 저항의식은 고조될 수밖에 없었다. 동시에 빈번한 접촉을 통하여 외래문화에 대한 불식도 점차 완화되는 상황으로 이어졌다. '질시와 호기심'이라는 이중적인 시선이 교차하는 현실이었다. 새로운 변화에 부응하는 지름길로 근대교육에 주목하기에 이르렀다. 이리하여 야학은 빈민자제나 근로청소년을 위한 가장 현실적인 교육기관으로 위치하는 계기를 맞았다. 20세기 초반 박은식朴殷植이 야학에 주목하고 이를 민중교육기관으로 널리 보급하려는 의도도 바로 여기에서 찾을 수 있다.[67]

둘째로 지역적인 편재성을 들 수 있다. 경부선 개통 이후 천안은 급격한 변화와 아울러 지역중심지로서 변모를 거듭하였다. 상업과 교통중심지로서 변화는 필연적으로 인구증가와 상품유통권 변화를 수반했다. 특히 지방자치를 위한 인민대의제 조직은 이러한 양상을 그대로 보여준다. 당시 계몽론자들이나 지방관에게 선행적인 조건은 바로 민지계발을 위한 근대교육 보급이었다. 노동자를 위한 근대교육 보급은 바로 야학 시행으로 귀결되지 않을 수 없었다. 그럼에도 야학은 전혀 실시되지 않았다. 이는 야학에 대한 인식 부족에서 비롯된 것이 아닌가 추측할 뿐이다.

셋째로 주도층은 지방관리나 교사 등이었다. 지방관리는 흥학을 자신들의 주요한 치적 중 하나로서 인식하고 있었다. 이들은 계

---

67 김형목, 「1898-1905년 야학의 근대교육사상 의의」, 『한국민족운동사연구』 48, 한국민족운동사학회, 2006, 53-54쪽.

몽단체 조직, 사립학교설립운동·국채보상운동 등을 주도하거나 지원하였다. 원긍연은 대한협회 직산지회원이자 평의원이었다.[68] 그는 한글의 유용성에 창안하여 국문야학을 설립하였다. 이후 군내 노동야학이 우후죽순처럼 설립되는 등 교육열을 고조시켰다. 300여 명에 달하는 야학생은 이를 통하여 교육 수혜를 널리 받을 수 있었다. 직산군수 지희열은 관내 계몽운동을 주도하였다. 경위학교 설립과 교장으로서 재임은 주민들에게 근대교육의 중요성과 급무임을 일깨우는 기폭제였다. 그는 근로청소년과 성인을 위한 법률강습소를 설립·운영에 앞장섰다. 이는 근대시민으로서 준법정신의 중요성을 강조하기 위함이었다.[69]

4. 근대교육사에서 위상

지방관은 을사늑약을 전후로 근대교육 시행을 자신들의 주요한 행정업무로서 인식하였다. 지방관 주도에 의한 사립학교설립운동 활성화는 이러한 가운데 이루어졌다.[70] 이곳 지방관들도 이와 같은 흐름에 부응하는 등 근대교육 시행에 적극적이었다. 개신유학자들도 시세 변화와 더불어 신학문의 중요성을 인식하기에 이르렀다. '유지신사'나 '지방명망가' 등은 이러한 계층을 의미한다. 궁극적

68 대한협회, 『대한협회회보』 1, 58쪽과 『대한협회회보』 2, 70쪽.

69 국사편찬위원회, 「지희열」, 『대한제국관원이력서』, 신구문화사, 1972.

70 유한철, 「1906년 광무황제의 사립학교 조칙과 문명학교 설립 사례」, 『한국독립운동사연구』 3, 한국독립운동사연구소, 1988, 138-144쪽.

인 목적은 민도에 부합한 문명사회 건설이었다.

전의 대동학교 「권학가」는 운영주체의 근대교육에 대한 인식을 고스란히 담고 있다. 주요 내용은 다음과 같다.

대동학교 학도들아 / 이내말씀 들어보소
태평성대 교육들은 / 시부표책 공부로세
청년문장 도학업은 / 진사금제 소용일세
…(중략)…
불학무식 호탕자는 / 차문차필 알학로세
포식난의 일거하고 / 신구학문 전매로세
국가급업 슬프도다 / 허문숭상 쓸대없내
문명시대 지식없어 / 군수관찰 속두하내
여차하고 곤궁한들 / 수원수우 하잘소냐
부패구습 불변하면 / 국가전도 어이할고
어화우리 학도들아 / 일심쓰세 일심쓰세
삼천강토 오백종사 / 우리견상 담착일세
충군애국 목적삼아 / 어서빨리 진보하세[71]

이들은 시대에 부응한 '실학'의 중요성을 강조하였다. 허문虛文·허학虛學에 대한 비판과 배척은 이러한 인식에서 비롯되었다. 학문은 '단순한' 지식이나 문장을 깨우치는 것이 아니라 시대정신을 담지擔持할 수 있는 정신교육임을 역설했다. 국가가 위기에 처한 당시 '실학'은 상무교육과 과학기술교육이었다. 1909년 춘계운동회

71 『大韓每日申報』 1908년 3월 28일 잡보 「全校盛況」.

개최시 유지인사의 수많은 학용품 답지는 이러한 인식과 무관하지 않았다.[72]

원긍연 등이 세운 국문야학도 이러한 인식을 잘 보여주고 있다. 설립취지서의 주요 내용은 다음과 같다.

> 무릇 나라에는 반드시 교육이 있으며 교육이 있으려면 문자가 있다. 이러한 까닭으로 세계 각국에는 모두 국문이 있으며 그 나라 사람들 교육하여 국가정신을 배양한다. 나라정신이 없으며 국가는 부강하지 않으며 사람이 정신이 없는 사람은 반드시 망할 수밖에 없나니 국문이 국문이 되어 다른 사람과 대화할 수 있는 방법이 바로 국문이다. 그러함에도 우리나라는 잘못된 폐습이 있어 다른 나라중국을 숭배하고 자국정신이 점차 없어진다. 무식한 무리들은 도리어 한글을 천시하는 반면 한문을 받들어 자신의 지식을 과대하게 평가한다. 이러한 일이 수백 년동안 이어져 한글은 우수하나 거의 사용되지 않을 만큼 천대를 받았다.
>
> 본인 등이 비록 한글에 대한 지식이 해박하지 않으나 애국애족을 위한 방안으로 국문야학을 창립하여 교사를 초빙하여 한글을 보급하려고 한다. 이를 바탕으로 조국정신을 위한 기초로 삼아 공공의 의견을 특색으로 삼아 연령이나 신분에 전혀 상관 없이 주민들에게 문맹퇴치를 하는데 1차적인 목적을 두었다. 입학을 원하는 사람을 널리 모집하오니 공업과 상업 등에 종사하는 주민들이 적극적으로 동참하여 문명사회를 건설하여 국권을 존중하고 생존경쟁시대에 한민족을

72 『황성신문』 1909년 6월 2일 잡보 「大東運動」.

영원히 보존하는 방법을 강구하자.[73]

곧 문자는 각 나라의 애국정신을 고취하는 근원이다. 국가정신이 없는 나라는 결코 부강할 수 없는 동시에 멸망할 수밖에 없다. 이는 조국의 중요성을 인식하지 못한 채 외국을 숭배하는 사대성이 팽배하기 때문이다. 애국정신의 근원은 곧 자국어를 제대로 익히고 사용하는 데 있다. 이러한 취지에 따라 국문야학을 설립한다고 그는 역설하였다. 이들의 노력은 관내 각 마을마다 국문야학을 실시하는 계기였다. 신문이나 학회지 등은 이를 대대적으로 보도하는 등 이들에 대한 격려를 아끼지 않았다.

한글에 대한 관심은 식민지화에 대한 위기의식과 더불어 고조되었다. 국문학교 설립계획이나 국문야학 성행은 당시 위기의식과 더불어 한글에 대한 관심사를 보여주는 중요한 대목이다.[74] 한글에 대한 관심은 교육열 고조로 이어졌다. 노동야학은 이러한 상황과 맞물러 발전을 거듭하기에 이르렀다. 이는 단순한 지식습득 차원에만 머물지 않고 새로운 '노동자상'을 창출하기에 이르렀다. '노동가치'·'임금' 등 노동자와 관련된 사회적인 인식변화는 이와 맞물려 진행되었다. 사농공상이라는 본말관本末觀에 입각한 가치관은 변화를 거듭하는 상황으로 귀결되었다. 인격이나 개성 등에 대한 인식은 국민국가를 지향하려는 의지로 이어졌다.

한편 문명학교文明學校를 비롯한 인근 진천 관내 5개 학교와 연합

---

73 『황성신문』 1908년 4월 26일 잡보 「國文夜學」.

74 김형목, 「한말 국문야학의 성행 배경과 성격」, 『한국독립운동사연구』 20, 한국독립운동사연구소, 2003 참조.

하여 목천 병천학교에서 개최된 운동회는 성황을 이루었다. 참가한 수백 명 학도들은 정정당당한 경쟁과 늠름한 기상은 주민들 탄성을 자아내었다.[75] 이처럼 운동회는 학생들에게 상무정신을 일깨우는 현장이었다. 주민들도 참여를 통하여 시세변화에 부응한 새로운 생활문화를 창출하는 계기를 맞았다.

성환 의성학교 학생 50여 명과 임원 20여 명 등은 순종황제 즉위1주년을 맞아 제등행렬 등 대대적인 경축행사를 벌였다.[76] 주민들 적극적인 호응은 사회구성원으로서 자기 존재성을 인식하는 계기였다. 이는 근대교육에 대한 높은 관심과 지원으로 이어졌다. 생활 정도에 따른 '의무교육비' 징수에 의한 사립학교 운영은 이와 같은 성격을 그대로 보여준다. 교장인 영국인 선교사 부재렬夫在烈은 일본인 환영을 위한 일장기 게양을 거부하였다. 일본 경찰과 헌병의 강요에도 자신의 주장을 끝까지 철회하지 않았다.[77] 이는 학생들에게 독립국가 한국인으로서 자긍심을 고취시키는 계기였다.

반면 근대교육 시행상 주민들간 갈등을 조장하는 부정적인 측

---

75 기호흥학회, 「학계휘문, 文校運動」, 『기호흥학회월보』 12, 45쪽 ; 「대한매일신보」 1909년 6월 25일 잡보 「진쳔학교운동」.

76 『황성신문』 1908년 8월 30일 잡보 「義校盛況」.

77 국사편찬위원회, 「義成學校長 英國人宣教師 夫在烈의 日章旗揭揚 拒否의 件」, 『통감부문서』 6, 1909년 9월 1일자. 부재렬은 수원교구 성공회 선부로서 현지 계몽운동과 복지사업에 많은 공적을 남겼다. 천안과 인연은 직산금광 영국인 광산기사가 성공회 신자로 이들과 관계에서 비롯되었다. 직산과 병천 등지 근대화와 성공회와 관련성은 앞으로 밝혀야할 주요한 과제 중 하나이다. 특히 아우내장터 만세운동을 준비하고 전개하는데 성공회의 역할이 적지 않기 때문이다.

면도 적지 않았다. 의병의 학생 포살은 근대교육에 대한 일반인 인식과 관련하여 주요한 의미를 지닌다.[78] 측량학도에 대한 피살도 의병들의 근대교육에 대한 인식을 반영하는 부분이다. 직산에서 측량학을 실습하던 학도 4명은 의병진의 공격을 받아 2명이 사망하였다.[79] 측량학교는 이를 계기로 급격한 학생 감소로 폐교하지 않을 수 없었다. 대립·갈등은 불심을 조장하는 등 사회적인 불안을 일으키는 요인 중 하나였다.

직산지역 계몽운동을 주도한 군수 지희렬은 학교보조금을 핑계로 토색질을 행하였다. 근대교육에 대한 부정적인 인식은 이러한 상황과 무관하지 않다.[80] 이는 지역민의 근대교육에 대한 인식 부족 등 여러 요인에 의하여 파생되었다. 강제적인 근대교육 시행은 주민들 불만을 초래하는 요인 중 하나였다.[81] 이와 더불어 '한일합방' 직후 천장절天長節 행사도 대대적으로 실시하는 등 일부 운영자들은 식민체제로 포섭되었다. 지방관 계몽운동 참여와 한계는 여기에 그대로 나타난다.[82]

일진회 지회원의 불법행위와 일본어에 치중된 학교 운영은 근대교육 진전을 방해하는 요인이나 다름없었다.[83] 러일전쟁 이후 일본어 학습 열풍은 당시 민낯의 일부를 보여준다. 이들은 지방관에

---

78 『대한매일신보』 1909년 4월 30일 잡보 「학ᄉᆡᆼ포살」.

79 『大韓每日申報』 1908년 11월 11일 잡보 「測量員被殺」; 『대한매일신보』 1908년 11월 11일 잡보 「측량학원포살」.

80 『대한매일신보』 1909년 2월 18일 「원망이 만하」.

81 『大韓每日申報』 1909년 1월 12일 「稷倅勸學」.

82 『매일신보』 1910년 11월 12일 잡보 「稷山의 天長節」·「忠南美擧」.

83 『황성신문』 1905년 9월 12일 광고 「日語雜誌社」.

대한 협박을 서슴지 않는 등 '무소불위'로 발호하는 분위기 그대로였다.[84] 일부 인사의 개화를 빙자한 풍기문란 등은 근대교육에 대한 부정적인 이미지를 각인시켰다. 전통적인 윤리관에서 일탈된 행위는 비난 대상이었다.[85] 이는 근대교육 전반에 대한 불신을 초래하고 말았다.

일인교사 파견에 의한 학교운영권 장악도 부정적인 영향을 미쳤다. 이들은 단순한 일본어 보급에 그치지 않고 민족적인 우월감에 의한 한국인 생도들에게 모멸감을 무의식 중에 부식시켰다.[86] 1909년 이후 사립학교설립운동 부진은 이러한 상황과 맞물려 있었다. 일제는 '비교적' 교육 내실화를 이룬 사립학교에 보조금 지원을 통하여 식민교육체제 내로 견인하였다. 민족교육기관을 표방하던 경위학교도 이에 포섭되기에 이르렀다.[87] 일제강점과 더불어 이러한 현상은 확대 재생산되는 '결정적인' 계기를 맞았다. 한편 저항의식은 일제강점기 민족해방운동을 추동시키는 밑거름이나 다름없었다.

---

84 『大韓每日申報』 1905년 9월 7일 잡보 「天倅綜明」, 1906년 2월 3일 잡보 「會員借解」, 4월 12일 잡보 「被虐流離」, 6월 26일 잡보 「會員行悖」.

85 『대한매일신보』 1907년 12월 12일 잡보 「홍씨방탕」.

86 『황성신문』 1909년 5월 8일 잡보 「普通學校選寘區域」, 6월 30일 잡보 「副訓導와 日教師發遣」.

87 『관보』 1909년 8월 28월 「학부령 제14호, 사립학교 보조규정」.

5. 맺음말

천안지역은 19세기 후반부터 급격한 사회변동을 초래하였다. 동학·기독교 전래, 금광개발과 일본인거류지 형성, 경부선 개통, 일진회 활동, 대한자강회·대한협회 직산지회와 기호흥학회 목천지회 설립인가, 의병전쟁 확산, 인민대의제·의무교육회 조직 등은 변화를 초래하는 요인이었다. 이는 주민들 일상사 변화와 더불어 급변하는 상황과 맞물려 있었다.

일본인거류지 형성도 주민들에게 일상사에서 외래문물을 직접 체험시키는 계기였다. 금광 개발 이후 일본인 유입은 급속하게 이루어졌다. 이들은 「민단법」에 의거한 자치규약을 제정하는 한편 심상소학교尋常小學校 설립을 통한 '의무교육' 실시에 노력하였다. 이는 근대교육에 대한 관심 고취시키는 요인 중 하나였다. 반면 일본인에 의한 토지침탈·고리대금업 등은 반일의식·항일의식을 일깨웠다. 후기 의병전쟁 확산은 이러한 배경과 맞물려 전개되었다.

대한자강회·대한협회 직산지회나 기호흥학회 목천지회는 전·현직 관리와 자산가·교육가 등을 중심으로 조직되었다. 강연회·토론회 등 계몽활동과 주민들의 자발적인 사회운동 참여는 사회적인 존재성을 새삼 일깨우는 계기였다. 계몽론자들은 국채보상운동·사립학교설립운동·야학운동 등 교육계몽운동을 주도하였다. 지방자치제 시행을 표방한 인민대의제나 의무교육회 조직도 이들 주도로 이루어졌다. 민지 계발은 계몽단체의 최우선적인 과제로서 자리매김하였다.

이곳 국채보상운동은 비교적 일찍부터 시작되었다. 중심적인 인물은 전현직관리·자산가·개신유학자·상인 등이었다. 대부분 모금 방식은 향촌공동체 운영에 의한 배분이었다. 곧 '의연금=의무금'이라는 인식은 당시 보편적일 만큼 확산되었다. 마을이나 문중 단위로 전개된 자발적·경쟁적인 동참은 이를 방증하는 부분 중 하나이다. 상인들의 적극적인 참여는 주민들에게 '국채=국망'이라는 인식을 널리 확산시켰다. 천안시장 상인들은 경쟁적인 참여를 통하여 사회적인 책무를 실현하고 있었다. 직산에 사는 고용인 염영린廉英麟·윤복쇠尹福釗 의연은 주민들에게 널리 회자되었다. 신문은 이를 '미담사례'로 보도하는 등 전국적인 주목을 받았다.

근대교육은 사립학교에 의하여 주도되었다. 이곳을 대표하는 사립학교는 경위학교·의성학교·대동학교·흥호학교 등이었다. 대부분은 초등교육 과정이었다. 교과목 편성은 이러한 사실을 잘 보여준다. 목천 진명학교나 직산 서숙 등은 전통교육과 근대교육을 절충하는 등 현실적인 여건을 고려하였다. 반면 심상정이 설립한 천안 일어학교는 일본어를 전문적으로 가르쳤다. 대부분 일어학교가 그러하듯이, 이는 운영상 많은 문제점과 한계성을 지닐 수밖에 없었다.

학교는 시세변화를 일깨우는 현장이자 지역사회 여론을 조성하는 생활공간으로서 자리매김하였다. 학부형회·찬성회 등은 재정적인 지원과 아울러 학생들에게 사회적인 책임감을 일깨워 주었다. 교육 내실화는 교과과정 개편 등을 통하여 진전을 거듭하였다. 고등과 설치는 교사양성을 위한 기반이었다. 그런데 재정 부족으로 이마저도 여의치 않았다. 의성학교장 부재렬은 일본인 환영식을 위한 일장기 게양을 거부하는 등 학생들에게 항일의식을 고취시켰다.

문화계몽운동 확산과 더불어 향학열은 날로 고조되었다. 빈민자제나 근로청소년을 위한 방안은 야학 운영으로 이어졌다. 근로청소년에 대한 수학기회 확대는 현실인식과 가치관를 크게 변화시켰다. 노동·노동자 등에 대한 긍정적인 평가는 이와 무관하지 않다.근대교육은 이러한 가운데 확산과 더불어 발전을 거듭할 수 있었다.

병식체조나 연합운동회 개최 등은 상무정신 고취로 귀결되었다. 특히 운동회는 오락적인 요소와 아울러 근대교육의 필요성을 일깨우는 현장이었다. 학생들의 질서정연한 대오와 늠름한 기상은 관중들 탄성을 자아내기에 충분하였다. 행사 이후 개최된 강연회는 건전한 생활문화 조성은 물론 건설적인 여론을 형성하는 기반이었다. 적극적인 주민들 참여·지원에 의한 연합운동회는 이러한 사실을 분명하게 보여준다. 변화에 부응한 새로운 민중문화는 이러한 과정에서 창출될 수 있는 계기를 맞았다. 민족의식·항일정신 등은 일제강점기 민족해방운동을 추진시키는 요인이었다.

참고 문헌

『황성신문』, 『제국신문』, 『대한매일신보』, 『만세보』, 『경향신문』, 『기호흥학회월보』, 『서우』, 『대한협회회보』, 『대한자강회월보』, 『대동학회월보』, 『관보』.

공주영명중·고등학교, 『영명100년사』, 2007.

국사편찬위원회, 『대한제국관원이력서』, 탐구당, 1972.

김봉희, 『한국 개화기 서적문화연구』, 이화여대출판부, 1999.

김영우, 「한말의 사립학교에 관한 연구〈II〉」, 『교육연구』 3, 공주사범대학 교육연구소, 1986.

김항구, 『대한협회1907~1910연구』, 단국대박사학위논문, 1992.

김형목, 「기호흥학회 충남지방 지회 활동과 성격」, 『중앙사론』 15, 한국중앙사학회, 2001.

_____, 「한말 국문야학의 성행 배경과 성격」, 『한국독립운동사연구』 20, 한국독립운동사연구소, 2003.

_____, 「한말 야학운동의 기능과 성격」, 『중앙사론』 21, 한국중앙사학회, 2005.

_____, 「한말 충청도 야학운동의 주체와 이념」, 『한국독립운동사연구』 18, 한국독립운동사연구소, 2002.

_____, 『대한제국기 야학운동』, 경인문화사, 2005.

대구광역시, 『국채보상운동100주년기념자료집』 1-5, 국채보상운동기념사업회·대구흥사단, 2007.

민병달, 『천안독립운동사』, 천안문화원, 1995.

박용옥, 『한국근대여성운동사연구』, 한국정신문화연구원, 1984.

성환문화원, 『일본의 직산금광침탈사』, 1998.

성환문화원, 『직산현지』, 2000.
유영렬, 『애국계몽운동 Ⅰ-정치사회운동』-한국독립운동의역사 12, 한국독립운동사편찬위원회·독립기념관 한국독립운동사연구소, 2007.
유한철, 「1906년 광무황제의 사립학교 조칙과 문명학교 설립 사례」, 『한국독립운동사연구』 3, 한국독립운동사연구소, 1988,
윤 완, 『대한제국말기 민립학교의 교육활동연구』, 한결, 2001.
이배용, 『한국근대광업침탈사연구』, 일조각, 1989.
이송희, 「대한제국말기 애국계몽단체 연구」, 이화여대박사학위논문, 1984.
이승원, 『학교의 탄생』, 휴머니스트, 2005.
이지애, 「개화기 '배움터'의 변화와 '자아찾기'로의 일상성」, 『근대의 첫 경험-개화기 일상 문화를 중심으로-』, 이화여대출판부, 2006.
직산초등학교, 『직산초등백년사, 1897-1997』, 1999.
천안시지편찬위원회, 『천안시지』, 1997.
천안향토사연구소, 『근현대 천안관련 신문자료』, 천안문화원, 2002.
최영희, 「한말 관인의 경력일반」, 『사학연구』 21, 한국사학회, 1969.
홍석창, 『천안, 공주지방 교회사 자료집』, 에이맨, 1993.

3·1운동 이후 천안지역의 문화계몽운동과 대중운동

김형목(사)국채보상운동기념사업회 이사

1. 머리말

3·1운동 이후 이른바 문화통치로 변화는 '기만성'을 내포하지만 합법적인 활동공간 확대로 귀결되었다. 『동아일보』·『조선일보』·『시대일보』와 『개벽』·『신생활』 등 신문·잡지 발간은 시대사조를 널리 소개·보급하는 밑거름이었다. 변화에 부응한 개조改造 열풍은 '질풍노도'와 같은 추세로 국내에 유입되었다. 개인 개조는 물론 사회개조·국가개조를 위한 논쟁은 점입가경漸入佳境에 들어갔다. 개조를 위한 최선책은 실력양성론에 입각한 능력 배양으로 귀착되었다.[1] 대한제국기 이래 고조된 교육열풍은 이러한 시대상황과 무관하지 않았다. '교육만능주의'가 식민지 현실에서 강력한 영향력을

1 박찬승, 『한국근현대정치사상사연구』, 역사비평사, 1992, 176-183쪽.

발휘하는 결정적인 순간을 맞았다.

지역사회에서 이를 주도한 중심단체는 청년단체·여성단체 등 계몽적인 단체였다. 이들은 3·1운동의 '쓰라린 경험'을 통하여 부문별 민족해방운동을 추동하여 나갔다. 다만 지역적인 여건이나 주·객관적인 요인 등으로 활약상은 다양한 양상을 보여준다.[2] 천안지역도 역시 이러한 경향성을 반영하는 분위기였다. 경선부 부설 이후 천안은 '식민도시'로서 성장하였다. 1914년 목천군과 직산군을 통합하여 재탄생한 천안군은 이전과 비교할 수 없을 정도로 군세郡勢가 크게 확산되었다. 특산품인 '호도'를 특화하려는 관료들의 인식은 이와 무관하지 않다.[3] 그럼에도 문화계몽운동 등을 주도한 청년단체나 여성단체 활동은 크게 돋보이지 않는다. 신간회 천안지회도 주민들 현실적인 요구를 제대로 반영하지 못했다. 이는 천역지역 활동가들 정세관이나 현실인식과 밀접한 연관성을 지닌다. 반면 대중운동 중 형평운동은 형평사 중앙본부와 연계되는 가운데 백정의 신분해방과 계급해방을 위해 앞장섰다. 입장면 출신인 박호군朴好君과 길한동吉漢同 등은 주역이었다.

지금까지 일제강점기 천안지역의 민족운동 전반에 관한 연구는 매우 부진하다. 독립운동사와 관련된 연구 중 대부분은 3·1운동이나 특정한 인물에 지나치게 편중되었다. 물론 인물이나 각 영역별 집중적인 연구는 지역사를 이해하는 기본적이고 중요한 실마리를 제공한다. 의도와 달리 독립운동가 등에 대한 과도한 평가는 역사

---

2 김형목, 『배움의 목마름을 풀어준 야학운동』, 서해문집, 2018, 225-229쪽.

3 『매일신보』 1918년 8월 28일 「天安의 胡桃, 장릭 유망흔 텬안호도, 石塚 忠南道技師 談」.

적인 사실과 부합되지 않는 경우도 적지 않다. 선양사업과 역사적인 사실은 객관적이고 합리적인 기준에 의하여 평가되어야 마땅하다. 당시 상황과 괴리된 평가는 오히려 역사적인 의미를 반감하는 결정적인 요인이기 때문이다.

최근 박상준 연구는 부분적이나마 이곳 민족해방운동을 이해하는데 실마리를 제공한다.[4] 천안구락부와 천안청년회 중심으로 전개된 문화계몽운동에 대한 규명은 이러한 사실을 분명하게 보여준다. 일제강점기 전개된 문화계몽운동은 양면성을 지닌다. 청년단체도 인물 구성 등에서 마찬가지 성격을 보인다. 합법적인 영역에서 추진된 활동상은 식민기관과 '적절한' 관계 속에서 이루어질 수밖에 없었다. 거미줄과 같은 정보망에 갇힌 일제강점기 상황은 비밀결사체가 아닌 경우 이를 어느 정도 감내해야만 했다.[5] 더욱이 청년단체 구성원의 사회 경제적인 배경을 과도하게 적용하는 경우도 적지 않다. 이러할 경우에는 문화계몽운동은 결국 '관변운동'이나 '관치보조적인' 성격으로 평가될 수밖에 없다.

한편 천안청년회를 비롯한 청년·계몽단체는 한말 이래 교육운동·국채보상운동 등을 주도한 인물들로 구성되었다. 이들은 1920년대 중반까지 이곳 문화계몽운동은 물론 지역사회 여론을 주도했

---

4 박상준·장규식, 「일제하 천안지역의 사회운동과 유력자층 동향」, 『중앙사론』 48, 중앙대 중앙사학연구소, 2018 ; 박상준, 「1920년대 천안 지역의 사회운동」, 『새롭게 본 천안학의 이해』 하, 단국대출판부, 2021 ; 박상준, 「해방 이후(1945-50) 천안지역 정치동향의 추이와 성격」, 『동양학』 83, 단국대 동양학연구원, 2021.

5 김형목, 『교육운동』-한국독립운동의 역사 35, 한국독립운동사편찬위원회·독립기념관 한국독립운동사연구소, 2009, 233-234쪽.

다. '개량성'을 내포한 근대교육운동조차도 민족해방운동 진전에 기여한 사실을 부분적이나마 여기에서 찾아진다. "식민교육 수혜=친일파 육성"이라는 단순한 도식은 '민족교육'의 저항적인 측면만을 강조할 때 유용성을 지닐 뿐이다.[6]

양면성을 지닌 문화계몽운동의 결과는 민족해방운동을 진전시키는 요인이었다. '저항과 순응 그리고 협력'이라는 중간지대나 '회색지대'인 이곳 문화계몽운동에 주목한 이유도 바로 여기에 있다.[7] 현재 시점에도 이에 대한 정확한 평가나 성격 규정은 연구자에 따라 상당한 편차를 보인다. 많은 연구 축적과 구체적인 상황에 대한 사례 연구 부족은 궁극적인 원인 중 하나이다. 이 글은 일제강점기라는 초유의 악조건 속에서 전개된 천안지역 문화계몽운동과 대중운동을 올바로 평가하기 위한 하나의 시론임을 밝혀둔다.

2. 문화계몽운동의 확산 배경

일제는 대한제국을 강제로 병합한 후 새로운 '개혁시대'라고 강변했다. 원활한 식민통치를 위해 저들은 양 민족의 우호석인 선린관계를 강조하는 분위기였다. 식민통치의 동반자인 친일관료·기생지주·매판자본가 등에 대한 대대적인 작위 수여와 은사금 하사는

[6] 김형목, 「중앙유치원의 유아교육사상 위치」, 『중앙사론』 32, 한국중앙사학회, 2012.

[7] 윤해동, 『식민지의 회색지대』, 역사비평사, 2003 참조.

이러한 의도와 맞물려 진행되었다.[8] 공립보통학교 증설도 '순종적인' 식민지형 인간 양성과 무관하지 않았다. 무단통치 강화는 계몽론자들이 민족해방운동 전선에서 일탈을 가속화했다. 국민연설회·국시유세단·한성부민회 등과 같은 단체에서 활동한 대다수는 폭압적인 식민지배를 현실로 수용하기에 급급했다. 나아가 이에 부화뇌동하거나 협력하는 등 반민족적인 행위도 서슴지 않았다. 자기의 지위와 안위를 위해 최소한 양심마저도 저버리고 말았다.

식민당국은 양 민족을 동화하는 가장 유효한 방법으로 일본어 보급을 통한 정서 공유라고 인식했다. 일선동조론에 입각한 '차별화'된 동화주의는 저들의 궁극적인 목표였다. 이는 좀 더 원활하게 식민정책을 수행하는 데 필요한 기본 조건이자 필수 조건이나 마찬가지였다. 기관지인 『매일신보』나 『경성일보』를 통한 대대적으로 위장된 선전은 이러한 목적을 관철하려는 의도와 무관하지 않았다.

> 동화의 취지는 이미 논술한 바이어니와 합병의 효과를 완전하게 하려면 피아彼我가 동화한 연후에 그 목적에 도달할 것이니, 이는 관민이 동력협심動力協心하는 데 있다함은 어느 누가 추측하지 못하리오. … 금일을 당해 한 나라 인민을 이루는 이상에는 친밀한 관계가 나날이 생기어 소원하고자 해도 반드시 얻지 못할 것이오, 소원하고자 해도 마음대로 되지 않는다. 한국과 일본 인민이 언어를 서로 통하지 못해 동화에 불편한 점이 반드시 발생할 것이다. … 만일 급속하게 실행하

---

8 『매일신보』 1910년 9월 7일 논설 「개혁의 시대」 : 『관보』 1910년 10월 7일 「조선귀족령」.

면 예외의 반항이 또한 발생해 통치에 방해를 염려하노라. 지금 형편을 고찰하건데 교육을 확장해 어학일본어을 보급하게 하고 세월을 연마해 일반 인민으로 동화에 이르도록 모두 나아가게 하는 것이 당국의 제일 급무이라 하노라.[9]

합병 효과는 양 민족이 동화한 연후에야 목적을 달성할 수 있다는 논리였다. 한국인의 원만한 일본어 사용은 완전한 동화를 위한 가장 지름길이다. 그런데 몇 천 년 동안 단절된 관계는 정치·법률은 물론 감정·사상도 완전히 다른 문화를 형성하고 말았다. 특히 양 민족의 언어불통은 동화에 커다란 걸림돌로 작용했다. 이러한 상황에서 "동화는 짧은 기간에 실현될 수 없는 중대한 문제였다. 강압적인 동화는 오히려 조선인의 강한 저항을 초래할 수 있다"[10]고 인식하고 있었다. 그런 만큼 일제의 급선무는 식민교육기관을 확충해 일본어 보급을 통한 '점진적인' 동화였다.[11] 일본어를 통한 상호 감정 교류와 한국인이 '한일합방'의 진정한 의미를 이해할 때 일본인과 동화는 자연스럽게 달성될 수 있으리라 전망했다. 이러한 의도는 식민교육정책에 그대로 반영·시행되었다.

한국인에 대한 교육방침은 결국 점진적인 동화주의로 귀결되는 가운데 시행되었다. "조선인 교육방침은 점진적 동화주의를 채용할 터이나 이를 가장 유효하게 하는 것은 시설방법을 어떻게 하느

9 『매일신보』 1910년 9월 14일 논설 「동화의 방법」.

10 『매일신보』 1910년 9월 16일 잡보 「여자교육의 방침」, 9월 23일 잡보 「조선인의 어학」.

11 김형목, 「1910년 전후 야학운동의 실태와 기능」, 중앙대 박사학위논문, 2001, 133-134쪽.

냐 하는 문제이다. 시설방침 중 가장 필요한 것은 교원 양성과 교과서 선정에 달려있는 고로 당국 사이에 바로 지금 이에 앞서 각각 조사 연구 중인데 불가불 금후 교육방침은 일본어 사용할 방침을 채용할 터이다. 교과서는 바로 국정교과서를 채용해야 하나 현실은 그리 간단한 문제가 아니었다."[12] 이리하여 국정교과서에 준해 교과서 채택 여부도 결정하려는 의도임을 밝혔다. 이는 타이완에서 이미 시행한 식민교육정책을 더욱 강화한 측면이 적지 않았다.

취지에 부합한 교육정책은 통감부 시기 제정된 일련의 교육 법령을 보완한 조선교육령이었다. 2장 30조와 부칙으로 구성된 이 법령은 "교육은 교육에 관한 칙어勅語의 취지에 기초해 충량忠良한 국민을 육성함을 본의本意로 하고2조, 시세와 민도에 적합한 교육3조"이었다. "보통학교는 아동에게 국민교육의 기초가 되는 보통교육을 하는 곳으로 국어를 가르치며 생활에 필요한 보통지식과 기능을 가르친다8조." 한국인을 천황과 일제에 절대적으로 충성·복종하게 하는 무기력한 식민지적 '인간형' 양성이 목표였다. 오직 일본 신민으로서 의무만을 충실히 수행하는 우민화교육·차별교육이었다.[13] 이에 따라 일본어는 '국어'로서 필수과목이 된 반면 한글은 사실상 제2 외국어로 둔갑하고 말았다. 또한 중등교육과 고등교육은 철저히 탄압한 반면 실업교육은 적극적으로 장려했다. 곧 인문적인 소양을 지닌 한국인보다 절대권위에 순종하는 한국인 양성이 궁극적인 지향점이었다. 물론 이 법령은 강제병합 이전부터 시행된 통감부 시기 식민지 노예교육을 더욱 강화했다.

---

12 『매일신보』 1910년 9월 7일 잡보 「조선인 교육방침」.

13 정재철, 『일제의 대한국식민지교육정책사』, 일지사, 1985, 295-296쪽.

일어 능통자에 대한 우대책은 이러한 상황 속에서 진행되었다. 이는 자신의 사회적인 지위나 출세를 위한 보증수표?나 다름없었다. 이른바 '일본어 만능시대'는 사회적인 분위기였다. 일제식 정장으로 상징되는 이른바 하이칼라 신사나 양장신여성은 배척의 대상이 아니라 부러움의 대상이었다. 심지어 이들은 사회적인 명사로서 추앙될 정도였다. 일제의 가치관이나 문화 등이 우리 생활 속에 급속하게 파급되었다. 이러한 가운데 동화정책에 포섭된 교육자들이 여전히 사회적인 영향력을 발휘하였다.[14] 곧 가치관 혼돈과 아울러 자기 정체성을 상실한 불행한 한국근대사는 모순과 혼란을 끊임없이 재생산하고 있었다. 서구지향적인 경향에서 일본지향적인 가치관이 점차 일상사에 파급되기에 이르렀다. 교사는 물론 학부형들도 이들에 대한 지원을 아끼지 않았다. 일어 능통자는 학교에서 바로 '우등생'으로 인정되는 상황이었다. 사회적인 이러한 분위기는 학생들에게 일어 공부에 열중하는 결정적인 계기였다. 이리하여 일어경시대회는 학예회·운동회 등을 통하여 전국적인 양상으로 확산되었다. 곧 모든 교육기관은 일어보급을 위한 다양한 방법을 강구하였다. 졸업식·입학식에서 일본어로 된 축사나 답사도 이와 같은 의도에서 비롯되었다.

한편 식민정책의 원활한 수행상 한국인 관리들에게도 기초적인 일본어 해독력을 요구하였다. 일본어를 제대로 해독하지 못하는 관리는 면직되는 등 불이익을 당하는 상황이었다. 이에 각 관청을 중심으로 일어보급을 위한 국어강습회가 조직되었다. 또한 일본인

---

14 한기언, 『일제의 동화정책과 한민족의 교육적 저항』, 정음사, 1970, 111-118쪽.

관리들도 한글을 익히려는 분위기였다. 이리하여 한국인은 일본인에게 한글을, 일본인은 한국인에게 한글을 가르치는 '진풍경'이 벌어졌다.[15] 이러한 현상은 특정 지역에 한정되지 않았다. 곧 관공서나 학교 등이 있는 곳에서 일상적인 상황이었다.

현재 우리의 일상사에서 흔히 나타나는 일본어 잔재는 이러한 비극적인 상황과 결코 무관하지 않다. '일본어 만능시대'는 식민지라는 현실 속에서 진행되었다. 그런데 별다른 저항이나 거부감은 대다수 조선인에게 찾아볼 수 없었다. 일본인 관리나 실업가 등이 설립·운영한 국어강습회 성행은 이를 방증한다.

이러한 분위기는 일본어에 대한 관심 촉발과 동시에 국어강습회를 성행시킨 주요한 요인이었다. 통신으로 강의하는 일어연구회 회원이 무려 2,000여 명에 달하였다. 일어에 대한 고조된 관심은 이러한 사태를 초래하는 결정적인 요인이었다.[16] 심지어 중등학교 학생 중 일부는 일본인 학교로 전학하는 등 '비극적인' 상황을 연출하였다. 이리하여 간편한 일본어 회화용인 『일본어학잡지』는 대량으로 발간·판매되는 성황?을 누릴 수 있었다. 우민화와 노예화를 지향한 교육정책은 외형상으로 성과를 거둔 것처럼 보였다. 일본인 교사들은 무소불위를 휘두르는 절대권력자나 마찬가지였다. 교육현장에서 벌어지는 민족차별은 학생들 반발을 초래하였다. 3·1운동기 학생층의 적극적인 참여는 이를 방증한다.

---

15 김형목, 『배움의 목마름을 풀어준 야학운동』, 서해문집, 2018, 121-134쪽.

16 『매일신보』 1911년 2월 10일 잡보 「일어연구회의 호황」, 4월 22일 잡보 「일어연구회 好績」.

3. 청년단체의 문화계몽운동

3·1운동 이후 식민통치는 헌병경찰제도에서 '문화정치'로 전환되었다. 이는 민족분열책이라는 고도의 '기만성'을 내포하지만, 활동가들에게 보다 확대된 영역을 제공하는 계기였다. 다양한 외래 사조 유입으로 '개조改造'라는 개념이 널리 풍미하였다. 이에 부응한 개인·가정·사회 개조 등은 시급한 문제로서 부각되었다. 대부분 활동가는 개조에 의한 시대변화를 모색하는데 노력을 경주했다.[17] 천도교·개신교와 동아일보 계열 인사들은 이러한 분위기를 주도하는 중심세력이었다.

조선청년연합회는 지역 단위로 조직된 청년단체의 고립·분산적인 활동을 지양하고 통일전선적인 입장을 강조하였다. 사회주의 이념의 유입에 따른 치열한 '사상투쟁'은 노동·농민운동 현장과 접목되면서 점차 현실모순의 타개하기 위한 대안을 강구하기에 이르렀다. 민족해방운동을 추진하는 과정에서 나타난 시급한 현안은 문맹퇴치였다. 그런 만큼 이념적인 이질성에도 사회단체는 이를 타파하기 위한 활동에 노력하였다.[18] 각지에 조직된 청년단체는 시세 변화에 부응하는 활동으로 근대교육의 중요성을 강조하는 등 교육열을 고조시켰다. 각 단체는 사립학교에 대한 지원뿐만 아니라 개량서당·강습소·야학을 운영하는 등 교육운동을 실질적으로

---

17 김형목, 「1920년대 전반기 경기도 야학운동의 실태와 기능」, 『한국독립운동사연구』 13, 독립기념관 한국독립운동사연구소, 1999, 103-104쪽.

18 최근식, 「일제시대 야학운동의 규모와 성격」, 『사총』 47 고려대, 1997, 168-170쪽.

주도하였다. 생활개선·풍속개량과 아울러 마을문고·신문잡지종람소 등의 운영은 이를 분명하게 보여준다.

이러한 분위기로 중등교육기관은 물론 초등교육마저 만성적인 입학난에 직면하지 않을 수 없었다. 초등교육기관은 신입생을 선발하는 등 '진풍경'을 연출하였다. 공립보통학교는 학령아동 중 지원자의 겨우 20-30% 정도만을 수용하는 상황이었다.[19] 학습회學習會, 일명 이부제 수업와 강습소회·사숙·개량서당 등의 설립으로 이들을 수용하는 방안이 강구되었다. 이는 근본적인 해결책이 아니라 미봉책에 불과할 뿐이었다. 가장 현실적인 대안은 바로 의무교육이었으나 우민화를 획책하는 식민교육으로 전혀 실현될 수 없었다. 각지에 조직된 입학난구제대책위원회는 당시 사회문제로서 대두된 입학난의 심각성과 맞물려 있었다.[20]

경성부는 입학난 완화책으로 공립보통학교학습회을 마련한 후 이부제 수업을 실시하였다.[21] 이는 곧 지방으로 파급·시행되었지만, 교사의 월급이나 경상비 등은 여전히 등록금에 의존함으로써 별다른 성과를 거둘 수 없었다. 보통학교의 만성적인 입학난은 식민교육정책 전반에 대한 불신을 초래하였다. 이에 공립보통학교를 3면1교제에서 1면1교제로 전환하는 조선교육령 개정을 모색하기에 이르렀다. 이는 '선언적인' 의미에 불과하였고, 실제로 일제가 패망할 때까지 전혀 실현되지 못하였다. 1930년대 간이학교의 신설과 야학 관제화는 식민교육정책의 본질과 한계를 분명하게 보여

19 김형목, 「학교 설립·승격운동」, 『교육운동』-한국독립운동의역사 35, 한국독립운동사편찬위원회·독립기념관 한국독립운동사연구소, 2009, 185-190쪽.

20 『동아일보』 1922년 3월 26-27일 논설 「입학난을 여하히 할가, 당국의 책임」.

21 『매일신보』 1922년 5월 17일 「二部教授遂實施」.

준다.[22]

교육열에 부응한 선각자들은 조선교육협회·조선여자교육협회 등을 조직한 후 순회강연단을 편성·운영하였다. 이상재李商在·유근柳瑾·한규설韓圭卨 등이 중심이 된 조선교육협회는 조선총독부에 의무교육의 조속한 실시와 한글교육 강화 등을 건의하는 한편 주민 부담에 의한 교육기관의 설립을 촉구하고 나섰다.[23] 특히 한국인 교사에 의한 초등교육 시행은 이들의 주요한 건의안이었다. 식민당국자는 이러한 요구안에 대하여 전혀 심의조차 하지 않았다. 다만 군·면 단위나 교회 등을 중심으로 조직된 청년단체는 사설교육기관을 설립하는 등 이에 부응하고 나섰다.

새로운 시대 변화에 부응하여 이른바 신여성의 사회적인 활동도 활성화되었다. 조선여자교육협회는 가정부인들의 각성을 촉구하는 동시에 문맹퇴치를 위한 다양한 활동을 전개하였다. 취지에 따라 3대로 편성된 강연단은 전국 70여 곳을 순회하는 등 여성들의 각성을 촉구하는데 앞장섰다. 이들은 여성교육 뿐만 아니라 여성의 사회적인 역할을 강조하는 등 새로운 인간관계에 입각한 여성들의 자각을 촉구하고 나섰다. 이 단체는 직접 2개소의 여자야학을 설립·운영하였다. 특히 토요일은 강연회·토론회·시사회를 개최하는 등 참여의식을 유발시켰다.[24] 이러한 활동은 상급 학교 재

---

22 『동아일보』 1922년 5월 17일 「보교내에 학습회」, 1938년 1월 1일(신년호 其四) 「전환기의 교육조선」, 1939년 1월 5일 「야학 대확충 계획; 56만 부락에 설치」.

23 『동아일보』 1920년 4월 23일 「조선교육에 대하야(四)-의무교육을 시행하라-」.

24 김형목, 「1920년대 전반기 서울지역 야학운동의 분화·발전과 성격」, 『중앙우

학생들에게 귀향활동을 촉진시키는 계기였다.

경기도의 야학·사설강습회는 1922년 4월부터 1924년 8월말 현재까지 346개소나 운영했다. 그런데 입학난은 전혀 해소되지 않고 오히려 심화되는 양상마저 보였다. 문화운동 확산과 더불어 고조된 교육열은 지속되었기 때문이다. 경기도 당국자는 사설강습소에 대한 지방비 보조로 이를 해결하고자 하였다.

> 경기도에서는 보통학교입학난 구제의 목적으로 특수교육기관을 신설하는 각 지방의 강습회나 또는 모모 야학회 등 73개소에 대하여 백원 내지 삼십원의 범위로 경기도지방비 중에서 총액 오천원을 각기 보조한다더라.[25]

이는 지방비로 사설강습소·개량서당 등에 보조금을 지급하여 입학난을 완화시키려는 술책에 불과할 뿐이었다. 물론 일부 개량서당·강습소 등은 공립학교나 간이학교로 승격시켜 식민지교육을 강화하는 기반으로 삼았다.

명망가나 청년단체는 주민들의 동참을 통한 개량서당·야학 설립 등으로 입학난을 비롯한 문맹퇴치 문제 해결책을 모색하였다. 개량서당은 단순한 문맹퇴치의 차원을 넘어 학령아동을 구제하는 방향으로 분화·발전하는 계기를 맞았다. 이는 재래식 한문서당에 대한 비판으로 이어졌다.

수논문집』 2, 중앙대대학원, 2000, 66-68쪽.

25 『매일신보』 1925년 3월 1일 「京畿各夜學에 五千圓補助; 경기도에셔」.

현대교육에 부적응不適應한 한문서당을 철폐치 아니하며 개량도 아니하며 도리어 반면으로 유교를 장려함과 같음은 조선인 지식층의 의도를 이해하기에 곤고困苦한 바이라. …(중략)… 한문서당을 철폐할 방침을 취하여 일면일교제一面一校制를 실시할 때까지 이의 응급 개선을 위할 사.[26]

이는 시급히 한문서당을 철폐하는 대신 개량서당을 근대교육을 위한 '완충지대'로서 인식하는 부분이다. 즉 사립학교 설립을 통한 근대교육이 불가능할 경우에 대비하는 문제였다. 각 동리마다 개량서당을 설립하자는 논리는 이러한 상황과 무관하지 않았다.[27]

이는 개조운동을 주도한 1920년대 초반 천도교계를 대변하는 논리였다. 더욱이 실력양성론자의 대부분은 이러한 입장에서 크게 벗어나지 않았다. 서당개량은 결국 합법적인 영역 내에서 학령아동에 대한 교육기회 확대로 이어졌다. 문화운동의 대변지 역할을 담당한 『동아일보』는 이러한 논리를 적극적으로 지지하고 나섰다. 청년회나 교육회 등에 대한 공유재산이나 독지가의 의연금에 대한 격려와 청년단체 활동에 대한 지속적인 보도는 이러한 분위기를 방증한다. 이러한 논리는 1930년대 후반에도 그대로 지속되고 있었다.[28] 결국 일본어 상용화에 의한 언어동화정책은 민족말살정책으로 귀결되었다. 내선일체內鮮一體나 동조동근론同祖同根論에 입각한

---

26 『동아일보』 1921년 5월 4일 「교육문제에 관ᄒᆞ야」.

27 김기전, 「農村改善에 關한 圖案」, 『개벽』 6, 개벽사, 1920, 17쪽.

28 『동아일보』 1937년 6월 9일 「서당교육을 적극 쇄신하라」.

'차별화'된 동화정책도 스스로 모순성을 드러내고 말았다.

한편 1920년대에 들어 천안지역에 조직된 청년단체는 천안구락부·천안청년회·천안기독청년회·입장청년회·성환청년회·목천구락부 등이었다. 가장 왕성한 활동을 한 단체는 천안면을 중심으로 천안청년회였다. 이 단체의 모체는 1920년 2월 창립된 천안구락부였다. 목적은 순회문고를 통한 신문·잡지 보급을 통한 민족의 지식 계발과 산업 발달이었다.[29] 임원진은 부장 민재기閔載祺, 부부장 성원경成元慶, 간사 구연장·김유용·김형찬·박무빈朴武彬·안위승·윤병익·이헌영·최계원 등이었다. 창립된 지 3개월만에 회원은 50여 명에 달했다.

주요 활동은 민지 계발을 위한 정기적인 강연회와 토론회 개최였다. 강연 주제는 천안의 발전체계민재기, 오인생활의 이면성원경, 청년의 광光, 성원경, 현대의 교육과 우리李軒求 등이었다. 토론회 주제는 생활향상은 지식이 승어금전勝於金錢, 인재양성은 가정교육이 승어사회교육勝於社會教育 등으로 구성되었다.[30] 구체적인 내용은 말수 없으나 천안지역이 당면한 현안을 중심으로 한 강연회와 토론회임을 엿볼 수 있는 대목이다. 방청인은 200여 명에 달할 정도로 대단한 호응을 받았다. 권선징악과 미풍양속을 권장하기 위한 '추월색秋月色'이라는 문예극도 공연했다. 또한 극성하던 콜레라방역을 위한 방역단 활동도 병행하는 등 주민들 위생환경 개선에도 적

29 박상준, 「1920년대 천안 지역의 사회운동」, 『새롭게 본 천안학의 이해』 하, 165쪽.

30 『동아일보』 1920년 4월 23일 「천안구락부 강연회」, 7월 27일 「천안구락부 주최 강연회」, 8월 16일 「천안구락부 토론회 개최」, 9월 21일 「천안구락부 토론회」.

극적이었다. 대성의원 이경식李敬植과 천안의원 박무빈 등도 회원으로서 이를 지원하는데 앞장섰다.[31] 이 단체는 일본 물화배척 등을 이유로 조직된 지 10개월 만에 일제 경찰에 의해 해산되었다. 비록 짧은 기간이었으나 천안지역 문화계몽운동을 위한 주춧돌을 놓았다는 사실에 의미를 부여할 수 있다.

천안구락부를 계승한 천안청년회는 1923년 1월 27일 천안공립보통학교에서 창립총회를 개최하였다. 임시회장 정재억鄭在億 사회로 규칙 통과와 임원선거를 마쳤다. 당일 회원은 160명이나 참석할 정도로 대단한 성황을 이루었다. 임원진은 이헌구, 부회장 정재억, 서기 김규락金奎洛, 총무 오재숙吳在琡, 회계 최종호崔鍾浩, 간사 노익배盧益培·김인배金仁培·강명균姜明均·김시찬金始燦·방한용方漢容, 평의원 10명 등이었다. 2월 5일에는 평의원회를 개최하여 민립대학 발기인 선정, 노동야학 확장, 기타 사업진행 건 등을 주요 안건으로 논의하였다. 민립대학설립운동 발기인으로 회장 이헌영을 비롯하여 김상철金相喆·김석현金奭鉉·송명한宋明漢 등을 선정했다.[32] 민립대학기성회는 천안군지방부위원회 조직을 독려하는 등 지방으로 확산에 노력을 기울였다.

야학은 4월부터 가정부인과 노동자를 대상으로 운영했다. 장소로 여자야학은 기독교예배당, 노동야학은 군청 앞 정자였다. 노동야학은 지원자가 많아 전부를 수용하지 못하였다. 명예교사는 이

---

31 『동아일보』 1920년 7월 2일 「천안구락부 문예극 개최」, 9월 8일 「천안구락부 방역단 호열자예방주사 무료실시」, 9월 8일 「천안 대성의원 이경식, 천안의원 박무빈 양의사 천안구락부방역단협력하에 호열자예방주사시행」.

32 『동아일보』 1923년 2월 9일 「천안청년회 창립총회」, 2월 12일 「천안청년회 평의원회」.

헌영·정재억·오재숙 등 청년회 간부들로 구성되었다. 교과목은 수신·조선어·일본어·산술 등이었다. 교육열 고조에 따라 천안면 부대진흥회도 부대리노동야학을 운영하였다. 경비 부족에 직면하자 김치교金致教 등은 운영비를 의연하는 등 분위기 일신하는 동시 교육 내실화를 도모할 수 있었다.[33] 입장청년회도 민지 계발을 위한 노동야학을 운영하였다. 경비 부족으로 폐교할 상황에 직면하자 이장 박용구朴容球와 이성옥李成玉은 대대적인 지원을 아끼지 않았다.[34]

천안구락부와 마찬가지로 강연회를 개최함으로 사회적인 분위기에 편승하였다. 강연 제목은 청년의 각오정재억, 조선인의 체육오재숙, 인사徐相奎, 학學을 구하라金根淳, 청년金光濬, 부러운 공업김인배 등이었다. 이후 강연회를 개최한다는 광고까지 하면서 이를 제대로 실행하지 않아 빈축을 받았다. 천안청년회에 분발을 촉구하는 비판 기사는 이러한 정황과 무관하지 않으리라. "인생의 진정한 자유는 그 허위의 권력적 우상에 쪼들이며 그 목적을 달할 것이라 하면 적어도 금전이라 하는 권력을 어떤 방법으로든지 어찌 아니하면 안될 것이다."라는 문구는 청년회원들을 각성시켰다. 청년운동이 활성화되는 가운데 천안기독교청년회와 연합한 토론회도 개최되었다. 주제는 민부민강民富民强에는 농상農商이 하승호何勝乎로 농업과 상업의 중요성을 강조하는 토론자로 각각 3명씩 참여하여 활발한 토론을 벌였다.[35] 이는 청년단체 활성화와 시세 변화에 부응

33 『시대일보』 1926년 5월 8일 「勞働學校曙光」.

34 『중외일보』 1928년 4월 2일 「박 이 양구장의 야학 위해 노력」.

35 『동아일보』 1923년 4월 10일 「천안청년회 강연회」, 4월 27일 「천안청년회」 : 『시대일보』 1924년 9월 25일 「안테나」 : 『중외일보』 1927년 9월 24일 「지방

하려는 활동이었다.

외부 세계와 정보 교류를 위해 창립 직후에 전조선청년당대회에 참여했다. 혁신계인 서울청년회에 의해 장악된 전조선청년당대회는 운동방향을 사회주의 노선을 선언하였다. 물론 여기에 가담한 청년단체가 이후 사회주의 노선에 입각한 청년운동을 전개하지는 않았다. 천안청년회도 역시 이와 같은 흐름에 호응하지 않았다. 천안구락부와 마찬가지로 개조론에 입각한 문화계몽운동에 치중한 사실은 이를 방증한다. 〈표 1〉은 천안지역 청년단체 현황이다.

〈표 1〉 천안지역 청년단체 현황[36]

단체명	일시	주요 임원진	전 거
천안구락부	1920년 1월 창립총회	부장: 민재기, 부부장: 성원경 간사: 구연창, 김유룡, 김형찬, 박무빈, 안위승, 윤병익, 이헌영, 최계원	『동아』1920.4.23, 7.2, 7.22, 8.16, 8.29, 9.8, 9.21, 1927.8.28
천안청년회	1923년 2월 창립총회	회장: 이헌영, 부회장: 정재억 총무: 오재숙, 회계: 최종호, 서기: 김규락, 간사: 강명균, 김인배, 노익배, 방한용, 전시찬, 평의원 18명	『동아』1923.2.9, 1927.8.28
	1925년 정기총회	회장: 이경식, 총무: 유광준, 이헌영, 회계: 전시찬, 서기: 한시동, 서무부: 이중화 외 2명, 교화부: 성경옹 외 3명, 산업부: 이중화 외 3명, 평의원: 서상규, 성원경 외 13명	『조선』1925.8.14

논단; 천안청년회, 천안 일기자」, 11월 23일「천안 양 청년 연합토론회」.

36 『동아일보』, 『조선일보』, 『시대일보』, 『중외일보』, 『부산일보』 등을 토대로 작성했다.

	1926년 임시총회	회장: 성원경, 부회장: 최종호, 총무: 원수원, 서기: 한시동, 회계: 전시찬서무부장 겸직, 교화부장: 김병학, 산업부장: 김연창, 간사: 최종순 외 6명, 평의원: 박충모 외 4명	『동아』1926.7.4, 7.7: 『부산』1926.7.15
	1929년 정기총회	위원장: 전은래, 서무부: 박승대, 서형순, 교화부: 최종순, 홍승규, 사교부: 김병학, 이창기	『조선』1929.2.23
	1931년 정기총회	위원장: 최종순, 서무부: 권응현, 서상태, 교화부: 전시찬, 지병용, 사교부: 이정기, 장한빈	『조선』1931.6.7
천안기독 청년회	1925 창립총회	회장: 성원경	『동아』1926.10.4, 1927.8.28: 『중외』1927.3.8, 1928.2.28, 3.3
입장청년회			『중외』1927.8.16-17, 1930.1.23: 『동아』1927.8.28
성환청년회			『동아』1927.8.28
목천구락부			『동아』1927.8.28
천안기독 소년회			『동아』1927.8.28

천안구락부를 주도한 부장 민재기1886~1948는 직산지역 유력 가문 출신으로 천안을 대표하는 친일파였다. 그는 자강운동기에는 사립학교설립운동과 국채보상운동에 남다른 노력을 기울였다. 1911년 직산공립보통학교 학무위원으로 식민권력에 편입되었다. 1919년 천안군 참사에 임명된 이래 시중회 평의원, 도회의원, 중추원 참의 등 친일단체 임원으로 활약했다. 또한 미곡회사인 백제

상사의 전무취체역으로 취임하여 천안지역을 대표하는 자본가로 성장하였다. 이외에도 천안농업창고설치기성회 평의원, 조선금융조합연합회 충청남도 참여, 성환금융조합 조합장, 천안군농회 특별위원, 충청남도지방교화 촉탁, 천안군진흥회 회장 등을 지냈다. 특히 충청남도 도회의원으로 "징병제 철저한 시행, 미국과 영국 격멸의 완수를 위한 전력증강"을 강조하는 일제의 전시체제에 적극적으로 호응했다.[37]

부부장 성원경은 예산지역 대자본였다. 일본 주오대학中央大學을 졸업한 후 호서은행 예산지점 행원을 거쳐 1920년 천안지점장이 되면서 천안지역 유력층으로 본격적인 활동을 시작했다. 동아일보사 천안지국장, 천안전등 취체역 등으로 언론인과 기업인으로 대단한 영향력을 발휘하였다. 1923년부터 천안면 면협의원, 도회의원 등으로 식민정책에 홍보와 선전에 앞장섰다. 이후 예산금융조합 조합장, 시중회 평의원과 중추원 참의로서 활동했다.[38]

간사 이헌영은 천안면장, 천안금융조합장, 백제상사 감사역 등을 역임했다. 구연창은 호서은행 천안지점장, 천안운수창고와 대성무역 취체역으로 활동한 경제인이었다. 윤병익은 동아일보지국장인 언론인으로 활약하였다. 이처럼 천안구락부는 자산가와 언론

---

37 친일인명사전편찬위원회, 「민재기」, 『친일인명사전』 1, 민족문제연구소, 2009, 838-839쪽.

38 『매일신보』 1920년 11월 12일 「청년회강연회」, 1922년 7월 12일 「인사소식」, 1925년 2월 23일 「충남도평의회」, 1927년 4월 1일 「지방편편」, 1933년 4월 24일 「예산금조 총회」, 1936년 10월 8일 「북선발전의 기대는 크다, 성원경 씨담」.

인 등 유력자였다.[39] 부장과 부부장은 관료와 자산가로서 식민지배에서 자신들의 영향력을 확대하려는 일환으로 천안구락부를 조직한 사실을 쉽게 추측할 수 있다.

천안청년회의 임원진 구성도 천안구락부와 일정 기간 동안 변화하지 않았다. 초대 회장 이헌영, 부회장 정재억, 회계 최종순, 간사 강명균 등은 자산가와 언론인이었다.[40] 이러한 현상은 1926년까지 계속되었다. 회장제가 위원장로 변화하는 1929년에 가서야 변화되는 양상을 보인다. 이는 혁신계 인물들에 의해 '방향전환'과 맞물려 이루어졌다. 물론 전면적인 인적 쇄신은 제대로 진행되지 않았다. 하지만 1930년대 일제의 탄압이 가중되면서 합법적인 문화계몽운동마저 제대로 전개될 수 없었다. 신간회 천안지회 활동의 부진은 이러한 상황과 밀접한 연관성을 지닌다.

4. 대중운동 확산과 형평운동

형평운동은 사회적으로 가장 천대받는 백정白丁의 계급해방과 민족해방 일환으로 전개되었다. 백정은 갑오개혁에 의해 법제상으로

---

39 박상준, 「1920년대 천안 지역의 사회운동」, 『새롭게 본 천안학의 이해』 하, 168-169쪽.

40 『동아일보』 1921년 4월 21일 「본사천안지국」, 1937년 7월 15일 「천안지국」, 1938년 6월 15일 「천안지국」 : 『중외일보』 1927년 3월 12일 「천안에서 기자단 조직」, 11월 23일 「천안 양청년연합 토론」 : 『중앙일보』 1933년 2월 19일 「사고」.

는 해방되었으나 강고한 인습으로 멸시와 천대를 받았다. 일제는 강제병합 이후 봉건적인 신분 관계를 유지하려는 차별정책으로 일관했다. 입학원서나 관공서에 제출하는 이력서 등에는 반드시 신분을 명기하도록 했다. 백정은 자신의 신분을 호적상 도한屠漢으로 기재하든지 붉은 점赤點으로 표시하였다.

형평사 본부는 형평운동을 시작할 당시 백정을 40여 만 명이라고 밝혔다. 이들 중 일부는 농업에 종사하였으나 대부분은 여전히 본업이라 할 수 있는 도살업·제혁製革·유세공柳細工 등에 종사했다. 1926년 형평사의 명의로 총독부에 제출한 요망서를 보면, ① 일반인에 의한 차별과 박해가 심한 것, ② 관공리·교원이 차별 대우하는 것, ③ 목욕탕·이발소·요리점 등 사람들이 출입하는 곳에서 공공연하게 차별이 행해지고 있는 것 등을 지적하면서 차별 철폐를 위한 법제화를 요망했다.

1923년 4월 25일 백정으로 자산가가 된 이학찬李學贊이 백정에 대한 교육차별에 분개해 신현수申鉉壽·강상호姜相鎬·천석구千錫九·장지필張志弼, 백정 등과 대안에서 회원 80여 명과 더불어 창립총회를 열어 형평사를 조직했다. 임시의장 강상호의 사회 아래 형평사 취지서와 사칙社則이 채택되었다. 임원선거에서 중앙집행위원에 강상호·신현수·천석구·장지필·이학찬, 간사에 하금석河金石·박호득朴好得, 이사에 하윤조河允祚 등 7명, 재무에 정찬조鄭贊祚, 서기에 장지문張志文 등을 각각 선출하였다. 또한 형평사의 유지방침, 교육기관의 설치, 회관 설치, 각지로 취지선전, 형평사 창립을 신문지상에 발표할 것 등도 결의했다.[41]

---

41 고숙화, 「형평운동」, 『한국독립운동사사전(운동·단체편 V)』 7, 독립기념관 한

형평사 탄생에 『조선일보』는 사설에서 "진주재주의 백정동포가 궐기해 형평사라는 단체를 조직하고 계급 타파 운동을 시작하려고 한다. 이는 말할 나위도 없이 시대에 적합한 행동으로 생각된다. 운동으로의 철저한 노력을 백정동포에게 바란다."라며 열렬하게 지지를 선언했다. 형평사 창립 후 진보적인 사회운동단체의 지원으로 불과 1년 사이 각도에 형평사 지사·분사가 설립되었다. 형평운동의 급속한 발전은 사회적 반향을 가져왔다. 발족한 지 1개월만에 진주에서 우육비매동맹牛肉非買同盟이 조직되었고, 7월 경남 삼가三嘉에서, 8월 김해와 충북 제천 등지에서 반형평운동이 일어났다.[42]

같은 해 11월 7일 대전에서 최초의 형평사 전국대표자대회가 열려 형평사 본사를 진주에서 대전으로 이전한다는 사항이 결의되었다. 이듬해 2월 10·11일 부산에서 개최된 형평사 전국임시총회에서, 본사 이전 문제를 둘러싸고 형평사 내부의 대립이 표면화되어 남북 양파로 갈리게 되었다. 남파南派는 경상도에 지지 기반을 둔 강상호·신현수 등 보수파이고, 북파北派는 전라도·충청도·강원도에 기반을 둔 장지필·오성완吳成完 등 혁신파였다. 혁신파는 부산대회 직후인 2월 13일 대전에서 형평사 혁신동맹준비회를 조직했다. 3월 12일 천안에서 혁신동맹창립총회를 열어 본사의 서울로 이전과 잡지 「형평」 발간, 피혁皮革공장 설립 등을 결의했다.[43] 한

국독립운동사연구소, 2004, 567-569쪽.

42 최보민, 「1925년 예천사건에 나타난 반형평운동의 함의」, 『사림』 58, 수선사학회, 2016.

43 고숙화, 「형평사 전국대회」, 『한국독립운동사사전(운동·단체편 V)』 7, 563-565쪽.

편 강상호 등 보수파도 4월 24·25일 진주에서 전국형평사대회를 열었다.

형평사는 창립 후 불과 1년 만에 분열되고 말았다. 양파의 반목과 대립을 염려한 유지들들은 5월 21일에 남북협의회를 개최하여 현상 타개를 위한 의견 교환과 7월 양파 간부들의 간담회가 열려 형평사 통일에 대한 토의가 진지하게 논의되었다. 그 결과 8월 15일 대전에서 형평사통일대회가 개최되었다. 여기에서 남북 양파의 대표자인 장지필·강상호 등의 퇴진이 결의되고, 형평사의 명칭을 '조선형평사중앙총본부'로 고치는 동시에 본부를 서울에 설치하기로 합의했다. 물론 양파 사이에 암암리의 내분은 그치지 않았다.

한편 1923-1924년 새로운 사회운동단체인 조선노농총동맹·조선청년총동맹 등이 탄생하면서 많은 지원을 받았다. 여러 단체와 제휴로 형평운동은 더욱 발전하는 발판을 마련할 수 있었다. 형평사와 형평운동의 통일 노력이 급진전 되면서 1925년 4월에 열린 제3회 전국대회에서 비로소 결실을 맺게 되었다. 각지에 형평청년회가 조직되고 중앙기관으로 12월에는 형평사청년총연맹이 탄생하게 되었다. 또한 자녀교육을 확산하기 위한 형평학우회도 조직되어 각지에 권학단勸學團도 파견했다.[44]

이러한 때 1925년 8월 반형평운동으로 경상북도 예천형평분사가 습격당하는 사건이 일어났다. 형평사 본부에서는 긴급회의를 열어 전국 형평사원이 예천으로 총출동할 것을 결의하는 등 주목을 받았다. 화성회·조선청년총동맹 등도 독자적인 조사단을 파

44 고숙화, 「형평사청년총연맹」·「형평사혁신동맹」·「형평학우회」, 『한국독립운동사사전(운동·단체편 V)』 7, 565-566쪽, 566-567쪽, 572-573쪽.

견해 형평운동을 적극 지원했다.[45] 이와 같은 상황에서 각지의 형평청년회는 조선청년총동맹에 가입하는 등 사회운동 기반을 확대했다. 1926년 장지필이 새해의 계획으로 조직의 확충 강화와 무산운동으로 진출을 선언은 이러한 정세의 반영이었다. 또한 형평사총본부도 화요회火曜會 중심의 4단체 합동위원회 주최 재경사상단체신년간담회에 참가하는 등 활동 반경을 크게 확대하였다. 제4회 대회에서는 무저항주의의 일소를 가결해 사회운동단체와 적극적인 제휴 아래 실천운동에 나설 것을 선언했다. 이후 각종 파업·소작쟁의 등에 참여하는 등 다른 사회운동단체와 더불어 적극적인 활동을 전개해 나갔다. 결과적으로 형평사 조직은 다른 사회운동단체와 제휴 아래 크게 확장되었다.

1926년 9월 임시대회에서는 사회주의운동의 분파투쟁의 영향으로 미증유의 내부 혼란을 초래하였다. 1927년 1월에 일어난 고려혁명당사건高麗革命黨事件에는 장지필·서광훈徐光勳 등 중앙 간부가 연류로 형평운동에 급진파·온건파의 대립 격화를 초래했다.[46] 형평사 조직은 이후 일제의 탄압으로 해소되는 가운데 대동사大同社라는 친일단체로 전락하고 말았다. 중일전쟁이 발발하자 국방헌금과 비행기 등을 헌납하는 친일행적에 적극적으로 참여하였다. 다만 형평운동은 백정들의 자기해방운동인 동시에 일제식민지 치

---

45 『시대일보』 1925년 8월 20일 「예천형평분사의 습격사건」, 8월 22일 「漢陽聯盟의 活動」, 8월 27일 「형평사습격사건과 각지단체태도」 : 『동아일보』 1925년 8월 28일 「습격한 농민보담 경찰태도가 可憎」.

46 『중외일보』 1927년 11월 4일 「이동락 체포로 정체가 露現, 그 후 검거선풍은 뒤이어, 조선과 만주를 석권하며, 총 검거 16명」 : 『매일신보』 1927년 12월 22일 「고려혁명당공판기」.

하에서 민족해방운동의 일익을 담당했다.

천안지역 형평운동은 1923년 6월 형평사 천안분사와 이듬해 8월 입장분사가 설립되면서 본격적으로 전개되었다. 형평사 본부에서는 지방순회위원으로 신현수·장지필·강상호·이학찬 등을 파견했다.[47] 천안분사는 이들에 의하여 조직되는 계기를 맞았다. 창립대회에 파견된 특파원들은 대회석상에서 형평사의 창립의 취지를 설명하거나 현황 등을 보고하였다. 설립대회를 마친 후에는 단합대회 형식의 축하연을 열거나 강연회를 개최함으로 유대감을 과시하기도 했다. 형평사 충남회 결성은 이러한 변화를 보여주는 대표적인 경우 중 하나이다.[48]

입장분사 설립은 7월에 있었던 백정 자제에 대한 차별 사건이 결정적인 계기였다. 입장사립보통학교 교장인 송명한宋明漢, 입장면장은 재학 중인 백정 자제 14명을 별도 교실에 수용했다가 돌연 퇴학을 시켰다. 천안분사 사원들이 부당한 대우에 강하게 반발하자 학생들을 다시 등교하도록 했다. 이에 다른 학생들이 백정 자제와 같이 공부할 수 없다고 주장하면 동맹휴학에 돌입하였다.[49] 상황이 급박하게 돌아가자 교사들이 모두 사직하는 가운데 학교 측은 휴교하고 말았다.

갈등이 깊어지면서 주민들은 형평사원의 고기 불매운동을 시작

---

47 고숙화, 「지방순회활동」, 『형평운동』-한국독립운동의역사 32, 164-166쪽.

48 『시대일보』 1925년 6월 7일 「형평사 충남회」 : 『중외신보』 1926년 12월 2일 「형평운동은, 백정 자신이 하자는 결의」.

49 『시대일보』 1924년 10월 2일 「천안형평사사건 두번 공판개정이 모두 연기돼」, 11월 6일 「천안형평사건 지난 삼십일에 판결언도를 해」, 11월 8일 「계급문제사건 형평사의 일인을 유죄공판에 불복」.

하였다. 이에 맞서 형평사원들은 도축을 하지 않기로 결의하는 등 긴장감이 감돌았다. 그런데 사원인 김희연이 결의를 어기고 독자적으로 도축하는 사건이 발생했다. 입장분사는 김희연을 처벌하기 위하여 그의 집으로 몰려가서 당사자를 끌고 나왔으나 곧바로 경찰이 출동하여 조귀용과 길봉희 외 5명을 현장에서 체포하였다. 사원들이 구금되자 형평사 총본부는 이이규와 장지필을 천안경찰서와 충청남도경찰부로 보내어 교섭을 시도했다. 백규호는 변호사 이인李仁과 천안을 방문하여 이들 석방에 노력했다.[50] 결국 이들은 모두 실형을 선고받고 사건이 종결되었다.

이 사건은 식민지배에 따른 민족구성원 사이의 적대감과 차별대우의 실상을 극명하게 보여주는 사건이었다. 나아가 형평사원들의 차별대우 폐지를 위한 저항을 엿볼 수 있는 대목이다. 입장분사는 차별대우에 맞서는 활동을 꾸준하게 전개했다. 1926년 해미읍내에서는 형평사원 이희연 등이 양병팔에게 구타당하여 중경상을 입는 사건이 발생하였다. 주민들은 형평사원의 저항에 고기불매운동을 개시함으로 생계를 크게 위협받는 상황으로 치달았다. 입장분사는 동정금을 모금하여 전달하는 등 '공동운명체'라는 유대감을 결속하여 나갔다.[51] 1930년 1월 부산에서 노동파업이 발생하였다. 부산파업단에 동정금과 위문품까지 전달하는 한편 직접 사원을 파견하는 등 노동운동에 대한 지원에 나섰다. 입장청년회는 이와 같은 활동을 같이 실행하는 등 동반자로서 인식하는 분위기였

50 『매일신보』 1924년 12월 6일 「班常 共學 問題로 불미동밍을 무시하얏다고 빅뎡씨리 징투한 슷헤 징역」.

51 『시대일보』 1926년 3월 30일 「해미사건에 동정금」.

다.[52] 현지 활동가들은 이러한 성원에 대한 감사한 마음을 전했다.

이듬해 입장분사 3주년 기념식에는 입장청년회도 참여하는 등 차별대우에 대한 사회적인 인식을 완화하는 성과를 거두었다. 각지에서 사원 140여 명과 내빈 50-60명이나 참석하는 성황이었다. 경성형평사와 원주형평사 등지에 축전과 축문 20여 통을 보내 이를 축하하였다.[53] 다과회에서 청년단체 임원은 적극적인 지원과 차별철폐를 위한 공동방안을 모색하기로 결정했다. 1928년 입장분사 4주년 기념식에도 많은 인파가 운집하였다. 입장분사 회관에서 의장 길순오의 사회로 진행되었다. 이동환이 '형평가'를 부르고, 이어 각지에서 온 40여 통에 축전을 낭독했다. 전주지사 외 2통은 압수당해 낭독하지 못하였다.[54] 사원들은 감상담을 발표하는 등 사회운동단체와 연대에 노력을 아끼지 않았다. 1930년대에 이르러 형평운동은 사회운동 퇴조와 더불어 내리막길을 걷게 되었다. 형평사 본부는 상무위원회를 통하여 천안·입장·성환 등지 순회활동을 계획하였다.

천안지역 형평운동과 관련하여 주목되는 인물은 박호군朴好君과 길한동吉漢同이다. 박호군은 천안군 입장면 하장리 44번지의 빈곤한 가정에서 태어났다. 1926년에 서울의 사립협성학교 속성과를 졸업하고 사립경신학교에 입학하였으나 중퇴하고 고향으로 돌아와 농업에 종사했다. 1925년 5월에는 재경 백정 출신 학생들을 규

52 『중외일보』 1930년 1월 23일 「동정금과 위문 답지 금품은 물론 위문원까지 부산파업단 감격」.

53 『중외일보』 1927년 8월 16일 「입장형평의 창립기념 定總」.

54 『중외일보』 1928년 9월 7일 「입장형평지부 제4주년 기념」: 박상준, 「1920년대 천안 지역의 사회운동」, 『새롭게 본 천안학의 이해』 하, 175쪽.

합하여 형평학우회를 조직한 다음 입장면에도 형평학우회를 만들었다. 1927년 형평사 전국대회에 일본 수평사대표 마쓰모토松本淸이 참석하자 수평운동 연구를 위해 교토로 가서 이듬해 4월에 귀국하였다.

이 무렵 한국 독립과 한국에서 사유재산제도를 부인하는 무산자 독재의 공산주의사회 실현을 목적으로 공산주의 혁명운동을 전개하는 분위기였다. 1929년 4월 20일에는 형평사 총본부 숙직실에서 이동환·심상욱·이종순·길한동 등과 형평청년전위동맹을 조직했다. "종래 형평사는 봉건적 인권해방운동을 계속해 왔으나 악수해야 할 무산대중과 충돌이 속출했으니 이것은 차별철폐가 아니라 도리어 일반인과 장벽만을 쌓았다. 따라서 종래의 운동방침을 전환하여 무산자 본위의 경제투쟁에 의하여 형평사 내의 무산자를 지도·획득하고 점진적으로 일반 무산대중과 제휴함으로 현 자본주의 사회제도를 타파하고 무산자 독재의 공산주의사회를 실현하여 근본적으로 사원의 차별철폐를 도모해야 한다."고 선언하였다. 이를 실현하기 위한 강령으로 ① 우리들은 사유재산제도를 부인하고 공산주의 사회 건설을 기한다. ② 우리들은 봉건층과 철저한 투쟁을 기한다 등을 내세웠다. 운동방침은 ① 형평사원 중 전위분자를 획득하고 일반 무산대중과 제휴하여 공산주의적 혁명운동을 할 것, ② 좌담회나 일반집회를 이용하여 계급선전을 할 것, ③ 무산아동을 모아서 야학을 개설하고 계몽운동을 할 것, ④ 주의서적으로 순회문고를 설립할 것, ⑤ 형평청년당을 조직하고 그것을 통하여 활동할 것 등 10개 항을 결의하였다. 당면문제로 형평사 전국대회에서 중앙집행권을 장악하여 구간부를 배척할 것 등도 협의했다.

형평사 중앙집행위원·지방순회위원·상무집행위원 등을 역임했다. 개성에서 도부를 선동하여 동맹파업을 실행하였으나 실패하고 말았다. 1930년 3월에 경성지부를 부흥하여 교양부장을 맡았다. 당시 임원진으로 지부장은 이동환, 재무부장은 길한동, 서무부장은 서광훈 등이었다. 4월에는 이동환·길한동 등과 본부 숙질실에서 다음과 같은 사항을 결의하였다. ① 매년 9월 제3일요일을 형데이형평사의 날, 무산청년데이, 8·1반전데이로 정하고 전국적으로 할 것, ② 경성지부 사원을 선동하여 동맹파업을 감행하게 할 것, ③ 순회문고를 설치할 것, ④ 『형평뉴스』를 발행하고 기관지 발행기금을 모금할 것, ⑤ 각도에 도연합회를 조직하고 동맹원을 파견하여 동지를 획득할 것 등이었다. 도연합회 설치 결정에 따라 박호군은 충청남도, 경기도 심상욱, 충청북도 길한동, 전라도 이동환, 경상남도 이한용 등이 각각 임명되었다. 형평사원 계몽과 공산주의 선전을 위한 기관지로 『형평뉴스』, 잡지 『나아가자』와 『형기』 등은 내용이 불온하다는 이유로 삭제된 부분이 너무 많아 중단되었다. 이듬해에는 수원지부로 하여금 형평사 해소안을 전국대회에 제안하였으나 부결되자 중앙집행위원을 사직하였다. 같은 해 8월부터 경기도 평택에서 조선일보지국 기자로 활약했다. 이때 김성준과 김광국에게 결사의 강령과 운동방침을 설명한 충남 예산에서 활동을 지시하였다. 1933년 형평전위동맹사건에 연류되어 구속됨으로 계급해방과 민족해방을 위한 활동도 중단되었다.[55] 이는 일

55 고숙화, 「형평청년전위동맹사건」, 『형평운동-한국독립운동의역사 32』, 284-316쪽.

제에 의하여 철저하게 조작된 민족분열을 획책한 대표적인 사건이었다.

길한동은 천안군 입장면 하장리 중류가정에서 태어났다. 7세에 직산공립보통학교에 입학했으나 다른 학생들로부터 학대를 받아 퇴교했다. 고향에서 한문서당과 사립양대보통학교·입장공립보통학교·서울협성학교 속성과 등을 전전하다가 1925년 3월 졸업하였다. 이어 배재학당에 입학했으나 중도에 퇴학하고 고향으로 돌아왔다. 배재학당 재학 중에는 형평학우회를 조직하는 한편 박호군과 함께 입장면청년학우회를 조직하는 등 백정에 대한 차별철폐에 앞장섰다.[56]

1927년 4월에는 박호군과 일본 수평사를 시찰하기 위하여 교토로 건너갔다가 귀국했다. 이후 형평사본부 중앙집행위원과 상무집행위원 등에 선출되었다. 나고야 조선노동자대회에 격문을 보내 이들을 선동한 혐의로 구속되기도 했다.[57] 각도 연합회를 조직할 때 충청북도 책임자로 임명되는 등 형평사본부를 중심으로 활동하는 가운데 충청도 형평운동 확산과 발전에 크게 이바지했다. 박호군 등과 형평청년전위동맹 사건에 연류되어 심한 고문을 받았다.[58]

---

56 『매일신보』 1925년 8월 8일 「全鮮 형평학우대회 대전에서 개최」 : 『시대일보』 1926년 4월 26일 「형평학우총회 대회를 기회로」 : 『중외일보』 1928년 9월 7일 「입장형평지부 제4주년기념」.

57 『중외일보』 1929년 3월 1일 「형평사 본부 중앙위원회」, 6월 3일 「형평임시총회, 충남지부에서」, 10월 19일 「형평사간부 길한동도」 : 『동아일보』 1929년 10월 26일 「길한동씨 방면」.

58 『조선중앙일보』 1933년 8월 2일 「형평운동비밀결사사건 41명 遂送局」, 1935년 11월 27일 「형평공산청년사건 피고 14명 공판」 : 『동아일보』 1934년 12월 30일 「사회운동사상 대사건」.

그는 수육조합 창립을 통하여 백정의 경제적인 향상과 야학을 통한 민지 계발에도 남다른 노력을 기울였다.

5. 맺음말

을사늑약 이후 식민지화에 대한 위기의식은 고조되는 분위기였다. 국권회복을 위한 교육계몽운동 확산은 이러한 상황과 맞물려 진행되었다. 직산군 월경리 원긍연은 오한영·김동식의 도움으로 사립학교를 설립했다. 이 소식을 접한 서울 거주하는 목사를 역임한 오석영은 학용품 일체를 지원하고 나섰다. 원긍연은 국문야학교 설립을 위한 취지서를 발표했다. “문자는 각 나라의 애국정신을 고취하는 근원이다. 국가 정신이 없는 나라는 절대 부강할 수 없다. 이는 조국의 중요성을 인식하지 못한 채 외국을 숭배하는 사대성이 팽배하기 때문이다. 애국정신의 근원은 곧 자국어를 제대로 익히고 사용하는 데 있다.”[59] 이러한 취지에 따라 그는 국문야학을 설립한다고 역설했다.

같은 군에 소재한 사립학교 임원들도 여러 야학을 설립하는 데 앞장섰다. 이들의 노력으로 야학생이 무려 300여 명에 달하는 대성황을 이루었다. 이러한 분위기는 같은 군 삼동면 내구동 유지들이 지방자치제의 일환으로 의무교육 실시를 모색하는 계기가 되었다. 이들은 사립학교 설립을 위한 의연금을 모집하는 동시에 주민

59 『황성신문』 1908년 12월 22일 잡보 「壯哉夜學」.

능력에 따른 '교육비' 부과 방안을 세웠다. 같은 군 산정리에 거주하는 민계동은 자기 집에 야학을 세웠다.[60] 그는 사숙에 재학 중인 학생과 초동목수를 두 반으로 나누어 국어·한문·어학·산술 등을 교수했다. 이러한 분위기는 인근 천안과 목천 등지로 파급되었다. 그런데 강제병합으로 국권회복을 도모하는 교육기관 식민교육 체제로 편입되고 말았다.

강제병합을 단행한 일제는 관청과 공·사립학교에 일본어 보급을 위한 국어강습회 운영을 강요하였다. 한국인 관리·교사에게는 일본어, 일본인 관리·교사에게 한글의 해독력을 요구했다. 일본어에 익숙하지 못한 한국인 관리는 불이익을 당하는 현실이 도래하는 상황이었다. 반면 일본어 능통자는 우대하는 등 일본어에 대한 관심을 고조시켰다. 이른바 '일본어 만능시대'가 도래했다.

한편 3·1운동 이후 부문별 민족해방운동은 진전하는 결정적인 계기를 맞았다. 다양한 이념 유입에 따라 각지에는 청년운동과 대중운동이 확산되었다. 변화에 부응하는 천안구락부와 천안청년회는 이곳 문화계몽운동을 주도한 중심단체였다. 주도층은 자산가와 언론인 등을 지역을 대표하는 유력자층이었다. 이들은 계급적인 속성으로 강연회나 토론회 등에 치중하였다. 물론 민지 계발을 위한 야학도 운영하는 등 주민들의 당면 과제를 부분적으로 해결했다. 사회진화론에 경도된 이들에게 침략은 '문명의 시혜'로 인식되는 상황이었다. 이들은 이들의 계급적인 성격은 문화운동에 투신하는 주요한 배경이었다. 이는 적극적인 저항보다 체제 내로 포

60 『황성신문』 1908년 4월 25일 잡보 「元氏倡學」, 1909년 1월 6일 잡보 「三東面義務教育」, 1909년 3월 2일 잡보 「英年有志」.

섭·동화되는 경향성을 지닐 수밖에 없었다.

반면 사회주의 영향을 받은 형평사 천안분사와 입장분사 사원들은 계급해방과 민족해방에 매진했다. 특히 입장공립보통학교 백정 학생에 대한 부당한 출교 처분은 형평사원들을 분기시켰다. 이는 형평사는 물론 사회주의 활동가들을 크게 자극시켰다. 이를 계기로 형평운동에 대해 전국적인 관심은 천안군 입장면에 집중되었다고 해도 과언이 아니다. 형평사 본부에서 활동한 입장면 출신 박호군과 길한동은 사회운동단체와 연대를 모색했다. 이곳에서 전개된 형평운동은 대중운동의 전국적인 실상을 이해하는 실마리를 제공한다. 물론 여성운동이나 신간회운동 등과 관련된 인물에 관한 연구도 필요하다. 민족운동과 사회운동은 불가분의 관계 속에서 전개되었기 때문이다.

참고 문헌

『동아일보』, 『조선일보』, 『매일신보』, 『시대일보』, 『중외일보』, 『중앙일보』, 『조선중앙일보』

고숙화, 「형평운동」-한국독립운동의역사 32, 한국독립운동사편찬위원회·독립기념관 한국독립운동사연구소, 2008.

김형목, 『김광제, 나랏빚 청산이 독립국가 건설이다』, 도서출판 선인, 2012.

_____, 『교육운동』-한국독립운동의역사 35, 한국독립운동사편찬위원회·독립기념관 한국독립운동사연구소, 2009.

_____, 『배움의 목마름을 풀어준 야학운동』, 서해문집, 2018,

_____, 「한말 충청도 야학운동의 주체와 이념」, 『한국독립운동사연구』 18, 독립기념관 한국독립운동사연구소, 2002.

_____, 「한말 천안지역 근대교육운동의 성격」, 『한국독립운동사연구』 30, 독립기념관 한국독립운동사연구소, 2008.

_____, 「사애리시의 충청지역에서 교육활동과 역사적 성격」, 『한국기독교문화연구』 12, 숭실대학교 한국기독교문화연구원, 2019.

_____, 「천안 지역 계몽 단체와 근대교육운동」, 단국대학교 인문도시지원사업단 편, 『새롭게 본 천안학의 이해』 하, 단국대출판부, 2021.

_____, 「천안 지역 국채보상운동의 전개 양상과 성격」, 단국대학교 인문도시지원사업단 편, 『새롭게 본 천안학의 이해』 하, 단국대출판부, 2021.

_____, 「부재열과 외국인들」, 국채보상운동기념사업회, 『국채보상운동 인물사』-국채보상운동연구총서 19, 도서출판 선인, 2021.

민병달 편저, 『천안의 인물사』-향토문화자료 5, 천안문화원, 1990.

민병달·이원표 편저, 『천안독립운동사』, 천안문화원, 1995.

박상준, 「1920년대 천안 지역의 사회운동」, 『새롭게 본 천안학의 이해』 하, 단국대출판부, 2021.
박철하, 『청년운동』-한국독립운동의역사 30, 한국독립운동사편찬위원회·독립기념관 한국독립운동사연구소, 2009.
이덕주·최태육, 『유관순 가家의 사람들』, 신앙과지성사, 2019.
임명순, 『근현대 천안관련 신문자료, 1898.8.12~1950.3.29』, 천안향토사연구소, 2002.
임연철, 『사애리시: 유관순 열사 신앙의 어머니, 충청 선교의 개척자』-한알의 밀알 46, 신앙과지성사, 2019.
장규식·박상준, 「일제하 천안지역의 사회운동과 유력자층 동향」, 『중앙사론』 48, 중앙대 중앙사학연구소, 2018.
전해주, 「성공회 병천교회의 3·1 아우내 만세운동에 대한 기여」, 성공회대석사학위논문, 2006; 「김구응열사와 성공회 진명학교」, 『제1회 아우내4·1문화재자료집』, 천안역사문화연구회, 2019에 재수록.
조선총독부, 『조선국세조사보고(1925·1930·1935)』, 1926·1932·1937.
충청남도, 『충남의 독립운동가』 1-2, 충청남도역사문화연구원, 2011.

일제감시대상 인물카드로 본 식민통치의 실상
-천안 지역 인물을 중심으로-

이동언 선인역사문화연구소 연구소장

1. 머리말

독립운동가의 인적사항과 당시 활동상을 확인하기 위해서는 판결문, 재소자신분카드, 범죄인명부, 수형인명부, 당시 기관지, 정보보고서, 신문자료 등이 활용된다. 국가기록원은 독립운동관련 판결문 약 19,000여 건에 대한 원문정보, 번역문, 판결문 해제, 사건개요 등을 보다 쉽고 편리하게 찾아볼 수 있도록 콘텐츠를 구축하였다.

국가기록원의 독립운동관련 판결물 콘텐츠는 죄명과 판결 내용 등을 근거로 설정하였다. 죄명으로는 치안유지법, 보안법, 조선

임시보안령, 대정8년 제령 제7호, 육군형법, 해군형법, 내란, 불경죄, 출판법, 안녕질서에 관한 죄, 정치범 처벌규칙, 폭동 등과 관련한 기록물을 선정하였다. 또한 죄명이 아니더라도, 판결문에 '독립운동', '대한독립', '가정부假政府', '군자금 모집' 등의 독립운동 관련 용어 및 내용이 포함되어 있는 경우를 선정하여 추출하였다.

구분	판결문	형사사건부	집행원부	수형인명부
분량(건)	19,167	11,890	10,706	22,144

국가기록원 소장 독립운동 관련 기록물 정리 현황(2014년 현재)

한편 국사편찬위원회는 소장하고 있는 「일제감시대상 인물카드」[1]를 기초사료 DB 사이트인 한국사데이터베이스를 통해 열람할 수 있도록 하고 있다.[2] 「일제감시대상 인물카드」는 치안본부현재 경찰청에서 보관해 오던 자료로 1980년대말 역사 자료의 보존과 활용을 위해 국사편찬위원회로 이관되었다. 최근에는 문화재청에서 「일제감시대상 인물카드」라는 명칭의 대일항쟁기 서대문형무소 등지의 수감자에 대한 受刑사항이 기재된 기록물을 등록문화재 제730호로 지정하였다.[3]

「일제감시대상 인물카드」는 일제강점기 조선총독부의 감시대상이었던 인물 4,857명에 대한 신상카드총 6,264건이다. 가로 15cm, 세로 10cm 카드에 이름, 사진과 신상 정보가 기록되어 있

1 국사편찬위원회는 「일제감시대상 인물카드」를 1991-1993년에 걸쳐 「한민족독립운동사자료집 별집」(총 9권)으로 영인하여 간행하였다.

2 한국사데이터베이스(http://db.history.go.kr)

3 「문화재청 공고 제2018-267호」, 2018. 8. 6. 등록일: 2018. 10. 1(문화재청 홈페이지 참조).

다. 인물별로 사진을 붙이고 이명, 본적, 주소, 검거 시기 및 관서, 재판 정보 등을 기재하였다. 각 사진에는 '보존원판 번호'가 매겨져 있는데, 이로 미루어보면 실제로는 75,000매 이상이 있었던 것으로 추정된다.

「일제감시대상 인물카드」는 일제 경찰에 검거·수배되거나 감시받던 인물에 대해 일제 경찰경기도 경찰부 추정이 작성한 것이다. 3·1 운동으로 민족의식이 고양되자 이에 위기감을 느낀 일제가 한국인에 대한 감시와 관리를 강화하기 위해 1920년 무렵부터 만들기 시작한 것으로 추정된다. 한용운·안창호·유관순 등 서대문형무소에 수감된 인사들이 다수 포함되어 있어 이른바 '수형인명부', '수형자카드', '독립운동가 신상기록카드' 등으로도 불려왔다.[4]

본고에서는 「일제감시대상 인물카드」를 통해 일제의 독립운동가 탄압과 식민통치의 실상을 파헤치고, 천안 지역 일제감시 대상 인물 18명을 분석하고자 한다. 이를 통해 천안 지역 독립운동가를 발굴하고 천안독립운동사 연구가 더욱 활성화되기를 기대한다

---

4 이애숙, 「일제감시대상 인물카드 해제」국사편찬위원회 한국사테이터베이스, 2014. 최근에 이카드 명칭에 관해서 '수형기록카드'가 보다 합리적이라는 주장이 제기되었다.(박경목, 「일제강점기 수형기록카드 현황과 명칭」,『한국독립운동사연구』제64집, 독립기념관 한국독립운동사연구소, 2018. 11). 또한 문화재 등록이 예고되어 있어 카드명칭에 대한 확계와 관계기관의 검토가 요망된다.

2. 3·1운동 이후 일제의 식민정책

3·1운동으로 한민족의 전면적인 저항에 부딪힌 일제는 무단통치의 한계를 절실하게 느꼈다. 이에 일제는 한민족의 저항을 무마하고 식민통치를 안정화시킬수 있는 방법으로 이른바 '문화통치'로 불리는 식민통치정책으로 전환하였다. 그러나 이는 식민지 지배를 좀더 강화하고 이를 감추기 위한 허구적 수사에 불과하였다. 일제는 무력통치를 완화하는 듯한 모습을 취하면서 '문화의 발달과 민력의 충실'이라는 슬로건을 내걸어 동화정책을 한층 강력히 추진하는 동시에 민족 상층계급의 일부를 압박, 회유하여 민중과 분리시켜 친일화하려 하였다. 이를 위해 한국지배에 지장이 없는 범위 내에서 약간의 출판·결사를 허용하였을 뿐이었다.

예를 들어, 3·1운동 이후 조선총독을 문관도 임명될 수 있도록 제도를 개정하였다. 그러나 문관 총독은 한번도 임명된 예가 없었다. 이는 한국에 대한 식민통치가 끝까지 군사적·폭력적이었음을 말해 준다. 또한 무단통치의 상징이었던 헌병경찰제도가 폐지되고 보통경찰제도가 채택되었지만 그 대신 경찰 수와 예산이 급격히 증가하였다. 1925년 치안유지법이 제정되고 특고형사세도가 신설되었다. 이로써 독립운동에 대한 사복형사·밀정 등의 감시도 강화되었다. 그리고 지방의회제도를 실시하여 도협의회·부협의회·면협의회를 구성하고 지방의원을 선거하였으나 선거권은 경제적 상층부에 있는 한인을 대상으로 제한적으로 시행된 것이며, 이들을 '유지층'이라 하면서 친일화시켜 식민통치의 안전판으로 활용하고 민족분열을 가속화하는 수단에 불과하였다.

이처럼 일제의 문화통치는 일본제국주의의 폭압적 식민지 지배의 완화가 아니라 3·1운동 이후 고양된 한민족의 항일투쟁 의식을 마비시키고 식민지 민족에 대한 착취와 탄압을 강화하기 위한 대응책이었다.

이와함께 일제는 한민족을 일본 천황에 충실한 '황국신민皇國臣民'으로 만들기 위해 패망 때까지 민족말살정책으로 일관하였다. 조선총독부는 한인들에게 1937년 10월에 제정된 '황국신민서사'를 일상생활 중에 외우도록 강제하고 일본 천황이 거주하는 궁성을 향애 절을 하도록 하는 '동방요배'를 강요하였다.

특히, 황국신민서사는 학교를 비롯하여 관공서, 은행, 회사, 공장, 상점 등 모든 직장의 조회 때나 기타 회합에서 제창되었다. 이 같은 황민화정책은 한국인의 정체성을 부인하고 한민족에게는 커다란 모멸감과 고통을 주었다. 그리고 국체명징國體明徵·내선일체內鮮一體·인고단련忍苦鍛鍊 이라는 3대강령으로 자유주의적 요소를 일소하고 전시체제에서의 무조건적인 복종을 강요하였다.

일제가 한국인을 황민화하는데 특히 강조된 것은 일본어 상용정책이었다. 1937년 조선총독부 행정기관에 근무하는 한인관리 및 지역 의원에게는 일본어 상용이 강요되었다.

1939년 11월 10일 일제는 제령 제19호로 '조선민사령朝鮮民事令을 개정 발포하여 5개월 안에 한국인의 성姓을 버리고 일본식 씨명을 새로 만들어 관청에 신고하도록 강요하였다. 창씨개명創氏改名은 한민족의 가계家系를 빼앗고 일본의 가족제도를 강요한 것으로 민족적 정체성을 말살하여 일본의 2등 국민으로 완전한 편입을 하고자 한 민족말살정책이었다.

한편 일제는 신사참배를 강요하기 위해 1919년 7월 천조대신天照大神, 명치대황明治大皇을 제신祭神으로 하는 조선신사1935년 조선신궁으로 개칭를 설립한 바 있다. 1933년 이후에는 '농촌진흥운동'과 '심전개발운동'의 권장과 함께 1면 1신사제도 실시를 통해 전국적으로 건립하고 전국민적으로 신사참배를 강요하였다.

1937년 중일전쟁 이후 일제는 '황국신민화' 교육을 철저히 강요하였다. 1938년 3월 조선교육령을 개정하고 조선인과 일본인 구분없이 '내선공학內鮮共學'의 일원적 통제를 실현하고자 하였다. 일본인과 똑같은 교육방침 아래 '황국신민皇國臣民의 연성錬成'을 진행시켰다.

한편 조선총독부는 조선어 말살에 이어 한국역사 말살에 나섰다. 1916년 1월 일제는 중추원 산하 조선반도사편찬위원회를 발족하고 1922년 12월 조선총독부 산하 조선사편찬위원회로 개편하였다. 1925년 6월에는 일황칙령으로 조선사편수회로 다시 명칭을 바꾸어 독립된 관청으로 격상시키고 조직도 확대 개편하였다. 그리하여 1932년부터 1938년까지 단군조선의 역사를 부정하고 한민족은 일본과 가은 조상이라는 '일선동조론日鮮同祖論을 만들어내었다. 그리고 식민지 역사관으로써 이른바 정체성론과 타율성론을 의도적으로 유포하였다. 정체성론은 조선의 역사발전은 일본의 후지와라藤原 시대에 멈춰져 정체되어 있다는 주장이며, 타율성론은 한국의 역사발전은 스스로 발전을 이루지 못하고 다른 나라에 의존해야만 한다는 주장이다. 이같은 식민사관을 바탕으로『조선사朝鮮史』37책,『조선사료총간朝鮮史料叢刊』20종,『조선사료집진朝鮮史料集

眞』3책 등이 간행되었다.

이러한 일제 동화정책은 3·1운동 이후에도 한 세대간이나 지배가 계속되어 민족문화 보존과 발전에 상당한 위협이 되었으나, 이는 오히려 한민족 역사, 언어, 문학, 철학, 종교 등 국학에 대한 관심을 불러 일으켜 연구를 본격화하는 계기가 되었다.[5]

3.「일제감시대상 인물카드」

「일제감시대상 인물카드」[6]는 대일항쟁기에 활동한 인물들의 사진과 인적정보, 수형사실 등을 한 장의 카드에 기록한 일종의 개인 신상카드이다. 현재 국사편찬위원회에서 소장하고 있는「일제감시대상 인물카드」는 총 6,264매로 대상인물은 총 4,528명이다. 그 중 한국인은 4,409명, 일본은 26명, 중국인은 5명이다.

「일제감시대상 인물카드」는 3·1운동 이후 요시찰인을 감시하고 수배하기 위해 만든카드이다. 일제는 3·1운동 이후 이른바 헌병경찰제도를 보통경찰제도로 개편하고 소위 문화통치를 표방하였다. 그러나「일제감시대상 인물카드」를 보면 독립운동가들의 감시와

5 박경식, 『일본제국주의의 조선지배』, 청아출판사, 1986 ; 이정은,『고양 독립운동사』, 광복회 고양시지회, 2013, 284-287면.

6 「일제감시대상 인물카드」는 1991-1993년에 걸쳐 「한민족독립운동사자료집 별집」(총 9권)이라는 제목으로 영인 간행된 바 있다. 「일제감시대상 인물카드」가 문화재로 등록 예고되었다(문화재청, 2018년 8월 6일).

통제를 더욱 강화하였음을 알수 있다.[7]

「일제감시대상 인물카드」를 제작하고 관리한 기관은 경찰당국으로 보인다. 일제는 3·1운동 이후 경찰기구를 중앙의 경무총감부를 경무국으로 개편하고, 지방에는 지방장관의 지휘를 받는 제3부1921년 2월 경찰부로 개칭를 설치하였다. 중앙의 경무국과 지방의 제3부도경찰부에는 고등경찰과를 두었다. 경무국 고등경찰과는 고등경찰에 관한 사항과 출판물 단속 업무를 담당하였고, 지방의 고등경찰과는 외국여권에 관한 사항까지도 담당하였다.

경무국 고등경찰과는 1926년 4월 경무국의 조직 개편에 따라 폐지되고, 담당 업무는 성격에 따라 보안과와 도서과로 이관되었다. 지방의 도경찰부 산하 고등경찰과는 그대로 유지되었다.'고등경찰과'라는 부서는 중앙의 경무국과 지방의 도경찰부에 각각 설치되었다. 한편'형사과'라는 부서는 경기도경찰부에만 있었다. 1922년 12월 9일 경기도경찰부에 신설된 형사과에서는 범인 수사에 관한 사무 일반과 그에 대한 연구업무를 분장하였다.

「일제감시대상 인물카드」에 등장하는 고등경찰과와 형사과가 동시에 있는 관서는 경기도경찰부 뿐이다. 또한 경무국 고등경찰과는 1926년 4월 이후 존속하지 않지만 고등과 수배용 카드는 그 이후에도 지속적으로 제작되었다. 더욱이 소속한 도경찰부 명칭을 생략하고 단지 고등과, 형사과 등의 과명課名만 기재한 점으로 볼 때 이 카드자료를 생산하고 관리한 기관은 경기도경찰부가 거의 확실하다.

---

7 이동언, 「일제감시대항 인물카드로 본 식민통치의 실상-천안 지역 인물들 중심으로-」, 『유관순연구』 제23호, 2018. 12, 125-126쪽,

3·1운동 이후 비밀결사단체와 사회운동단체가 폭발적으로 늘어났다. 그에 따라 국내운동의 중심지인 경성을 관할하던 경기도경찰부 고등경찰과 업무가 대폭 늘어났다. 경기도경찰부에 특별히 형사과를 신설한 이유는 고등경찰과 일부 업무를 형사과로 이관함으로써 고등경찰과 본연의 업무에 전념하도록 하였다. 경기도경찰부 형사과는 고등경찰과보다 늦게 설치되었지만 수집한 사진자료의 범위와 분량은 급속도로 확대되어 1920년대 중후반에는 고등경찰과보다 방대하였다. 당시 언론보도에 따르면 경기도경찰부 형사과에서 수집한 사진을 활용하여 "범죄수사상 가장 유효한 자료인 사진카드"를 제작하였다. 신문기사 전문을 소개한다.[8]

> 경기도경찰부 형사과에서는 벌써부터 수집하던 지문이 완성되었으므로 금번은 이것을 더욱 밀접한 관계로 범죄수사상 가장 유효한 자료인 사진카드와 씨명표 제작에 착수하여 사진카드는 벌써 5천 2백 수십매에 달하며, 씨명표는 육만 이천 여 매에 달한다는데 사진카드중에 고등요시찰의 것도 2천여 매나 수집되어 범죄 발생과 동시에 씨명표와 사진카드로써 촌시를 어기지 아니하고 전국에 일제히 수 배를 하게 되었으며, 또는 2천여 원을 들여서 구입한 사진기, 소부기燒付機, 확 대기 등은 놀랄만하게 정묘한 기계로서 소부燒付는 한 시간에 150매의 사진을 구어 낼 수가 있으며, 사진을 찍어서 구어가지고 확대하는 데 까지 불과 30분 밖 에 걸리지 아니한다는바 이로써 전조선의 경찰망은 더욱 신속하게 되리라더라.

---

8 『조선일보』, 1927년 5월 17일, 「고등요시찰인 사진표 5천여장, 한 시간에 1백여장 구어 내은 정교한 사진기계 놓고 제작」.

「일제감시대상 인물카드 예시1-유관순 원본 및 번역본

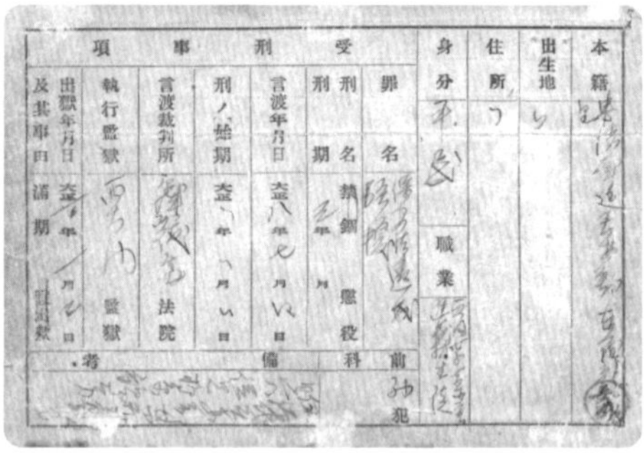

본적		충청남도 천안군 용두		
출생지		충청남도 천안군 용두		
주소		충청남도 천안군 용두		
몸		민간인	직업	사다동 여자 고등학교 사범학교 학생
형사처벌을 받다	죄목	보안법 위반 괴롭힘		
	형명 형량	징역 3년		
	합격일	1920년 7월 4일		
	문장의 시작	1920년 7월 4일		
	항복 법원	경성재심법원		
	감옥을 집행하다	서대문형무소		
	출소 연월일과 그 사유	다이정 10년 1월 3일 만기		
발언				전과
귀거지 천안군 동면 용두리 418 종형 유경석 측				초범

「일제감시대상 인물카드 예시2-유중무 원본 및 번역본

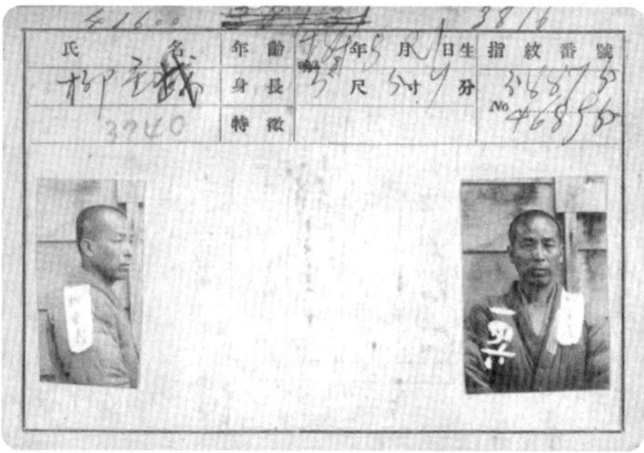

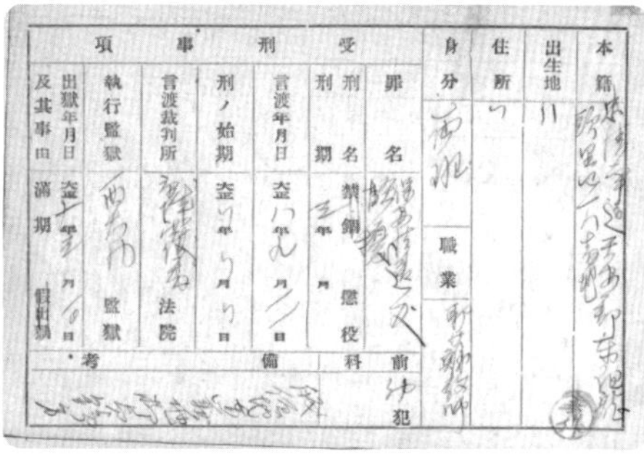

<table>
<tr><td colspan="2">본적</td><td colspan="3">충청남도 천안군 동용두 418</td></tr>
<tr><td colspan="2">출생지</td><td colspan="3">충청남도 천안군 동용두 418</td></tr>
<tr><td colspan="2">주소</td><td colspan="3">충청남도 천안군 동용두 418</td></tr>
<tr><td colspan="2">몸</td><td>두 교대조</td><td>직업</td><td>예수이 스승님</td></tr>
<tr><td rowspan="7">형사처을 받다</td><td>죄목</td><td colspan="3">보안법 위반 괴롭힘</td></tr>
<tr><td>형명 형량</td><td colspan="3">징역 3년</td></tr>
<tr><td>합격일</td><td colspan="3">1920년 9월 11일</td></tr>
<tr><td>문장의 시작</td><td colspan="3">1920년 9월 11일</td></tr>
<tr><td>항복 법원</td><td colspan="3">경성재심법원</td></tr>
<tr><td>감옥을 집행하다</td><td colspan="3">서대문형무소</td></tr>
<tr><td>출소 연월일과 그 사유</td><td colspan="3">다이정 6년 5월 10일 만기</td></tr>
<tr><td colspan="3">발언</td><td colspan="2">전과</td></tr>
<tr><td colspan="3">귀거지 본적 유정석 측</td><td colspan="2">초범</td></tr>
</table>

「일제감시대상 인물카드 예시3-조병옥 원본 및 번역본

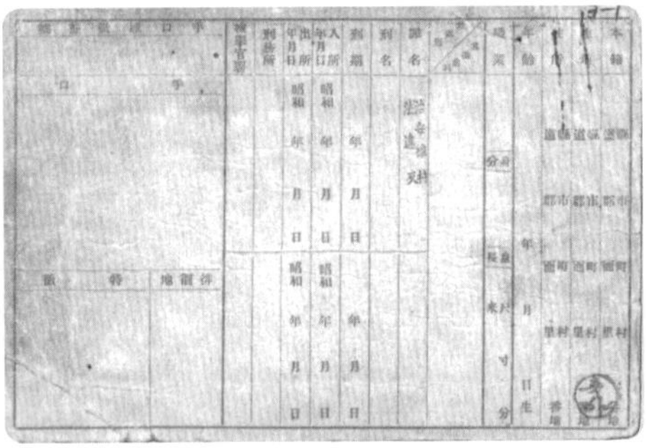

본적					
생지					
주소					
나이					
직업					
최근형기타 전과					
죄목	공공질서유지법 위반				
형명 형량		몸		높이	
언도관청					
입학일					
교도소					
검시관서					
손입구 원지번호					
식은					
헤매다					
피쳐					

최근에 「일제감시대상 인물카드」와 3·1운동 이후 일제가 한국인을 감시하고 대대적으로 탄압했음을 실증적으로 보여주는 또 하나의 자료가 공개되었다. 국회도서관에 소장되어 있는「망동사건처분표妄動事件處分表」이다.

「망동사건처분표」는 3·1운동으로 한국인을 체포하여 형사처벌한 통계자료이다.「망동사건처분표」는 1920년 1월 조선총독부 법무국이 작성하였다. 일제는 1919년 3·1운동 주동자로 총 1만 9,054명이 검찰에 송치하였다. 그중 피검자 전체 종교를 조사한 결과를 보면 불교 222명, 유교 346명, 천도교 2,268명, 시천교 14명, 야소교 감리파 518명, 야소교 장로파 2,254명, 야소교 조합파는 7명, 야소교 교파 불명 및 기타 286명, 천주교 54명으로 기독교인이 총 3,065명이었다. 종교가 없는 사람이 9,255명, 종교불상은 3,809명이다. 피검자중에서 종교인은 5,990명으로 기독교인이 50% 이상이고, 불교신자는 약4%에 그치고 있다.

일제는 3·1운동을 '망령된 행동'이란 뜻의 망동妄動으로 비하하였고, 지방 법원별로 검사국에 의한 수리修理 인원을 집계하였다. 수리 인원은 일제경찰에 입건되어 검찰로 송치된 피검자를 말한다. 3·1운동 당시 체포되어 검찰로 송치된 피검자중 불교신자는 222명이었다. 그중에서 114명이 기소되었고, 불기소 기소유예 21명, 기타 82명 103명, 기타이송 5명이다.[9]

「망동사건처분표」 목차를 보면 제1표~제11표까지 표로 작성되어 있는데 제1표 검사처분, 제2표 예심처분, 제3표 제1심판결, 제4표 제2심판결, 제5표 제3심판결, 제6표 유죄 확정판결, 제7표 피

[9] 「망동사건처리표」 제8표 피고인의 信敎.

고인 연령, 제8표 피고인 信教, 제9표 피고인 교육정도, 제10표 피고인 직업, 제11표 범죄 지역 및 범죄 시간 등이다.

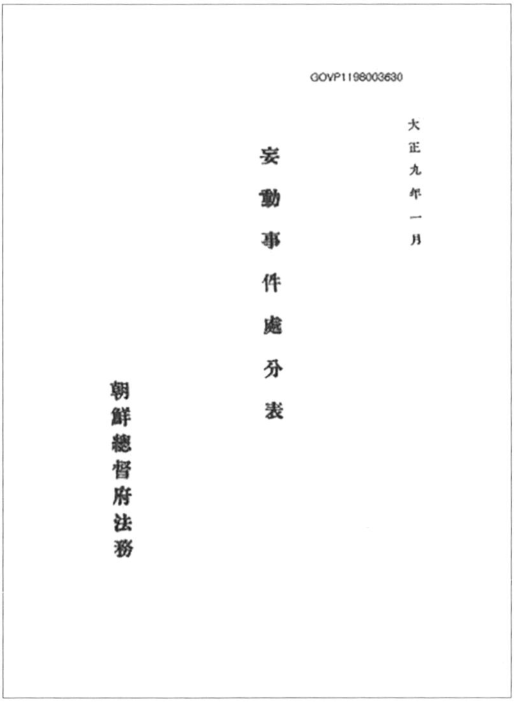
GOVP1198003630

大正九年一月

妄動事件處分表

朝鮮總督府法務

망동사건처분표 표지

4. 천안 지역 일제감시대상 인물분석

현재 국사편찬위원회에서 소장하고 있는 「일제감시대상 인물카드」총 6,264매 중에서 천안 지역 감시 대상 인물은 18명이다. 천

안 지역 일제감시대상 인물카드 목록은 다음표와 같다.[10]

부산 지역 일제감시대상 인물카드 목록

번호	성명	이명	생년월일	주소	적용죄명	비고
1	김규환(金奎煥)		1915. 3. 11	충청남도 천안군 광덕면 신흥리	치안유지법	판결문 집행원부 형사사건부
2	민영수(閔英秀)		1890. 5. 20			
3	박성옥(朴成玉)		1909. 4. 8	경기도 경성부 필운동	국가총동원법	판결문 형사사건부
4	신석일(申錫一)	석우(1碩雨)	1901. 11. 26	충청남도 천안군 천안면 원성리	치안유지법	
5	유관순(柳寬順)		1902. 12. 11	충청남도 천안군 동면 용두리	소요, 보안법	판결문 형사사건부
6	유정경일(柳井敬一)		1917. 2. 28	충청남도 공주군 장기면 도계리	치안유지법	
7	유정진(兪政振)	정근(1政根), 민식(1民植)	1888. 10. 17	중국 길림성 영안 안성내 서관	치안유지법, 살인	
8	유중무(柳重武)		1875. 8. 21	충청남도 천안군 동면 용두리	소요, 보안법	판결문 형사사건부
9	이관정(李官楨)		1904. 9. 19	경기도 경성부 낙원동	치안유지법	

10 일제감시대상 인물카드를 보면 본적지, 주소, 출생지가 나와 있는데 천안 지역 일제감시대상 인물 18명은 본적지, 주소, 출생지로 작성된 목록이다.

번호	성명	이명	생년월일	주소	적용죄명	비고
10	이만종 (李萬鍾)	궁촌만종 (宮村萬鍾)	1913. 8. 16,	경기도 경성부 번대방	국가총동원법	
11	이민식 (李敏湜)		1908. 4. 8	경기도 경성부 화천		
12	이복준 (李福俊)	국본준복 (國本俊福)	1922. 4. 7	경기도 경성부 평	국가총동원법	
13	이영준 (李英俊)	성오(聖五), 상철(相喆)	1909. 12. 22	경기도 경성부 중림동	치안유지법	판결문 수형인명부 집행원부 형사사건부
14	이오복 (李五福)		1916. 10. 25	경기도 경성부 신설	국가총동원법	
15	이혁 (李革)		1902	경기도 경성부 낙원동	치안유지법	판결문 수형인명부 형사사건부
16	조병옥 (趙炳玉)		1894. 8. 15	경기도 경성부 관훈동	치안유지법	판결문 숭형인명부 집행원부 형사사건부
17	최재복 (崔在福)	가산재복 (佳山再福)	1907. 6. 8,	충청남도 천안군 성환면 성환리	국가총동원법	
18	향원태환 (香原泰煥)		1900. 11. 11	충청북도 충주군 소태미면 복탄	육해군형법, 보안법	판결문 집행원부 형사사건부

천안 지역 일제감시대상 인물 18명 중에서 여성은 유관순 1명이고, 나머지 17명은 남성이다. 다음으로 천안 지역 일제감시대상 인물들의 직업을 보면 농업, 목공, 학생, 훈도, 야소교사, 목탄상, 직물상, 광업 등 다양하다. 이는 천안 아우내 3·1만세시위와 일제

항거에 남녀노소·직업·신분·직업 구분없이 참여하였음을 보여주고 있다.

천안 지역 일제감시대상 인물의 천안군내 분포현황은 광덕면이 1명, 천안면이 2명, 동면 2명이나 그 외 대부분의 인물의 주소지는 타지로 되어있으나 본적지와 출생지는 천안군이다. 한편 천안 지역 일제감시대상 인물들의 적용죄명을 보면 치안유지법이 8명, 국가총동원법이 5명, 소요·보안법이 2명, 육해군형법·보안법이 1명이다.

치안유지법·보안법을 적용한 경우는 3·1운동 당시 만세시위에 참가한 한국인을 감시하고 체포·수배하였음을 알 수 있다. 국가총동원법을 적용한 경우는 일제가 1937년 중일전쟁 이후 국가총동원령을 공포하여 침략전쟁 물자를 조달하기 위해 인적·물적 수탈을 자행하였음을 보여주고 있다. 일제는 3·1운동을 탄압하기 위해 「일제감시대상 인물카드」를 만들었고, 이후 일제가 패망할때까지 한국인을 철저하게 감시하고 탄압하였음을 알 수 있다.

5. 맺음말

천안 지역 일제감시대상 인물 18명 중에서 현재 독립운동유공자로 포상을 받은 인물은 유관순 대한민국장, 유중무 애족장, 조병옥 대통령표창 3명이다. 「일제감시대상 인물카드」는 독립운동사 연구와 독립운동유공자 포상 관련 기초자료이다. 「일제감시대상 인물카드」외에도 국가기록원에 소장되어 있는 천안 지역 인물들의 판결문, 형사사건부 등 행형자료를 조사하여 확인할 필요가 있다.[11] 그 외에도 관련자료 발굴과 조사를 바탕으로 천안 지역 독립운동가를 발굴하여 포상하고 천안독립운동사 연구가 활성화되기를 기대한다.

---

11 독립운동 판결문 콜렉션 주소: http://theme.archives.go.kr/next/indy/viewMain.do

참고 문헌

독립운동 판결문 콜렉션(http://theme.archives.go.kr/next/indy/viewMain.do)

한국사데이터베이스(http://db.history.go.kr)

박경목, 「일제강점기 수형기록카드 현황과 명칭」, 『한국독립운동사연구』 제64집, 독립기념관 한국독립운동사연구소, 2018.

박경식, 『일본제국주의의 조선지배』, 청아출판사, 1986.

이동언, 「일제감시대항 인물카드로 본 식민통치의 실상-천안지역 인물들 중심으로-」, 『유관순연구』 제23호, 2018.

이애숙, 「일제감시대상 인물카드 해제」, 국사편찬위원회 한국사테이터베이스, 2014.

이정은, 『고양 독립운동사』, 광복회 고양시지회, 2013.

〈요로원야화기〉로 읽는 서울과 지방

김준형 부산교육대학교 국어교육과

1. 역원驛院과 요로원要路院

1678년 4월, 서울에서 시행된 과거 시험에 낙방한 박두세朴斗世, 1650-1733는 고향 대흥大興으로 향했다. 남대문에서 나온 그는 이태원을 지나, 동작나루에서 나룻배를 타고 한강을 건넜다. 나루에서 내린 후에는 과천-인덕원-수원-군포로 이어진 길을 따라 가서 진위振威에서 묵었으리라. 그리고 아침 일찍 출발하여 마침내 평택 소사원素沙院에서 점심을 먹었던 것으로 보인다. 박두세가 지나온 길은 서울에서 남쪽 지방으로 내려오는 사람들이 가장 많이 다녔던 삼남대로다.[1] 이순신이 수군 사령관으로 나아갈 때도 이 길을

[1] 삼남대로는 지금의 국도 1번이 생기기 전까지 우리나라의 가장 중요한 길 가운데 하나였다. 국도 1번은 정조가 수원 현륭원에 참배하러 갈 때마다 아버지를 죽음으로 내모는 데에 중추적 역할을 했던 김상로(金相魯, 1702-1766)를 위시한 청풍 김씨의 묘지를 경유해야 하는 불편한 마음 때문인지, 동작나루 대신 노

밟았고, 정도전을 위시하여 정약용과 김정희 같은 분들도 이 길로 밟고 유배지로 떠났다.

본래 길은 사람이 이동하거나 물산을 운송하려는 목적에서 확장되었다. 일종의 공간 이동을 위한 토대라 할 만하다. 공간 이동은 필연적으로 문화 교류를 갖게 한다. 다른 집단과 상호 유사점을 찾아가는 교류의 이면에는 두 집단의 차별적 사유를 전제로 할 수밖에 없다. 상대 집단[지역]의 우월한 문화를 무리 없이 수용할 때에도 항상 자기 집단[지역]의 전통성과 충돌이 일어나는 것도 이 때문이다. "개인은 자기 사회 구성원들로부터 존중받을 수 있을 만큼 그들과 닮으려고 노력하지만, 동시에 자기는 특별하다고 느낄 수 있을 만큼 차별성을 추구한다."는 마크 모펫의 최적 차별성 이론도[2] 이런 점에 주목한 것이라 할 만하다. 특히 이동 도정에 머물

량나루를 건너 금천과 안양으로 향했던 능행로에서 유래했다는 것이 일반적이다.

2 마크 모펫, 『인간무리』, 김영사, 2020. 393쪽.

러야만 하는 장소, 즉 음식을 먹거나 잠을 자기 위해 찾는 장소는 낯선 두 개의 문명이 상호 교섭하는 공간으로 작동했다. 우리나라 옛 이야기나 야담의 주된 공간적 배경으로 역원驛院이 활용되었던 것도 이런 점을 고려할 때 충분히 납득할 만하다.

역원은 역驛과 원院을 조합한 말이다. 역은 말을 이용해서 공무를 행하는 관리나 긴급한 소식을 전하는 전령들이 묵을 수 있는 곳이었다. 상서원尙瑞院에서 발급한 마패에 준해 말을 교체하는 곳도 역에서 이루어졌다. 반면 원은 공무를 위한 여행자뿐 아니라, 길을 나선 일반인들도 묵을 수 있는 장소였다. 역원 제도는 고려시대에 이르러서 체계적으로 마련되었는데, 『고려사·병지高麗史·兵志』 〈참역站驛〉을 보면 전국적으로 22개의 역도驛道[오늘날의 도로망]를 편성하여 총 525개의 역을 설치했음을 알 수 있다. 조선에서는 고려의 편제를 준용하면서 얼마간의 조정이 있었는데, 『경국대전經國大典』을 보면 41개의 역도에 총 524개의 역 체제로 재정비하였음을 확인할 수 있다. 이러한 역 제도는 근대적 통신제도인 우체사郵遞司가 신설되던 1894년까지 유지되었다. 반면 원은 역로 주요 길목에 세워졌는데, 『신증동국여지승람新增東國輿地勝覽』을 보면 전국에 총 1,310개의 원이 있었음을 알 수 있다. 고려시대의 원은 보통 사찰과 연계하여 운영되었다고 한다. 예컨대 천안 성환읍 대흥리에 소재한 국보 7호 〈봉선홍경사사적갈비奉先弘慶寺事蹟碣碑〉에도 이를 방증하는 중요한 정보를 담고 있다. 홍경사弘慶寺 터는 본래 사람들이 많이 다니는 교통 요충지였다. 그런데도 갈대숲인데다가 인가가 있는 마을과도 동떨어져 있었다. 자연히 도적 출현이 빈번할 수밖에 없었고, 행인들의 피해도 커져만 갔다. 이에 현종은 중 형긍逈兢에게 명을 내려 절을 세우고 원 기능도 병행케 했다는 것이다. 1021년에 세워진 홍경사는 망이·망소이 난1176년 때 소실되었지만, 그 후로도 여전히 원은 존치된 채 1895년까지 삼남대로의 중심에서 그 기능을 다했다.

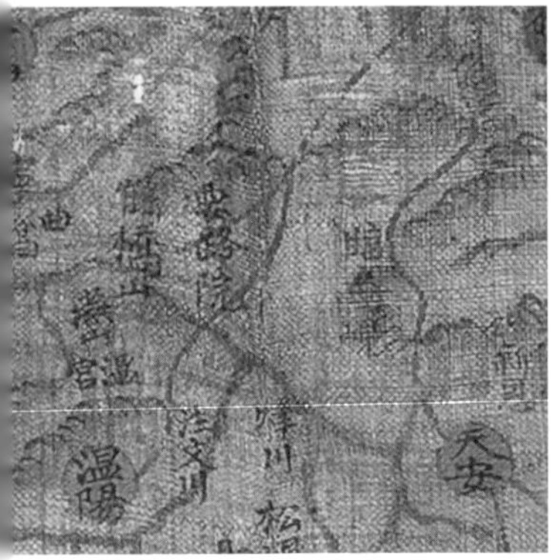

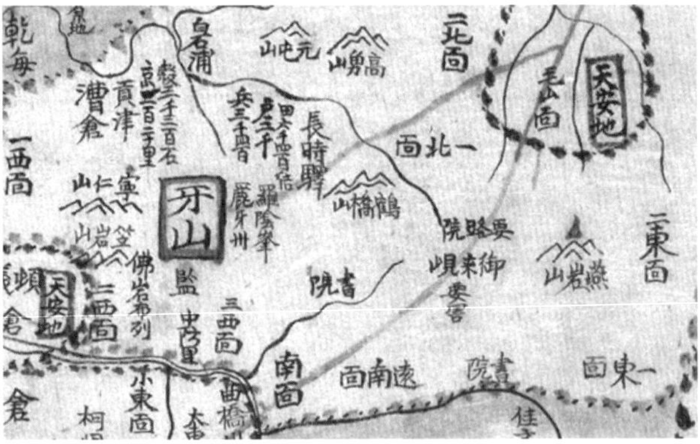

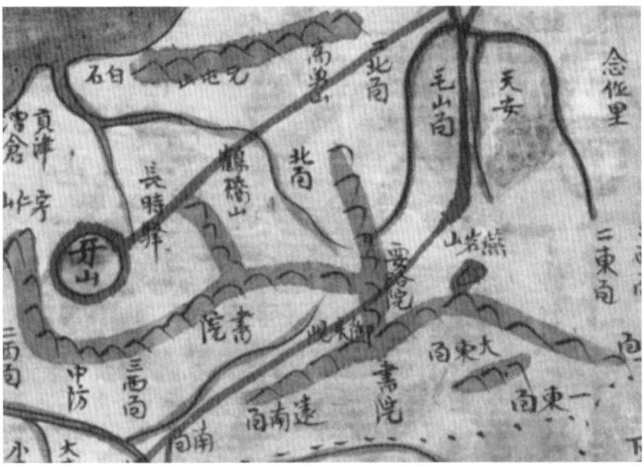

↑ 조선팔도지도

↗ 청구요람

→ 청구도

역원은 보통 30리마다 설치되었다. 『신증동국여지승람』에 제시된 천안군 상황만 봐도 이를 확인할 수 있다. 천안군에는 두 개의 역이 있었는데, 신은역新恩驛[지금의 단국대 천안캠퍼스 입구]과 금제역金蹄驛[지금의 성환역]이 그렇다. 『신증동국여지승람』에는 신은역이 '고을 북쪽으로 10리에 있다'고 했고, 금제역은 '고을 남쪽으로 23리에 있다'고 제시했다. 역과 역 사이가 총 33리임을 알 수 있다. 10리가 1시간 동안 걸어서 갈 수 있는 거리를 말하니, 오늘날 기준으로 보면 4km 정도다. 조선시대에는 지금보다 조금 빠른 걸음으로 산정하였으니, 대략 4.5-5km 정도로 보면 무방하다. 그러니 대략 13.5-15km마다 역원이 설치되었다고 생각해도 크게 잘못은 아니다.

요로원要路院도 원의 하나다. 행정구역상으로 요로원은 아산시에 속해 있지만, 천안과도 인접해 있다. 18세기에 작성된 〈조선팔도지도〉, 19세기 김정호金正浩가 만든 〈청구요람〉과 〈청구도〉를 봐도 그 인접 양상을 짐작할 수 있다. 그런데 보통 18세기 후반 이후에 요로원이 사라졌다는 주장과 달리, 19세기에 작성된 김정호의 지도에도 요로원이 표시되어 있다는 점이 흥미롭다. 이를 보면 적어도 19세기 중반까지도 요로원은 존치해 있었던 것으로 짐작할 수 있기 때문이다. 그러나 존치해 있었다고는 해서 요로원이 원으로서의 기능을 충분히 수행하고 있었는가에 대해서는 의심쩍다. 왜 그런가? 19세기에 널리 향유되었던 고전소설에서는 서울에서 삼남으로 향하는 노정기가 제시된 사례가 적지 않은데, 그 중에서 요로원을 경유했다고 밝힌 작품은 좀처럼 보이지 않기 때문이다. 예컨대 〈고본 춘향전〉에서 '변학도 노정기'와 '이몽룡 노정기'만 봐도 그렇다.

> 변학도 노정기: 남대문 → 돌모루 → 동작 → 남태령 → 과천 → 사근평 → 미륵당 → 수원관 → 소사 → 성환 → 덕평 → 원터
>
> 이몽룡 노정기: 숭례문 → 칠패, …중략… → 청파, …중략… → 동작 → 남태령, 인덕원, 과천 → 군포, …중략… → 팔달문 → 오산, 진위, 칠원, 소사 → 천안삼거리, 금제역 → 덕정, …중략…, 공주, 금강

변학도와 이몽룡은 소사원에서 성환을 거쳐 남원으로 향했다. 당시 인민들에게는 이 경로가 가장 일반적이고 익숙했다. 그랬기에 〈춘향전〉 노정기도 이렇게 제시된 것이다. 요로원은 언급조차 없다. 19세기에는 서울에서 천안을 경유하는 길이 보편적이었기에 요로원은 지도상에서만 남아 있었던 정황을 짐작케 한다.

그러나 17세기 말 박두세가 내려올 때만 해도 그렇지 않았다. 요로원은 상경하는 사람이든 하향하는 사람이든 간에 반드시 거쳐야 하는, 말 그대로 요로에 위치해 있었다. 박두세가 오시午時, 11-1시에 평택 소사원을 떠나 초저녁에 요로원에 도착한 것은 당시 상황에서 보면 지극히 당연한 코스였던 셈이다.

2. 〈요로원야화기〉, 왜 문제인가?

〈요로원야화기〉의 작가 박두세는 충청도 예산 사람이다. 더 정확

하게는 예산군 대흥면이다. 그의 본관은 울산, 자는 사앙士仰이다. 당색은 남인이다.[3] 그는 28세인 1677년에 시행한 증광시增廣試에서 진사 3등 29위로 합격하였고, 그로부터 5년 뒤인 1682년 증광시에서 을과 4위로 문과방목에 이름을 올렸다. 그는 문장에 능하고 운학韻學에도 밝아 『삼운보유三韻補遺』를 저술하기도 했다. 하지만 정작 그의 명성은 1678년에 쓴 〈요로원야화기〉에서 빛을 발했다. 〈요로원야화기〉가 우리 문학사의 새로운 가능성을 보여준 작품으로 평가받으면서, 박두세 역시 중요한 작가로 부상한 까닭이다.

〈요로원야화기〉는 현재까지 확인된 이본이 20여 종을 상회한다. 이본은 한글본과 한문본이 모두 존재하는데, 그만큼 독자 폭

---

3 박두세는 의금부도사로 있던 1686년에 남인의 영수 權大運의 압송 사건에서 편의를 봐주었다는 이유로 파직되었다. 『숙종실록』 12년[1686] 윤4월 8일 기록은 다음과 같다. "權大運·閔熙를 압송해 가던 都事 崔敬中·朴斗世 등이 혹은 죄인의 병이 무겁다고 핑계 대는가 하면, 혹은 죄인이 時令을 중하게 앓고 있다고 핑계 대며, 임의로 지연시키고 곧바로 압송하여 가지 않았으므로, 먼저 파직하고 뒤에 추고하도록 하고, 다른 도사로 하여금 압송하여 가게 하였다."

이 넓었음을 짐작케 한다. 또한 작품의 골간은 그대로 두면서도 이본 간에 변이가 제법 있는데, 시골 선비와 서울 양반의 갈등 양상은 어떻게 대치시키는가에 따라 풍자의 강도가 달라진다. 게다가 이원명李源命의 『동야휘집東野彙輯』이나 일본 천리대학에 수장되어 있는 『신증 요로원기』에는 시점을 바꾸어 1인칭이 아닌 3인칭 시점으로 변개시키기도 했다. 이본이 많고, 국문과 한문 표기 이본이 공존하며, 시점을 바꾼 작품들도 존재한다는 것은 무엇을 의미하는가? 〈요로원야화기〉 독자가 많았음은 물론이고, 작품 내용에 불만이 있는 경우에는 일정한 변개를 꾀하기도 했음을 뜻하지 않는가? 실제 변개는 서울 양반과 지방 선비의 갈등을 어떻게 바라볼 것인가에 대한 필사자의 기대지평에 따라 이본들마다 다른 지향을 보이고 있다. 그런데 〈요로원야화기〉가 왜 문제적인가? 17세기 이후로 뚜렷해지기 시작한 서울과 지방의 갈등을 적나라하게 담고 있기 때문이다.

1677년 소과에 합격한 박두세는 그 이듬해[1678년]에 실시된 대과를 치르기 위해 서울로 올라간다. 그러나 시험 결과는 낙방. 그는 허탈하게 고향으로 돌아와야만 했다. 숙종 4년 때의 일이다. 낙방에 대한 부끄러움 때문일까? 그는 성명도 숨기고 다녀야 할 만큼 고향으로 돌아오는 발걸음이 퍽 무거웠다. 그래서일까? 〈요로원야화기〉에서는 과거 시험에 실패한 자신에 대한 성찰보다 서울 사람에 대한 냉소적이며 공격적인 시각이 위주다. 아마도 처음으로 실패한 시험에 대한 부끄러움이 자아성찰보다 타자를 향한 원망으로 이어진 까닭일 터다. 그러나 그것이 자기푸념이라고 단정할 수는 없다. 왜냐하면 실제로 당시에는 서울과 지방에 대한 갈

등이 깊어지고 있었고, 과거 시험에 합격하는 사람들도 서울로 한정되고 있었기 때문이다. 박두세의 원망은 서울과 지방에 대한 갈등의 단면이었던 셈이다. 즉 〈요로원야화기〉는 17세기 말 서울과 지방, 도시와 시골에 대한 차별과 배타적 시선을 적나라하게 드러낸 작품이었다.

사실 17세기까지만 해도 서울과 지방은 서로 다른 공간이었을 뿐이다. 공시적으로 존재하는 수평적 관계였지, 수직적 상하 관계가 아니었다. 물론 박두세 이전에도 서울과 지방에 대한 차별은 존재했다. 예컨대 허균許筠, 1569-1618이 쓴 〈성옹지소록惺翁識小錄〉에서 "지방 출신으로 재상이 된 사람치고 나는 서소문西小門으로 나오는 자만 보았지, 남대문南大門으로 나오는 이는 보지 못했다."고[4] 한 말도 서울과 지방을 보는 일단의 시각을 엿보게 한다. 허균은 지방 사람이 서울에 올라와 벼슬을 하면, 죽은 뒤에나 관에 실려서 서소문으로 나왔지, 제 발로 남대문을 걸어 나오는 일은 없었던 풍조를 이렇게 기술한 것이다. 지방 출신이 서울에서 벼슬살이하면 살아서는 결코 그 곳을 떠나려 하지 않았던 17세기 사람들의 심리를 짐작케 한다. 그러나 이 말만 두고 보면, 서울에 대한 동경이 곧 지방이 서울보다 못하다는 인식으로까지 이어졌다고 볼 수 없다. 단지 서울과 지방 중에서 이왕이면 서울을 택했다는 의미가 더 강하게 읽힌다.

실제로 이런 말을 한 허균 역시 서울에서 관직 생활을 하면서도 여러 차례 지방관을 구걸하지 않았던가?[5] 또한 그렇게 해서 얻은

4 許筠, 『惺所覆瓿藁』 〈惺翁識小錄〉 한국고전번역원DB. http://db.itkc.or.kr

5 허균의 『성소부부고』 수재 〈尺牘〉을 보면 1607년 崔天健에게 부여 현감을 구

공주목사 자리에서 파직된 1608년 가을, 그가 찾아간 곳도 서울이 아닌 전라도 부안이 아니었던가? 부안으로 떠나면서 조위한趙緯韓에게 쓴 편지에 "이제부터 나는 오후五候의 문으로는 향하지 않겠다."는 허균의 다짐.[6] 즉 다시는 벼슬을 하지 않고 부안에 머물러 살겠다는 허균의 고백은 주목을 요한다. 그 말은 허균보다 앞선 시대에 살았던 사대부들이 지주적 경제 체제에 기초한 은일자적인 삶을 살겠다는 지향과 견줄 만하기 때문이다. 허균이 부안에서 정사암靜思庵을 중수하고 비교적 넓은 전장을 갖추었던 사실은 허균 이전의 사대부들이 생활 현장으로서의 '귀거래歸去來'를 외치던 것과 퍽 닮았다. 외침을 넘어 허균은 그것을 몸소 실천했던 것처럼 보이기도 한다. 이처럼 허균이 살았던 17세기까지만 해도 서울과 지방 사이에 얼마간의 갭이 드러나기 시작했지만, 그럼에도 지방이 문명권에서 철저하게 배제되지는 않았다.

그런데 허균 사후 30여년 후에 출생한 박두세가 살았던 시대는 이전과 다소 달라졌다. 서울과 지방에 대한 인식이 제법 위계적으로 작동한다. '서울=문명, 지방=비문명'의 등식이 마련된다. 이전과 달리 지방은 서로 다른 공간이라는 의미를 넘어서서 시간적으로 뒤처진 비문명화된 '시골'로 인식된 것이다. 서울에 대해 지방은 철저하게 타자화되어 갔다. 경화사족은 과거시험의 문체까지 변형시키며 지방 선비들의 출세를 막았다. 지방의 정체성도 깊어졌다. 이런 상황에서 출세를 꿈꾸는 지방 선비들의 상경담이나 몰

하는 내용의 편지, 1610년 申欽에게 나주목사를 구하는 내용의 편지 등 여러 편이 보인다.

6 허균, 『성소부부고』 〈尺牘 下〉, 〈1608년 9월 조위한에게 보내는 편지〉

락한 서울 선비의 낙향담은 조선 후기의 주요 이야기 소재가 되었다. 야담에 상경담과 낙향담이 많은 것도 이런 배경에서 비롯된 것이다.

특히 서울과 지방을 연결하는 길목에 놓였던 역원驛院은 중요한 공간적 배경이 되었다. 서울 사람이 상경하거나 지방 사람들이 낙향하면서 서로 만나는 교점이 역원이었기 때문이다. 서울 사람과 지방 사람이 만남으로써 발생하는 다양한 에피소드도 역원에서 이루어졌다. 요로원도 그랬다. 특히 요로원은 다른 어떤 역원보다도 서울과 지방 사람이 더욱 빈번하게 만났던 장소였다. 서울과 지방으로 경계되는 그 지점에 요로원이 있었던 까닭이다. 경계선에 사는 사람들은 발달된 문명에 대한 반항심과 함께 그에 대한 동경심이 혼효되기 마련이다. 박두세의 〈요로원야화기〉는 바로 이런 양상을 담고 있는 작품이었다. 그가 요로원을 이야기 공간으로 끌어들인 이유도 여기에 있다. 서울과 지방에 대한 인식의 차이를 '요로원에서 서울 양반과 시골 선비의 하룻밤의 이야기'에 담을 수 있다고 생각한 까닭이다. 게다가 '나'로 대표되는 시골 선비와 '나의 타자'로 존재하는 서울 양반과의 날 선 공방이 이루어지는 공간을 역원으로 설정함으로써 사실성을 돋보이게 한다는 부차적인 효과도 누릴 수 있게 되었다.

3. 〈요로원야화기〉 읽기

1) 시골 선비와 서울 양반[7]

〈요로원야화기〉는 서울에 반감을 전제로 한다. 이야기 시작부터 서울 사람과 지방 사람을 분명히 갈랐다. 나도 '시골 사람[鄕人]'이라는 말 대신 '촌놈, 촌뜨기[鄕闇=鄕暗]'라 했다. 이야기 전제부터 촌놈[촌뜨기] 대 서울 사람의 대결 구도다. '촌놈[鄕闇]'이라는 언어적 아이러니verbal irony를 통해 서울 사람에 대한 불만을 노골화한 것이다. 화해는 애초부터 염두에 두지 않았다. 과거에 실패하고 돌아가는 지방 선비 박두세와 일찍이 과거에 합격한 서울 양반과의 개인적 취향 차이는 염두에 두지도 않았다. 오로지 서울 사람 대 지방 사람이라는 대결 구도만 굳건하다.

1678년, '나'=박두세는 서울에서 치른 과거 시험에서 낙방하였다. 남대문을 나와 낙향하는 내 모습이 안쓰럽다. 옷차림새도 볼품없다. 내 옷도 그러한데, 말을 끄는 아이종의 옷이 좋을 리 없다. 낡은 옷차림에 비루한 말을 탄 나는 원에 투숙할 때마다 이런저런 모욕을 당하기 일쑤다. 평택 소사원에서 대충 밥을 먹고 오시午時, 11시-1시에 떠났건만, 초저녁이 다 되어서야 요로원에 도착한 것도 부실한 말 때문이다. 말의 행보가 너무 느렸다. 너무 늦은 탓일까? 그렁저렁 숙소에 도착했지만, 객점에는 남은 방이 없다. 차라리 객

---

[7] 이 장은 김준형의 「요로원야화기」(『한국고전문학작품론-한문소설』, 휴머니스트, 2017)를 토대에 두고 작성하였다.

사로 가서 다른 사람과 합숙하는 편이 나은 상황이다. 그렇게 찾아간 객사. 거기에는 호사하게 차려입은 서울 양반이 먼저 들어와 있다. 그는 서울의 부잣집 자제인 듯, 옷도 곱고 깨끗하였다. 그가 타고 온 말의 꾸밈새도 제법 호사롭다. 내 행색이 초라해서일까? 서울 양반은 일어나지도 않고 교만하게 누워서 나를 맞이한다. 내가 공손하게 절을 해도 객은 베개를 베고 머리만 끄덕일 뿐이다. 시골 선비와 서울 양반의 첫만남이다.

"존尊은 어디 사우?"

나는 무릎을 꿇고 답하였다.

"충청도 홍주 서면 금곡리에 삽니다."

"내가 언제 당신公더러 호적단자를 외워 말하라고 하였소?"

"행차行次께서 하문下問하시니 자세하게 답하지 않을 수 없었습니다."

(중략)

"군君의 말이 또한 그럴 듯하우."

서울 양반은 처음 본 내게 '존尊'이라 불렀다. '존'은 동등한 대상이거나 자기보다 지위나 나이가 조금 낮은 사람에게 쓰는 호칭이다. 행동은 오만했지만, 호칭은 자기와 거의 비슷하거나 조금 낮췄다. 그런데 나는 오히려 서울 양반을 '행차'라 했다. '행차'는 웃어른을 대하여 쓰는 호칭이다. 상대방과 달리 나는 상대방을 높였다. 어디 사는가를 묻는 질문에, 나는 마치 호적단자를 외듯이 상세하게 답한다. 서울 양반이 볼 때 나는 완전한 촌놈이다. 나는 추락하고, 서울 양반은 비상한다. 그래서일까? 서울 양반은 '존'이라는 호칭 대신 아예 나를 '군君'이라 불렀다. '군'은 아랫사람에게 어느 정도 격식을 갖춰 부르는 말이다. 숫제 나를 아랫사람으로 대한 것이다. 서울 양반과 지방 선비의 첫 만남이 이렇다. 첫 만남부터 대립 구도를 마련하였다.

사실 이는 시골 선비인 내가 만든 구도다. 서울 양반을 보자마자 "객이 자기를 촌뜨기라 여겨 업신여기는지라, 나는 그의 어리석은 행태와 교만한 습성을 꾀를 내어 꺾어 놓아야겠다."고 미리 설계한 것이다. 그 프레임에 걸려든 서울 양반은 나를 조롱한다. 아직까지는 '내' 정체를 모르기 때문이다. 시골 선비가 만든 프레임은 단순하다. 자신은 낮춰 최대한 무식하게 보이도록 하고, 상대방은 최대한 높임으로써 유식한 사람으로 추켜올린다. 그렇게 서울 양반의 기세를 최대한 끌어올린 다음, 그 기세가 극점에 이르렀을 때 한 순간에 추락시키겠다는 것이다. 극적 반전을 꾀한 것이다. 놀림은 단순한 말장난에서부터 시작했다.

시골 선비인 나는 아이종에게 "마소를 들여다 매고 양식 쌀을 내주어라[馬牛入繫, 糧米出給]"고 한다. 이 말을 듣고 서울 양반이 시비를 건다. 말에게 먹이를 주라고 하면 될 것을 '마소[말과 소]'라 하고, 양식이라 하면 될 것을 '양식 쌀[양식과 쌀]'이라고 하는 게 무식하다는 것이다. 나는 '시골 사람들이 늘 하는 말투로, 시골 사람에게는 아무렇지도 않은 것을 서울 손님께서는 비웃는다.'고 답한다. 이는 본격적인 대결의 서막을 알리는 선전포고였다. 서울 양반은 내가 만든 덫에 순순히 걸려든 것이다.

이후 서울 양반과 시골 선비의 대결이 본격화된다. 작전대로 시골 선비는 한층 자신을 낮춘다. 무슨 일로 여기에 왔는가를 묻는 질문에 시골 선비의 답은 이렇다. 친족의 정역丁役[병역이나 부역]을 면하게 할까 하여 서울에 갔다가 육조 앞에 사는 '승丞'이란 벼슬아치를 만나서 가지고 간 베를 모두 주며 알선토록 했지만, 뇌물의 양이 부족한 탓에 실패하고 돌아간다는 것이다. 승은 항상 사모를 쓰고 다닌다고도 했다. 그 말을 들은 서울 양반은 한심하다는 듯이 나를 보고 핀잔을 준다. '승'은 서리의 직책으로, 관리 행세를 하는 서리에게 시골 선비가 사기를 당했다고 일깨워준다. 거기에 더해 관리가 머리에 쓰는 사모紗帽와 서리가 머리에 쓰는 승두蠅頭, =평정관도 구별 못하냐며 무안을 준다. 시골 선비의 무지는 상대적으로 자신의 위상을 높이는 계기가 된다. 그러니 이제부터는 더 이상 존칭도 쓸 필요가 없다. 그저 '자네君'으로 얕잡아 부를 뿐이다. 서울 양반의 말에 시골 선비는 서리와 관리조차 구별하지 못한 자신을 자책한다. 자책하는 나를 보고 서울 양반은 "행차의 덕이 적지 않군!"이라 한다. 무지함을 깨우치게 한 자신을 추켜세운다. 내 덕이 아니다. '행차'의 덕이다. 더 낮아지는 나와 더 높아지는 서울 양반. 둘 사이의 갭이 더 크게 벌어졌다.

서리와 관리조차 구분하지 못하는 것을 내게 서울 양반이 묻는다. 그렇다면 시골에서 으뜸 양반은 누구인가? 나는 별감과 좌수를 말한다. 심지어 자기와 비슷한 처지에 있던 예씨와 모씨가 하루아침에 예좌수와 모별감이 되었다면서 그들을 잔뜩 부러워한다. 기껏해야 시골에서 거드름피우는 좌수와 별감이 시골 선비인 내 눈에는 으뜸 양반이다. 서울 양반은 손뼉까지 쳐가며 말한다. "그렇지, 그 사람이 진짜 으뜸 양반이지." 시골 선비 수준에서 보면,

좌수나 별감을 최고로 보는 게 맞다는 식의 노골적인 무시다.

이미 시골 선비에 대해 확실한 우세를 차지했다고 단정한 서울 양반. 그는 대놓고 시골 선비를 조롱한다. 조롱을 넘어 훈계도 한다. 어두워서 밥을 먹지 못하겠다는 시골 선비에게 맹인도 밥은 찾아 먹는다, 시골에서 양반 행세께나 한다는 사람의 반찬이 왜 그 모양이냐, 밥 먹은 후에 종에게 하는 용어 선택이 잘못되었다는 식의 조롱과 꾸중은 말할 것도 없다. 식후에 담뱃대를 빌려 담배를 피려 하자, 서울 양반은 어른의 담뱃대를 더럽히려 든다면서 모욕주기도 서슴지 않는다. 문명화된 서울에 사는 양반이 비문명화된 시골에 사는 선비에게 그 정도의 훈계는 당연한 것이 아닌가?

서울 양반은 여기서 그치지 않는다. 더 나아가 개인의 불행한 처지까지 조롱의 대상으로 삼는다. 결혼 여부를 묻자, 시골 선비는 못했다고 답한다. 나중에 정체가 확인된 뒤에 쓰인 내용을 보면 시골 선비는 자식까지 두고 있었지만, 서울 양반의 작태를 보기 위해 일부러 29세인 지금까지 혼인하지 못했다고 답한 것이다. 이 말에 서울 양반은 시골 선비 면전에서 대놓고 말한다. “자네는 키가 매우 작아 크지 않고, 턱은 판판하여 수염도 나지 않았네. 좀 더 키가 크고 수염이 나기를 기다린다면 어찌 장가 들 날이 없겠는가?” 숫제 아이로 취급한다. 거기서 더 나아가 “내가 자네를 위해 혼처를 지시해줄까?”며 장난친다. 조롱인 줄 알지만, 시골 선비는 기쁜 얼굴로 감사하다며 감격스러워 한다. 참과 거짓도 분별하지 못하고, 동정과 조롱도 구분하지 못한다.

이런 행동에 서울 양반은 문자를 써서 혼잣말로[실은 들리게끔] “바보는 어쩔 수 없군, 바보는 어쩔 수 없어.”라고 한다. 졸지에 시골 선비는 바보가 되었다. 호칭도 바뀌었다. 존에서 군으로, 군에서 다시 '노도령'으로 바뀌었다. 자네[君]라 불림도 치욕인데, 이제는 어린아이 취급을 넘어 숫제 바보가 되어버렸다. 시골 선비인 나는 서울 양반 앞에서 낮출 수 있는 데까지 낮췄다. 서울 양반의 오만함도 극에 달했다. 물극필반物極必反이라고 했던가? 무엇이든 극에 달하면 반전이 있는 법이다. 이제부터 시골 선비의 반격이 시작된다.

2) 시골 선비의 반격

아래로만 치닫던 곡선이 마침내 위쪽으로 선회한다. 물론 시골 선비의 반격이 일거에 이루어지진 않는다. 시골 선비가 자신을 조금씩 낮추면서 상대를 추켜올렸던 것처럼, 반격도 상대의 허점을 서서히 파고들면서 역전시킨다. 그러나 하향곡선이 다양한 에피소드로 연결되면서 다층적으로 이루어졌던 것과 달리, 상승곡선은 '글[문장]'이라는 양반 사회의 필수 요소를 전제로 하기 때문에 반전 양상은 급작스러워 보인다. 상승폭도 상당히 커 보인다.

유학을 공부했는가를 묻는 서울 양반의 질문에 나는 한글만 깨쳤다고 한다. 한글을 깨쳤지만 여전히 복모음 조합은 어렵다는 말까지 보탠다. 게다가 시골에서는 한글만 알아도 떵떵거릴 수 있다는 말까지 한다. 이제까지 그랬던 것처럼, 서울 양반은 고작 소설이나 읽으며 호주戶主 자리나 탐내는 시골 선비에게 훈계한다. "사람이 글을 모르면 사람이라 할 수가 없지." 글은 한문을 말한다. 한문을 알아야만 사람이 될 수 있다며 일장연설을 한다. 그러나 이번에는 시골 선비인 나도 가만히 있지 않는다.

> 서울 양반: "자네는 사람이 사람 되는 까닭을 아는가? 사람 중에는 얼굴만 사람인 자도 있고, 마음이 사람인 자도 있지. 얼굴은 사람이지만 사람이라 않는 것은 그 마음이 사람이 아니기 때문이지. 글이란 것은 마음이 사람인 자로 만드는 것이지. 자네는 글을 아예 모르니 어찌 사람이 될 수 있겠느냐?"
>
> 시골 선비: "얼굴을 가지고 말하면 행차의 얼굴도 사림이요, 제 얼굴도 사람이지요. 마음을 가지고 말하면 행차는 한문을 알기에 행차의 마음은 사람이고, 저는 언문을 알기에 제 마음도 사람입니다. 어느 누가 사람이 아니라고 합니까?"

서울 양반의 논리에 시골 선비는 한문을 모른다 해서 사람이 아니냐고 반문한 것이다. 중요한 것은 사람의 도리지, 글 자체가 아니지 않는가? 그러자 서울 양반은 보충 설명을 한다. 글을 아는 사람과 모르는 사람의 차이가 공자孔子와 도척盜跖과 같다는 것이다. 이 말에 시골 선비, 그는 한글을 아니 도척의 무리가 아니라고 답한다. 도척은 중국 사람이니 한글을 알 리가 없다. 그런 도척과 달리 나는 한글이라도 아니 도척의 무리가 아니라는 논리다. 한글로도 사람의 도리를 충분히 익힐 수 있다는 논리다. 당혹한 서울 양반. 그래서일까? 시골 선비의 물음에 무리수를 둔다. 그래도 한문을 아는 것과 모르는 것의 차이가 사람과 짐승의 차이만큼 크다는 주장이다. 고대의 신선 중황자中黃子가 사람을 다섯 등급으로 나누었음을 인용한 후, 서울 양반 자신은 제1등급에 속한다고 했다. 이에 따라 시골 선비는 제5등급, 즉 소와 말과 같은 부류로 편입되었다. '존'에서 '군'으로, '군'에서 다시 '노도령[아이]'으로, 아이에서 '바보'로까지 이어진 멸시가 '마소'로까지 추락시킨 것이다. 성인과 금수로 벌어진 갭, 이젠 더 이상은 벌린 여지도 없어 보인다.

그러나 시골 선비의 추락은 거기까지다. 시골 선비가 말한다. 처지를 바꿔보라. 도척의 입장에서 평가하면 어떨까? 도척 자신은 제1등급에 두고, 공자를 제5등급에 두지 않겠는가? 서울 양반의 공격에, 시골 선비는 똑같은 방법으로 반문한 것이다. 졸지에 시골 선비가 제1등급에 놓이고, 서울 양반은 제5등급에 놓이는 신세가 되었다. 궁지에 몰려 당황한 서울 양반이 말한다. "조금 어리석어도 제법 똑똑하군.[小癡大黠]" 반격은 이렇게 시작된다.

한 대 얻어맞은 서울 양반은 글로 시골 선비를 놀리려고 시 짓기를 제안한다. 시골 선비가 한시를 못 지으리라 생각한 서울 양반은 한시 대신 풍월을 택한다. 한글과 한문을 적절하게 활용한 풍월이다. 먼저 서울 양반이 읊는다.

我知鄕之賭　　내가 시골내기를 보니
怪底形體條　　몸가짐이 괴이하네.
不知諺文辛　　언문도 쓸 줄 모르니
宜其眞書沼　　진서를 못하는 게 마땅하지.

풍월에는 설명이 필요하다. '향지도鄕之賭'의 '도賭'는 '내기[도박]'을 의미한다. 향지도는 곧 '시골내기'가 된다. '조條'는 '가지'니, '형체'에 붙어 '몸가짐'으로 읽을 수 있다. '신辛'은 '쓰다'는 의미고, '소沼'는 '못'의 의미를 음차한 것이다. 시골 양반에 대한 멸시다. 서울 양반의 풍월에 시골 선비도 차운하여 답한다.

我見京之表　내가 서울 것을 보니
果然擧動戎　과연 거동이 되네.
大抵人物貸　대저 인물 꾼이
不過衣冠夢　의관으로 꾸민 것에 지나지 않네.

'경지표京之表'의 '표表'는 '겉'을 의미한다. '겉'은 '것'으로 소리나니, '경지표'는 곧 '서울 것'이 된다. '거동융擧動戎'의 '융戎'은 '오랑캐', 곧 '되'를 의미한다. '거동이 되다.'[하는 짓이 오랑캐다]로 해석한다. '인물대人物貸'의 '대貸'는 '꾸다'의 의미다. 돈을 꾸거나 방귀를 뀌는 것 모두 '꾼다'고 한다. 이로써 사람을 속되게 부르는 '꾼'이 된다. 마지막으로 '의관몽衣冠夢'의 '몽夢'은 '꿈'이다. 음을 활용하면 '의관을 꾸미다.'로 해석할 수 있다. 풍월을 활용됨으로써 오히려 한시보다 더 통렬하게 서울 양반을 비판하였다. 시골 선비의 승리다.

시골 선비의 승리는 풍월의 내용에서만 확인되지 않는다. 형식에서도 시골 선비는 서울 양반보다 한 수 위에 서서 농락한다. 기실 서울 양반이 읊은 풍월에는 압운법도 잘못되었다. '조條'는 평성이고, '소沼'는 거성이다. '가지'와 '못'의 의미를 담아내려면, 모두 평성 '지支'를 운으로 하는 '지枝'와 '지池'로 해야 맞다. 내용만 꾸미느라 평측平仄이 잘못 사용한 것이다. 그런데 서울 양반이 잘못된 예에 견주어 시골 선비도 일부러 압운법을 잘못 적용했다. 평성

운인 '융戎'과 거성 운인 '몽夢'을 쓴 것은 평성 운인 '조條'와 거성 운인 '소沼'에 맞춘 것이다. 나중에 서울 양반이 압운이 잘못되었다고 지적했을 때 시골 선비가 대답한 내용이다. '당신이 틀렸으니, 나는 당신의 틀린 방식을 그대로 따라서 맞춰주마'는 논리다.

깜짝 놀란 서울 양반은 갑자기 태도를 바꾼다. 호칭부터 바뀌었다. 호칭이 '존尊'으로 환원되었다. '존→군→노도령[아기]→바보→마소[금수]'로 추락했던 호칭이 가파르게 상승하여 '존'으로 복귀되었다. "자네는 어디 가고 나를 존장이라 부릅니까?"라며 시작하는 시골 선비의 말은, 여태껏 서울 양반이 자신에게 보였던 조롱을 하나하나 환기시키도록 한다. "원숭이는 제 재주를 뽐내다가 화살을 부르고, 꿩은 잘난 체하다가 올가미에 걸리는 법"이다. 그러면서 시골 선비도 호칭을 바꾸었다. '행차'에서 '존'으로. 이제 둘은 동등한 위치에 놓였다. 결국 서울 양반은 "부끄럽습니다.[可愧]"라고 답해야만 했다. 서울 양반에 대한 시골 선비의 승리다.

서울 양반은 처참하게 무너졌다. "사의辭意가 나보다 낫다"는 일종의 패배 선언도 했다. 역전 상황을 지켜보는 독자들에겐 통쾌할 만한 반전의 맛을 보여준다. 서울 양반은 일부러 촌티를 내고, 글을 모르는 것처럼 했다면서 이른바 '사기[詐]와 거짓[僞]' 두 글자를 면할 수 없다고 투정해도, 시골 선비는 그 역시 완전히 무시한다. '맹금이 먹이를 낚아챌 때에는 발톱을 숨기고, 명장이 적을 제압할 때는 일부러 겁을 내는 것처럼 한다.'는 말로, 서울 양반은 맹금의 먹이, 명장에게 제압당한 적으로 전락하고 만다.

시골 선비의 실체가 드러난 이상 더 이상의 궤변은 필요치 않게 되었다. 동등한 위치에서 함께 둘은 술을 주고받으며 경쟁을 펼친다. 어느 한 쪽이 일방적으로 속이거나, 다른 한 쪽이 일방적으로 속임을 당하는 위치가 아니다. 두 사람 모두 문학을 하는 사람들인지라, 둘의 대결은 자연스레 시 짓기로 이어진다. 더 이상 한자와 한글을 조합하는 풍월은 필요 없게 되었다. 한시로 수준을 다투는 진검 승부가 펼쳐진다. 일부러 쌍운雙韻을 써서 자기가 “오늘 기망당한 것을 비웃지 말라[莫哈今日受君罔]”는 서울 양반에 맞서, “교만한 사람치고 기망당하지 않는 사람을 본 적이 없지[未有驕人不見罔]”는 그 시작이다. 이어진 사운시, 육언시, 삼오칠언시, 약藥 이름을 활용한 연구聯句, 오행을 활용한 오언시, 나라 이름을 활용한 칠언시, 별자리 이름[宿名]을 활용한 칠언시, 괘명卦名을 활용한 칠언시, 일부러 착운窄韻을 서로 부르며 압운하도록 하는 방식 등을 겨룬다. 서울 양반은 끊임없이 시골 선비가 속인 것에 대해 비판하지만, 시골 선비는 그런 말에 어김없이 대응한다. 결과적으로 보면 시를 통해 누가 이겼다고 확언할 수 없지만, 동등한 위치에서 시골 선비는 조금도 뒤치지 않았다. 아니다. 서울 양반보다 모든 면에서 조금 위에 있었다. 결국 서울 양반이 대결 끝에 시골 선비에게 당신은 반드시 과거에 합격했을 것이라고 단정했던 것도 시골 선비의 재주를 끝내 좇을 수 없었기 때문이다.

화제는 과거 시험으로 전환되었다. 이 주제는 얼마 전에 시험에 낙방하고 귀향하는 시골 선비 박두세에겐 과거 시험이 개인의 재주에 있는 게 아니라, 사회 구조의 문제에서 비롯되었음을 변명하는 기회이기도 했다. 변명도 사회 구조의 문제로 인해 피해를 입은 자신이 아닌, 피해를 입힌 서울 양반의 입을 통하도록 했다. 기득권을 가진 서울 양반의 입을 통해 그들이 저지르고 있는 온갖 부정적인 행태를 스스로 폭로하며 자백하는 데까지 나아간 것이다.

이 주제는 앞서 보았던 것처럼 신랄한 대결 구도를 드러낼 수는 없다. 오히려 대결 구도를 약화시키면서 서울 양반을 자신과 연대하는 인물로 끌어들이는 것이 더 효과적이다. 둘이 함께 사회 문제를 함께 고발함으로써 서울과 지방의 문제는 더욱 분명하게 드러나기 때문이다. 그렇다고 해서 갑자기 대결 구도를 없앨 수는 없다. 약화된 대결 구도를 여전히 유지하면서 둘은 연대한다. 당연히 과거에 합격했을 것이라 말하는 서울 양반의 말에 대해 시골 선비는 자신을 한껏 낮춘다. "나는 참으로 재주가 없지요. 참으로 문사文辭가 있었다면 어찌 단번에 급제하지 못했겠습니까?" 자신을 성찰하는 듯한 발언이다. 그러나 이 말이 자아성찰로 읽히지 않는다. 오히려 자신의 입이 아닌, 서울 양반의 입을 빌어 지금까지 본 자기의 문장 실력을 볼 때 과거 시험의 문제가 무엇인가를 스스로 비판토록 하는 무언의 압력이 아닌가? 실제 서울 양반은 "과거 시험장의 불공정[循私]이 지금처럼 심했던 적은 없었지요."라며, 과거 시험이란 게 개인의 능력과 무관하고, 오직 사회구조의 문제일 뿐이라는 말을 해야만 했다. 서울 양반의 입을 통해 당시에 만연했던 과거시험 관련한 부정 양상을 자백케 한 것이다. "권문세가의 자손들은 비록 애들이나 초보자라도 모두 높은 과거에 합격하지만, 시골 유생들은 비록 머리가 하얗게 새도록 공부해도 여전히 어려운 형편이지요."

시골 선비는 서울 양반의 입을 통해 과거 부정 사태를 인정케 했다. 서울의 소수 벌열가가 과거를 독점하기 때문에, 아무리 큰 문장가라 해도 지방 선비들은 과거 시험엔 떨어질 수밖에 없는 상황이다. 시골 선비인 내가 그나마 소과에라도 합격할 수 있었던 것은 갑인년1674 시험에서 벌열가의 자질子姪들이 모두 합격되었기에 정사년1677 소과에서는 더 이상 뽑을 사람이 없었기 때문이다. 그 시험에 참여한 서울 사람들이라곤 “일이 있어서 이전 과거에 응시하지 못한 자이거나 어린아이들뿐”인지라, 시골 사람들도 요행히 소과 합격이라는 영광을 안을 수 있었던 것이었다. 서울 양반의 폭로에 나는 그저 “충청도에서 합격한 사람만도 40여 명에 가까워서 근래에 드문 일이었다.”고만 응수한다. 더 이상의 말을 보태는 것은 오히려 사족에 불과하기 때문이다. 그러면서 한 마디만 덧붙인다. 서울 양반이 나보다 먼저 과거에 합격했을 것이라고. 과연 서울 양반은 갑인년 시험에 합격했다. 벌열가 자질이라면 글재주와 무관하게 모두 합격시켰다고 스스로 폭로한 그 시험에서 자기도 합격했다는 대답. 그것은 결국 자기 역시 사회 구조가 만든 모순의 수혜자였음을 자백하는 것이었다.

이런 상황에서 시골 선비는 부드럽지만 매서운 공격을 더한다. 구체적으로 과거 시험의 부정행위 방법 및 종류를 제시한다. 과거 시험을 치를 수험생과 채점관이 사전에 미리 담합하여 결국 그 사람을 급제시키는 상황. ‘고양이 속[塊束]’이란 은어로 행해지는 다양한 부정행위. 반칙이 판을 치는 세상. 지방 선비들에게 과거 시험은 그저 서울 양반들의 들러리에 불과했음을 고발한 것이다. 이런 고발에 대해 서울 양반은 반발하지 않는다. 오히려 시골 선비의 말에 공감하는 면까지 보인다. 대결 구도가 희석되면서 둘은 서로 연대하는 묘한 상황이 만들어졌다.

두 사람은 더 이상 대결할 필요가 없게 되었다. 연대가 구축된 까닭이다. 그들은 마침내 가장 민감한 이야기도 나눈다. 사색당파에서부터 청론淸論 및 탁론濁論, 정치를 하고 학문을 하는 자세 등으로 이어질 수 있었던 것도 대결 구도가 사라지고 둘 사이의 연대가 이루어진 결과였다. 그 모든 모순은 어디에서부터 비롯되었는가? 그것은 지방을 배제한 데서 비롯되었으며, 지방을 배제함으로써 생성된 모순이 너무도 많았음을 비판하는 것이기도 했다. 서울과 지방의 문제는 단순한 공간의 차원에 머문 것이 아니었다. 유행에 뒤처졌다는 시간적 문제가 개입된 것만도 아니었다. 서울과 지방의 문제는 정치로 이어질 수밖에 없고, 그것은 결국 우리 모두의 삶의 질을 피폐하게 만드는 살육의 장으로 몰아갈 수도 있음을 〈요로원야화기〉는 말하고 있었던 것이다.

그렇게 둘이 이야기를 나누는 사이에 날이 밝았다. 두 사람도 헤어질 때가 되었다. 그러나 두 사람은 끝내 서로의 이름도 묻지 않고, 그저 헤어진다. 굳이 이름을 안다고 해서 달라질 것도 없다. 길고 긴 하룻밤의 논쟁도 여기서 끝맺는다.

4. 〈요로원야화기〉 이후의 서울과 지방의 풍경

〈요로원야화기〉는 서울과 지방의 문제를 신랄하게 고발한 작품이다. 17세기 후반 이후 서울과 지방은 퍽 이질적인 공간으로 바뀌어갔다. 이전만 해도 서울과 지방은 같은 시간에 존재하는 서로 다른 '공간'이었다. '서울=문명, 지방=비문명'의 등식은 성립되지 않았다. 그런데 어느 순간부터 지방은 서울에 대한 타자로 인식되기 시작했다. 지방은 공간의 의미를 넘어 시간적으로 뒤처진 비문명화된 시골로 인식된다. 이런 양상은 후대로 가면서 더욱 강화되었다. 박두세가 살았던 시대를 지나, 조금 후대로 가면 〈요로원야화기〉에서 보았던 서울과 지방의 차이는 아무 것도 아니었다는 말이 나올 만큼 노골적인 차이를 드러낸다.

장혼張混, 1759-1828이란 중인이 있다. 그는 자기가 생각한 상상의 정원을 〈평생지平生志〉라는 글에 담아낸 적이 있다. 〈평생지〉에서는 자신이 꿈꾼 구체적이며 이상적인 정원이 펼쳐져 있다. 이 글 뒤에 붙은 부록은 더욱 흥미를 끄는데, 여기에는 장혼이 이상적으로 여기는 물건, 하고 싶은 일, 소중한 책, 아름다운 풍경 등 이상적인 정원에 어울릴 만한 삶의 배경을 장황하게 제시해 놓았기 때문이다. 그런데 우리의 눈길을 끄는 것은 그 중에서도 '청복淸福 8품'에 있다. 청복 8품. 이는 장혼이 현실적으로 바라던 지향이자, 당대 지식인들이 꿈꾸었던 한가롭고도 청아한 행복의 조건 8가지였다. 행복의 조건 8가지가 무엇인가? 그는 이렇게 요약했다. 태평성대에, 서울에 거주하면서, 의관을 갖추고, 어느 정도 문장을 하며, 산수 좋은 곳에 놀러 다니며, 정원에는 많은 나무를 심고, 좋은 책을 수장하면서, 마음에 맞는 사람들과 사귀는 것이다.[8] 여기서 주목할 점은 8복 중 두 번째 복으로 제시한 '서울 도성 안에 사는 것[居京都].'이다. 서울에 사는 게 당대 지식인이 꿈꾸던 청복 가운데 하나였음을 확인케 한다. 늘 '나는 고향으로 돌아가리라'를

8 張混, 『而已广集』. 〈平生志〉. 淸福 八品: 一曰生太平, 二曰居京都, 三曰幸列衣冠, 四曰粗解文字, 五曰泉壑一區, 六曰花木千株, 七曰得心交, 八曰蓄好書.

입에 달며 은일을 미덕으로 삼던 이전과는 다른 양상이다. 18세기 말에는 서울에 사는 것 자체가 축복으로 인식되던 정황을 읽을 수 있다. 이런 사유에 대해 실학자 서유구徐有榘, 1764-1845는 도무지 이해할 수 없었던 모양이다. 그는 이런 의문을 제기한다.

> 예전에는 조정에 벼슬하는 사대부들치고 시골집[鄕廬]를 두지 않는 자가 없어서, 중략 근래의 벼슬아치들은 성 밖 10리 너머의 땅을 거의 황폐한 변방이나 더러운 시골구석이라서 하루도 살 수 없는 곳처럼 본다는 것이다. 벼슬길이 떨어진 뒤에도 자손을 위하는 자들이라면 번화한 서울 거리를 한 발짝도 벗어나려 하지 않는다. 중략 굶주림과 추위가 몸에 닥치면 할 수 없이 선조로부터 물려받은 전답을 몽땅 팔고 지붕 새고 구들 꺼진 집 하나를 멍하니 지키고 살 뿐이다[9]

서울에서 10리만 벗어나도 황폐한 변방이나 더러운 시골로 인식하는 당시 사람들의 사유를 읽을 수 있다. 당시 사대부들은 상황이 아무리 힘들어져도 서울에서 벗어나려 하지 않는다. 구들 꺼진 집을 멍하니 지키며 살더라도 결코 서울을 떠날 수는 없다고 생각한다. 서유구는 이런 행태가 '괴이하게 여기는 한 가지 사실[一怪]'이라 했다. 하지만 서유구는 정말 그것을 괴이하게 생각했을까? 어쩌면 그는 아무리 힘들어도 왜 서울에 살려고 하는가에 대한 본질을 알면서도 애써 외면한 것이 아닐까? 실제 그와 동시대를 살았던 정약용丁若鏞, 1762-1836은 서유구가 '괴이하게 여기는 한 가지

[9] 徐有榘, 『楓石全集 金華知非集』 권3, 〈示太孫〉. 한국고전번역원DB. http://www.itkc.or.kr

사실'의 본질을 솔직하게 대답했다. 그 내용은 1810년 전라도 강진에 유배를 와 있던 정약용丁若鏞, 1762-1836에게 두 아들이 아버지가 계신 강진으로 가서 가르침을 받겠다는 편지에 답장한 〈두 아들에게 보이는 아비의 가르침[示二兒家誡]〉이란 글에서 확인할 수 있다.

> 중국은 문명이 일반화되어 궁벽한 시골이나 먼 산구석의 마을에 살더라도 성인도 될 수 있고 현인도 될 수 있다. 그러나 우리나라는 그렇지 못하여 도성의 문에서 몇 십 리만 벗어나도 太古의 원시 사회가 되어 있으니, 더구나 멀고 먼 외딴 곳이야 말할 게 있겠는가?[10]

서울은 단지 문명을 가진 특권화 된 공간 그 자체로 그치지 않았다. 정약용은 멀고 외진 곳은 더 말할 것도 없고, 서울에서 불과 몇 십 리만 벗어나면 태곳적 원시 사회가 펼쳐진다고 했다. 서울은 문명화된 현재의 공간인데 반해, 지방은 태곳적 미개의 공간으로 인식된다. 서울과 지방은 공간의 차원을 넘어 시간적 장벽까지 생겨났다.[11] 서울과 지방은 더 이상 동시대에 서로 다른 공간에 위치해 있는 등가적 존재가 아니었다. 지방은 서울에 대한 한 타자로 존재할 뿐이었다. 서유구가 말한 '괴이하게 여기는 한 가지 사실'에 대한 물음에 대한 해답도 여기에 있다. 서울을 벗어나는 순간 원시 사회에서 살아야 했기 때문이다. 원시 사회에 사는 순간, 문명의

10 丁若鏞, 『與猶堂全書』 〈示二兒家誡〉 한국고전번역원DB. http://www.itkc.or.kr

11 전우용, 『서울은 깊다』, 돌베개, 2008.

혜택에서 멀어질 수밖에 없다.

박두세가 지방에 산다는 이유만으로 과거 시험에서 불공정한 대우를 받아야 한다는 말은 사실이었다.[12] 실제 『영조실록』에 실린 충청도 진천鎭川 유생 변우익邊遇翼의 상소에는 18세기 초 과거 시험의 변화를 엿보게 하는 중요한 정보가 담겨 있다.

> 鎭川의 幼學 邊遇翼이 상소하였는데, 그 대략은 다음과 같다.
>
> "사람의 才藝는 각각 장점이 있습니다. 騈儷文에는 익숙하나 賦나 策에는 익숙하지 못한 자도 있고, 부나 책에는 정교하나 변려문에는 정교하지 못한 자도 있습니다. 그런데 수십 년 이래로 庭試·謁聖試·節製는 오로지 表文으로만 시험하였습니다. 그런 까닭에 서울의 유생들 가운데 과거 공부를 하는 자들은 너 나 할 것 없이 우선적으로 四六文을 익힙니다. 그러나 시골 유생들은 단지 부와 책을 익힌 자들인지라, 발이 부르터라 천리를 왔지만 표제를 보자마자 붓을 멈추고 흰 종이만 만지작거리며 눈물을 머금은 채 절망할 따름입니다. 무릇 이와 같기에, 과거에 합격하는 사람은 모두 서울 유생들이고, 시골 유생들은 단 한 사람도 합격하지 못합니다. 하략"[13]

서울 유생들은 이미 과거 시험에 기존과 다른 새로운 문체라 할 만한 사륙문四六文=騈儷文이 출제된다는 사실을 알고 있었다. 또한 그들을 가르치기에 합당한 전관銓官과도 직간접적으로 인연을 맺어

12 이하의 내용은 김준형의 「조선후기 야담집에 나타난 서울과 지방의 풍경」(『민족문학사연구』 51, 민족문학사학회, 2013.)을 토대로 하였다.

13 『영조실록』 즉위년(1724) 11월 24일. http://sillok.history.go.kr/main/main.jsp 번역은 원문을 참조하여 부분적으로 수정하였다.

둔 터다. 이런 상황에서 경화사족 자제들의 합격은 불 보듯 뻔했다. 〈요로원야화기〉에서 말한 '고양이 속'이 바로 이런 상황을 말한다. 반면 지방 유생들은 여전히 부賦나 책策을 중심에 두고 공부하였다. 지방 유생들의 정보력 부재의 문제가 아니다. 지방 유생이 설령 정보를 얻어 사륙문을 익히려고 해도 시골에는 그를 가르칠 만한 스승이 많지 않았던 것이 더 큰 이유다. 전통적 문체에 관한 한 시골 선비들은 서울 선비들에 비해 뒤질 게 없다 해도, 최신식 문체야 어떻게 극복할 수 있겠는가? 출제 유형을 안다 해도 따로 손을 쓸 방법이 없었다. 때문에 변우익은 두 문체를 번갈아 출제하든지, 아니면 부賦와 표表[혹은 논論과 책策] 두 가지 유형을 한데 묶어 출제할 것을 요구했던 것이다. 그래야 나라에서는 지방의 인재를 버리지 않을뿐더러, 지방 유생들의 눈물도 닦아줄 수 있다고 애써 호소했던 것이다. 영조가 '서울 선비들은 사륙문을 익히지만 시골 선비들은 그렇지 못하다'며 지방 선비를 아울러 선발할 수 있는 방안을 찾으라 해도,[14] 기득권을 가진 이들의 거부로 그 주장은 반영되지 못한다.

다행히 과거에 합격하여도 벼슬길에 나아가는 것도 녹록치 않았다. 이가환李家煥, 1742-1801이 쓴 〈정주진사제명안서定州進士題名案序〉를 보면 당시 상황의 일단을 엿볼 수 있다.

> 항상 진사 시험이 끝나면 국왕이 전殿에 나아와 합격자를 발표한다. 합격한 200명은 모두 대궐의 뜰에 머리를 숙인 채 호명하는 순서를 듣고 절을 한 후에 교지敎旨를 받는다. 교지를 받으면 그것을 품에

14 『영조실록』 15년(1739) 4월 28일.

안고서 종종걸음으로 물러난다. 그것은 기러기가 줄에 맞춰 나아가는 것처럼, 물고기가 한 줄에 꿴 것처럼, 모두에게 차이가 없다.

그러나 궐을 나서면 사정이 달라진다. 서울이나 서울 근처에 사는 사람은 차례대로 관리로 발탁되어 지방 수령, 혹은 목사에까지 이르게 된다. 선명한 의복과 좋은 말을 타고 다니며 부귀영화를 누리며 그 삶을 마친다. 반면 멀리 떨어진 곳에 사는 지방 사람은 곧바로 행장을 꾸며 고향으로 돌아간다. 고작 난삼襴衫 한 벌과 연건軟巾 한 정을 갖춰 입고 집안 어른께 절하고, 성묘하고, 이어서 친척들을 두로 찾아뵙고 인사를 드린다. 친척들은 모두 기뻐하고, 마을 사람들은 구경을 한다. 이런 일은 열흘이 돼서야 그친다. 그러나 그뿐이다. 아무리 훌륭한 재주를 가진 사람이라 해도 다르지 않다. 그들은 모두 포의로 지내다가 산골짜기 구렁에 박혀 살다가 죽는다. 슬프도다![15]

진사 시험에 합격한 서울과 지방 선비들의 차이를 여실하게 드러냈다. 대궐 안 국왕 앞에서 교지를 받을 때까지는 서울 사람과 지방 사람이 동등한 위치에 있지만, 궐문 밖을 나서면 사정이 달라지는 현실이 퍽 인상적이다. "공경公卿의 자제들은 못하는 벼슬이 없는데, 시골의 선비들은 발탁될 길이 없는"[16] 상황을 그대로 담아냈기 때문이다. 요행히 시골 선비가 벼슬길에 나아갔다 하자. 그래도 조정에서 크게 빛을 발할 수가 없었다. 서울의 벼슬아치들은 출셋길이 보장되지 않는 당후堂后=승정원 주서의 자리에나 지방 출신을

15 李家煥, 〈定州進士題名案序〉 『錦帶詩文鈔』. 한국고전번역원DB. http://db.itkc.or.kr

16 『정조실록』 14년(1790) 2월 13일.

앉히곤 했기 때문이다.[17]

예컨대 정조는 줄곧 자신의 곁에 머물렀던 지방 출신 승지 이신회李身晦의 얼굴을 처음 본 게, 그가 왕위에 등극한 지 16년이 지난 뒤였다. "수십 년간 시종 반열에 있었는데 군신 사이에 아직 얼굴도 몰랐다니 어찌 탄식할 일이 아닌가. 먼 시골 출신으로서 그대 같은 사람이 얼마나 되는가."라는[18] 정조의 물음은 지방을 철저하게 배제한 서울 출신의 권력 집중화의 결과물에 대한 탄식에 다름 아니다. 실제 정조의 말을 들어보면, 당시 과거 시험 수혜자가 얼마큼 소수 집단에게로 한정되어 갔던가를 짐작할 수 있다.

> 예전에는 먼 지방 사람들에게까지 두루 미치게 한 것으로 더할 수 없는 제도였는데, 근래에는 경기와 湖西에도 미치지 못함은 물론, 한강 안쪽과 都城 밖 사이에도 미치지 못하며, 요행수로 급제를 차지하는 사람들은 모두 南山과 北岳 사이에 사는 집안들뿐이다.[19]

서울과 지방 모든 사람들에게 혜택이 골고루 미쳤던 과거 시험. 과거 시험은 능력이 있으면 누구든지 혜택을 입는 당연한 제도였다. 그러나 18세기 말에는 서울에서 멀리 떨어진 지방이 수혜 대상에서 멀어진 상태였다. 경기와 호서 지방의 인물들도 배제되었다. 거기에다가 다시 한강 안쪽과 도성 밖, 그러니까 성을 둘러 펼쳐진 거주지인 자내字內와 한강변에 늘어서 오강五江도 소외시켰다.

---

17 『영조실록』 34년(1758) 3월 22일.

18 『정조실록』 16년(1792) 10월 29일.

19 『정조실록』 18년(1794) 2월 10일.

과거에 합격하는 부류는 오로지 도성 안쪽의 북촌과 남촌으로 한정되었다. 그 중에서도 남촌보다 북촌에 혜택이 집중되었음은 췌언이 필요치 않다. 서울의 경화사족은 지방에서 근기로, 근기에서 근교로, 점차 주변의 선비들을 소외시키면서 권력을 독점화하고 집중화했던 것이다. 어린 시절부터 모든 것이 세련되어 눈에 거슬리는 것이 없는 기세등등한 가문의 사람들. 그와 반대로 오랫동안 기도 펴지 못한 채 주눅 들어 있는 세력 없는 지방 출신.[20] 이 풍경 역시 서울이 지방을 권력의 중심부에서 밀어내고 얻은 결과였던 셈이다. 정조는 이런 실정을 명확하게 지적한 것이다. 이런 상황에서 지방에 산다는 것은 곧 권력에 대한 어떤 욕망도 접어야 한다는 말과 동일시된다.

〈요로원야화기〉는 바로 이런 갈등의 단면을 비교적 이른 시기에 포착한 작품이었다. 그가 살던 시기부터 이미 서울과 지방의 차별은 가속되고 있었다. 그리고 그 이후는 그 속도가 더 빨라졌고, 차별의 방법도 더욱 교활해졌다. 과연 서울과 지방의 차별은 타당한 것인가? 애초 박두세는 〈요로원야화기〉를 통해 당시 세태를 고발해서라도 자신의 과거 낙방을 위로 받고 싶다는 욕망을 드러내고자 했을지 모른다. 자신의 낙방이 사회의 구조적 폐단에서 비롯된 것이지, 결코 실력 때문이 아니라고 항변하고 싶었는지도 모른다. 그렇게 철저하게 주변으로 내몰린 자신의 상황을 이렇게 고발함으로써 위안을 받았을 터다. 그러나 그 이면에선 서울에 대한 동경을 숨기지 않는다. 박두세가 서울에서 살았던 기억을 떠올리는 대목이나, 서울에 있을 때의 기억들을 회고하는 대목은 의도하지

---

20 『정조실록』 14년(1790) 3월 28일.

않게 서울에 대한 동경이 반영된 것이라 할 만하다. 서울 사람을 비판하면서도 한 편에서는 서울에 대한 동경이 뜻하지 않게 드러난 것이다.

요로원에서 만난 서울 양반과 시골 선비의 대결은 사회의 구조적 모순에서 비롯된 갈등이었다. 사회의 모순을 개인에게 전가시키는 상황에서 그 피해는 지방 사람의 몫이 되었다. 그 때문일까. 상경하는 선비를 신랄하게 비판하면서도 그에 대한 부러움이 공존하는 것은 당시 지방 사람들이 지녔던 보편적 심리였을 법하다. 요로원은 이렇게 서울에 대한 부정과 동경이 공존하는 상징적 공간이었던 셈이다. 〈요로원야화기〉에서 본 시골 선비의 그 완벽한 승리가 그리 즐겁지 않은 것은 어쩌면 우리가 바로 그 의미를 읽어냈기 때문이 아니었을까.

〈요로원야화기〉는 결코 중앙이 될 수 없는 주변인의 불만을 드러낸 작품이라 할 만하다. 이런 현상은 서울에 대한 종속적 성향을 드러내면서도, 서울과 동일할 수 없는 현실이 반영된 결과라 하겠다. 우리가 〈요로원야화기〉에 주목하는 것도 여기에 있다. 중앙을 바라보는 지방인의 이율배반적인 욕망의 투사, 그것은 과거에 종결된 현상이 아니라 지금까지도 여전히 유효하게 작동하는 문제이기 때문이다.

참고 문헌

「영조실록」, 「정조실록」

徐有榘, 「楓石全集 金華知非集」

李家煥, 「錦帶詩文鈔』

張混, 「而已广集」

丁若鏞, 「與猶堂全書」

許筠, 「惺所覆瓿藁」

김준형, 「요로원야화기」, 「한국고전문학작품론-한문소설」, 휴머니스트, 2017.

김준형, 「조선후기 야담집에 나타난 서울과 지방의 풍경」, 「민족문학사연구」 51, 민족문학사학회, 2013.

마크 모펫, 「인간무리」, 김영사, 2020.

전우용, 「서울은 깊다」, 돌베개, 2008.

다시 조명해 본 천안학의 이해

2022년 12월 10일 초판 인쇄
2022년 12월 15일 초판 발행

엮은곳 _ 단국대학교
펴낸이 _ 김수복
기 획 _ 남재걸
제 작 _ 성두현
편 집 _ 박보혜
펴낸곳 _ 단국대학교출판부
등 록 _ 1968.2.27 : No. 제03-00095호
주 소 _ 경기도 용인시 수지구 죽전로 152
전 화 _ 031-8005-2405
팩 스 _ 031-8021-7154

값 20,000원

ISBN 978-89-7092-793-0 03900

• 이 저서는 2020년 대한민국 교육부와 한국연구재단의 지원을 받아 수행된 연구임
(NRF-2020S1A6A6081713)